海外存藏日本战争罪行文献指要

雷　亮　主编

国家图书馆出版社

图书在版编目(CIP)数据

海外存藏日本战争罪行文献指要/雷亮主编. —北京:国家图书馆出版社,2019.3

ISBN 978-7-5013-6713-9

Ⅰ.①海… Ⅱ.①雷… Ⅲ.①第二次世界大战—战争罪行—文献—研究—日本 Ⅳ.①K313.46

中国版本图书馆 CIP 数据核字(2019)第 051008 号

书　　名 海外存藏日本战争罪行文献指要
著　　者 雷　亮　主编
责任编辑 王　晓
封面设计 程言工作室

出版发行 国家图书馆出版社(北京市西城区文津街 7 号　100034)
(原书目文献出版社　北京图书馆出版社)
010-66114536　63802249　nlcpress@nlc.cn(邮购)
网　　址 http://www.nlcpress.com
排　　版 凡华(北京)文化传播有限公司
印　　装 北京金康利印刷有限公司
版次印次 2019 年 3 月第 1 版　2019 年 3 月第 1 次印刷

开　　本 710×1000(毫米)　1/16
印　　张 23
字　　数 386 千字
书　　号 ISBN 978-7-5013-6713-9
定　　价 58.00 元

编委会

主　编　雷　亮

撰稿人(按姓氏拼音排序)

雷　亮　梁田丽

唐玉屏　王　薇

出版说明

文献的救亡补遗，是恢复民族自观之历史文化的前提与基础。中国作为日本战争罪行的最大受害国，做好海内外相关史料调查、整理具有重要意义——这不仅关系着保存一段有关中华民族兴衰荣辱的历史记忆，更是搜集史证、还原史实、解决历史遗留问题、达成历史共识的重要基础。

本书即是围绕这一目标作出的初步尝试，在调研并查阅大量原始文献基础上，对美国国家档案馆、国际刑事法院、日本国立公文书馆等 8 家机构所藏日本战争罪行文献资料进行了较为系统的研究梳理，从文献角度对重点专题馆藏进行分类说明，提供文献获取和利用指引，以助力学术研究。毫无疑问，这种初步的尝试使得本书存在很多不成熟、不完善的地方，权作抛砖引玉，希望各位专家、同人和读者不吝赐教，帮助我们更好地做好这项工作。

本书由雷亮组织编写，雷亮、唐玉屏、梁田丽、王薇共同撰稿。其中雷亮负责第一、二、五章的撰写和全书的统稿工作，唐玉屏负责第三、四章的撰写工作，梁田丽负责第六、七章的撰写工作，王薇负责第八、九章的撰写工作。

另外，本书的出版得到国家图书馆文津出版基金支持，在此特别致谢。

雷　亮

2019 年 3 月

目　录

第一章　何谓日本战争罪行文献

第一节　战争罪行的概念

一、战争罪行概念的历史演变

战争罪行(War Crimes),又称战争犯罪,是随着人们对战争性质和战争法的不同认识而逐渐发展演变的一个概念。

第一次世界大战前,主权国家发动战争并不构成战争犯罪,因而战争罪行仅是指狭义的战争罪,即交战方在作战行动中违反战争法的作战行为规则和有关习惯法的行为规则(这些规则被称为"近代国际战争法体系"),如使用禁止的武器,攻击、劫掠和杀害平民,杀害或虐待战俘等①。

当人类社会进入20世纪之后,随着社会科技的进步和经济实力的发展,战争的残酷性加剧,反对和限制战争的情绪日益高涨。从1907年的海牙会议第三公约《关于战争开始的公约》,到1919年的《国际联盟盟约》,国际法文件开始对国家的战争权作出限制②。1928年的《巴黎非战公约》第一次提出废弃战争。自此开始,"禁止非法使用武力原则"逐步成为多数文明国家的共识③。

---

① 例如1919年1月25日成立的"战争发起者责任与刑罚委员会"对同盟国的战争罪行进行调查后提交的报告中列举了32种罪名,包括:谋杀罪,屠杀罪,有计划地实施恐怖行动罪,处死人质罪,对平民施以酷刑罪,故意使平民受饥饿罪,强奸罪,以强迫卖淫为目的的诱拐妇女罪,放逐平民罪,在非人道的条件下拘留平民罪,强迫平民从事与战争有关的劳务罪,在占领区居民中强迫征兵罪,剥夺占领区居民国籍罪,抢掠罪,没收财产罪,非法勒索罪,随意破坏或毁坏财产罪,施加集体惩罚罪,蓄意轰击不设防地区罪,随意破坏用于宗教、慈善、教育目的及具有历史意义的建筑物和纪念碑罪,虐待伤员和战俘罪,使用毒气罪,未加警告攻击商船和客轮罪,蓄意轰击医院、攻击和摧毁医用船罪,违反红十字会的其他规则罪等,这些罪名都属于违反战争法规或惯例的行为。参见:徐新.战争法教程[M].北京:军事科学出版社,2013;许江瑞.战争法[M].北京:中央广播电视大学出版社,2010.

② 丛文胜.战争法原理与实用[M].北京:军事科学出版社,2003:5.

③ 徐新.战争法教程[M].北京:军事科学出版社,2013:69－73;许江瑞.战争法[M].北京:中央广播电视大学出版社,2010:200－201.

1943年,同盟国在伦敦成立"联合国战争罪行委员会"(United Nations War Crimes Commission,UNWCC),正式使用了战争罪行(War Crimes)一词,但并未给出战争罪行的定义[①]。1945年同盟国《关于控诉和惩处欧洲轴心国主要战犯的协定》及其附件《欧洲国际军事法庭宪章》(又称《纽伦堡宪章》)首次对战争罪行的概念进行了明确界定。

《关于控诉和惩处欧洲轴心国主要战犯的协定》指出:

> 鉴于联合国曾经一再声明战犯应受审判的意图;
>
> 鉴于1943年10月30日关于希特勒分子所作暴行的责任(英文本为"关于德国在被占领的欧洲所作暴行"——译者注)的莫斯科宣言中曾经声明,凡是应该对暴行和罪行负责、或者曾经同意进行暴行和罪行的德国军官、人员和纳粹党员,将被解回他们犯下罪恶行为的国家,以便按照这些被解放的国家和将在这些国家建立的自由政府的法律加以审判和惩处。[②]

《欧洲国际军事法庭宪章》第六条则对法庭管辖权和战争罪行的具体内容进行了规定:

> 第六条　依照本宪章第一条所提及之协定、为审判及处罚欧洲轴心国主要战争罪犯而设立之法庭,应有审判及处罚一切为轴心国之利益而以个人资格或团体成员资格犯有下列任何罪行之人员的权力。
>
> 下列各种行为,或其中之任何一种行为,皆为属于本法庭裁判权内之犯罪;对此等犯罪,犯人应负其个人责任:
>
> (一)违反和平罪:即计划、准备、发动或从事一种侵略战争或一种违反国际条约、协定或保证之战争,或参加为完成上述任何一种战争之共同计划或阴谋。
>
> (二)战争罪:即违反战争法规或惯例。此种违反包括谋杀、为奴役或为其他目的而虐待或放逐占领地平民、谋杀或虐待战俘或海上人员、杀害人质、掠夺公私财产、毁灭城镇或乡村或非基于军事上必要之破坏,但不以此为限。

---

① 杨咏亮.战争罪刑事责任问题研究[M].武汉:武汉大学出版社,2012:23.

② 王铁崖,朱荔荪,田如萱,等.战争法文献集[M].北京:解放军出版社,1986:187.

（三）违反人道罪：即在战前或战时，对平民施行谋杀、歼灭、奴役、放逐及其他任何非人道行为；或基于政治的、种族的或宗教的理由，而为执行或有关于本法庭裁判权内之任何犯罪而作出的迫害行为，至其是否违反犯罪地之国内法则在所不问。①

至此，"违反和平罪"首次被明确列入战争罪行范围。有学者认为，由此"战争罪行的外延被拓宽了，它不仅包括传统的战争罪，也包括破坏和平罪和反人道罪"，这表明"《宪章》规定的破坏和平罪与反人道罪也属于所谓'广义战争罪'的范畴"②，而代表中国出任远东国际军事法庭法官的梅汝璈先生认为，"将战争罪概念进行这样的扩充，这对传统的国际法说来，不能不算是一个相当大的变化和发展"③。

此后成立的联合国，不仅取消了国家的战争权，而且明确禁止在国际关系上使用武力。《联合国宪章》第2条第4款规定："各会员国在其国际关系上不得使用威胁或武力，或以与联合国宗旨不符之任何其他方法，侵害任何会员国或国家之领土完整或政治独立。"④这一准则的确立是人类历史发展的一大进步，标志着近代国际战争法发展为现代战争法。

1946年12月11日联合国大会第95(I)号决议(《联合国大会确认纽伦堡宪章承认的国际法原则的决议》)通过的《纽伦堡原则》进一步确认了战争罪行的概念。文件第6条规定"违反国际法应受处罚的罪行是(a)反和平罪；(b)战争罪；(c)反人道罪"⑤。1967年联合国大会通过《领域庇护宣言》，规定"凡犯有危害和平罪、战争罪或违反人道罪者，不得援用请求及享受庇护的权利"。1968年联合国大会通过的《战争罪及危害人类罪不适用法定时效公约》规定，对战犯的追诉不受法定时效的限制。该《公约》未再就"战争罪"给出详细定义，仅援引《欧洲国际军事法庭宪章》和《联合国大会确认纽伦堡宪章承认的国际法原则的决议》，在第1条规定："下列各罪，不论其犯罪期日，不适用法定时效：(一)1945年8月8日纽伦堡国际军事法庭组织法明定，并经联合国大会1946年2月13日决议案3(I)及1946年12月11日决议案95(I)确认之战争罪，尤其为1949年8月12日保护战争受害人日内瓦公约列举之'重大违约事

① 王铁崖，朱荔荪，田如萱，等. 战争法文献集[M]. 北京：解放军出版社，1986：189－190.

② 卢有学. 战争罪刑事责任研究[M]. 北京：法律出版社，2007：45.

③ 梅汝璈. 远东国际军事法庭[M]. 北京：法律出版社，2005：15.

④ 沈阳军区军事法院. 战争法资料选编[M]. 沈阳：白山出版社，1994：574.

⑤ 王铁崖. 国际法[M]. 北京：法律出版社，1995：479.

情'……"1973年12月3日,联合国大会通过了《关于侦查、逮捕、引渡和惩治战争罪犯和危害人类罪犯的国际合作原则》,其中没有对战争罪行的含义进行具体说明,这似乎表明,战争罪行的定义已得到国际社会广泛的认可,没有进一步解释的必要①。

20世纪90年代以后,随着国际形势的变化和国际法的发展,人们对战争法的认识不断演变。在战争罪行审判的司法实践方面,1993年5月25日联合国安理会通过第827号决议确定设立前南斯拉夫国际刑事法庭,并通过了《前南斯拉夫国际刑事法庭规约》;1994年11月联合国安理会通过第955号决议确定设立卢旺达国际刑事法庭,并通过了《卢旺达国际刑事法庭规约》;1998年7月17日,联合国罗马外交大会通过《国际刑事法院罗马规约》;2002年1月16日,联合国与塞拉利昂政府签署《联合国和塞拉利昂政府关于设立塞拉利昂特别法庭的协定》,并认可了《塞拉利昂特别法庭规约》,以对1996年11月30日之后发生在塞拉利昂的严重违反人道的罪行和违反塞拉利昂法律的罪行实行管辖②。由此,战争罪行的概念和适用范围也发生了一些变化,主要体现在两个方面:一是"种族灭绝罪""侵略罪"和"反人道罪"从法律上逐渐与"战争罪"区分,在部分司法实践中被列为独立于"战争罪"之外的犯罪;二是随着武装冲突概念的兴起,"战争罪适用的范围从国家之间的战争扩展至所有的'武装冲突'"③。

二、中国学者对战争罪行概念的认识与界定

由上可见,在不同的历史时期,战争罪行具有不同的概念和范畴。中国学者对战争罪行的定义也有所不同,大体上可分为"广义派""狭义派"和"发展派"。

"广义派"认为所有因战争而发生的严重违法行为均属于战争罪行,它既包括准备和策划侵略战争的不法行为,也包括战争中违反战争法规、惯例和人道原则的行为。例如,徐新、许江瑞等认为"战争犯罪,是指参与策划、准备、发动或进行侵略战争,在战争或武装冲突中违反战争法的条约法和习惯法,在战

① 杨咏亮. 战争罪刑事责任问题研究[M]. 武汉:武汉大学出版社,2012:25.

② 徐新. 战争法教程[M]. 北京:军事科学出版社,2013:251-252;许江瑞. 战争法[M]. 北京:中央广播电视大学出版社,2010:200-201.

③ 卢有学. 战争罪刑事责任研究[M]. 北京:法律出版社,2007:46-47;杨咏亮. 战争罪刑事责任问题研究[M]. 武汉:武汉大学出版社,2012:26-30;王铁崖. 国际法[M]. 北京:法律出版社,1995:477-482.

前或战时违反人道原则等各种罪行"①。丛文胜认为:"战争犯罪的概念是泛指国家和个人在战争中所犯下的各种战争罪行,也有别于战争法规定的构成战争犯罪行为一种的战争罪名。战争犯罪通常是指国家及个人在国与国之间的战争中,严重违反国际法及战争法的基本原则,进行准备、策动和执行侵略战争的行为,或在战争期间严重违反战争法规和惯例包括违反人道主义原则而实施的各种构成犯罪的行为。战争犯罪行为是由各种不同的战争违法行为及其相应的罪名构成的。有关的国际法及战争法都对各种战争犯罪行为及其罪名作出了具体规定。"②

"狭义派"则基于国际法的渊源和法律条文的严谨性,倾向于将不同类型的罪行进行区分,但区分的标准和主张又有所不同。例如有的倾向于将"挑起战争并与战争的开始相关的行为"与"违反战争法规和惯例以及违反人道法规的行为"区分开来,有的倾向于将规范交战行为的"海牙法体系"和促进人道保护的"日内瓦法体系"区分开来等。例如朱文奇等认为"战争罪是违反战争法规与惯例的行为。……它是违反规制战争行为本身的规则,而不涉及规制战争发动的规则",在后来的《欧洲国际军事法庭宪章》中,"'挑起战争并与战争的开始相关的行为'即对应于反和平罪,而'违反战争法规和惯例以及违反人道法规的行为'则对应于战争罪。它是违反'交战规则'的行为,其与另一类与战争行为相关的法律规则,即'交战权利',调整着完全不一样的法律关系"③。又如卢有学认为,"在第二次世界大战后,国际社会对某些严重危害人类利益的犯罪进行了专门的立法。首先是种族灭绝罪从反人道罪中分离出来。……其次,危害人类罪(反人道罪)的概念也得到了完善……""种族灭绝罪、侵略罪和反人道罪从法律上与战争罪已经完全区分开了"。因此,"现在的战争罪是指在武装冲突中严重违反有关武装冲突的法规或者习惯法的行为"④。

"发展派"则认为战争罪行在不同的时代具有不同的含义,应结合不同的历史背景去界定其内涵和外延。例如王铁崖认为:"在传统国际法上,国家有战争权,因此发动或从事战争并不构成罪行。那时,所谓战争罪行仅指交战国军队违反战争法规和惯例的行为,如使用有毒或其他被禁止的武器、杀害或虐

① 徐新. 战争法教程[M]. 北京:军事科学出版社,2013:252;许江瑞. 战争法[M]. 北京:中央广播电视大学出版社,2010:201-202.

② 丛文胜. 战争法原理与实用[M]. 北京:军事科学出版社,2003:559.

③ 朱文奇,冷新宇,张膑心. 战争罪[M]. 北京:法律出版社,2010:13-14.

④ 卢有学. 战争罪刑事责任研究[M]. 北京:法律出版社,2007:47.

待俘虏等。对发动和组织战争追究个人刑事责任，是从第一次世界大战开始并在第二次世界大战以后有很大发展的。在惩罚战争罪犯和犯有严重违反国际人道主义法行为的人追究他们的个人刑事责任，是国际法特别是战争与武装冲突法的重大发展。”①田龙海认为：“国际社会对战争罪的认识经过了从概略到详细、从模糊到精确的过程。最初的战争罪只是指在作战中违反作战规则的行为，两次世界大战之后追究战争罪行的实践扩张了对战争罪的认识，现代国际社会立法和司法的发展又使战争罪的定义得到了精确化的表述。目前，各国学者对战争罪做了概括性的定义，其理解有广义和狭义之分。狭义的战争罪，是指在国际性武装冲突或非国际性武装冲突中，严重违反武装冲突法规或惯例所实施的行为。广义的战争罪，是指1945年《关于控诉和惩处欧洲轴心国家主要战犯的协定》及其附件《欧洲国际军事法庭宪章》所规定的罪行，包括破坏和平罪、战争罪和违反人道罪。在这些文件中，狭义的战争罪行被当作广义的战争罪的一种予以规定。”②

三、本书对战争罪行概念的界定

罪，犯法也。首先，战争罪行是相对于战争法而产生的概念，战争罪行的界定及惩处是与战争法同步出现并不断完善发展的。因此，战争罪行的基本定义应为“因违反战争法而应受处罚的行为”。至于其具体含义，广义也好，狭义也好，事实上都是因其采用战争法概念的外延不同而不同。

其次，人类不断发展、完善战争法，追究战争罪行，审判战争罪犯，根本目的在于“惩治战争罪犯、制止战争犯罪”，这是文明社会进行战争罪行立法的初衷和前提。因此，在遵循已有条约、法律规定和国际惯例的基础上，考虑到法律的发展总滞后于司法实践，应时刻谨记“捍卫人类良知和正义”的立法初衷，对一些特别重大的、影响特别恶劣且深远的、违反人类社会基本伦理道德、挑战人类良知和粗暴破坏人类文明的行为，不应严格拘泥于现有法律条文，而应遵循“条约无规定不解除遵守义务原则”予以追究和审判，而这一点在战后对日本战争罪行的追究中具有特别重要的意义。

最后，战争罪行是一个不断发展演变的概念，在不同的时代具有不同的含义。例如对于战争犯罪的种类，历史上曾因不同时期的不同情况以及不同的管辖主体而有不同的划分，即使是同一种类罪名，也因时代的发展而具有

---

① 王铁崖. 国际法[M]. 北京：法律出版社，1995：477.

② 田龙海，常璇. 惩治战争罪的国内军事立法问题研究[J]. 当代法学，2007，21(4)：149－154.

不同的内涵①。因此，对战争罪行的内涵和外延，需要结合不同时期、不同历史背景、不同管辖主体等多方面因素来具体考察，以科学发展的眼光去看待。

有鉴于此，基于笔者的理解，战争罪行概念事实上包含三个层面的内容。

第一，是基于发动战争的正义性和合法性考量发展而来的因“挑起战争并与战争的开始相关的行为”而构成的“反和平罪”，“即计划、准备、发动或从事一种侵略战争或一种违反国际条约、协定或保证之战争，或参加为完成上述任何一种战争之共同计划或阴谋”②。这一罪行的确认是纽伦堡审判和远东国际军事法庭审判对国际法的发展与贡献。

第二，是狭义的“战争罪”概念，即违反战争法规或惯例的罪行，在《远东国际军事法庭宪章》里又被称为“战争犯罪”或“普通战争罪”(Conventional War Crimes)，“此种违反包括谋杀、为奴役或为其他目的而虐待或放逐占领地平民、谋杀或虐待战俘或海上人员、杀害人质、掠夺公私财产、毁灭城镇或乡村或非基于军事上必要之破坏，但不以此为限”③。

第三，是基于既定习惯、人道原则和公众良心要求而逐步发展而来的“在战前或战时违反人道原则等各种罪行”，“即在战前或战时，对平民施行谋杀、歼灭、奴役、放逐及其他任何非人道行为；或基于政治的、种族的或宗教的理由，而为执行或有关于本法庭裁判权内之任何犯罪而作出的迫害行为，至其是否违反犯罪地之国内法则在所不问”④。这类罪行的确认遵循人道保护原则和“条约无规定不解除遵守义务原则”，即“马尔顿条款”原则⑤。

基于上述三个层面的理解，笔者倾向于认同战争罪行的一般性定义应为“因违反战争法而应受处罚的行为”。此处所说的“战争法”，是指以国际条约和国际惯例等形式，来规制战争发动，调整和约束各交战国或冲突各方之间、

① 许江瑞. 战争法[M]. 北京：中央广播电视大学出版社，2010：201－202.

② 王铁崖，朱荔荪，田如萱，等. 战争法文献集[M]. 北京：解放军出版社，1986：189－190.

③ 王铁崖，朱荔荪，田如萱，等. 战争法文献集[M]. 北京：解放军出版社，1986：190.

④ 王铁崖，朱荔荪，田如萱，等. 战争法文献集[M]. 北京：解放军出版社，1986：190.

⑤ “马尔顿条款”肇始于1899年第一次海牙和平会议期间，因由俄国著名的国际法学家马尔顿首先提出而得名。马尔顿提出：“在颁布更完整的战争法规之前，缔约各国认为有必要声明，凡属他们通过的规章中所没有包括的情况，居民和交战者仍应受国际法原则的保护和管辖，因为这些原则是来源于文明国家间制定的惯例、人道主义法规和公众良知的要求。”该项声明被会议认可，写入了《海牙公约》的前言。它要求有关冲突方在没有国际条约规定的情况下，仍受一般战争法规和惯例的约束，即在国际公约或其他国际协定所未包括的情况下，“平民和战斗员仍受来源于既定习惯、人道原则和公众良心要求的国际法原则的保护和支配”。

交战国与中立国之间在战争和武装冲突中的关系，以及交战行为的原则、规则和制度的总称（见表1－1）①，凡违反这些战争法规或战争惯例的行为一般应被认为属于战争罪行。

表1－1 1850年以来形成的部分重要战争法规②

签订时间	法规名称
1856年4月16日	《巴黎会议关于海上若干原则的宣言》
1864年8月22日	《改善战地武装部队伤者境遇的公约》
1868年12月11日	《圣彼得堡宣言》
1899年7月29日	第一次海牙会议公约和宣言，包括：《和平解决国际争端公约》《陆战法规和惯例公约》及其附件《陆战法规和惯例的章程》，《关于1864年8月22日日内瓦公约的原则适用于海战的公约》，《禁止从气球上或用其他新的类似方法投掷投射物和爆炸物宣言》（第一宣言），《禁止使用专用于散布窒息性或有毒气体的投射物的宣言》（第二宣言），《禁止使用在人体内易于膨胀或变形的投射物，如外壳坚硬而未全部包住弹心或外壳上刻有裂纹的子弹的宣言》（第三宣言）
1904年12月21日	《关于战时医院船免税的公约》
1906年7月6日	《关于改善战地武装部队伤者和病者境遇的公约》

① 战争法的渊源有以下几种类型：国际条约、国际习惯、各国承认之一般法律原则、司法判例以及各国权威最高公法学家之学说。此外，国际组织的决议在确定国际法的渊源时也有一定的作用。参见：徐新．战争法教程［M］．北京：军事科学出版社，2013：8－13；王铁崖．国际法［M］．北京：法律出版社，1995：452；许江瑞．战争法［M］．北京：中央广播电视大学出版社，2010：1.

② ［英］劳特派特．奥本海国际法：下卷，争端法、战争法、中立法，第一分册［M］．王铁崖，陈体强，译．北京：商务印书馆，1981；顾德欣．战争法概论［M］．北京：国防大学出版社，1991；沈阳军区军事法院．战争法资料选编［M］．沈阳：白山出版社，1994；王铁崖．国际法［M］．北京：法律出版社，1995.

续表

签订时间	法规名称
1907年10月18日	第二次海牙会议公约与宣言,包括:《和平解决国际争端公约》(第一条约)、《限制使用武力索取契约债务公约》(第二公约)、《关于战争开始的公约》(第三公约)、《陆战法规和惯例公约》(第四公约)及其附件《陆战法规和惯例章程》、《中立国和人民在陆战中的权利和义务公约》(第五公约)、《关于战争开始时敌国商船地位公约》(第六公约)、《关于商船改装为军舰公约》(第七公约)、《关于敷设自动触发水雷公约》(第八公约)、《关于战时海军轰击公约》(第九公约)、《关于1906年7月6日日内瓦公约原则适用于海战的公约》(第十公约)、《关于海战中限制行使捕获权公约》(第十一公约)、《关于建立国际捕获法院公约》(第十二公约)、《关于中立国在海战中的权利和义务公约》(第十三公约)、《禁止从气球上投掷投射物和爆炸物宣言》
1909年2月26日	《伦敦海军会议文件》
1919年4月28日	《国际联盟盟约》
1922年2月6日	《关于在战争中使用潜水艇和有毒气体的条约》
1925年6月17日	《禁止在战争中使用窒息性、毒性或其他气体和细菌作战方法的议定书》
1928年8月27日	《关于废弃战争作为国家政策工具的一般条约》(又称《白里安—凯洛格公约》或《巴黎非战公约》)
1929年7月27日	日内瓦公约,包括《关于改善战地武装部队伤者病者境遇的日内瓦公约》《关于战俘待遇的日内瓦公约》
1930年4月22日	《限制和裁减海军军备的国际条约第四部分关于潜艇作战的规则》
1936年11月6日	《1930年4月22日伦敦条约第四部分关于潜艇作战规则的议定书》
1937年9月14日	《尼翁协定》
1945年6月26日	《联合国宪章》
1945年8月8日	《关于控诉和惩处欧洲轴心国主要战犯的协定》及其附件《欧洲国际军事法庭宪章》
1946年1月19日	《远东盟军最高统帅总部宣布成立远东国际军事法庭的特别通告》及其附件《远东国际军事法庭宪章》
1946年12月11日	《联合国大会确认纽伦堡宪章承认的国际法原则的决议》

续表

签订时间	法规名称
1948年12月9日	《防止及惩治灭绝种族罪公约》
1949年8月12日	日内瓦四公约，包括：《改善战地武装部队伤者病者境遇的日内瓦公约》（第一公约）、《改善海上武装部队伤者病者及遇船难者境遇的日内瓦公约》（第二公约）、《关于战俘待遇的日内瓦公约》（第三公约）、《关于战时保护平民的日内瓦公约》（第四公约）
1954年5月14日	《关于发生武装冲突时保护文化财产的公约》及其附件《关于发生武装冲突时保护文化财产公约的实施条例》
1968年11月26日	《战争罪及危害人类罪不适用法定时效公约》
1972年4月10日	《禁止细菌（生物）及毒素武器的发展、生产及储存以及销毁这类武器的公约》
1973年12月3日	《关于侦查、逮捕、引渡和惩治战争罪犯和危害人类罪犯的国际合作原则》
1974年12月14日	《关于侵略定义的决议》
1974年12月14日	《武装冲突中对人权的尊重》
1974年12月14日	《在非常状态和武装冲突中保护妇女和儿童宣言》
1977年5月18日	《禁止为军事或任何其他敌对目的使用改变环境的技术的公约》
1977年6月8日	关于1949年8月12日日内瓦四公约的议定书，包括：《1949年8月12日日内瓦四公约关于保护国际性武装冲突受难者的附加议定书》（第一议定书）、《1949年8月12日日内瓦四公约关于保护非国际性武装冲突受难者的附加议定书》（第二议定书）
1980年10月10日	《联合国禁止或限制使用某些可被认为具有过分伤害力或滥杀滥伤作用的常规武器会议最后文件》，包括：附录1.《禁止或限制使用某些可被认为具有过分伤害力或滥杀滥伤作用的常规武器公约》；附录2.《关于无法检测的碎片的议定书》（议定书一）；附录3.《禁止或限制使用地雷（水雷）、饵雷和其他装置的议定书》（议定书二）；附录4.《禁止或限制使用燃烧武器议定书》（议定书三）；附录5.《关于小口径武装系统的决议》（1979年9月23日会议第七次全体会议通过）
1984年12月10日	《禁止酷刑和其他残忍、不人道或有辱人格的待遇或处罚公约》

续表

签订时间	法规名称
1988 年 12 月 4 日	《反对招募、使用、资助和训练雇佣军国际公约》
1992 年 9 月 10 日	《禁止研制、生产、贮存和使用化学武器以及销毁此种武器公约》

第二节　日本战争罪行文献的界定

一、国际社会追究日本战争罪行的缘起

有史以来,任何国家和个人都要对其在战争中的各种行为包括违法犯罪行为负责,只是由于各个时期的国际法及国内法规定的不同,国家及个人战争犯罪行为的认定和承担责任形式也各有不同。例如,在国家有权以战争方式作为解决政治问题的工具时,国家间对战败国的最大惩罚就是完全征服和吞并对方或割地赔款等,这实际上也是一种由战败国及其国民承担的战争责任。战胜国的战争责任是没有人追究的,而对本国的个人战争违法行为也属于其国内法解决的问题①。

第一次世界大战后,由于战争造成的巨大损失和受害国人民的强烈要求,《凡尔赛条约》第 7 部分对追究战争犯罪责任作了专门的规定,首次确立了追究国家战争犯罪行为的制度。但是,对战争犯罪惩治,尚未有集中统一的规范②,也还未建立法庭。

吸取历史上的经验教训之后,美国、苏联、英国和中国等同盟国在第二次世界大战期间就开始了审判战犯的准备工作。1942 年 1 月 13 日,比利时、捷克、希腊、荷兰、南斯拉夫、卢森堡、挪威、法国和波兰九国发表共同宣言,申明惩办战争罪犯是其作战的主要目标之一。1943 年 10 月上述九国和中、美、英三国在伦敦成立联合国家战争罪行调查委员会(后改称联合国战争罪行委员会)。1943 年 11 月 1 日苏、美、英三国在莫斯科会议闭幕时发表了“关于暴行的宣言”(又称“莫斯科宣言”),其中除重申严惩战犯外还明确声明:凡在某一地方犯有严重暴行的战犯“都应当押解回到他犯罪地的国家中,以便按照那些

① 丛文胜. 战争法原理与实用[M]. 北京:军事科学出版社,2003:569 - 570.

② 徐新. 战争法教程[M]. 北京:军事科学出版社,2013:69 - 80;许江瑞. 战争法[M]. 北京:中央广播电视大学出版社,2010:200 - 201.

被解放了的国家及因此而建立了自由政府的法律去审判治罪”；同时还声明，“对于主要罪犯的案件绝不偏袒；他们所犯的罪行无地理上的区分，应该由同盟国政府去共同审判治罪”。在这里，“无地理上的区分”和“共同审判治罪”表达了同盟国要组织国际法庭来审判和惩治轴心国罪犯的意愿①。

第二次世界大战结束之后，反法西斯联盟先后组织欧洲国际军事法庭和远东国际军事法庭（International Military Tribunal for the Far East，IMTFE），对德国纳粹和日本军国主义分子进行战争罪行审判，这些司法实践进一步确立了对国家战争犯罪行为的认定和相应的刑事处罚，开创了因战争罪行而追究个人刑事责任的新纪元②，并通过这些实践确立了指挥官刑事责任、官方身份无关性、执行命令不免责等原则，成为国际刑法的基石之一③。然而由于战后世界格局的演变和部分国家有意包庇，对日本战争罪行的清算并不彻底，导致至今仍存在一系列日本战争罪行遗留问题未能解决，对日本与各亚洲受害国关系和区域安全稳定造成了消极影响。

二、界定日本战争罪行的法律依据

《远东盟军最高统帅总部宣布成立远东国际军事法庭的特别通告》称：“据1945年7月26日与日本交战之联合国政府在波茨坦所发表之宣言，载明投降条件之一即所有战争罪犯——包括对于被俘虏之联合国人民实施残暴行为之罪犯——均应处以严峻的法律制裁。”日本在第二次世界大战期间所犯下的战争罪行，则根据《远东国际军事法庭宪章》第五条界定：

> 第五条　对被告与罪行之管辖权　本法庭有权审判及惩罚被控以个人身份或团体成员身份犯有各种罪状包括破坏和平罪之远东战争罪犯。
>
> 下列行为，或其中任何一项，均构成犯罪行为，本法庭有管辖之权，犯罪者个人并应单独负其责任：
>
> （一）破坏和平罪　指策划、准备、发动或执行一种经宣战或不经宣战之侵略战争，或违反国际法、条约、协定或保证之战争，或参与上述任何罪行之共同计划或阴谋。

---

① 朱文奇.东京审判：人类的理性与进步——析“胜者的正义”论[J].法学家，2015(6)：143－155，178.

② 朱文奇，冷新宇，张膑心.战争罪[M].北京：法律出版社，2010：1.

③ 卢有学.战争罪刑事责任研究[M].北京：法律出版社，2007：序言2.

（二）战争犯罪　指违反战争法规及战争惯例之犯罪行为。

（三）违反人道罪　指战争发生前或战争进行中之杀害、灭种、奴役、借暴力强迫迁居，以及其他不人道行为，或基于政治上或种族上之理由之虐害行为，此种虐害行为系于执行或共谋归本法庭管辖之任何罪行时所施行者，至其是否违反犯罪所在地之国内法，则在所不问。

凡参与规划或实行旨在完成上述罪行之共同计划或阴谋之领导者、组织者、教唆者与共谋者，对于任何人为实现此种计划而作出之一切行为，均应负责。①

因此，从法律意义上讲，凡在以上条款中规定的行为，均属于日本战争罪行的范畴。

三、日本战争罪行文献的含义和范围

日本战争罪行文献资料是本书的主要研究对象。目前包括中日学者在内的各国学者关于日本法西斯二战期间的罪行问题，在国际法、历史学、国际关系学等诸多领域均有较多研究，对于战争罪行的界定与责任追究等仍存在很多不同见解，囿于专业，笔者无意就上述领域中的专业问题进行评判，仅从文献学角度出发，界定日本战争罪行文献资料的含义如下：日本战争罪行文献是日本军国主义在1928年1月1日至1945年9月2日期间②对世界各国人民所犯下战争罪行的一切文献记录。根据文献性质的不同，这一概念又涵盖三个层面的内容。

一是基于法律意义的日本战争罪行文献资料，即根据国际法、战争法特别是《远东国际军事法庭宪章》对于战争罪行及其证据的法律定义而界定的文献资料，这部分文献是本书最主要的研究对象。其中，《远东国际军事法庭宪章》第十三条对日本战犯战争罪行证据的规定如下：

第十三条　证据

（一）证据之采纳　本法庭应不受技术性采证规则之拘束。本法庭应确立并适用尽可能便捷而不拘泥于形式手续之程序并得采用在本法庭认为有证据价值之任何证据。被告之自供或陈述，均得采作证据。

---

① 王铁崖，朱荔荪，田如萱，等．战争法文献集［M］．北京：解放军出版社，1986：197－202；沈阳军区军事法院．战争法资料选编［M］．沈阳：白山出版社，1994：523－529．

② 该时间范围的界定主要参照远东国际军事法庭对于日本战犯审判的起诉和判决时限的规定。

（二）证据之关联性　任何证据，在提出以前，法庭得命将该项证据之性质先行陈明，以便决定其是否有关。

（三）各种可采纳之证据　下列各种证据得予采纳；但上述一般规则之应用范围并不因此而受任何限制：

甲、任何文件，凡经法庭认为系由任何政府所属之任何官吏、公署、机关或军事人员签字或发布者，不问其保密等级如何，对其出处或签署亦不必有所证明。

乙、报告书，凡经法庭认为系由国际红十字会或其会员所签发之报告，或系由任一医师、医务人员、调查员、情报员或法庭认为对报告内容熟悉之人所签发者。

丙、证人经宣誓提出之书面供词，他种供词，或其他任何经签名之供述书。

丁、日记、信札或其他任何文件——包括经宣誓或未经宣誓之声明书，经本法庭认为包含有与罪状有关之资料者。

戊、如文件之原本不能立即提出，得采纳其副本，或足以证明该文件内容之间接证据。

（四）无需证明之事实　本法庭对于众所周知之事实，以及任何国家之政府公文与报告书以及联合国任何会员国之军事法庭或他种法庭之审判案件、笔录或判决书，皆无需证明。

（五）笔录、法庭所采用的证件与文书　凡提交本法庭之庭审速记录、法庭所采用之证件与文件等，均得送交法庭书记官长登记归档，从而构成法庭卷宗之一部分。①

这是界定日本战争罪行文献资料内容和范围的最直接依据。

二是基于历史文献学意义的日本战争罪行文献资料。

由于战后国际政治原因，对日本战争罪行的审判并不彻底，对包括日本天皇在内大量重要战犯的追责不了了之，甚至对某些罪大恶极的战犯进行了故意包庇——例如美国对石井四郎（Ishii Shiro）等人的细菌战罪行的包庇、对日本化学战和慰安妇罪行的有意“忽略”、对日本皇族战争责任的免于追究等，导致战后初期世界反法西斯联盟各国为惩治战犯、追究战争罪行责任而搜集、准备的大量文献未能用于审判，这些文献进入了各审判主导国的“情报系统”而非“法律系统”，未能发挥其应有价值，长期沉睡于各收藏机构。此外，二战结

---

① 王铁崖，朱荔荪，田如萱，等. 战争法文献集［M］. 北京：解放军出版社，1986：201－202.

束后，陆续在日本等国家又发现大量日本战争罪行的新证据，如林出贤次郎日记、“满铁”资料等。这些文献虽然在战后审判时未被世人发掘，但都是日本战争罪行的重要罪证。

因此，除严格遵循法律意义界定的日本战争罪行文献资料外，从史料学和历史研究需要的角度考虑，一切能够证明日本战争犯罪行为的历史记录均应属于日本战争罪行文献资料。它既应包括日本战犯审判过程中所形成的各种正式法律文献，也应包括各国官方、军方和民间团体为了起诉日本战犯而准备的、但又由于历史原因未来得及用于审判的罪行证据档案，此外还应包括审判结束后，陆续发现的新的符合战争罪行证据要求的文献。

三是基于文献研究意义的日本战争罪行文献资料。

根据国家标准《文献著录第 1 部分：总则》（GB/T3792. 1—2009）的定义，文献是“记录有知识的一切载体”。基于这一定义，所有记录有日本战争罪行相关信息的载体均应被视为日本战争罪行文献。它既包括前述基于法律意义的日本战争罪行文献，也包括基于历史文献学意义的日本战争罪行文献，还包括围绕“日本战争罪行”这一命题而产生的各类评述、研究、报道等相关文献，涵盖范围非常大。

上述三个层面的“日本战争罪行文献”概念，外延依次扩大，具有包含与被包含的逻辑关系。鉴于本书撰写的主要目标是为相关领域学者查阅获取一手文献提供指引，因此研究内容以前两个层面的文献为主。

第三节　日本战争罪行文献的整理与利用

战后有两个国家曾在国家层面上开展过日本战争罪行文献的收集和整理工作，其一为美国，其二为日本。此外，21 世纪初成立的一个国际组织国际刑事法院亦对日本战争罪行文献进行过较为系统的整理。

一、美国对日本战争罪行文献的整理

美国陆军军法署在对日作战期间即开始留意收集日本违反战争法规、战争惯例和人道法规（普通战争犯罪和违反人道罪）的证据材料。1944 年 10 月为配合国际社会惩处战争罪犯的要求，美国陆军又成立“战争罪行办公室”，在联合国战争罪行委员会代表美方收集和准备审判日本战犯的证据。这些证据中的一部分在战后对日审判中发挥了重要作用，然而由于战后国际关系的急速演变，美国政府在追究日本战争罪行上的态度发生了巨大变化，很多收集的

材料未能发挥作用即遭尘封，随后根据《美国国家档案法》，这些文献由美国陆军军法署等部门移交美国国家档案馆保存。20 世纪 90 年代，美国国内二战受害者索赔浪潮兴起，以二战老兵及其后人为主的各民间团体形成一股强大的游说力量，要求解密日本战争罪行档案。2000 年 12 月 6 日，美国国会通过"日本帝国政府档案公开法"①，成立"纳粹战争罪行和日本帝国档案跨机构工作组"，对日本战争罪行档案进行收集、清点、整理与揭示：首先对于当时仍保存于各政府部门的相关档案进行定位和排查，对于达到解密年限的，要求各机构解密并移交美国国家档案馆统一整理；其次对于美国国家档案馆馆藏进行清点和梳理，形成 1700 余页的日本战争罪行档案清单，提供公众借阅使用；再次对部分重点专题，例如日本细菌战罪行相关档案等组织相关领域的学者专家成立工作团队，进行专题整理，不仅将美国国家档案馆所藏相关档案进行了复制或数字化，还从美国陆军部、中央情报局、底特里克营等复制回大量档案，形成专题文献库，最终实现了美国政府档案中所藏日本战争罪行档案较全面的梳理解密和开放借阅②。这些资料是目前全世界最为开放的日本战争罪行文献馆藏，真实揭示了日本在战争期间的所作所为，特别是其中一些曾为最高机密文件的解密，有助于人们全面深入了解日本在第二次世界大战期间所犯的大屠杀、细菌战等战争罪行细节。

此外，美国麦克阿瑟纪念馆，由于道格拉斯·麦克阿瑟（Douglas MacArthur）在对日占领和战犯审判中扮演的关键角色，收藏有不少麦克阿瑟本人及其同僚捐赠的日本战争罪行档案；美国耶鲁大学神学院图书馆出于其神学研究需要，历来重视收集包括中国基督教会在内的传教士资料，因此保存了不少亲历日本侵华战争的在华传教士记录下来的日军暴行文献，如南京大屠杀亲历者贝德士（Miner Searle Bates）、马吉（John Magee）、魏特琳（Minnie Vautrin）等人的日记档案等。

二、日本对日本战争罪行文献的整理

战后，日本政府曾因多种原因组织收集整理日本战争罪行文献，较大规模

① IWG. Implementation of the Japanese Imperial Government Disclosure Act and the Japanese War Crimes Provisions of the Nazi War Crimes Disclosure Act: An Interim Report to Congress. [2015 - 09 - 07]. http://www.archives.gov/iwg/reports/japanese-interim-report-march-2002-1.html.

② Greg Bradsher. Japanese War Crimes and Related Topics: A Guide to Records at the National Archives [EB/OL]. [2015 - 01 - 24]. http://www.archives.gov/iwg/japanese-war-crimes/introductory-essays.pdf.

的有三次。一是日本战败后,应美国主导的驻日盟军要求,日本陆海军两省对麾下部队战争犯罪情况进行了一定调查。这种调查主要是为了避免美军直接调查可能导致的更大规模审判而不得不进行的自我审查,因此虽然收集了一定数量的日本战争罪行证据资料,但基本上是避重就轻、敷衍了事,很多重要档案要么损坏遗失,要么有意无意疏漏甚至被故意隐瞒,所收集的文献是非常不完整、不全面的,但它毕竟是日本战败后第一时间开展的日本战争罪行证据材料调查收集工作,还是留下了不少重要的一手史料。二是1951年《旧金山对日和平条约》(简称《旧金山和约》)签署后,美国与日本关系由对立转为盟友,为单独占领日本、实施"间接统治",美国开始扶植以日本天皇为首的原统治阶层,从而实质上放松了对日本战犯的追究和审判,日本政府趁此机会迅速采取行动,积极恢复战犯名誉,放宽战争罪行嫌犯重新出任公职限制,恢复军国主义分子退休待遇,对战争阵亡者遗族进行援助抚恤,对复员老兵予以生活补贴和国家补偿等。为此,日本厚生省出于战犯复员、赦免及救济抚恤的需要,对受审战犯犯罪情况进行了审核调查,形成了一批有关日本战争罪行的调查档案。三是1956年9月4日,日本法务省颁布了《战争审判文献收集计划纲要》(「戦争裁判関係資料収集計画大綱」),"调查、收集、整理"战犯审判文献,并"对重要内容进行编纂和印刷出版,流传后世"。1961年,文献收集原则确定为"仅停留在文献的收集、整理层面,而对战争审判不予以评判"①,前后历时8年,从法务省、原陆军省、原海军省、厚生省以及受审战犯、辩护人等各种来源,收集到了大量的东京审判前期法庭筹备档案、检方证据资料、辩方证据资料、庭审记录、媒体报道摘录等东京审判档案资料,以及纽伦堡审判资料、乙丙级审判资料、巢鸭监狱资料和复员资料等档案文献②。这些文献是日本战争罪行及其审判情况的重要记录。此外,战后通过外交交涉,1973年日本政府向美国政府索还了一批对日占领期间被美国带走的公文档案,其中也有不少日本战争罪行资料。上述几批文献分别于20世纪70年代、90年代和21世纪初分批移交于日本国立公文书馆进行保存,至此日本国立公文书馆成为日本最大的日本战争罪行文献收藏地。

此外,日本国立国会图书馆宪政资料室、外务省外交史料馆、防卫省防卫

① 公文書の世界.37.裁判記録と公印:極東国際軍事裁判関係資料[EB/OL].[2017-04-28].http://www.archives.go.jp/exhibition/digital/koubunshonosekai/contents/37.html.

② [日]大江洋代,金田敏昌.国立公文書館所蔵「戦争犯罪裁判関係資料」の形成過程とBC級戦争裁判研究の可能性[J].歴史学研究,2015,4(930):19-33,39.

研究所等机构，由于机构职能的继承渊源，遗留或接收了大量历史档案，亦成为各国学者挖掘日本战争罪行文献的重要目标地。

三、国际刑事法院对日本战争罪行文献的整理

成立一个常设性的国际刑事审判机构，防止和惩罚战争犯罪，是国际社会自第一次世界大战后产生的一个需要。第二次世界大战后，联合国大会要求国际法委员会就建立常设性国际刑事审判机构进行研究。1951 年国际刑事司法协会提出第一份规约草案，其后 40 余年，历经多次反复，终于在 1998 年 6 月 15 日至 7 月 17 日的罗马会议上，以 120 票赞成、7 票反对、21 票弃权的结果通过了《国际刑事法院罗马规约》（又称《罗马规约》）[①]。国际刑事法院是根据 2002 年 7 月 1 号生效的《罗马规约》[②]规定成立的第一个常设国际刑事法院，其管辖范围是全球范围内自该法院成立之日起发生的国际社会最关注的、最为严重的四种罪行：种族灭绝罪（Genocide）、违反人道罪（Crimes against Humanity）、战争罪（War Crimes）和侵略罪（Crime of Aggression）[③]。为便于法官研究案例需要，国际刑事法院开发了法律工具数据库，致力于尽可能全面地收集有关战争罪行审判的一切历史资料。基于此种目的，并通过与联合国的合作关系，国际刑事法院得以获取了包括日本战争罪行档案在内的联合国战争罪行委员会档案，是除美国和日本的国家级档案收藏机构外，有关日本战争罪行的最专业、最开放的馆藏。

四、日本战争罪行文献利用中存在的问题

目前，这批存藏于海外的日本战争罪行资料已越发受到国内学者的重视，例如中国社会科学院、国家图书馆、南京大学、侵华日军第七三一部队罪证资料陈列馆、上海交通大学等单位均针对不同主题文献进行了一定的调查整理[④]。然而总体而言，中国国内对日本战争罪行文献史料的征集、整理和研究工作还存在以下问题。

一是对一手原始资料在海外的存藏情况整体调查不够充分。史料的收集

---

① 卢有学. 战争罪刑事责任研究[M]. 北京：法律出版社，2007：41－42.

② “国际刑事法院”英文全称为 The International Criminal Court，缩写为 ICC。《国际刑事法院罗马规约》英文全称为 *Rome Statute of the International Criminal Court*。

③ How the Court works[EB/OL].[2016－12－30]. https://www.icc-cpi.int/about/how-the-court-works.

④ 例如中国社会科学院近代史研究所近代史资料编译室编译的《侵华日军 731 部队细菌战资料选编》，国家图书馆整理出版的“对日战犯审判文献资料丛刊”系列，南京大学整理出版的《南京大屠杀史料集》，侵华日军第七三一部队罪证资料陈列馆整理出版的《日本细菌战档案选编》《日本细菌战史料集》等。

整理，是历史研究中极为重要的过程，史料也是历史学家对历史真相进行研究以及对历史事件进行解读必不可少的重要依据。“工欲善其事，必先利其器”，任何学术研究，都是文献的调查梳理先行。就日本战争罪行研究而言，以文献为证，重现历史真相，这本身就是消除审判日本战犯问题上的歧见与争论的有效途径，更是驳斥日本右翼保守势力歪曲和否认侵华史实的强有力的武器与佐证，因此史料的摸底调查尤显重要。然而截至目前，中国国内尚未对海外所藏的这一宝贵文献史料情况进行过系统的调查梳理，已有的调查仅集中于细菌战、南京大屠杀等几个点，对很多其他主题的日本战争罪行文献史料情况的掌握并不系统，造成国内相关研究相对落后。

二是文献调查梳理不足，使用不便。一方面日本战争罪行文献内容庞杂、数量巨大，散存于国内外数十家机构（另有大量散存于个人手中），存藏和流散情况复杂，在资料存世情况的摸底了解方面，仍存在很多空白；另一方面，由于战后国际关系和美国亚太政策的改变，以美国为首的盟军各国并未像对德国纳粹战犯那样对日本战犯进行持续的追捕，因此即便是各馆已知存世的文献也大量散存于浩如烟海的各主题卷宗中，未经有效组织整理，查阅使用极其困难，亟需运用专业的文献学方法进行整理，为学者使用提供必要指引。

三是研究揭示不够。日本国立国会图书馆从 20 世纪 70 年代起即组织人员对国外所藏这类文献进行系统的调查整理，并在此基础上组织复制回归。很多日本学者据此发表研究成果，客观上起到了以“学术研究”方式支持本国政治和外交的作用。相比之下，中国相关工作开展起步较晚，大量珍稀史料束之高阁，不为公众所知，未能充分发挥爱国主义教育和社会教育价值。

第四节 新时期研究日本战争罪行文献的意义

一、保存史证，还历史以本来面目

第二次世界大战结束后，依据《开罗宣言》与《波茨坦公告》，反法西斯联盟国家组织对日本战犯的罪行进行审判。依据犯罪性质，战犯分为甲、乙、丙三级。对于甲级战犯，1946 年 5 月 3 日，由中、美、英、苏、澳、加、法、荷、新、印、菲 11 个国家在日本东京组织远东国际军事法庭对 28 名日本甲级战犯进行审判，1948 年 11 月 12 日审判结束。28 名战犯除 2 人病亡、1 人因精神病被免于起诉外，全部 25 名战犯被判有罪，其中 7 人绞刑，16 人终身监禁，2 人有期徒刑。对于乙丙级战犯，1945 年 10 月至 1956 年 7 月，在盟军总部主导下，由美、英、澳、荷、法、菲、中等国家分别在马尼拉、横滨、上海、南京、关岛等43个地区组织了49个军事法庭进行审判，期间共开庭2200次，有5379名日本人和321名其他国家战争嫌犯受审，最终4300余人被判有罪，其中984人被判死刑，475人被判终身监禁，2944人被判有期徒刑①。此外，苏联于1949年12月在伯力举行了针对日本细菌战罪行的“伯力审判”；新中国成立后，在沈阳、太原两地组建军事审判法庭，参照《远东国际军事法庭宪章》，对45名日本战犯进行了审判（见表1－2）。但与战后国际社会对德国法西斯战争罪行的追究相比，对日本战犯的审判显得宽容得多。例如根据日本学者统计，战后至20世纪80年代，盟军在欧洲各地审判法西斯战犯即有8万余人②。

表1－2 1945—1956年反法西斯联盟国家对日本战争罪行的军事法庭审判情况

主导国	法庭数	审判人数	法庭设立地点
美国	7③	1483	东京、横滨、关岛、夸贾林、上海、马尼拉
英国	11	978	新加坡、新山、吉隆坡、太平、亚罗士打、槟城、香港、纳闽、亚庇、仰光、眉苗
澳大利亚	9	949	拉包尔、纳闽、香港、新加坡、韦瓦克、达尔文港、马努斯岛、安汶、摩罗泰岛
荷兰（印尼）	12	1038	巴达维亚、棉兰、丹戎槟榔、坤甸、马辰、巴厘巴板、望加锡、古邦、安汶、万鸦老、摩罗泰岛、霍兰迪亚
菲律宾	1	169	马尼拉
法国	1	230	西贡
苏联④	1	12	哈巴罗夫斯克（伯力城）
中国（中华民国时期）	10	883	汉口、北平、广州、沈阳、南京、济南、徐州、上海、台北、太原

① NARA. Japanese Interim. Report[EB/OL]. [2017－06－15]. https://www.archives.gov/iwg/reports/japanese-interim-report-march-2002-1.html.

② 徐勇，张会芳，史楠. 战争遗留问题的源头：东京审判与《旧金山和约》. 哈尔滨：黑龙江人民出版社，2011：48.

③ 含唯一一场甲级战犯审判“远东国际军事法庭审判”（又称“东京审判”）和准甲级战犯审判“丸之内审判”，其余为乙丙级战犯审判。

④ 不在美日学者所定义之乙丙级战犯审判统计范围内。

续表

主导国	法庭数	审判人数	法庭设立地点
中国（新中国成立后）①	2	45	沈阳、太原

从这些审判中世人得知了战争的详细情况——例如日军在南京犯下的战争罪行详情彻底震惊了日本民族——而这些详情在战争期间是对民众隐瞒了的。因此，这些审判在揭露日本战争罪行事实、汇集文书档案和史实证据方面起到了不可取代的作用。同时，出于审判需要，各国检方搜集了大量日本战犯罪行证据资料，形成了大量法律卷宗，这些文献虽然由于战后国际局势的演变没能应用于审判，但仍揭露了日本军国主义的战争罪行，确认了日本侵略战争的犯罪性质，是日本战争责任的直接证据。这些法律文献不仅为二战史、国际关系史、地缘政治史、国际法、战争罪等研究提供了丰富的研究资料，也给后人留下了宝贵的原始历史记录。

然而，近年来日本右翼势力不断企图推翻上述审判结论，从而否认自身的战争罪行和战争责任，以反抗日本被打上犯罪国家烙印的耻辱。例如，2013 年 3 月 12 日，日本首相安倍晋三在日本国会众议院预算委员会上对东京审判的正义性提出质疑，认为“对于这一场大战的总结，并不是日本人自己作出的，应该说是战胜国一方作出的裁决”②。安倍晋三的这番言论，不仅于国际法上无法理依据，而且也是对法律公平和正义的公然挑衅③。有学者认为，战后日本右翼势力对于东京审判“胜者之正义”的批评带来了极大的负面影响，“这种人们耳熟能详的批评是如此流行，以致许多人太随意、太简单地说出‘胜者之正义’，从而成为不去做更扎实分析的借口”④，“日本人从来没有认真检视过自己的战争责任，特别是道德和政治责任”⑤。对于中日两国而言，年轻的一代已

① 不在美日学者所定义之乙丙级战犯审判统计范围内。

② 朱文奇. 安倍东京审判谬论于国际法无据[N]. 法制日报，2013－03－19(10).

③ 但这番言论并不新鲜，早在 1975 年日本天皇裕仁访美时，面对记者提问，裕仁就曾声称“要问日本的战争罪责的话，他不能回答，因为他不是这方面的专家，对这方面的文献资料研究得还不够”，以“学术研究”不够为借口回避正面回答战争罪责问题。参见：[德]曼弗雷德·基特尔. 纽伦堡和东京审判之后：1945—1968 年日本与西德的“历史清算”[M]. 吕澍，王维江，译. 上海：上海交通大学出版社，2014：36.

④ [日]田中利幸，[澳]蒂姆·麦科马克，[英]格里·辛普森. 超越胜者之正义：东京战罪审判再检讨[M]. 梅小侃，译. 上海：上海交通大学出版社，2013：编者前言 002.

⑤ [日]田中利幸，[澳]蒂姆·麦科马克，[英]格里·辛普森. 超越胜者之正义：东京战罪审判再检讨[M]. 梅小侃，译. 上海：上海交通大学出版社，2013：60.

经远离战争，随着时代的变迁和当事一代人陆续离世，这份历史记忆正逐渐远离人们的视线，战后日本政府对其战争罪行的刻意掩盖和粉饰，使得历史在日本年轻一代人印象中已经偏离了史实真相，甚至被右翼分子操控利用，法律公平和正义被公然挑衅。此外，由于中国对于日本战争罪行文献研究不足，使得舆论上日本右翼势力所谓的"研究成果"占据了优势，而我们回击时往往缺乏史料的运用和支撑，造成了不利影响。在这种情况下，严格基于档案史料和学术公平而开展日本战争罪行及其责任的研究，从而厘清真相、还原史实，尤其重要和可贵。因此，开展日本战争罪行文献史料的整理与研究，既是保存史证，为开展上述学术研究提供文献保障和支撑所必需，也是还原历史真相、让年轻一代了解真正史实的基础和前提。

二、用史实发言，解决历史遗留问题

在中日两国关系史上，几个重大历史问题在两国关系中起着至关重要的作用。近年来，日本对于二战期间所犯战争罪行的态度成为影响当前中日关系的重要因素。中国作为日本战争罪行的最大受害者，深重的灾难在中华民族的集体心灵上留下了不可磨灭的印记。然而，由于美国等西方列强的操控，战后对日本战争罪行的追究主要集中于虐待盟军战俘上，而"对日本殖民地的朝鲜人和中国台湾人的强制动员，并未作为反人道罪行被追诉；同样未被追诉的，还有驱集成千上万名非日籍年轻女子并强迫她们当'慰安妇'，为帝国军队提供性服务。控制检察团的美国人，还决定对一个罪恶昭彰的日本集团秘密准予全面免责。这一集团就是在'满洲'对数千名俘虏实行致命人体实验的731部队的军官和科学研究者（他们被免予起诉的交换条件，是与美国人共享其研究成果）。检察方也没有认真追究有关日本在中国使用化学武器的证据"①。

此外，出于维护西方国家殖民统治的需要，不仅是这些具体的战争罪行没有得到认真和彻底的追究，日本对受害国的殖民统治和对在其统治下国家人民的基本人权的侵犯也没有得到追究。正如《超越胜者之正义：东京战罪审判再检讨》一书所言："英国、法国、荷兰，以及美国本身，当时都是亚洲大片地区的殖民统治者，而这些地区正在展开民族独立运动，包括荷属东印度群岛、马来西亚、新加坡、缅甸、菲律宾和印度支那。因此，不足为奇的是，日本应对亚

---

① John Dower. Embracing Defeat: Japan in the Wake of World War II[M]. New York: W. W. Norton & Co., 1999: 465-466.

洲人民所负的法律责任被东京法庭划定在围绕战争暴行方面，而略去了殖民主义的问题。”①因此，“在日本帝国造成的破坏中受难最深重的亚洲民族——中国人、朝鲜人、印度尼西亚人和菲律宾人，在这块战败的土地上却根本没有扮演任何重要角色或起到任何有影响的作用。他们变成了隐身人。亚洲人对击败日本皇家陆海军的贡献，被对于美国在‘太平洋战争’中胜利的全力关注所取代了”②。

此外，为了便于执行美国政府“单独占领日本”的政策，代表美国、英国、中国和苏联实施对日占领的“驻日盟军最高统帅”道格拉斯·麦克阿瑟和美国政府一道设法保护日本天皇裕仁免于作为战犯受到起诉。同样的，一些重要的军国主义领导集团和势力的罪行也被“默默”忽略了，包括那些鼓吹对外侵略扩张的极端团体、对日本军国主义提供经济支持并大发战争财和殖民财的日本财阀集团、参与煽动民族仇恨和敌视中国情绪的日本学者等——这是一种集体记忆的沉默，而这种沉默不能说是未经过有意组织的。相反，正是这种刻意的集体沉默，使得日本国民很快“忘记”了日本的战争罪行，并试图随着时间和证据的消解，使得受害的亚洲人民也“忘记”这点。“他们的目的是利用天皇制度，从而能够顺利实行对日本的占领控制。为此目的，驻日盟军总司令部将裕仁描绘为受到军事领袖们的操控，否认他能够对皇军直接行使权力——换句话说，天皇也是战争受害者……麦克阿瑟将军的驻日盟军总司令部民间情报教育局实施的‘再教育’计划，加上美国对战罪法庭的界定以及‘和平天皇’神话的推出，对日本战后自我形象的形成有着巨大的影响。这意味着，日本人是可怜的战争牺牲品，正像他们那个仁慈的天皇一样，他是被以东条英机将军为代表的军事领袖欺骗了。这样做的结果是免除了日本人认真反思的需要，不管是日本对（中国）台湾和朝鲜的殖民化及压迫统治，还是日军对亚洲各国人民犯下的战争罪行（如南京大屠杀），以及天皇为无数亚洲人民遭受的苦难应负的终极责任。这种反思的缺失，是我们理解为什么有些日本人至今不能克服对其他亚洲人之偏见的关键所在。”③

二战后出于冷战需要，在对日占领中占据主导地位的美国迅速与日本签

---

① ［日］田中利幸，［澳］蒂姆·麦科马克，［英］格里·辛普森. 超越胜者之正义：东京战罪审判再检讨［M］. 梅小侃，译. 上海：上海交通大学出版社，2013：编者前言 003.

② John Dower. Embracing Defeat: Japan in the Wake of World War II［M］. New York: W. W. Norton & Co.，1999：66.

③ ［日］田中利幸，［澳］蒂姆·麦科马克，［英］格里·辛普森. 超越胜者之正义：东京战罪审判再检讨［M］. 梅小侃，译. 上海：上海交通大学出版社，2013：编者前言 003 – 004.

署了《旧金山对日和平条约》,恢复了日本主权。日本政府"认为这些战犯并非国内法意义上的刑事罪犯"①,因而修改了有关对日本战犯执行处罚和赦免的法律,并企图放宽在押犯假释的条件。"尽管有美国的抗议,日本政府还是迅速采取行动来恢复战犯名誉,包括取消对其担任公职的禁令、恢复其选举权和收取养老金的权利等。再没有其他甲级疑犯受审,所有余下的这些人都根据一个不再起诉的决定被释放了。到 1956 年 3 月,所有活着的甲级犯人都得到假释,然后在 1958 年 4 月 7 日,还活着的十名假释犯全都无条件释放了。这样,日本自己从来没有在本国起诉战犯,这与德国政府对于纳粹战犯的态度形成对比。这种情况在日本一直延续到今天。"②

由于上述原因,战后对日本战争罪行的追究并不彻底,日本一直对其所犯罪行没有进行充分反思,而且在错误的道路上越行越远。这表现在一方面日本右翼势力在日本国内推行错误的历史教育,极力否认所犯的战争罪行史实——如果没有留存下来的一手文献史料为证,很难想象历史将被他们歪曲改写成怎样。另一方面,他们企图通过攻击美国等西方国家主导的战后对日审判的不彻底性和法律(及其程序)上的缺陷,从而逃避对亚洲国家和人民所犯战争罪行的历史责任,以"所有的赔偿问题——不仅是国家间的而且也包括对个人受害者的赔偿——全部通过对日和约以及几个双边条约得到解决了""国家无答责""时效限制",以及外国受害者所诉日本战争罪行"不属于日本国内法管辖范围"等种种借口和理由,拒绝受理或不断驳回外国受害者的索赔起诉。这种罔顾事实与公义的做法,对中国等亚洲国家受害者又造成了深深的二次伤害。

因此,开展日本战争罪行文献史料的整理与研究,是实现"让历史说话、用史实发言",解决历史遗留问题的客观需要。

三、擦亮历史之镜,通向和平未来

回顾过去,是为了更好地前瞻未来。正如东京审判中方大法官梅汝璈先

---

① 日本主权恢复后,对于在押战犯的控制和赦免受 1952 年 6 月 12 日关于对日和约第 11 条之判决执行与假释的法律管辖(法律第 103 号)。这样,对待日本战犯就有了双重标准,即"国际法下的罪犯"和"国内法下的非罪犯"。转引自[日]田中利幸,[澳]蒂姆·麦科马克,[英]格里·辛普森.超越胜者之正义:东京战罪审判再检讨[M].梅小侃,译.上海:上海交通大学出版社,2013:18.

② [日]田中利幸,[澳]蒂姆·麦科马克,[英]格里·辛普森.超越胜者之正义:东京战罪审判再检讨[M].梅小侃,译.上海:上海交通大学出版社,2013:18.

生所言:“我不是一个复仇主义者,我无意于把日本帝国主义者欠下我们的血债写在日本人民的账上。但是,我相信,忘记过去的苦难可能招致未来的灾祸。”如何对待所犯战争罪行的客观历史,不仅是日本对于那场侵略战争的态度问题,也关系到日本作为一个国家,能否坚持和平发展道路,愿否与亚洲各国人民和平相处、共同发展的重大战略选择问题。战争法和战争罪行概念的发展演变说明,在惩罚战争罪行、维护国际法的问题上,国际社会有着共同的目标和利益,这是捍卫人类良知与世界和平的必由之路。从这个视角来看,如何对待和认识历史问题,既是维护和发展日本同亚洲各受害国国际关系的前提之一,也是捍卫人类文明、维护世界和平的基础。

历史是最好的教科书,研究日本战争罪行文献史料,就是站在当下回望这段人类历史最悲惨黑暗的历史,去思考如何在历史过往进程中吸取经验教训,预防悲剧重演——历史固然不能重来,但却能够在通向未来的道路上避免重蹈覆辙,这也是下功夫做好日本战争罪行文献史料的收集整理的意义所在。

第二章　美国国家档案馆

第一节　馆藏概况

一、馆情简介

美国国家档案馆（National Archives and Records Administration，NARA）是美国保管联邦政府档案文件的机构。1934 年建立，直属联邦政府，馆长由总统任命。1949 年改属美国国家档案与文件局（今称美国国家档案和记录管理局）。总馆馆址设在华盛顿，目前在全美设有 40 多家分馆[①]。

美国法律规定，所有美国政府解密档案均移交美国国家档案馆收藏。1937 年，美国国家档案馆接收了来自美国联邦政府的 135 万立方英尺的档案。此后又收藏了有关罗斯福新政和第二次世界大战的全部档案。1949 年 2 月对日本甲级战犯进行审判的远东国际军事法庭解散后，相关法庭文书移交美国国家档案馆收藏。美国对日占领结束后，美国军方又将在日本缴获没收的日本帝国政府文书档案带回美国，其中部分移交美国国家档案馆收藏[②]。以上文献构成了日本二战期间战争罪行文献史料的基本馆藏来源，包括日军战争罪行罪证、战争期间截获情报、政府文书档案等，弥足珍贵。

美国国家档案总馆分一馆和二馆。一馆位于华盛顿白宫和国会大厦之间的宾州大道上，主要收藏珍稀历史档案。二馆位于华盛顿马里兰州大学公园城内，占地 13.4 公顷，建筑面积约 17 万平方米，建筑高 6 层，档案库房面积 6 万多平方米，全部采用电动密集架，存放架位长度达 836 千米，存储能力 5.6 万立方米。二馆主要收藏现行档案，现藏有联邦政府档案 5 亿件，内容涵盖外交、商业、劳工、能源、交通、财政、社会问题等，还有部分总统行政档案、第二次

---

① NARA. National Archives History[EB/OL].[2013-06-01]. http://www.archives.gov/about/history/.

② 这些档案分别于 1958 年和 1974 年归还日本，但部分文档在归还前进行了缩微复制。

世界大战军事档案等，除纸质档案外，还有电影胶片、人物和军事照片、录音带、地图、建筑物艺术图、航拍图及大量电子文件。日本战争罪行专藏主要收藏于二馆。这些文献对于今天研究日本二战罪行、认清历史真相和解决中日关系中的历史问题具有重要价值。

二、对日本战争罪行文献史料的整理和揭示

（一）项目背景

由于美国政府档案分藏和分类方式的原因，日本二战罪行档案零散分布于不同机构、不同主题的浩瀚文档中，部分文档还因情报机构的设密审查被人为拆分。从20世纪50年代起，美国政府开始逐步解密相关档案，到70年代解密了约数百万页①，但仍有大量虽已到解密期限但尚未解密的档案，而已解密的文献因分散保存于多个机构也未能得到学者有效利用。

20世纪90年代，美国国内二战受害者索赔浪潮兴起，公众对德国纳粹和日本战争罪行档案解密吁求高涨②。受多种民间力量推动，1998年10月8日，当时的美国总统克林顿签发了“纳粹战争罪行公开法”（Nazi War Crimes Disclosure Act，P. L. 105－246）。1999年1月11日，根据“纳粹战争罪行公开法”，克林顿总统签发13110号行政令，成立纳粹战争罪行档案跨机构工作组（Nazi War Criminal Records Interagency Working Group，IWG）。工作组由公众和联邦政府代表组成，负责将美国政府档案中的纳粹罪行档案进行定位、清点和提出解密建议，并协调相关机构尽快将这类档案向公众开放。2000年5月23日，工作组主席迈克尔·库尔茨博士（Dr. Michael Kurtz）宣布开始启动第二阶段，即日本战争罪行相关档案的整理、公布工作。2000年12月6日，美国国会通过“日本帝国政府档案公开法”（Japanese Imperial Government Disclosure Act，P. L. 106－567），并同意纳粹战争罪行档案跨机构工作组更名为纳粹战争罪行和日本帝国政府档案跨机构工作组（Nazi War Crimes and Japanese Imperial Government Records Interagency Working Group，IWG），正式赋予工作组清点解密美国政府档案中日本战争罪行相关档案的职责。

（二）项目任务

根据“日本帝国政府档案公开法”，纳粹战争罪行和日本帝国政府档案跨

---

① IWG. 100000 Pages Declassified in Search for Japanese War Crimes Records[EB/OL]. [2013－06－24]. http://www.archives.gov/press/press-releases/2007/nr07-47.html.

② 孙伶伶.美国解密日本二战档案考察[J].日本学刊，2008(1)：98－105.

机构工作组关于日本帝国政府档案的主要职责为:定位和确认所有美国政府机构收藏的、尚在保密状态的日本帝国政府档案,并开列清单,提出解密建议,提供公众使用①。同时在清点档案过程中,也对那些已解密并公开使用的相关档案进行重新梳理。

为完成这一任务,工作组首先组织专家列出了一份非常冗长的主题、机构和人物关键词词表,根据该表对文献进行筛选排查。此外,还对以下专题进行了重点调查,包括:

(1)任何有关日本对待战俘和平民俘虏情况的资料,包括所有有关强迫劳动和奴役劳工的资料;

(2)任何有关研发和使用化学战和细菌战武器的资料;

(3)任何有关石井四郎、人体医学实验和731部队的资料;

(4)任何有关美国政府在战后决定对天皇和某些战犯不予起诉的资料;

(5)任何有关"慰安妇"的资料。

根据初步摸底,工作组确定了上述涉密文献的主要收藏机构,并将这些机构的文献史料作为重点调查、梳理对象。这些机构包括美国中央情报局(Central Intelligence Agency,CIA)、美国陆军部(Department of the Army)、美国联邦调查局(Federal Bureau of Investigation,FBI)、美国国家档案馆(National Archives and Records Administration,NARA)、美国国务院(Department of State)等。

据此,工作组从美国各政府机构档案、对日缴获文献和远东国际军事法庭事务局、国际检察局移交的文件中筛选相关档案进行了重新汇总,对于经审查可以解密的文档进行了解密,并提供OPAC检索和文献检索利用指南,较大程度加强了档案的揭示程度和公开程度。

(三)项目成果

2007年3月31日工作组使命结束,期间共整理德国纳粹和日本战争罪行档案850余万页,新解密美国政府档案中的日本战争罪行档案10万余页,发布相关专题馆藏资源介绍3部②。整理的档案内容包括日本战争罪行证据、情报和战犯审判相关文献史料,时间涵盖1931—1951年,分散于美国国家档案馆的40余个文件组(Record Group)中(见表2-1)。这些工作有助于学者更全

---

① IWG. Implementation of the Japanese Imperial Government Disclosure Act and the Japanese War Crimes Provisions of the Nazi War Crimes Disclosure Act:An Interim Report to Congress[EB/OL].[2013-06-27]. http://www.archives.gov/iwg/reports/japanese-interim-report-march-2002-1.html.

② 其中Select Documents on Japanese War Crimes and Japanese Biological Warfare选录了1400余种有关731部队、日本二战期间细菌战实验和细菌战袭击的文件。

面地了解日本在战争期间的所作所为，特别是其中一些曾为最高机密文件的解密，有助于人们全面深入了解日本在第二次世界大战期间所犯的大屠杀、细菌战等战争罪行细节，以及美国政府和美国智库在战后对日处置方面的决策和行为①。

表 2－1 日本二战战争罪行档案的馆藏分布一览表②

文件组号	文件组名	中文译名
RG 24	Records of the Bureau of Naval Personnel	海军人事局档案
RG 38	Records of the Office of the Chief of Naval Operations	海军作战部档案
RG 43	Records of International Conferences, Commissions, and Expositions	国际会议、委员会、展览会文件
RG 56	General Records of the Department of Treasury	财政部一般档案
RG 59	General Records of the Department of State	国务院一般档案
RG 60	General Records of the Department of Justice	司法部一般档案
RG 65	Records of the Federal Bureau of Investigation	联邦调查局档案
RG 76	Records of Boundary and Claims Commissions and Arbitrations	边界、争端委员会和仲裁文件
RG 82	Records of the Federal Reserve System	联邦储备局档案
RG 84	Records of the Foreign Service Posts of the Department of State	国务院驻外机构档案
RG 107	Records of the Office of the Secretary of War	战争部长办公室档案
RG 111	Records of the Office of the Chief Signal Officer	通讯署长办公室档案
RG 112	Records of the Office of the Surgeon General (Army)	陆军军医长办公室档案
RG 125	Records of the Office of the Judge Advocate General (Navy)	海军军法长办公室档案
RG 127	Records of the United States Marine Corps	海军陆战队档案
RG 131	Records of the Office of Alien Property	外侨财产管理署档案

① IWG. The Nazi War Crimes and Japanese Imperial Government Records Interagency Working Group (IWG)[EB/OL].[2013－06－24]. http://www.archives.gov/iwg/about/.

② Greg Bradsher. Japanese War Crimes and Related Topics: A Guide to Records at the National Archives [EB/OL].[2015－01－24]. http://www.archives.gov/iwg/japanese-war-crimes.

续表

文件组号	文件组名	中文译名
RG 153	Records of the Judge Advocate General(Army)	陆军军法署档案
RG 165	Records of the War Department General and Special Staffs	战争部档案
RG 169	Records of the Foreign Economic Administration	对外经济署档案
RG 175	Records of the Chemical Warfare Service	化学战研究中心档案
RG 200	National Archives Gift Collection Records	国家档案馆捐赠档案专藏
RG 208	Records of the Office of War Information	战争情报署档案
RG 216	Records of the Office of Censorship	新闻审查署档案
RG 218	Records of the U. S. Joint Chiefs of Staff	美国参谋长联席会议档案
RG 226	Records of the Office of Strategic Services	战略情报局档案
RG 238	National Archives Collection of World War II War Crimes Records	国家档案馆二战战争罪行档案专藏
RG 239	Records of the American Commission for the Protection and Salvage of Artistic and Historic Monuments in War Areas	美国战时历史文化遗址保护抢救委员会
RG 242	National Archives Collection of Foreign Records Seized	国家档案馆外国缴获档案专藏
RG 243	Records of the United States Strategic Bombing Survey	美国战略轰炸调查署档案
RG 262	Records of the Foreign Broadcast Intelligence Service	对外广播情报署档案
RG 263	Records of the Central Intelligence Agency	中央情报局档案
RG 299	Records of the Foreign Claims Settlement Commission of the United States	美国对外索赔清算委员会
RG 313	Records of Naval Operating Forces	海军作战部队档案
RG 319	Records of the Army Staff	陆军参谋部档案
RG 331	Records of the Allied Operational and Occupation Headquarters, World War II	二战盟军总部及其下属机构档案
RG 332	Records of US Theaters of War, World War II, 1939 – 1950	二战美军各战场档案
RG 333	Records of International Military Agencies	国际军事情报局档案

续表

文件组号	文件组名	中文译名
RG 338	Records of US Amy Commands, 1942 -	美国陆军司令部档案
RG 353	Records of Interdepartmental and Intradepartmental Committees, State Departmen	部际委员会、国务院内联合委员会文件
RG 389	Records of the Office of the Provost Marshal General	宪兵司令部档案
RG 407	Records of the Adjutant General's Office, 1917 -	陆军副官署档案
RG 457	Records of the National Security Agency	国家安全局档案
RG 493	Records of U. S. Army Forces in the China-Burma-India Theaters of Operation	美国陆军驻中缅印战区作战部档案
RG 494	Records of U. S. Army Forces in the Middle Pacific, 1942 - 1946	驻中太平洋战区美国陆军档案
RG 495	Records of Headquarters, United States Army Forces, Western Pacific	驻西太平洋战区美国陆军总部档案
RG 496	Records of General Headquarters, Southwest Pacific Area and United States Army Forces, Pacific	驻西南太平洋战区美国陆军总部档案
RG 554	Records of General Headquarters, Far East Command, Supreme Commander Allied Powers, and United Nations Command	远东司令部、盟军总司令部及联合国总司令部档案

三、重要立卷机构及其馆藏

(一)战争罪行办公室

1944 年 10 月,美国陆军成立战争罪行办公室,在联合国战争罪行委员会中代表美方收集和准备审判轴心国战犯的证据。尽管该机构最初是代表陆军部行动,但从 1945 年 1 月开始,它被划归盟军总部军法署(Judge Advocate General's Office)领导,同时为陆海军工作。1945 年 5 月,罗伯特·杰克逊(Robert H. Jackson)法官被任命为轴心国罪行起诉委员会美方主席。此后,虽然战争罪行办公室也为远东国际军事法庭首席检察官及其同事提供援助,帮助他们准备应对首要战犯(Major War Criminals,国内一般称为甲级战犯,Class A War Criminals)的案件材料,但其主要精力放在了普通战犯(Minor War Criminals,国内一般称为乙丙级战犯,Class B and C War Criminals)的起诉材料准备上。战争罪行办公室多方搜集信息,其信息来源包括:陆军、海军和民间机构归国人员证词，远东和太平洋战区部队所辖战争罪行调查组搜集和保存的日本战争罪行证据资料等。起初该机构工作地点主要在美国，1944 年下半年以后逐渐扩展到几个海外战区，包括各战区司令部军法署战争罪行科和一些野战部队的战争罪行调查组。与此同时，海军部也在海军中成立了类似机构，由海军军法长负责。

经过几次改组，1945 年 9 月，战争罪行办公室由 5 个部门组成。其中，东方部负责调查起诉日本在远东和太平洋地区针对美国公民的战争罪行；研究和信息部负责调查所有战区的共有战争犯罪问题，在信息收集方面与其他机构保持联络，执行特别任务；特别任务部负责执行首席检察官委派的特别任务；行政部负责行政管理事务。1946 年 3 月，该办公室被划归陆军部总参谋部民政部（Civil Affairs Division of the War Department General Staff），并更名为战争罪行科。1949 年 1 月 1 日，它再次被划归军法署，并更名为战争罪行部（War Crimes Division）。

战争罪行部是日本战争罪行文献的最大来源机构之一。这些文献主要分布于海军军法长办公室档案（RG 125）、陆军军法署档案（RG 153）和二战盟军总部及其下属机构档案（RG 331）几个文件组中。

（二）驻日盟军总部

第二次世界大战结束后，为执行美国政府"单独占领日本"的政策，美国总统杜鲁门任命道格拉斯·麦克阿瑟为"驻日盟军最高统帅"（Supreme Commander of the Allied Powers 或 Supreme Command of Allies in the Pacific，SCAP），代表盟国实施对日战领。1945 年 10 月 2 日，麦克阿瑟在日本东京建立驻日盟军最高统帅司令部（General Headquarters，GHQ），又称驻日盟军总部，通过日本政府实行所谓"间接统治"。1945 年底，依据《波茨坦公告》和日本投降条约，驻日盟军总部组织了远东国际军事法庭审判、马尼拉审判、横滨审判、丸之内审判等系列对日本甲、乙、丙级战犯的军事审判。麦克阿瑟作为驻日盟军最高统帅，在日本战争罪行调查、日本战犯审判和日本战争赔偿裁定等方面拥有主导大权。1952 年 4 月 28 日，《旧金山对日和平条约》生效，驻日盟军结束对日占领，日本恢复主权国家地位。

因此，盟军总部档案（Records of the Allied Operational and Occupation Headquarters，World War II）也是日本战争罪行文献的重要来源之一。这部分文献被编入美国国家档案馆的 RG 331 文件组，包括盟军总部司令部、盟军总部法务处（负责乙丙级战犯审判）、盟军总部国际检察局（负责甲级战犯审判）、民政局、国民财产托管处、军法处、盟军总部东南亚司令部（负责东南亚地区对日军事行动,包括印度、缅甸、泰国、马来亚、斯里兰卡、苏门答腊等地)等机构档案。

(三)美国战略情报局

1941 年 7 月 11 日,美国政府于太平洋战争爆发前夕成立了情报协调委员会(Office of the Coordinator of Information),旨在协调政府各部门(国务院、陆军部、海军部等)的情报机构。1942 年 6 月 13 日,美国政府正式成立战略情报局(Office of Strategic Services, OSS),隶属于参谋长联席会议(Joint Chiefs of Staff)。它是美国战时最大的情报机构,其基本职能有二:一是收集、评估和分析有助于对纳粹轴心国家作战的情报,二是制定并执行情报工作相关军需用品的采购预算。

战略情报局总部位于美国华盛顿特区,下设多个独立运行的副官长办公室,分别负责行政事务、情报分析与研究、情报作战、教育培训、人事管理等业务,除在纽约和加利福尼亚州设有分局以外,还在海外 40 多个地区设有办事处,负责通讯、航运、心理战、后勤、战地实验、战地摄影、急救、反间谍、伪装、掩护及证件(伪造证件)、训练、情报研究与分析等工作。其中,来自驻中国昆明办事处的情报占据战略情报局档案总量的 6%,另外来自中国重庆、上海的情报也占据了重要地位。在该部门最为活跃的 1944 年 10 月,其海外员工有军事人员 5500 人、文职人员 2000 人,美国本土员工有军事人员 2700 人、文职人员 2000 人。

战略情报局搜集情报的范围极其广泛,它不仅搜集法西斯敌人的情报,对于盟国的政治、经济、军事等各方面情报也加以密切注意。例如,为了解中共华北、西北抗日根据地的状况并就近搜集日军情报,美国派驻中国的中国战区参谋长约瑟夫·史迪威(Joseph Stilwell,1883—1946)于 1944 年 7 月向中国延安派出美军观察组(俗称“迪克西使团”)。观察组不仅报告了中共的各方面情况,还报告了在延安的日共领导人的状况,以及通过中共的直接、间接的帮助搜集到的日军情报,如日本的报刊,八路军缴获的日军文件、武器及八路军捕获日军战俘情况等①。

二战结束后,美国政府于 1945 年 9 月 17 日成立了中央情报局,并于当年 10 月 1 日裁撤战略情报局。战略情报局研究分析部档案移交美国国务院管理,其余档案最初移交陆军部,后于 1947 年移交中央情报局。1946 年美国国务院把战略情报局 1000 立方英尺的档案移交美国国家档案馆,这部分档案已

---

① 陶文钊. 美国国家档案馆(总馆)解密战略情报局档案[J]. 近代史研究,1991(2):311 - 312.

于1975年解密开放，而移交中央情报局的6000立方英尺档案却一直没有公布。20世纪90年代后，中央情报局才开始分批将这些档案移交美国国家档案馆，其中有2000多立方英尺档案因被认为没有历史价值已予销毁，另外3000多立方英尺的档案提供开放阅览①。

（四）美国国务院

美国国务院（Department of State）是1789年美国联邦政府成立后最早设立的内阁部门之一，在成立之初其名字为“外交部”（Department of Foreign Affairs），两个月后改为今名，其主要职责为确定美国政府的外交政策。第二次世界大战所带来的复杂外交关系问题使得扩大美国国务院职能成为必要。它的战时职能包括：与其他国家进行战争相关的谈判，与其他部门一起规划与反法西斯同盟国家开展广泛合作事宜，确定与租借法案和经济战争相关的外交政策，协调与军事行动相关的外交政策等。此外还负责一些专题研究和讨论，制定各类政策，规划战后政治经济重建等事宜。

根据美国国家档案馆的分类，美国国务院档案中的日本战争罪行档案主要分布在以下几个文件组：

（1）一般档案。包括主档案、远东事务局档案、情报办公室档案、法律顾问办公室档案、公共事务局档案、特别战争问题部档案、世界贸易情报部（后被经济安全控制部取代）档案等。这些档案主要划归国务院一般档案文件组（RG 59）。

（2）驻外机构档案。包括美国驻澳大利亚、缅甸、中国、英国、印度、日本、菲律宾、瑞典和泰国等使领馆、代表处的档案。其中涉华的部分有驻南京、昆明、北京使领馆档案，以及联合国战争罪行委员会在中国调查日军战争罪行、美国在上海审判日本战犯等情况的档案。由于日军的侵略，这些档案在战争期间多有损毁。这些档案主要划入美国国务院驻外机构档案文件组（RG 84）。

（3）专门文件。由于档案数量庞大，美国国务院将一些文件单独分类，称作专门文件。主要包括三个文件组：国际会议、委员会、展览会文件（RG 43），由美国赴海外代表团创建，任务结束后在国务院归档；边界、争端委员会和仲裁文件（RG 76），涉及各种类型的边界仲裁文件；部际委员会、国务院内联合委员会文件（RG 353），主要为美国国务院内部或国务院参与（一般由国务院派

① 陶文钊. 美国国家档案馆（总馆）解密战略情报局档案[J]. 近代史研究，1991(2)：311－312.

人担任主席或秘书）的各类协调委员会、特别小组、工作组档案①。

第二节　专藏简介

一、日本战争罪行文献馆藏概况

（一）军事作战记录

由于反和平罪是战后对日本战犯进行起诉追究的重要罪行，因此美国军方保留的军事作战记录是判定日本战争罪行和战争责任的重要凭据。虽然战后由于国际局势的变化，日本的战争罪行未能得到彻底清算，但这部分档案对今天研究日本二战期间的军事行动及由此导致的战争犯罪后果具有重要史料价值。其中较重要的几宗包括②：

（1）边界、争端委员会和仲裁文件（RG 76）。包括有关中日冲突的档案，档案厚度约 1 英尺，是参加李顿调查团的美国代表麦考益（Frank McCoy）所保存的有关九一八事变的国联会议记录、报告、备忘录等。

（2）海军陆战队档案（RG 127）。包括美国海军陆战队二战期间在中国沿海作战的军事档案、调查报告，以及接管与移交华北的相关档案。

（3）战争部③档案（RG 165）。包括中缅印战区军事情报，史迪威、魏德迈等人与美国参谋长联席会议之间有关战区情况的函电，英、美、日军力分布情况报告，日本宪兵驻汉口人员名单等。

（4）参谋长联席会议档案（RG 218）。完整保存了美国参谋长联席会议和英美联合参谋长会议的记录，包括太平洋战区、中缅印战区、中国战区作战讨论记录，以及下属美国联合情报委员会、联席计划处、英美联合作战计划处等

---

① 姚百慧. 浅谈美国国务院档案［C］//徐蓝. 近现代国际关系史研究（第三辑）. 北京：人民出版社，2013：288 - 314.

② 陶文钊. 美国国家档案馆（总馆）所藏有关中国档案材料简介［J］. 近代史研究，1985（5）：190 - 226；Greg Bradsher. Japanese War Crimes and Related Topics：A Guide to Records at the National Archives［EB/OL］.［2015 - 01 - 24］. http：//www. archives. gov/iwg/japanese-war-crimes.

③ 美国独立战争胜利后，美国国会设立美国战争部（The United States Department of War）来管理军队，该部门直接接受美国总统领导，其首长是战争部长，由文职官员担任，且为内阁成员。1947 年 9 月，战争部被拆分至陆军部和空军部，与海军部一起划归国防部管辖。二战期间，美国战争部主要职责有二：一是负责制定有关军队建制的一般政策和执行过程中产生的特殊军事问题，包括各军事机构（含情报机构）的建立、编制和管理等；二是监督军队武器、装备和物资的采购。因此该机构二战期间档案包含大量日本战争罪行档案。这部分文件被编入美国国家档案馆的战争部长办公室档案（RG 107）和战争部档案（RG 165）文件组。

提交的各种有关军事行动的报告、备忘录、往来函电，参谋长联席会议发给中缅印战场美军司令官的命令等。

(5)陆军参谋部档案(RG 319)。包括在重庆、香港、昆明、上海等地区收集的军事情报，中国远征军、中国驻印军在印缅战场作战的历史照片，中国伪军名单等。

(6)美国陆军驻中缅印战区作战部档案(RG 493)。包括中缅印战区和中国战区的历史纪要、盟军军队特别是中国军队的参谋档案、作战记录、作战命令等。

(二)普通战争罪档案

主要包括日本虐待战俘和平民俘虏罪行、实施化学战和细菌战罪行、针对盟军军事人员和平民的暴行三类。

(1)虐待战俘和平民俘虏罪行

美国国家档案馆收藏有大量日本在二战期间虐待盟军战俘和平民俘虏的证言证据档案。在太平洋战区战争结束阶段，美国军队参与了一系列解救战俘和平民俘虏的行动，因此美国国家档案馆也收藏有关这些行动的档案。上述档案主要分布在以下卷宗：美国国务院一般档案(RG 59)；美国海军军法长办公室档案(RG 125)；美国陆军军法署档案(RG 153)；美国战略情报局档案(RG 226)；二战盟军总部及其下属机构档案(RG 331)；美国部际委员会、国务院内联合委员会文件(RG 353)；美国宪兵司令部档案(RG 389)；美国陆军副官署档案(RG 407)。

其中比较著名的一组档案是战略情报局档案中有关奉天战俘营的档案。这组档案记录了1942年巴丹死亡行军幸存战俘和一些中国台湾地区、朝鲜、菲律宾俘虏在沈阳“奉天战俘营”的生活情况与国际救助情况，日军对俘虏的虐待、奴役情况，1945年8月中美部队联合开展营救战俘计划情况以及美军抵达沈阳后收集到的有关中国东北地区和苏联军队的情报①。

(2)化学战和细菌战

2007年，美国国家档案馆编制了《日本战争罪行与日本细菌战文献选编(1934—2006)》(*Select Documents on Japanese War Crimes and Japanese Biological*

---

① IWG. Researching Japanese War Crimes Records: Introductory Essays[EB/OL].[2013-06-28]. http://www.archives.gov/iwg/japanese-war-crimes/.

Warfare,*1934 - 2006*)[①],除节选1400余份馆藏有关731部队、细菌战实验、二战期间日本实施细菌战情况的文献外,还影印了25份馆藏文献原文,可作为日本细菌战人类活体实验相关课题研究人员的初始参考资料。

有关细菌战的相关史料还可在以下卷宗找到:美国海军作战部档案(RG 38);美国陆军军医长办公室档案(RG 112);美国陆军军法署档案(RG 153);美国战争部档案(RG 165);美国化学战研究中心档案(RG 175);美国参谋长联席会议档案(RG 218);美国战略情报局档案(RG 226);美国国家档案馆外国缴获档案专藏(RG 242);美国陆军参谋部档案(RG 319);二战盟军总部及其下属机构档案(RG 331);驻西南太平洋战区美国陆军总部档案(RG 496)。

这些档案包括日本在中国东北进行化学战和细菌战实验的相关情报,日本在中国使用化学毒气和细菌炸弹的报告(包括有关哈尔滨中马城[②]的情报,日本在中国东北地区居民身上注射鼠疫杆菌并引发疫情的报告,日军在湖南空投含有鼠疫的粮食、纸张并引发大范围疫情的报告等),战后美军逮捕和审讯日方从事细菌战研究人员的情况,苏联要求公开审讯细菌战战犯档案,以及美国政府最终决定与这些研究人员进行秘密交易,赦免其战争罪行的相关档案等。

(3)针对盟军军事人员和平民的暴行

美国国家档案馆所藏日本战争罪行档案的另一大类为日本在亚洲太平洋战区针对反法西斯联盟各国军队和所侵略国家平民的暴行记录。这些记录主要分布于以下卷宗:美国海军军法长办公室档案(RG 125);美国陆军军法署档案(RG 153);二战盟军总部及其下属机构档案(RG 331);美国陆军驻中缅印战区作战部档案(RG 493)等。

这些档案的内容极其丰富,包括日军对菲律宾、中国等亚洲国家和美国、英国等西方国家平民进行屠杀、强奸、虐杀、实施酷刑等行为的记录。例如与南京大屠杀、将中国劳工强行运至日本进行奴役和强迫劳动、杀害美国飞行员俘虏相关的证言证据记录等。

(三)战犯审判史料

二战结束后,依据《波茨坦公告》和日本投降条约,反法西斯联盟组织对日本战犯进行审判,审判的战争罪行包括破坏和平罪、战争犯罪、违反人道罪。

---

① IWG. Select Documents on Japanese War Crimes and Japanese Biological Warfare, 1934 - 2006[EB/OL]. [2013 - 06 - 25]. http://www.archives.gov/iwg/japanese-war-crimes/select-documents.pdf.

② 即石井四郎所建立的731部队的前身背荫河细菌实验场。

根据所犯罪行不同，国内通常把日本战犯称为甲级战犯和乙丙级战犯。其中，甲级战犯指犯有第一类“破坏和平罪”的战犯，多为掌握决策权力的日本军队或政府高层。乙丙级战犯指犯有第二类“战争犯罪”和第三类“违反人道罪”的战犯，部分甲级战犯同时被指控犯有这两类战争罪行。

有关甲、乙、丙级战犯审判的庭审记录、证据材料、法官档案、检方档案以及部分辩方材料主要分布于美国陆军军法署档案（RG 153）、美国国家档案馆二战战争罪行档案专藏（RG 238）、二战盟军总部及其下属机构档案（RG 331）三个卷宗。

二、重要专藏

（一）东京审判文献专藏

根据中国、美国和英国 1945 年 7 月 26 日发表的《波茨坦公告》（日本在 1945 年 9 月 2 日签署投降书时接受了这一公告，公告规定对战犯进行审判），以及英国、美国和苏联外长 1945 年 12 月 27 日在莫斯科发表的宣言，授予驻日盟军最高统帅签发和执行日本投降条款全部命令的权力。根据这一授权，1946 年 1 月 19 日，驻日盟军最高统帅麦克阿瑟宣布成立远东国际军事法庭，在东京审判日本战犯，又称东京审判。

审判确认了日本侵略战争的犯罪性质，裁定了日本的战争责任，构建了战后亚太地区新秩序，对厘清历史责任、解决战后国际纷争具有重要意义。审判过程中使用和产生了大量文献史料，是今天研究日本二战罪行、还原历史真相、反驳日本右翼翻案言论和解决中日关系历史问题的重要依据。1949 年 2 月远东国际军事法庭解散后，相关文书原件移交美国国家档案馆收藏。美国对日占领结束后，美国军方又将在日缴获的相关文献带回美国，一并交美国国家档案馆收藏。以上文件构成了东京审判文献史料的基本馆藏，是目前全世界最为开放和使用便捷的东京审判文献史料。

美国国家档案馆马里兰馆区较完整地收藏了远东国际军事法庭的相关文献史料。这些文献史料包括前期法庭筹备相关档案、开庭期间庭审档案及法庭现场照片、开庭前后的媒体报道摘编以及与审判密切相关的各方档案史料（包括日军战争罪行罪证、战争期间截获情报、政府文书档案）等，卷帙浩繁，几乎涵盖了近代日本走上军国主义道路的各方面资料。1998—2007 年美国国家档案馆组织人员对馆藏日本战争罪行及审判相关档案进行整理①，从美国各政府机构档案、对日缴获文献和远东国际军事法庭事务局、国际检察局移交文件中筛选相关档案进行了重新汇总，对于经审查应予解密而一直未解密的文档进行了解密，并提供 OPAC 检索，较大程度加强了档案的揭示程度和公开程度②。根据调研，美国国家档案馆所藏东京审判文献史料主要分布于战争罪行办公室档案、二战战争罪行专档、国际检察局档案等几个文件组内。

1. 战争罪行办公室档案

战争罪行办公室档案中与东京审判有关的档案主要归属于美国二战时期陆军军法署档案文件组（RG 153），内容可分为法庭记录、检辩材料、证据资料三类。

（1）法庭记录

①远东国际军事法庭庭审记录副本（1946—1948 年，89 盒）

1— 49858 页连续编页，按记录日期排序。

②远东国际军事法庭庭审记录勘误索引（1946—1948 年，1 盒）

这是一份远东国际军事法庭庭审记录译本勘误和更正索引，内容包括索引号、证据提交号、译本错误所在页码和行数、更正日期、更正内容所在页码和行数，全部更正均在首次发现错误处进行更正。更正索引按更正日期分配索引号并据此进行排序。此外，该卷宗还收有一份"口译背景材料"清单。

③远东国际军事法庭庭审记录日文译本（1946—1948 年，4 盒）

译成日文的庭审记录，按记录日期排序。

④远东国际军事法庭内庭审理记录（1946—1948 年，2 盒）

内容涉及一些司法程序上的问题及审理形成的一些仲裁命令，按记录日期或裁决发布日期排序。

⑤远东国际军事法庭判决档案（8 盒）

包括起诉书、远东国际军事法庭背景资料、证据摘要、所作裁决的司法依据、英日文判决书，还包括荷兰、法国、菲律宾法官和远东国际军事法庭庭长的意见。按主题排序。

---

① Interagency Working Group. Japanese War Crimes Resources for Researchers[EB/OL]. [2014 - 06 - 24]. http://www.archives.gov/iwg/about.

② Greg Bradsher. Japanese War Crimes and Related Topics: A Guide to Records at the National Archives [EB/OL]. [2015 - 01 - 24]. http://www.archives.gov/iwg/japanese-war-crimes.

(2)检辩材料

①检方卷宗索引(1 盒)

远东国际军事法庭审理的检方卷宗索引。由国际检察局准备,按人名、地区或主题字母顺序排序,签发号为国际检察局文件第 0005 号。

②辩方卷宗索引(1 盒)

远东国际军事法庭审理的辩方卷宗索引。由国际检察局准备,按人名、地区或主题字母顺序排序,签发号为国际检察局文件第 0008 号。

③法院案卷及诉辩状(1946—1948 年,1 盒)

包括诉讼日期、当日诉讼概述、诉辩状、法庭出示证据编号。按法庭庭审日期排序。

④起诉书和开庭陈词(1946—1948 年,3 盒)

首席检察官约瑟夫·季南(Joseph B. Keenan)的开庭陈词、28 名日本甲级战犯的起诉书和国际检察局成员代表参与起诉的各国宣读的开庭陈词,还包括远东国际军事法庭有关诉讼程序规章的修订或豁免命令。按时间排序。

⑤检方声明(1947 年,1 盒)

国际检察局针对辩方向法庭提出的起诉驳回动议所作的回应。按对被告的起诉顺序排序。

⑥辩方动议(1946—1948 年,1 盒)

辩方在庭审前作出的驳回动议。按提交时间排序。

⑦检方总结(1946—1948 年,9 盒)

检方最终总结陈词。按章节排序,各章下按对被告的起诉顺序及被告姓名首字母排序。

(3)证据资料

①证人索引(1 盒)

分为两部分。一部分为检方证人索引,另一部分为辩方证人索引。均按证人姓名首字母排序。每条索引均列出证人姓名、讯问方式(直接讯问、交叉讯问或反诘)、讯问证人的律师姓名以及庭审记录中记录该段证词的页码。此外该卷内还包括一份 1946 年庭审记录目录(按时间顺序排列)和国际法引文列表。

②检辩双方法庭出示证据索引(1948 年,1 盒)

包括文件号、文件说明、检方或辩方出示号。按证据引入顺序形成的出示号排序。

③日文出示证据(1946—1948 年,51 盒)

远东国际军事法庭上作为证据出示的日文文件副本。按出示号(1—3699

号）排序。

④远东国际军事法庭出示证据摘要（2 卷）

1946 年 12 月 10 日前在法庭上出示的口头和书面证据摘要。由国际检察局准备，一卷为英文，一卷为日文译本。各卷基本按文件生成日期排序。

2. 日本二战战争罪行专档

主要来自于美国陆军部以外的日本战争罪行调查机构档案（美国国家档案馆二战战争罪行档案专藏，RG 238），与陆军军法署档案和二战盟军总部档案有部分交叉重合，同时又构成很大互补。其中有关东京审判的文献史料按主题和载体类型可分为法庭记录、法院案卷、证据资料和其他相关档案四类。

（1）法庭记录

①听证会记录（1946 年 5 月 17 日—1948 年 11 月 12 日，1 盒 3 卷）

为两套不完整的公开庭审诉讼概要和内庭审理记录。内容包括每次会议的时间和地点，法官、辩护律师、出席和缺席的被告姓名，证词，提交的证据材料，辩论和动议。档案文本上有一些手写的标记和更正。按时间排序。缺 1946 年 4 月 29 日—5 月 16 日的记录。

②庭审记录副本（1946 年 4 月 29 日—1948 年 11 月 12 日，74 卷）

为公开庭审的逐字记录。包括全部的律师辩论、动议、抗议、裁定、供词、证词、法庭意见、证人讯问与盘诘、法庭出示证据的参考资料，以及若干出示证据的文字内容。该记录还记下了每次庭审的日期和开庭、休庭时间，法官、国际检察局成员、国际辩护团成员、司法监督员、翻译和其他出席的法院工作人员姓名。特别还包括：起诉书（第 1 卷）、检方总结（第 58—63 卷），辩方总结（第 63—72 卷）、法庭判决意见（第 73—74 卷）和判决书（第 74 卷），最后一卷还附有法庭速记员的签字承诺书，保证他们所负责记录部分的准确性。此外还有一些正式记录以外的信息也被保存下来，例如抱怨工作条件和法庭人事变更等。该记录缺少法官个人意见相关内容。按日期排序，从 1—49858 页连续编号，每日记录前是该日记录的目录。

③内庭审理记录（1946 年 5 月 4 日—1948 年 9 月 28 日，3 盒 6 卷）

为在远东国际军事法庭庭长室举办的法官、检察官和辩护团会议的逐字记录。记述了检方和辩方试图根据军事法庭宪章界定审判的法律界限和被告权利的相关辩论。庭长室里法官听取的具体事宜包括：被告医学检查申请、远东国际军事法庭司法权动议、被告因个人原因提出的暂时假释申请、诉状延期动议、被告要求返还所提交文件的要求、出示证人或证据材料的要求、以事先准备好的书面声明替代口头讯问作为出示证据的申请等。该档案中还收有法官经常参考的法庭文件等相关材料。按时间排序。

（2）法院案卷

包括索引和法院文件两类。

①检方卷宗一般索引（1947年6月30日，1盒）

由国际检察局准备。按名称和主题字母顺序排序，主要条目下的细类也按字母顺序排序。基本没有对照索引。

②辩方卷宗一般索引（1947年10月10日，1盒）

由国际检察局准备。只包括1947年10月以前的部分辩方卷宗。包括以下内容：一般问题，“满洲”及“满洲国”[①]，中国，苏联以及三国同盟条约问题。基本没有对照索引。该索引与国际检察局准备的检方卷宗一般索引装订在一起。按名称和主题字母顺序排序，主要条目下的细类也按字母顺序排序。

③部分证人姓名索引（1盒）

包括各证人证词在庭审记录中出现的页码、讯问证人的律师姓名，并注出了证词是直接讯问还是反诘所得。文件编排上分为检方证人和辩方证人两类，按证人姓氏的首字母顺序排序。

④法院案卷中的证人姓名卡片索引（1盒）

卡片长5英寸、宽3英寸，左上角是证人姓名，右上角是法院案卷号，前加以下定语：“命令”“文件”或“申请”。卡片上只标明证人是检方证人还是辩方证人。有些注出了作证传票签发日期和送达日期。圆括号中注明证人为之作证的被告姓名。按字母排序。

⑤法庭日志（1946年4月29日—1948年11月12日，8卷）

为所有公开庭审，庭长与盟军总司令代表、国际检察局、国际辩护团代表举行会议的每日纪要。日志记录了日期和会议类型，法官、律师及其他法院工作人员出席情况，会议纪要。日志对每天工作情况的记录比同日的法庭备忘录详细。该卷宗内还收有法庭判决意见以及罗林法官、伯纳德法官和帕尔法官的反对意见。按时间排序，从1—5463页连续编号。

⑥法院案卷索引（1盒）

按以下条目的英文题名首字母顺序排序：宣誓书，申请书，提审书，疾病证

---

① 本书翻译时如涉及当时日本侵略者对中国的蔑称等处，尽量转换为正常表述，如“支那”应为“中国”。个别地方为与前后语境相符或需要准确反映档案原貌，则保留原表述，在原表述上加引号，或加以注释。

明,法庭记录更正,被告,证言,指南,健康状况,听证会,起诉书,判决书,动议,宣誓,命令,诉状,传讯证人和出示证据请求,量刑和传票。各条目下按法庭文件号排序,“被告”条目下先按被告姓氏首字母排序,然后按法庭文件号排序。

⑦法院文件清单(1946 年 4 月 25 日—1948 年 11 月 19 日,1 盒)

包括每个文件的简要说明和存档日期。此外还包括每日法庭或内庭议事摘要。这些原本没有编号的材料被整体命名为“诉讼大事记”,按时间顺序穿插在整个案卷中。归档时按时间顺序排序并依次编号(1—1740 号)。

⑧法院文件(1946 年 4 月—1948 年 11 月,18 盒)

包括被告的动议和请愿书,法官、律师、证人的保证和誓词,法院要求提交指定被告身体和精神状况检查结果的指令,请求传讯证人或出示证据文件的传票,提名或更换律师的证明,被告疾病证明,要求修正、撤回或替换文件的申请和谴责动议。该系列包括的重要文件有:法庭判决,韦伯法官和哈那尼拉法官的并存意见,帕尔法官、罗林法官和伯纳德法官的反对意见。按编号排序(1—1740 号)。

(3)证据资料

①法庭出示证据登记簿(1946 年 6 月 12 日—1948 年 2 月 10 日,1 盒)

登记簿是一个用铅笔和钢笔逐日登记的简单记录本。记录了每件出示证据的登记信息,包括:材料提交日期、出示号、检方或辩方文件编号、材料是否被法庭接受或是否进行鉴定等,部分材料还注有简要说明。按时间排序。

②法庭出示证据清单(1948 年,2 盒)

每项均包括法庭出示号、检方或辩方文件编号和证据材料说明,说明内容包括材料来源、日期、物理形态、作为证据出现在庭审记录中的页码。按出示号排序(1—3915 号)。

③法庭出示证据(1946—1948 年,216 盒)

包括各种来自美国和日本的已公布和未公布文件。日文部分,除仅供鉴定用的材料外,均附有英文译本。包括:美国海军调查委员会对美国班乃号沉没事件的调查结果(1937 年 12 月);美国财政部关于日本官员涉嫌参与中国毒品贸易的报告;盟军总部所做题名为“珍珠港作战”的研究报告(1945 年 12 月 1 日);1944 年海军总参谋部命令;1944—1945 年美国关税委员会编制的标题为《日本贸易研究》的 37 本小册子,内容涵盖水泥、铝、铅、铜、煤炭和大米等行业;日军在荷属东印度所犯乙丙类战争罪行的证据摘要;1932—1945 年日本关东军军力增长表;荷属东印度政府对日本破坏行动的官方报告《日本租借荷属东印度的十年》;木户幸一日记(日文,17 册),注有英文说明。卷宗最后是一些超大尺寸的证据材料。按编号排序（1—3915 号）。

④被法庭驳回的证据材料清单（1 盒）

为检辩双方提交法庭并被驳回的证据材料。每份文件均有材料说明和驳回文件编号、检方或辩方的文件编号、庭审记录中记录该文件被提交和驳回情况的页码。按驳回文件编号排序（R1—R790）。

⑤被法庭驳回的证据材料（1919—1945 年，39 盒）

包括日本政府大臣与其他国家政府官员往来信函、电报；互助条约和协定文本；日本及其他国家外交官的致辞、声明和演说节选；美国人撰写的有关中国和日本的专著节选，例如上海《密勒氏评论报》主编鲍威尔[①]（John B. Powell）的回忆录《我在中国的二十五年》和约瑟夫·克拉克·格鲁[②]（Joseph C. Grew）的《日本十年》等；日文报纸，特别是有关针对中国的军事行动或与美国的军事事务相关的内容；被告陈述和证言；公开发行的日本战时内阁成员讲话；《珍珠港事件调查》（*Hearings Before the Joint Committee on the Investigation of the Pearl Harbor Attack*）和《纳粹—苏联的关系》（*Nazi-Soviet Relations, 1939 - 1941*）节选。文件封皮列出了辩方或检方文件编号、驳回文件编号和日期。一些超大尺寸文件被放于卷宗最后。按编号排序（R1—R790）。

⑥辩护材料（1947—1948 年，9 盒）

包括日本工业、金融和商业数据年鉴，伪满洲国产业部次长岸信介 1938 年出版的讲话，1947 年 2 月《日本时报》（*Nippon Times*）刊登的杜鲁门总统和美国战争部长罗伯特·帕特森（Robert P. Patterson）承认普及军事训练的文章，纽伦堡军事法庭正式庭审记录节选，御前会议关于削减和限制军备决议的附件（1932 年），海军部长詹姆斯·福莱斯特（James V. Forrestal）1945 年的年度报告，约瑟夫·克拉克·格鲁为被告人广田弘毅作证的宣誓证词。按文件编号排序（1—3350 号）。由于该档案是一个大宗档案系列的剩余部分，因此编号有很多空缺，缺失部分大多作为法庭证据提交给了军事法庭。

⑦电影（12 卷）

包括《日本告急》（*Japan in Time of Emergency*，1933 年制作）。日本制作，主要为宣扬日本民族物质和精神力量的电影，作为远东国际军事法庭出示证据 148 号被法庭接受为证据。

---

① 鲍威尔曾被日军俘虏，在法庭上为九一八事变、日本侵华和虐待俘虏罪行作证。

② 美国资深外交官，著名日本问题专家。在日美开战前担任驻日本大使。

(4)其他相关档案

①请求麦克阿瑟将军复审1948年11月军事法庭审判结果和判决的请愿书(1盒)

包括25份个人请愿书和本·布鲁斯·布莱克尼(Ben Bruce Blakeney)代表辩护律师团提交的总请愿书。请愿书内容包括对有关判决的综合声明、提出请愿的法律依据和法律观点、检辩双方论点对比以及各方表示支持请愿的备忘录。此外还包括宣誓证词、判决中存在事实错误的说明以及法官内部的反对意见,部分还附有支持请愿的判例文献与法律先例参引书目。按归档顺序编号(1—25号)并排序。

②麦克阿瑟对法庭判决结果复审的相关档案(1948年,1盒)

包括麦克阿瑟有关复审军事法庭判决结果的声明,麦克阿瑟召集盟国代表帮助其复审判决结果的会议备忘录,法国大使和荷兰使团行政署理撰写的判决观察报告,美国最高法院拒绝被告人身保护申请的文件副本。按时间顺序排序。

③庭审情况的官方照片(1946年3月18日—1948年11月9日,14卷,约750张)

包括法官、检察官、辩护律师、被告、证人、其他法庭工作人员、来宾、法庭场景和一些庭审中出示证据的照片。这些照片由美军照相兵拍摄,由远东国际军事法庭执行秘书长乔治·汉德利(George Handley)中校收集。已装裱成相册,按时间顺序排列,没有索引。

④杂类档案(1946—1948年,4盒)

包括经认证的远东国际军事法庭原始记录内容总结,庭审记录勘误清单,辩护律师团的传讯请求,军事法庭宪章和议事程序规则(油印本),截至1948年4月16日的审判统计概要(按时间排序),远东国际军事法庭全体员工宣誓不泄露审判相关事宜的誓词,文件接收单或按照法庭命令撤回证据的记录,被告律师关于与被告离席商议的申请,被告辩护律师名单、简历及类似性质的档案。除统计概要外其余按主题排列。

⑤远东国际军事法庭和国际检察局档案缩微选编(1948年,61卷)

缩微出版物为35mm正片,由远东国际军事法庭摄影部制作。该缩微出版物中包括截至1948年2月11日的法庭日志、法庭出示证据、法院文件、法庭判决、法官一致意见和反对意见等,其中第37—58卷为国际检察局收集的证据材料。缩微卷连续编号(1—62号),但没有第29号。

3. 国际检察局档案

国际检察局档案为美国国家档案馆藏二战盟军总部及其下属机构档案(RG 331)的一部分。

国际检察局(International Prosecution Section, IPS)成立于1945年12月8日,主要负责协助首席检察官约瑟夫·季南准备28名日本甲级战犯的起诉材料和检方答辩。1949年2月12日根据盟军最高司令官3号令解散,其剩余职能移交给盟军总部法务局。

国际检察局档案较为完整地收藏了远东国际军事法庭检方档案,记录了国际检察局在远东国际军事法庭上准备及实施有关案件审理的详细情况。该批档案从20世纪60年代起对外解密开放,很多重要史料已制成缩微副本提供外售,是目前各国学者研究利用最多、获取最为方便的文献史料。中国国家图书馆已陆续征集入藏并提供读者借阅。考虑此部分资料国内学者研究较为充分,且原文献获取较为方便,在此仅按载体类型作简要概述。

(1)文字类档案

包括:首席检察官档案及索引(1946—1948年);检察官档案(已编号,1946—1947年);案件档案及索引(已编号,1945—1947年);战争罪犯嫌疑人及证人姓名卡片记录(1945—1947年);证人档案(1946—1947年);各类证据文档汇编(1907—1947年),部分有索引,部分已制作缩微副本(163卷);在远东国际军事法庭出示的检方证据说明(1946—1947年);辩方所提供证据副本及其索引(未注明日期);历史文件(1930—1948年),汇编日期为1945—1948年,其中包括木户幸一日记的缩微副本(1930—1945年,2卷);法庭档案及其索引,包括远东国际军事法庭案情摘要、申请和其他行政档案(1946—1948年);英、日文远东国际军事法庭正式审判记录副本(1945—1948年);检辩双方出示证据及其索引,部分有缩微副本(5卷);判决书;与日本战争罪行和远东国际军事法庭审判相关媒体报道文章的影印件(1943—1948年);参考文件(1899—1948年),汇编时间为1945—1948年;各类杂档(1945—1948年)。

(2)非文字类档案

包括电影1卷、照片44幅。电影为日方拍摄的新闻短片(1944年),内容为首相东条英机和审讯被俘美军飞行员;照片内容为日军拍摄的日军行动照片和盟军战俘照片(1942—1945年)。

(3)缩微副本

目前,美国国家档案馆已对国际检察局档案内的绝大部分档案进行了缩微复制(缩微副本编号M1660—M1669,M1679—M1701,M1722—M1733),对于所有已有缩微副本的档案，不再提供原件借阅。其中较重要的有：远东国际军事法庭庭审记录和判决书副本（71 卷）；检辩双方关于远东国际军事法庭案件审理的辩论总结（21 卷）；国际检察局工作人员收集整理的与远东国际军事法庭案件审理相关的历史文件（66 卷）；首席检察官档案（18 卷）；1945—1947 年国际检察局关于特别事件和战争罪嫌疑犯的案件档案及其索引（77 卷）；1946—1947 年国际检察局关于检辩双方证人的记录（21 卷）；国际检察局法庭出示的英日文证据及其索引（49 卷）；检方搜集的用以在远东国际军事法庭上出示的证据文件及其索引（485 卷）；日本战争罪行审判实施规章、对中国劳工的暴行记录以及主要日本战犯的背景调查档案（17 卷）；国际检察局用作审判背景材料的有关日本经济、工业、军事、外交活动档案（7 卷）；检方筹备审判过程中参考的各类国际诉讼文件（19 卷）等（见表 2－2）。

表 2－2　国际检察局档案缩微副本清单

胶卷编号	内容	数量（单位：卷）
M1660	远东国际军事法庭判决书副本，1945 年	7
M1663	国际检察局工作人员收集整理的与远东国际军事法庭案件审理相关的历史文件，1945—1948 年	66
M1664	国际检察局各类档案，1945—1948 年。包括函件、备忘录、报告、电报、会议通电、战争罪犯及嫌疑人清单、文件接收单、图书资料清单及其他与战争罪行相关的文件	9
M1665	检辩双方关于远东国际军事法庭案件审理的辩论总结，1948 年	21
M1666	远东国际军事法庭案件审理的法庭诉讼概述及法庭记录，1946—1948 年	64
M1667	远东国际军事法庭内庭审理记录，1946—1948 年	1
M1668	首席检察官档案，主要包括国际检察局在远东国际军事法庭上准备及处理有关案件的记录，1946—1948 年	18
M1669	国际检察局档案：检方开庭陈述、证据摘要和起诉书副本，1946 年	2
M1679	国际检察局为进行远东国际军事法庭审判而收集的战争犯罪审判文件，1945—1947 年	1
M1680	国际检察局准备的证据文件汇总，1945—1947 年	34

续表

胶卷编号	内容	数量（单位：卷）
M1681	国际检察局搜集的相关报告、指令、研究和其他背景资料，1945—1947年	9
M1682	国际检察局关于特别事件和战争罪嫌疑犯的案件档案索引（按编号排序），1945—1947年	4
M1683	国际检察局关于特别事件和战争罪嫌疑犯的案件档案（按编号排序）	73
M1684	国际检察局关于检辩双方证人的记录，1946—1947年	21
M1685	检辩双方在远东国际军事法庭上提出的证据索引，1945—1947年	2
M1686	检辩双方在远东国际军事法庭上提出的证据，1945—1947年	17
M1687	国际检察局法庭出示的英、日文证据索引，1945—1947年	1
M1688	国际检察局法庭出示的英、日文证据，1945—1947年	48
M1689	检方搜集的用以在远东国际军事法庭上出示的证据文件索引，1945—1947年	8
M1690	检方搜集的用以在远东国际军事法庭上出示的证据文件，1945—1947年	477
M1691	辩方提交证据及被法庭驳回证据的文件索引，1945—1947年	2
M1692	辩方提交证据，1945—1947年	19
M1693	辩方被法庭驳回证据，1946—1947年	16
M1694	按字母顺序整理的辩方提交证据及被法庭驳回证据的文件索引，1947年	3
M1695	在远东国际军事法庭上出庭的证人和战争罪嫌犯名单索引，1945—1947年	1
M1696	辩方文件接收、分发记录索引和源自战俘等的书面陈述接收记录索引，1946—1948年	2
M1697	检方关于所提交书面证据的分析说明，1946—1948年	6
M1698	法庭档案索引，包括命令、诉讼程序规章、起诉书副本和辩方动议，1946—1948年	1

续表

胶卷编号	内容	数量（单位:卷）
M1699	法庭档案,包括命令、诉讼程序规章、起诉书副本和辩方动议,1946—1948 年	3
M1700	出席远东国际军事法庭的检辩双方证人索引和名单,1946—1948 年	1
M1701	与检方证据相关的检察官档案(按编号排序),1946—1948 年	4
M1722	日本战争罪行审判实施规章、对中国劳工的暴行记录以及主要日本战犯的背景调查档案	17
M1723	国际检察局用作审判背景材料的有关日本经济、工业、军事、外交活动的档案,1929—1945 年	7
M1724	国际检察局用作参考的纽伦堡审判记录,1945—1947 年	8
M1725	盟军最高司令部关于美军在远东军事及非军事行动的总结报告,1945—1947 年	3
M1731	1943—1948 年间关于日本战争罪行和罪行审判的媒体报道文章(影印件)	1
M1732	远东军事法庭筹备过程中参考的各类国际诉讼文件,1940—1948 年	19
M1733	日军士兵和盟军战俘影集,1942—1945 年	1

(二)细菌战文献专藏

2006 年美国国家档案馆纳粹战争罪行和日本帝国政府档案跨机构工作组根据读者需求,将该馆所藏日本细菌战罪行文献进行了系统梳理,形成日本细菌战罪行专题数据库,内容包括:①日本生物武器研究与实验的情况;②日本二战期间发起生物武器攻击的情况;③日本在人类和动物身上进行活体生物武器实验的情况;④日本人针对战俘的暴行;⑤日本人针对平民的暴行;⑥盟军关于调查特定日本科学家和军人有关生物战罪行的资料;⑦关押在沈阳奉天战俘营的美国战俘以及日本在这些美国战俘身上进行细菌战实验的证据;⑧盟军关于举行战争罪行审判的相关资料等。经过梳理,形成包括 1425 份文件、一万余页的专题馆藏,内容涉及美国军方调查档案、远东国际军事法庭调查档案以及相关美国政府档案等。

1. 美国军方对日本细菌战罪行的调查与侦讯

早在1941年,美军情报部门就已注意到日本在华实施细菌战的罪行,并着手收集相关材料。1945年8月,日本正式投降后,美国于1945年9月—1947年11月期间,先后派出默里·桑德斯(Murray Sanders)、阿沃·汤普森(Arvo T. Thompson)、诺伯特·费尔(Norbert H. Fell)、埃德温·希尔(Edwin Hill)等生物学家赴日调查日本细菌战罪行,形成了大量翔实的日本细菌战罪行调查资料,系统地揭示了石井四郎、北野政次、增田知贞等细菌战战犯在中国犯下的累累罪行。

(1)美军调查报告

①桑德斯报告[①]

1945年9—10月,来自美国化学战部底特里克营的微生物学家桑德斯中校在驻日盟军最高统帅司令部的全力支持下,对来自日本东京陆军军医学校、日本参谋本部、陆军省医务局以及731部队的有关人员进行调查。同年11月桑德斯回到底特里克营,根据这些调查情况写成《1945年9—10月日本科学情报调查报告:第5卷　生物战》(*Report of Scientific Intelligence Survey in Japan: Vol. 5-Biological Warfare*)[②]。报告日期为1945年11月1日,共计41页,包括封皮1页,封面1页,目录2页,摘要2页,结论1页,报告正文"关于日本细菌战活动的调查报告"14页,附件说明1页,附件3个计13件19页(见表2-3)。附录部分的内容主要为关东军防疫给水部的情况和日军所研制细菌炸弹的图纸,其中有关关东军防疫给水部的资料有分布示意图、组织结构、职责以及疫苗、血清年生产能力等,有关细菌弹研制的资料有UJI型、HA型、RO型和Mark7型炸弹的图纸及其实验效果一览表等。这是战后第一份发回华盛顿的评估日本生物武器研发水平的报告。需要说明的是报告包括一系列对日本科学家研发防御性和进攻性生物武器情况的调查,但不涉及"特殊实验"(人体实验)的情况。

表2-3　桑德斯报告附件清单

附件编号	标题	页数	备注
1-a	防疫给水部分布示意图	2	

① 报告中文译本可参考:杨彦君.美军调查日本细菌战总结报告书[M].北京:中国和平出版社,2015.

② 陈致远.日本侵华细菌战[M].北京:中国社会科学出版社,2014:316.

续表

<table>
<tr><th>附件编号</th><th>标题</th><th>页数</th><th>备注</th></tr>
<tr><td>1 - b</td><td>防疫给水部的指挥系统</td><td>1</td><td></td></tr>
<tr><td>1 - c</td><td>防疫给水部的职责</td><td>3</td><td rowspan="3">附件 1 - c,d,e 实为一份文件,三者连续编页,页码序号为 1—6 页</td></tr>
<tr><td>1 - d</td><td>关东军防疫给水部组织结构一览表</td><td>1</td></tr>
<tr><td>1 - e</td><td>关东军防疫给水部疫苗、血清的年度生产能力</td><td>2</td></tr>
<tr><td>2a</td><td>平房平面图</td><td>2</td><td>在桑德斯报告正文里,该文件编号为附件 2b,但附件本身标注编号为 2a,此处按附件本身标注著录</td></tr>
<tr><td>2b</td><td>平房与哈尔滨陆军医院(Harbin Military Hospital)的相对地理位置草图(距哈尔滨陆军医院仅 27 千米)</td><td>1</td><td>在桑德斯报告正文里,该文件编号为附件 2a,但附件本身标注编号为 2b,此处按附件本身标注著录</td></tr>
<tr><td>3a</td><td>UJI 通用型细菌弹图解(来源编号 1)</td><td>1</td><td></td></tr>
<tr><td>3b</td><td>HA 型炭疽弹和 RO 通用型细菌弹图解(来源编号 1)</td><td>1</td><td></td></tr>
<tr><td>3c</td><td>UJI 通用型细菌弹图解(来源编号 2)</td><td>1</td><td></td></tr>
<tr><td>3d</td><td>HA 型炭疽弹和 RO 通用型细菌弹图解(来源编号 2)</td><td>1</td><td></td></tr>
<tr><td>3e</td><td>各类型细菌弹实验效果一览表</td><td>1</td><td></td></tr>
<tr><td>3f</td><td>海军用 Mark 7 细菌弹图解</td><td>2</td><td></td></tr>
</table>

除报告本身之外,桑德斯还附上了对陆军省医务局长神林浩(Kambayshi Hiroshi)、日本陆军军医学校防疫研究室室长出月三郎(Idezuki Saburo)大佐、陆军军医学校细菌学教室室长井上隆朝(Inoue Takatomo)、海军中将保利信明(Hori Nobuaki)、海军中佐石渡博(Ishiwata Hiroshi)以及参与细菌战的 731 部队要员内藤良一(Naito Ryoichi)、新妻清一(Niizuma Seiichi)、金子顺一(Kaneko Junichi)、增田知贞(Masuda Tomosada)等人进行调查的问询笔录 12 份计 13 个附件 50 页,记为附录 29 系列(见表 2 - 4)。其中,1945 年 10 月 7 日,陆军军

医少佐金子顺一接受桑德斯中校的调查取证，供述有关 731 部队实施细菌战的部分真相，为后续的调查提供了线索①。

表 2－4 桑德斯报告问询笔录清单

JWC 馆藏号	主题	附件编号	页数	备注
002/01	1945 年 9 月 20 日对出月三郎、井上隆朝的问询记录	29－A－a	3	
002/02	1945 年 10 月 1 日对井上隆朝、内藤良一的问询记录	29－A－b	7	
002/03	1945 年 10 月 1 日对新妻清一、内藤良一的问询记录	29－B－a	3	
002/04	1945 年 9 月 25 日对神林浩的问询记录	29－C－a	3	
002/05	1945 年 10 月 2 日对神林浩、保利信明的问询记录	29－C－b	2	
002/06	1945 年 10 月 3 日对石渡博的问询记录	29－D－a	1	附件 29－D－a 与附件 29－D－b 实为前后连续的一份文件，但编号给了两个
002/07	MARK 7 炸弹	29－D－b	4	
002/08	1945 年 10 月 6 日对内藤良一的问询记录	29－E－a	6	
002/09	1945 年 10 月 7 日对金子顺一的问询记录	29－E－b	4	
002/10	1945 年 10 月 8 日对新妻清一的问询记录	29－E－c	1	
002/11	1945 年 10 月 9 日对新妻清一、增田知贞的问询记录	29－E－d	4	
002/12	1945 年 10 月 11 日对增田知贞、新妻清一的问询记录	29－F－a	9	
002/13	1945 年 10 月 16 日对增田知贞、新妻清一的问询记录	29－F－b	3	

① 陈致远. 日本侵华细菌战[M]. 北京：中国社会科学出版社，2014：306.

根据报告封面的标记，该报告一共印制了52份副本，其中美国国家档案馆所藏为第35个副本，文件号0218476，按照文件发布时设定的发布范围来看，这份文件应该是递交给战争部参谋二处的39个副本中的一个。

除上述内容外，1945年11月9日，桑德斯又提供了一份补充报告《生物战补充信息》（*Supplementary Biological Warfare Information*），记录了与日本陆军大臣下村定（Shimomura Sodamu）、参谋本部参谋总长梅津美治郎（Umezu Yoshijiro）、陆军中将若松只一（Wakamatsu Tadakasu）[①]、参谋次长河边虎四郎（Kawabe Torashiro）中将的谈话内容，报告共7个附件19页（见表2-5）。

表2-5　桑德斯补充报告材料清单

JWC馆藏号	内容摘要	页数
040/01	桑德斯通过化学战部提交给美国太平洋陆军总司令的补充报告正文。主要对补充的内容进行说明，指出随函附有同日本参谋部和内阁官员的四份访谈记录。落款日期1945年11月9日。	1
040/02	对日本陆军省次长若松只一的访谈记录。若松只一否认知道任何关于细菌战实战的信息。落款日期1945年11月6日。	2
040/03	对日本参谋本部参谋次长河边虎四郎的访谈记录。尽管河边虎四郎一口咬定日本的细菌战研究计划只是防御性的，但他也谈到了研发细菌弹的事。落款日期1945年11月7日。	3
040/04	对日本参谋本部参谋总长梅津美治郎的访谈记录。梅津美治郎咬定日本的细菌战研究是防御性的，且在1937年苏联使用了细菌弹以后才开始研发。落款日期1945年11月8日。	5
040/05	对日本陆军大臣下村定的访谈记录。下村定咬定石井四郎的一系列研发活动是在陆军省不知情的情况下开展的，且为纯防御性的。落款日期1945年11月10日[②]。	5
040/06	桑德斯对新潟军医学校新发现的实验记录的说明。报告中说日本陆军军医学校的实验结果已经烧毁，但在陆军军医学校新潟出张所发现了这些实验记录的副本，拟翻译后作为此次调查的最终数据的一部分提交[③]。	1

① 1945年7月12日—1945年11月1日期间，若松只一担任过3个月的日本陆军省次长。

② 档案原件记录如此。

③ 1944年4月，为躲避东京空袭，日本陆军军医学校疏散到新潟，称为陆军军医学校新潟出张所。

续表

JWC 馆藏号	内容摘要	页数
040/07	桑德斯对上述调查的评价。报告指出这些日本官员的回答“不仅闪烁其词而且违反常识地厚颜无耻”，而且“假如石井四郎已经成功研制出一个有效的细菌武器，很有可能将毫无顾忌地使用它”。	2

②汤普森报告

1946 年 1 月 11 日—3 月 11 日，美国化学战部底特里克营派出兽医中校、老练的细菌战调查官汤普森第二次赴日调查细菌战情报。汤普森用 2 个月时间对石井四郎、金子顺一、北野政次（Kitano Masaji）和增田知贞等进行反复讯问，写成《关于日本细菌战活动的报告》（*Report on Japanese Biological Warfare (BW) Activities*）。报告说明里写道：“该报告主要包括讯问陆军中将石井四郎的情况以及从他处获得的信息，北野和其他人员的供述并没有加入此类信息中。但可以确认的是，这些信息基本上都来自于陆军中将石井四郎。从单独访谈的各人员处获得的信息只有细微的差异。”说明汤普森已经意识到石井四郎等人已经预先组织这些受审的原 731 部队成员进行了串供。

报告日期为 1946 年 5 月 31 日，共制作 15 个副本，其中藏于美国国家档案馆的是 15 个副本中的第 3 个副本，绝密文件编号为 919985，另有第 1 副本的复制件 1 份——该副本原件藏于美国犹他州达格威试验场技术图书馆（Dugway Proving Ground Technical Library），文件编号 550665。报告主要记录了石井四郎的口供以及从其他地方获得的一些信息，包括平房基地的情况和几种细菌弹及毒气弹的图纸。根据美国国家档案馆目录，汤普森报告共 51 页，实见 49 页。报告分为摘要、结论、报告正文“关于日本细菌战活动的报告”和附录 4 部分，其中摘要 1 页半，结论 1 页半，正文 21 页，附录 4 个 15 件 22 页，另有封面、前言和目录各 1 页。附录的内容包括哈尔滨地区草图 1 页、关东军防疫给水部队组织结构一览表及人员组成 2 页、各部门职责分工 3 页、平房基地平面图 2 页、平房基地的主要工作 7 页、细菌弹图纸 7 页（包括 I 型、RO 型、HA 型、U 型、UJI 旧型、GA 型、UJI50 型和 UJI100 型）。

③费尔报告

1947 年 4—6 月，底特里克营派出植物实验部主任诺伯特·费尔[①]博士作为细菌战调查官第三次赴日调查，获得关东军 731 部队的 19 名“关键人物”所

① 诺伯特·费尔毕业于美国芝加哥大学，博士，研究方向为微生物学、传染病学。1947 年受美国陆军化学战部司令艾尔登·魏特少将指示赴日调查。

提供的有关人体实验的60页英文报告、600页鼠疫研究日文论文以及100页有关细菌战和化学战的日文报告。此外,石井还承诺准备提供一份有关他20年来细菌战研究经验的报告①,但增田知贞和石井四郎在接受调查中要求美军提供不对其起诉的书面豁免保证。据此,费尔于1947年6月20日提交了一份名为《日本细菌战活动的最新情报概要——1947年4月诺伯特·费尔博士赴日调查所得》(*Brief Summary of New Information About Japanese BW Activities* [*Dr. Norbert Fell's findings from trip to Japan in April 1947*])的报告。报告正文共计11页。关于人体实验,费尔报告断定"没有任何美国战俘或苏联战俘在任何时间被用于任何实验"。

该组文件中还有费尔在日本调查期间形成的文书档案和讯问记录等。包括《石井四郎细菌战研究相关人员花名册》(1947年4月盟军总部法务局为费尔审讯相关日本科学家而准备,分为军事人员和民间人士两类)、《美国战争部化学战部为费尔审讯日本科学家准备的问卷》及费尔系列讯问记录12份(见表2-6)。

表2-6 费尔系列讯问记录提要

JWC馆藏号	日期	文件名	内容提要及说明	页数
228/01	1947年4月21日	亀井贯一郎(Kamei Kanichiro)②谈话记录	提醒费尔注意日本在掩盖研发攻击性细菌武器的秘密。	2
228/02	1947年4月22日	增田知贞讯问记录	讨论日本在中国人身上试验攻击性细菌武器并研发细菌弹的情况。	2
228/03	1947年4月24日	亀井贯一郎谈话记录	亀井贯一郎暗示增田知贞、内藤良一、金子顺一掌握更多有关日本细菌战武器研发的信息。	2
228/04	1947年4月27、30日及5月1日	增田知贞、金子顺一、内藤良一谈话记录	主要谈论苏联试图得到日本细菌战情报事宜。原件字迹模糊,难以辨认。	4

① 陈致远.日本侵华细菌战[M].北京:中国社会科学出版社,2014:308.

② 担任过日本众议院议员、特聘海军大臣等职。

续表

JWC 馆藏号	日期	文件名	内容提要及说明	页数
228/05	1947 年 5 月 1、2、5 日	菊池齐(Kikuchi Hiroshi)讯问记录	此为菊池齐第一次接受美方讯问,主要记录了菊池齐的履历及基本情况,并向其说明讯问所得信息不作战犯审判之用,要求其积极配合。菊池齐未主动提供什么信息。	2
228/06	1947 年 5 月 8、9 日	石井四郎讯问记录	讨论苏联即将对石井的审讯、在平房的实验、人体实验以及豁免问题未决等事宜。	4
228/07	1947 年 5 月 7 日	龟井贯一郎电话记录	石井四郎的助理宫本先生提出石井四郎想要"关于豁免的书面保证"。	1
228/08	1947 年 5 月 10 日	村上隆(Murakami Takashi)讯问记录	村上隆自称主要负责细菌弹的研究和设计。很可能即将接受苏联的审讯。	2
228/09	1947 年 5 月 10 日	太田澄(Ota Kiyoshi)讯问记录	太田澄为防疫给水部前部长,被警告不要向苏联透漏以下信息:(1)人体实验;(2)对华细菌战试验;(3)大规模生产跳蚤;(4)731 部队的组织结构;(5)美国的指示。	2
228/10	1947 年 5 月 10 日	碇常重(Ikari Tsuneshige)讯问记录	碇常重是 731 部队碇班班长,专职研究炭疽菌。	1
228/11	1947 年 5 月 29 日	若松有次郎(Wakamatsu Yujiro)讯问记录	主要记录了若松有次郎简历,并向其说明讯问记录仅作为科学和技术情报使用,不会用于战犯审判。若松有次郎声称所有文件已销毁,如果费尔需要,须与 5 名下属联系核实相关数据。若松否认进行过人体实验,否认与石井部队有任何联系。	2

续表

JWC 馆藏号	日期	文件名	内容提要及说明	页数
228/12	1947 年 5 月 2、5 日	菊池齐讯问记录	菊池齐被指示不要在即将举行的苏联对其审讯中透漏以下信息：(1)人体实验；(2)对华实施细菌战；(3)大规模生产跳蚤；(4)731 部队的组织结构；(5)美国的指示。	2

④希尔报告

1947 年 10—12 月，底特里克营派出基础科学部主任、细菌学专家埃德温·希尔和病理学家约瑟夫·维克多(Joseph Victor)第四次赴日，对桑德斯、汤普森和费尔等人的工作作补充调查，核实石井等人所提交各项报告的真实性、准确性和完整性。在盟军总司令部参谋二处主管查尔斯·威洛比(Charles A. Willoughby)的全力配合下，希尔和维克多对石井四郎、北野政次、高桥正彦(Takahashi Masahiko)等 22 名日本细菌战"专家"进行了调查，获得许多超越以前的新情报，据此撰写了长达 74 页的《关于细菌战调查的总结报告》(*Summary Report on B. W. Investigations*)，包括总报告 4 页、访谈记录 66 页(见表 2－7)和幻灯片索引 4 页，记录了 731 部队研制的 25 种细菌战剂和毒气战剂名称、研究情况、研究者以及相关的病理数据和人体实验数据。在报告的开头特别说明"受询[①]人员提供的信息都是出于自愿，在所有调查过程中，没有再提出战犯起诉豁免的问题"。根据报告的内容，石井四郎等人对进行人体实验的内容"作了直截了当的说明"，"这显然说明，是时，免于战犯起诉的交易已经达成"[②]。最后，希尔认为"美国仅付出约 25 万日元就获得了日本人花费数百万美元得到的成果"，显示美国对从石井等人处获得的情报相当满意。

① 在希尔报告里，对石井四郎等人进行的调查记录，使用的词语由此前的"讯问"变为"问询"。

② [日]近藤昭二. 日本国家意志对细菌战的隐匿[J]. 王希亮，译. 湖南文理学院学报(社会科学版)，2007(4)：1－9.

表 2－7　希尔报告问询笔录清单

序号	JWC 馆藏号	问询日期	受问询人	主题	页数
1	035/11	1947 年 10 月 29 日	增田知贞	痢疾	6
2	035/18	1947 年 11 月 3 日	上田胜政（Ueda Katsumasa）	黏液素	1
3	035/19	1947 年 11 月 4 日	上田胜政	黏液素	2
4	035/24	1947 年 11 月 7 日	石川太刀雄丸（Ishikawa Tachio）	孙吴热（流行性出血热）	2
5	035/23	1947 年 11 月 13 日	笠原四郎（Kasahara Shiro）和北野政次①	孙吴热（流行性出血热）	6
6	035/28	1947 年 11 月 13 日	笠原四郎②和北野政次③	蜱脑炎	2
	035/29	1947 年 11 月 13 日	笠原四郎和北野政次④	恙虫热	1
7⑤	035/35	1947 年 11 月 13 日	北野政次	斑疹伤寒	1
	035/36	1947 年 11 月 13 日	北野政次	早期伤寒的一种新型诊断方法	1
	035/37	1947 年 11 月 13 日	北野政次	新法制备斑疹伤寒疫苗一种	1
8	035/22	1947 年 11 月 15 日	八木泽行正（Yagasawa Yukimasa）	植物致病剂	4

① 原档记录为“笠原幸雄和北野政次”，根据上下文和史实推断，应是原档错误，实为“笠原四郎”。在美国国家档案馆目录中有的依照档案原件著录为“笠原幸雄（Kasahara Yukio）”，有的已被编目人员更正为“笠原四郎”，检索时应注意。

② 日本庆应医科大学毕业，病理学博士。原第 731 部队成员第 1 部（细菌研究部）第 8 处（立克次氏病原体处）处长，负责病毒研究，专门研究“孙吴热”。战败回到日本后，住武藏野市，在北里研究所历任病毒研究部部长、研究所副所长。

③ 美国国家档案馆目录中将此文件受问询人著录为“石川太刀雄丸”，经与犹他州达格威试验场技术图书馆馆藏比对，并核实原档，美国国家档案馆著录错误，应为“笠原四郎和北野政次”，读者在检索查阅时注意。

④ 本文件应为 035/28 文件后面的一个附页，不是单独笔录。但在美国国家档案馆目录中被著录为单独文件，给了 1 个文件号。此外，美国国家档案馆目录中还将此文件受问询人著录为“石川太刀雄丸”，经与犹他州达格威试验场技术图书馆馆藏比对，并核实原档，应为“笠原四郎和北野政次”。

⑤ 共 3 页，问询笔录 1 页，后附两篇论文各 1 页。在美国国家档案馆目录中被著录为 3 份文件，给了 3 个文件号。

续表

序号	JWC 馆藏号	问询日期	受问询人	主题	页数
9	035/30	1947 年 11 月 15 日	二木秀雄(Futagi Hideo)	结核病	4
10	035/07	1947 年 11 月 17 日	早川清(Hayakawa Kiyoshi)①	布鲁氏杆菌病	1
11	035/13	1947 年 11 月 18 日	小岛三郎(Kojima Saburo)	沙门氏菌、痢疾、伤寒	2
12	035/15	1947 年 11 月 18 日	细谷省吾(Hosoya Shogo)	毒素:气性坏疽、破伤风和志贺痢疾	2
13	035/03	1947 年 11 月 20 日	高桥正彦	含菌气雾剂	2
14	035/33	1947 年 11 月 20 日	有田正义(Arita Masayoshi)②	斑疹伤寒	1
15	035/05	1947 年 11 月 22 日	石井四郎	肉毒杆菌中毒	1
16	035/06	1947 年 11 月 22 日	石井四郎③	布鲁氏杆菌病	1
17	035/14	1947 年 11 月 22 日	石井四郎	气性坏疽	1
18	035/16	1947 年 11 月 22 日	石井四郎	流感	1
19	035/17	1947 年 11 月 22 日	石井四郎	脑膜炎	1
20	035/25	1947 年 11 月 22 日	石井四郎	天花	1
21	035/26	1947 年 11 月 22 日	石井四郎	破伤风	1
22	035/31	1947 年 11 月 22 日	石井四郎	兔热病	1
23	035/21	1947 年 11 月 22 日	冈本耕造(Okamoto Kozo)	人体解剖④	1
24	035/04	1947 年 11 月 24 日	太田澄	炭疽病	1
25	035/12	1947 年 11 月 24 日	田部井和(Tabei Kanau)	志贺痢疾	1

① 东京大学毕业,医学博士,专门从事细菌研究。1939 年参加第 731 部队,不久晋升为中佐,后去过美国,经南美返回日本。战后供职于早川预防卫生研究所。

② 自 1942 年起,有田正义在北野政次手下工作,他的任务是大规模生产伤寒疫苗,他的供述与北野基本相同。

③ 美国国家档案馆所藏档案原件显示受问询人为石井四郎,但在该馆目录中著录为“太田澄”,此处据档案原件改正。

④ 主要内容为冈本耕造于 1938—1945 年在哈尔滨进行的人体病理解剖数据,据冈本供述,期间约解剖 500 人。

续表

序号	JWC 馆藏号	问询日期	受问询人	主题	页数
26	035/20	1947 年 11 月 24 日	田部井和	副伤寒	1
27	035/32	1947 年 11 月 24 日	田部井和	伤寒	3
28	035/08	1947 年 11 月 25 日	山内雄二郎(Yamanouchi Yujiro)	布鲁氏杆菌病	2
29	035/27	1947 年 11 月 25 日	石光熏(Ishimitsu Kaoru)	破伤风	1
30	035/38	1947 年 11 月 26 日	作山元治(Sakuyama Motoharu)①	斑疹伤寒	1
31	035/34	1947 年 11 月 28 日	滨田丰博(Hamada Toyohiro)	斑疹伤寒	2
32	035/09	1947 年 11 月 29 日	津山义文(Tsuyama Yoshifumi)	消毒	2
	035/10	1947 年 11 月 29 日	津山义文	消毒(报告)	4

(2)日方向美军提交的报告

通过上述调查审讯,日本最终向美军提交论文 25 篇(一次 17 篇、一次 8 篇)、人体实验报告 3 份、幻灯片 8000 余张。其中最核心的是 3 份人体实验报告。

①A 报告(炭疽菌感染死亡者病理解剖观察记录)

报告共 406 页,内容为炭疽菌感染死亡者病理解剖观察记录。根据日军人体实验数据写成,由美国陆军技术局审讯,美国陆军底特里克营细菌战实验室递交。报告记录了人体器官感染炭疽菌后,各器官组织的显微病变情况以及尸检情况。报告共记录炭疽感染 30 例,其中经皮肤感染 1 例,经口服感染 9 例,经鼻腔呼吸感染 20 例。经口服感染 9 例记录如下:"此 9 名病例是通过口服含炭疽菌的食物感染,这些人几天后全部因为严重的腹部感染和腹水出血症状而死亡。"经鼻腔呼吸感染 20 例记录如下:"在一些牢房中突然爆发炭疽病,接连有 20 人被含有炭疽病菌的污浊空气感染,几天后这些人由于严重的胸腹部症状而全部死亡。感染初期他们主诉患严重的扁桃体炎症。之后由于炭疽病菌在体内弥散,他们出现了严重的出血症状。"②其后,报告分别记录了

① 原档误拼写为 Genji SAKUYAMA,检索时注意。

② 杨彦君. 七三一部队炭疽菌实验 A 报告[M]. 北京:中国和平出版社,2015:3 - 11.

每类感染方法下各病例的特征性病变情况。记录中没有被害人姓名，仅以代号指代，代号后记录了实验对象的年龄、性别、感染方式、病程、主要器官（包括心、肺、咽、支气管、肝、胃、脾、肾、胰、小肠、睾丸、肾上腺、甲状腺、脑垂体、淋巴腺、大动脉等）的病理改变情况等，其中典型病例的病理改变情况附有彩色说明图，但没有投菌量的记载。从记录来看，全部受害人均为男性，在感染后2—7日内全部死亡。

②G报告（鼻疽菌感染死亡者病理解剖观察记录）

报告共373页，内容为鼻疽菌感染死亡者病理解剖观察记录。根据日军人体实验数据写成，由美国陆军技术局审讯，美国陆军底特里克营细菌战实验室递交。报告开头写有“我①使用显微镜检查研究了21例鼻疽病病例。这些案例被分为两组：经皮感染类和经鼻感染类”。其中经皮感染16例，经鼻感染5例。报告详细记录了不同感染类型在急性期、亚急性期、亚慢性期和较慢性期四个病程阶段，主要器官（包括心、肺、扁桃体、咽和气管、胃和肠管、胰、肾、肝、脾、脑、肾上腺、胸腺、睾丸、甲状腺、脑垂体、皮肤等）的病变情况，并附有大量显微切片图和彩色手绘示意图②。同A报告一样，记录中没有被害人姓名，仅以代号指代，代号后记录了实验对象的年龄、性别、感染方式、病程、每个病例的特征性病变等，但没有投菌量的记载。从记录来看，全部受害人均为男性，在感染后4日到3个月内全部死亡。

③Q报告（鼠疫菌感染死亡者病理解剖观察记录）

报告共744页，内容为鼠疫菌感染死亡者病理解剖观察记录。根据日军人体实验数据写成，由美国陆军技术局审讯，美国陆军底特里克营细菌战实验室递交。该报告记载的是1943年9月25日—11月7日在中国长春（“新京”，Shinkyo）和农安（Noan）两地的鼠疫流行调查，以及以“防疫”为名，对染疫者进行解剖的大量详细数据。该报告按页码标识共有744页，但其中缺少第444页，全部报告现存743页，有图片453幅，表格56个③。原稿错讹较多，多有混乱、缺失，原因不详。

---

① 据日本学者研究，怀疑此报告书是由731部队病理学者石川太刀雄丸整理。参见：[日]莇昭三.关于A报告及G报告“达格威文件”[C].鲁丹，译.//杨彦君主编.七三一问题国际研究中心文集（下）.北京：中国和平出版社，2015：1066－1081.

② 杨彦君.七三一部队鼻疽菌实验G报告[M].北京：中国和平出版社，2015：3.

③ 杨彦君.关于731部队鼠疫报告书的初步解读——基于美国解密日本细菌战档案的调查[J].医学与哲学，2013（6）：87－89，96.

前言如下："我于1943年(9月25日—11月7日)在两个地区(满洲"新京"市和农安县)进行了鼠疫流行病调查。农安县每年经常反复地爆发鼠疫流行病，但相反，新京(长春)市尚未爆发过鼠疫流行病。1943年6月，农安地区突发鼠疫流行病。这些流行病蔓延到邻近地区，最后在大约9月中旬通过交流方式侵入新京(长春)市……其中有18名患者在感染后数天内死亡。高桥[①]博士和其他人进行过流行病学和细菌学调查，这些以日文起草的报告于1948年7月提交给美国陆军。我和其他人在9月29日至11月6日期间对这两个地区中死亡的所有病例进行了病理解剖调查。我会在下表中插入相关调查结果。"[②]其中记录长春病例18例，农安病例39例，总计57例。所有患者名字使用字母缩写，并记录了年龄、性别、病程、病型、感染方式。附有显微检查照片和彩色手绘病理变化示意图。

(3)日本国民对细菌战和人体实验罪行的检举

除了上述美国组织的对日本实施细菌战情况进行的调查以外，驻日盟军总部还持续接到来自日本各界的大量检举信，根据这些检举，美国相关部门也进行了一些调查，形成一些专题档案。

①森田丰秋案卷。主要内容为1946年4月23日—5月2日对森田丰秋(Morita Toyoaki)的系列审讯报告。通过对上海派遣军森田丰秋的一系列审讯，得到日军研发化学武器并对中国军队实施毒气战的详情，还包括日军在上海实施医学实验的情报。森田丰秋供认日军在上海设有化学战实验室，其中有两个部门负责化学战情报和医学实验，并提供了徐州战役时日本毒气部队所在位置地图(见图2-1)。日军在固镇和蚌埠之间部署了森田毒气部队300人。森田称他不认识石井四郎。

②山口本治案卷。主要内容为根据关东军100部队[③]兽医纪野猛(Kino Takeshi)、西村武(Nishimura Takeishi)等人的举报，对100部队长官若松有次郎、山口本治(Yamaguchi Motoji)、保坂安太郎(Hosaka Yasutaro)等人在长春的人体实验罪行进行的调查。内容包括：1946年2月纪野猛致盟军最高司令部法务局的举报信，指控若松有次郎、保坂安太郎在关东军100部队(长春)把战俘当作实验用豚鼠进行解剖的事情；1946年6月28日，山口本治的宣誓供述书，供述其在关东军军马防疫厂的主要工作；1946年8月，西村武指控山口本

---

① 即高桥正彦。

② 杨彦君.七三一部队鼠疫菌实验Q报告[M].北京：中国和平出版社，2015：3.

③ 对外称"关东军军马防疫厂(Kwantung Army Horse Disease Prevention Unit)"，驻地长春。

治等人在长春100部队驻地户外解剖盟军[①]战俘，并用畜疫感染战俘；1947年3月6日，纪野猛证实若松有次郎和山口本治应对秘密实验导致13人死亡一事负责等。

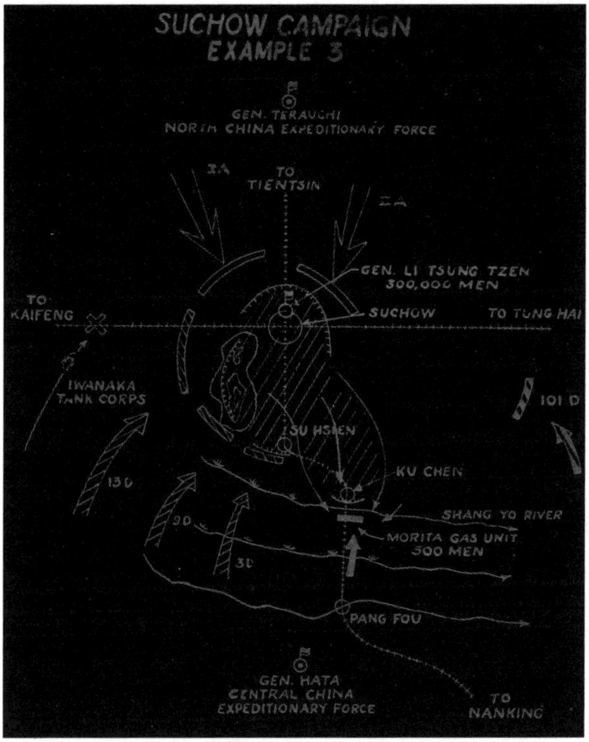

图2-1 徐州战役期间森田毒气部队的部署地图

③其他。包括：1946年7月对九州帝国大学医学部（Kyushu Imperial University Hospital）活体解剖八名美军战俘案主要犯罪嫌疑人佐藤吉直、横山勇、石山福二郎、小森卓、平尾健一、鸟巢太郎、森好良雄等人的逮捕令[②]；1946年5月8日—1948年1月29日，就相模原陆军医院（Sagamigahara Army Hospital，也称相武台陆军医院）军医使用48名战俘进行医学实验、并致死13人进行调查的系列档案；1946年10月11日，上木宽（Ueki Hiroshi）举报石井四郎在哈尔滨建立大规模人体实验场所，并对盟军战俘实施了“野蛮实验”等；1946年12

① 档案原注如下：日本人所说的“盟军战俘”通常是指包括在中国东北或中国其他地区抓获的中国人或苏联人，并不特指关押在奉天战俘营的美英盟军战俘。

② 此案一共逮捕了25人，其中佐藤吉直大佐、横山勇中将、平尾健一助教授、鸟巢太郎助教授、森好良雄讲师5人是首犯，被横滨军事法庭判处绞刑。外科主任石山福二郎在狱中自杀。

月 6 日，冈田尚（Okada Hisashi）写信给麦克阿瑟，要求调查在东京帝国大学传染病研究所（Infectious Disease Research Laboratory，Tokyo）使用战俘进行细菌实验导致 3 人死亡事件；1947 年 6 月远东司令部根据日本共产党的举报，形成“石井细菌战部队的行动”报告，报告指出石井向美军战俘注射腺鼠疫病菌，并提到在日军战败前夕，日军炸毁了相关设施“连同数百名实验对象”；在另一份 1947 年 6 月 10 日参谋二处麦奎尔（McQuail）上校提交的文件中，提到情报部得到秘密情报“注意到关于石井四郎在美军战俘身上注射腺鼠疫的指控”，他说“自然这些实验的结果具有非常重要的情报价值”。

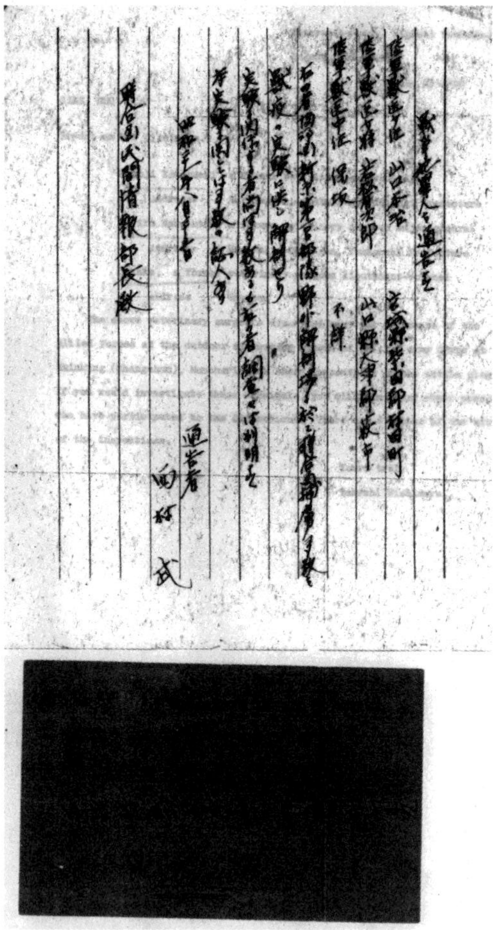

图 2－2 西村武的举报信

2. 远东国际军事法庭对日本细菌战罪行的调查

由于美国当局的阻挠，前述美国军方的调查材料和日本国民的检举材料并未移交给远东国际军事法庭，因此，法庭是在对日本细菌战罪行几无所知的情况下独立开展了调查取证工作，由此形成了自己的日本细菌战罪行调查档案。

（1）国际检察局对细菌战的调查

①国际检察局助理检察官赴华调查报告

1946 年 4 月 16 日国际检察局助理检察官莫罗（T. H. Morrow）向首席检察官季南提交了《中国之行报告》（*Report of Trip to China*），记述了他在中国调查日本战争罪行的情况及所获得的证据。目前这份报告的全文尚未见到，仅在美国国家档案馆看到美国化学战部上校杰弗里·马歇尔（Geoffery Marshall）1946 年 5 月 4 日从这份报告里抽取的 4 页摘录。摘录指出："在日本侵华罪行部分最值得调查的罪行如下：E. 违反国际法在战场上使用毒气；F. 通过散播布满鼠疫菌的各种材料实施细菌战。"摘录的正文部分主要介绍了日军对华实施毒气战的证据，并得出"有证据支持日本对华实施毒气战的指控"的结论，其中关于细菌战部分内容极少，译文如下：

> 中国之行的成果远远［原文被抹掉］[①]详列［原文被抹掉］如下：
>
> ……
>
> F. 对细菌战罪行的指控主要基于一部《中国手册 1937—1943》里的报告，报告由金宝善[②]博士编撰。萨顿先生已与金宝善博士及其助手进行面谈，萨顿［原文被抹掉］提交一份有关他们的报告附后。

1946 年 5 月 8 日，杰弗里·马歇尔上校发回华盛顿的报告再次提到："1. 参考 1946 年 4 月 23 日本办公室的信件第五段：日本细菌战。"同时还随信附上 1946 年 5 月 3—4 日远东国际军事法庭起诉书的摘要、萨顿检察官对日本细菌战罪行的调查报告摘要和日本对华实施毒气战的证据。其中后两份附件与原信同在，但未见起诉书摘要。可以推测在马歇尔上校 1946 年 4 月 23 日发给化学战部华盛顿总部的信里也曾摘录莫罗报告的第五部分即细菌战部分，笔者在目前美国国家档案馆已解密的档案中尚未找到这封信，但见到了莫罗报告中提到的附件《萨顿报告》。

---

① 原档被抹去两处。

② 金宝善（1893—1984），浙江绍兴人，中国公共卫生学家，近代卫生防疫事业的奠基者之一。1940 年 4 月至 1947 年 4 月任国民政府行政院卫生署署长。抗日战争期间时任卫生署署长的金宝善将日军在中国撒播细菌的情况整理成报告，向世界公布。

《萨顿报告》的正式题名为《来自中国的报告：细菌战》(*Report From China: Bacterial Warfare*)，37页，讲述了日军在中国空投了受污染的谷物后引发鼠疫流行的情况。报告署名为国际检察局助理检察官萨顿(David Nelson Sutton)，报告日期为1946年4月23日。报告内容有奥地利籍卫生防疫专家罗伯特·伯力士(R. Pollitzer，国联援华防疫团成员、国民政府卫生署专员)博士[①]1946年4月3日提交的证词及伯力士的简历，金宝善博士1942年3月31日关于1940—1941年宁波、衢县、常德爆发鼠疫报告的摘要及相关证人于1946年3—4月的签名证词等。

1946年4月25日，萨顿致信季南，报告了他对中方提交的日本对华细菌战证据的看法。报告开头说明："全部源自中国的有关细菌战主题的证据材料已被单独存放一处，以便决定此案是否进入下一阶段。"并指出金宝善、陈文贵、伯力士等人确信"事实证明日本使用了细菌武器。陈博士和伯力士博士个人还做了田野调查并撰写了详细报告"，但"本案的不足之处在于目前没有充分可靠证据证实那些(受鼠疫菌污染的)谷物和类似物是在1941年11月4日飞过常德的日本飞机上撒落的"，"根据目前情况，谨建议不再继续尝试证实日军对华实施细菌战"，"假如找到补充证人证实谷物和其他类似物确实是从1941年11月4日飞过常德的日机上撒落的，那么基于补充证据重新考虑此事是适当的，因为显然日本人无意为中国人洒下'吗哪'[②]。目前中国方面正在努力收集补充证据"。在报告的最后他总结道："就本案目前进展来看，我认为，现有证据不能充分证实(对日本)细菌战罪行的指控。"

②国际检察局的处理与结论

关于日本对华毒气战罪行，国际检察局得出结论认为"有充分证据证明日本对华实施毒气战，已有证据足以支持对日本毒气战罪行进行起诉"，但关于对华细菌战罪行，国际检察局则得出结论认为不必再尝试继续寻找日本对华实施细菌战的证据，因为现有证据是"不充分的"。

此外，美国情报部门、驻日盟军总部等一些机构的档案也证实了国际检察局的这种态度。

① 马学博，杨微.伯力士医生及其鼠疫报告书[J].北方文物，2013(2)：102-105.

② 《圣经》故事中的一种天降食物。

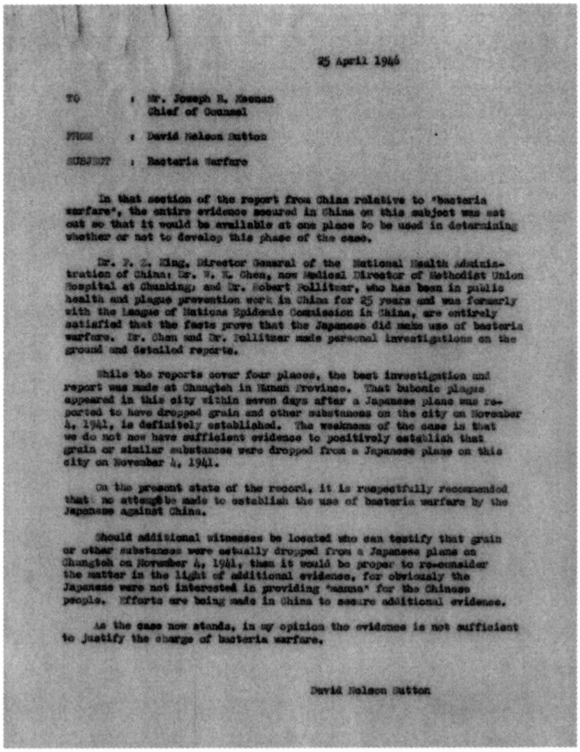

25 April 1946

TO : Mr. Joseph B. Keenan
Chief of Counsel

FROM : David Nelson Sutton

SUBJECT : Bacteria Warfare

In that section of the report from China relative to "bacteria warfare", the entire evidence secured in China on this subject was set out so that it would be available at one place to be used in determining whether or not to develop this phase of the case.

Dr. P. Z. King, Director General of the National Health Administration of China; Dr. W. K. Chen, now Medical Director of Methodist Union Hospital at Chunking; and Dr. Robert Pollitzer, who has been in public health and plague prevention work in China for 25 years and was formerly with the League of Nations Epidemic Commission in China, are entirely satisfied that the facts prove that the Japanese did make use of bacteria warfare. Dr. Chen and Dr. Pollitzer made personal investigations on the ground and detailed reports.

While the reports cover four places, the best investigation and report was made at Changteh in Hunan Province. That bubonic plague appeared in this city within seven days after a Japanese plane was reported to have dropped grain and other substances on the city on November 4, 1941, is definitely established. The weakness of the case is that we do not now have sufficient evidence to positively establish that grain or similar substances were dropped from a Japanese plane on this city on November 4, 1941.

On the present state of the record, it is respectfully recommended that no attempt be made to establish the use of bacteria warfare by the Japanese against China.

Should additional witnesses be located who can testify that grain or other substances were actually dropped from a Japanese plane on Changteh on November 4, 1941, then it would be proper to re-consider the matter in the light of additional evidence, for obviously the Japanese were not interested in providing "manna" for the Chinese people. Efforts are being made in China to secure additional evidence.

As the case now stands, in my opinion the evidence is not sufficient to justify the charge of bacteria warfare.

David Nelson Sutton

图2-3 1946年4月25日萨顿致季南的信

1947年6月6—7日的C53169号电文(用于答复1947年6月3日的W 99277号电文)提到:日本共产党指控“石井细菌战部队”使用奉天战俘营的美军战俘进行了人体实验,但国际检察局声明“任何一名石井部队的成员都不会被当作战犯嫌疑人逮捕,而且根据有案可查的文件,也没有充分证据证明他们有罪”。

1947年6月27日东京法务局致华盛顿的机密电文C53663号文件记录“有强有力的、细节充分却无法证实的证据”,证明日军在衢县、金华、常德和其他地区实施了细菌战。国际检察局认为根据此前的信息可以得出“石井四郎领导的部队肯定违反了陆战法规”的结论,但这一观点并非建议对该部队进行战争罪行起诉或审判,因为“举行审判的证据不足”。

1947年8月8日“远东小委员会(Subcommittee for Far East, SFE)成员罗伯特·费尔里(R. A. Fearey)对SWNCC 351/2/D号文件的意见”认为:国际检察局的观点是没有充分证据支持对石井立案,中国也没有提出指控,“工作组中负责此事的国际检察局代表说:‘假如他们启动无穷无尽的调查,也许有可能能够对石井及其同事立案。’”

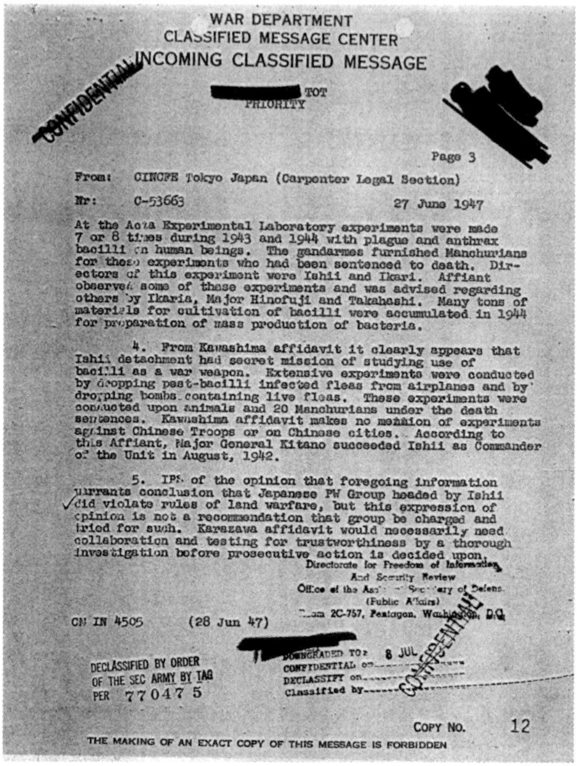

WAR DEPARTMENT
CLASSIFIED MESSAGE CENTER
INCOMING CLASSIFIED MESSAGE

CONFIDENTIAL

TOT
PRIORITY

Page 3

From: CINCFE Tokyo Japan (Carpenter Legal Section)

Nr: C-53663　　27 June 1947

At the Aoza Experimental Laboratory experiments were made 7 or 8 times during 1943 and 1944 with plague and anthrax bacilli on human beings. The gandarmes furnished Manchurians for these experiments who had been sentenced to death. Directors of this experiment were Ishii and Ikari. Affiant observed some of these experiments and was advised regarding others by Ikaria, Major Hinofuji and Takahashi. Many tons of materials for cultivation of bacilli were accumulated in 1944 for preparation of mass production of bacteria.

4. From Kawashima affidavit it clearly appears that Ishii detachment had secret mission of studying use of bacilli as a war weapon. Extensive experiments were conducted by dropping pest-bacilli infected fleas from airplanes and by dropping bombs containing live fleas. These experiments were conducted upon animals and 20 Manchurians under the death sentences. Kawashima affidavit makes no mention of experiments against Chinese Troops or on Chinese cities. According to this Affiant, Major General Kitano succeeded Ishii as Commander of the Unit in August, 1942.

5. IPS of the opinion that foregoing information warrants conclusion that Japanese PW Group headed by Ishii did violate rules of land warfare, but this expression of opinion is not a recommendation that group be charged and tried for such. Karazawa affidavit would necessarily need collaboration and testing for trustworthiness by a thorough investigation before prosecutive action is decided upon.

Directorate for Freedom of Information
And Security Review
Office of the Ass't Secretary of Defense
(Public Affairs)
Room 2C-757, Pentagon, Washington, D.C.

CN IN 4505　　(28 Jun 47)

DOWNGRADED TO: 8 JUL
CONFIDENTIAL on
DECLASSIFY on
Classified by

CONFIDENTIAL

DECLASSIFIED BY ORDER
OF THE SEC ARMY BY TAG
PER 770475

COPY NO. 12

THE MAKING OF AN EXACT COPY OF THIS MESSAGE IS FORBIDDEN

图 2－4　法务局致华盛顿的 C53663 号密电

（2）《远东国际军事法庭庭审记录》中有关细菌战罪行的讨论

在《远东国际军事法庭庭审记录》1946 年 8 月 29 日的庭审中，检辩双方就日军驻南京“多摩部队”人体实验的情况曾进行短暂交锋。鉴于目前中、美、日各方学者对庭审记录内容的记述有多种版本，现依据美国国家档案馆所藏《远东国际军事法庭庭审记录》原文，将有关内容摘译如下供参考。

《远东国际军事法庭庭审记录》第 4546 页，第 3—25 行：

庭长：萨顿先生。

萨顿（宣读）：

“关于其它暴行。

“敌人的多摩部队将平民俘虏运入医学实验室，在那里测试人体对有毒血清的反应。这支部队是最机密的机构之一，因此被它杀害的人数难以查明。”

我将略去下面三句。

（继续宣读）“截至目前的调查表明超过30万人被杀害，超过4000栋房屋被烧毁或破坏，20—30人被强奸或因拒绝被强奸而被杀，184人失踪。其余的资料正在进一步调查中。”

我将略去英文副本第四页末的“大屠杀的证据”部分。

庭长：你是否准备向法庭出示有关这些所谓有毒血清人体反应试验的进一步证据？这是一项全新指控，我们此前闻所未闻。你准备就把它这样放在这吗？

《远东国际军事法庭庭审记录》第4547页，第1—4行：

萨顿：此次我们没有准备就此问题补充证据。

（继续宣读）“在南京大屠杀中犯下集体屠杀罪行的部队有以下9个：……”

《远东国际军事法庭庭审记录》第4548页，第11—25行：

……

庭长：布鲁克上校。

布鲁克：如果法庭允许，我想就这份文件提到的有毒血清反应测试一事询问检方：这些试验是否不包括对这些人进行的一系列疫苗接种。这将影响该报告的可信度，因为在该报告第2页已表明它是事发多年后，应检方要求而成立的一个调查委员会撰写的。这里显示在1945年11月17日14:00，他们才召开第一次会议，而假如他们不知道疫苗接种和刚刚那些说法的区别，我认为这对本法庭评估该证据的可信度至关重要，毕竟它是一份已被正式提交的证词的摘要。

（后面主要为辩护方的莱文律师就法庭有关法律程序和规定的一些质问。）

《远东国际军事法庭庭审记录》第4550页第9—15行：

……

庭长：那么，现在，你有权利只反对证据中的某些特定内容，我想你要反对的是有关在中国人身上进行看来是有毒物质试验的这部分。根据我同事们的意见,我认为那只是一种尚无证据支持的臆断。

……

(此后是有关南京大屠杀死难者人数的一些争论,因与细菌战无关,此处略去。)

《远东国际军事法庭庭审记录》第4551页第10行至第4552页第1行:

……

庭长:法官会像辩护人一样警觉,确保驳回那些不明确的或含糊的证据,或无证据支持的笼统指控。你不必担心这一点。

莱文:庭长先生,我们确信您所言不虚。我们也不想吹毛求疵,把注意力集中到一些小错误上。然而,我们确实感到检方应该对法庭负责,对我们负责,对公众负责。我认为在证据所及之处,他们应该在这类事情的表述上更加审慎和留心。

庭长:那么,结论是,根据辩方的反对意见,这段有关在中国人身上进行有毒物质试验的陈述被法庭驳回,不作为证据。

萨顿先生,请继续。

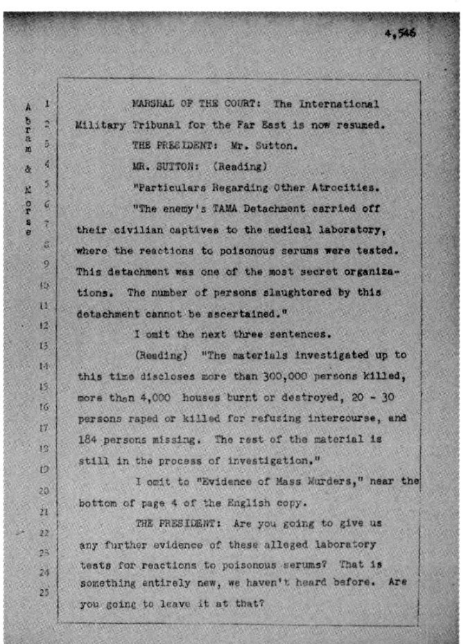

4,546

Abram & Morse

MARSHAL OF THE COURT: The International Military Tribunal for the Far East is now resumed.

THE PRESIDENT: Mr. Sutton.

MR. SUTTON: (Reading)

"Particulars Regarding Other Atrocities.

"The enemy's TAMA Detachment carried off their civilian captives to the medical laboratory, where the reactions to poisonous serums were tested. This detachment was one of the most secret organizations. The number of persons slaughtered by this detachment cannot be ascertained."

I omit the next three sentences.

(Reading) "The materials investigated up to this time discloses more than 300,000 persons killed, more than 4,000 houses burnt or destroyed, 20 - 30 persons raped or killed for refusing intercourse, and 184 persons missing. The rest of the material is still in the process of investigation."

I omit to "Evidence of Mass Murders," near the bottom of page 4 of the English copy.

THE PRESIDENT: Are you going to give us any further evidence of these alleged laboratory tests for reactions to poisonous serums? That is something entirely new, we haven't heard before. Are you going to leave it at that?

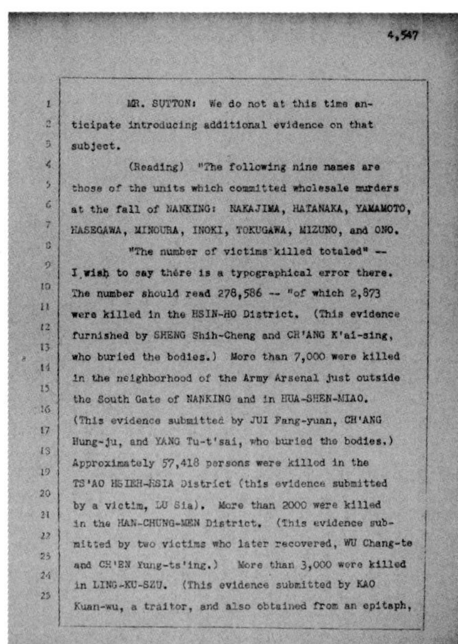

4,547

MR. SUTTON: We do not at this time anticipate introducing additional evidence on that subject.

(Reading) "The following nine names are those of the units which committed wholesale murders at the fall of NANKING: NAKAJIMA, HATANAKA, YAMAMOTO, HASEGAWA, MINOURA, INOKI, TOKUGAWA, MIZUNO, and ONO.

"The number of victims killed totaled" -- I wish to say there is a typographical error there. The number should read 278,586 -- "of which 2,873 were killed in the HSIN-HO District. (This evidence furnished by SHENG Shih-Cheng and CH'ANG K'ai-sing, who buried the bodies.) More than 7,000 were killed in the neighborhood of the Army Arsenal just outside the South Gate of NANKING and in HUA-SHEN-MIAO. (This evidence submitted by JUI Fang-yuan, CH'ANG Hung-ju, and YANG Tu-t'sai, who buried the bodies.) Approximately 57,418 persons were killed in the TS'AO HSIEH-HSIA District (this evidence submitted by a victim, LU Sia). More than 2000 were killed in the HAN-CHUNG-MEN District. (This evidence submitted by two victims who later recovered, WU Chang-te and CH'EN Yung-ts'ing.) More than 3,000 were killed in LING-KU-SZU. (This evidence submitted by KAO Kuan-wu, a traitor, and also obtained from an epitaph,

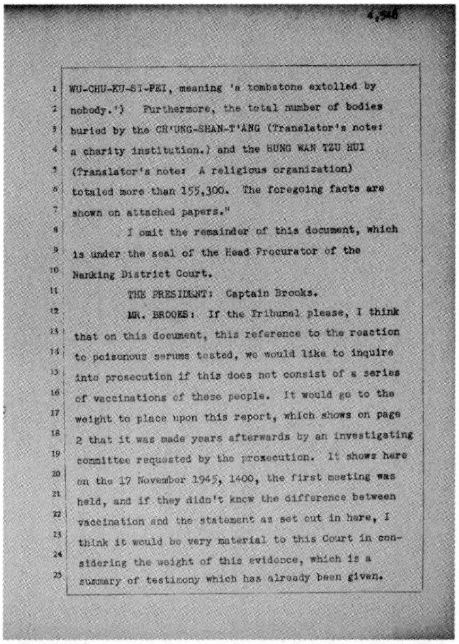
4,548

WU-CHU-KU-SI-PEI, meaning 'a tombstone extolled by nobody.') Furthermore, the total number of bodies buried by the CH'UNG-SHAN-T'ANG (Translator's note: a charity institution.) and the HUNG WAN TZU HUI (Translator's note: A religious organization) totaled more than 155,300. The foregoing facts are shown on attached papers."

I omit the remainder of this document, which is under the seal of the Head Procurator of the Nanking District Court.

THE PRESIDENT: Captain Brooks.

MR. BROOKS: If the Tribunal please, I think that on this document, this reference to the reaction to poisonous serums tested, we would like to inquire into prosecution if this does not consist of a series of vaccinations of these people. It would go to the weight to place upon this report, which shows on page 2 that it was made years afterwards by an investigating committee requested by the prosecution. It shows here on the 17 November 1945, 1400, the first meeting was held, and if they didn't know the difference between vaccination and the statement as set out in here, I think it would be very material to this Court in considering the weight of this evidence, which is a summary of testimony which has already been given.

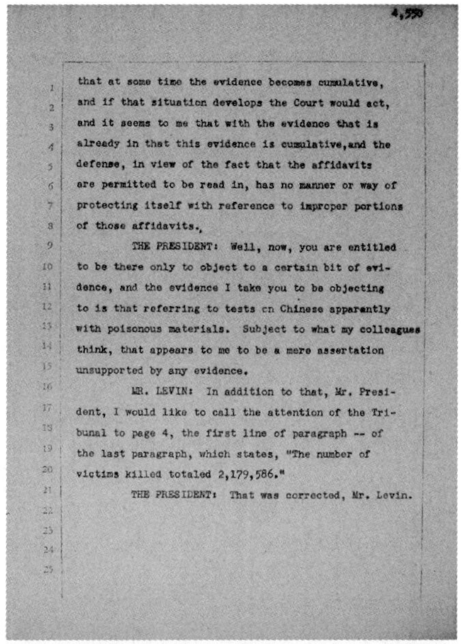
4,550

that at some time the evidence becomes cumulative, and if that situation develops the Court would act, and it seems to me that with the evidence that is already in that this evidence is cumulative, and the defense, in view of the fact that the affidavits are permitted to be read in, has no manner or way of protecting itself with reference to improper portions of those affidavits.

THE PRESIDENT: Well, now, you are entitled to be there only to object to a certain bit of evidence, and the evidence I take you to be objecting to is that referring to tests on Chinese apparently with poisonous materials. Subject to what my colleagues think, that appears to me to be a mere assertion unsupported by any evidence.

MR. LEVIN: In addition to that, Mr. President, I would like to call the attention of the Tribunal to page 4, the first line of paragraph -- of the last paragraph, which states, "The number of victims killed totaled 2,179,586."

THE PRESIDENT: That was corrected, Mr. Levin.

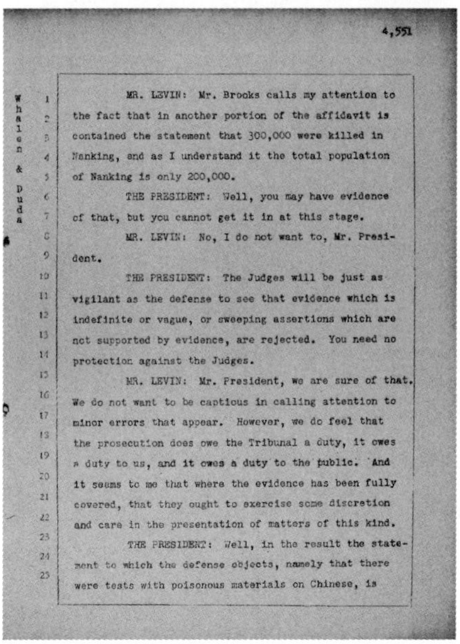
4,551

Whalen & Duda

MR. LEVIN: Mr. Brooks calls my attention to the fact that in another portion of the affidavit is contained the statement that 300,000 were killed in Nanking, and as I understand it the total population of Nanking is only 200,000.

THE PRESIDENT: Well, you may have evidence of that, but you cannot get it in at this stage.

MR. LEVIN: No, I do not want to, Mr. President.

THE PRESIDENT: The Judges will be just as vigilant as the defense to see that evidence which is indefinite or vague, or sweeping assertions which are not supported by evidence, are rejected. You need no protection against the Judges.

MR. LEVIN: Mr. President, we are sure of that. We do not want to be captious in calling attention to minor errors that appear. However, we do feel that the prosecution does owe the Tribunal a duty, it owes a duty to us, and it owes a duty to the public. And it seems to me that where the evidence has been fully covered, that they ought to exercise some discretion and care in the presentation of matters of this kind.

THE PRESIDENT: Well, in the result the statement to which the defense objects, namely that there were tests with poisonous materials on Chinese, is

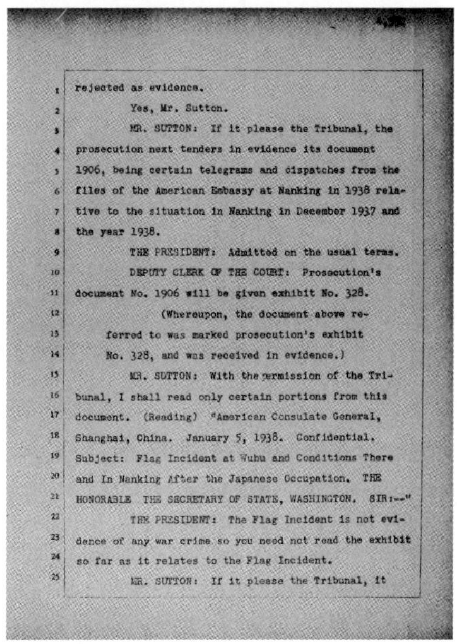
4,552

rejected as evidence.

Yes, Mr. Sutton.

MR. SUTTON: If it please the Tribunal, the prosecution next tenders in evidence its document 1906, being certain telegrams and dispatches from the files of the American Embassy at Nanking in 1938 relative to the situation in Nanking in December 1937 and the year 1938.

THE PRESIDENT: Admitted on the usual terms.

DEPUTY CLERK OF THE COURT: Prosecution's document No. 1906 will be given exhibit No. 328.

(Whereupon, the document above referred to was marked prosecution's exhibit No. 328, and was received in evidence.)

MR. SUTTON: With the permission of the Tribunal, I shall read only certain portions from this document. (Reading) "American Consulate General, Shanghai, China. January 5, 1938. Confidential. Subject: Flag Incident at Wuhu and Conditions There and In Nanking After the Japanese Occupation. THE HONORABLE THE SECRETARY OF STATE, WASHINGTON. SIR:--"

THE PRESIDENT: The Flag Incident is not evidence of any war crime so you need not read the exhibit so far as it relates to the Flag Incident.

MR. SUTTON: If it please the Tribunal, it

图2-5 《远东国际军事法庭庭审记录》有关细菌战罪行的讨论

(3)苏联检察官要求提审细菌战嫌犯相关文件

1946年8月29日的这段庭审记录是远东国际军事法庭开庭以来,检方首次在法庭上公开提出日本侵华细菌战罪行之一的人体实验这一事实,揭开了日本侵华细菌战罪行的冰山一角。然而遗憾的是,美国当局出于自身利益的考虑,在法庭开审以前已经开始着手进行一系列幕后交易,全力阻止日本细菌战罪行大白于天下,因此最终萨顿没有向法庭提交相应证据材料,他的这段发言也遭到辩方律师的质疑和法官的驳回,此后关于日本细菌战的罪行再也未被提起。这段记录的出现促使更多的人关注日本的细菌战罪行这一事实。1947年1月7日,苏联助理检察官瓦西里埃夫将军通过国际检察局调查部向驻日盟军远东司令部军事情报局局长威洛比提出审讯731部队军官石井四郎少将、第一部长菊池齐大佐、总务部长太田澄大佐等细菌战嫌犯要求,指出石井四郎、菊池齐、太田澄等人实施的医学实验导致了2000多名中国人的死亡。1947年3月7日,苏联捷列维扬科中将又正式致函驻日盟军总司令部参谋长米勒少将,要求将731部队头目石井四郎列为对苏战犯,试图以此强行推进对日本细菌战罪行的调查。围绕日本细菌战嫌犯提审一事苏美之间展开了庭审背后的暗斗。

该系列档案主要是苏联检察官要求提审石井四郎等人的文件、就此事与美国交涉的往返公文、双方多次会谈的纪要以及华盛顿对相关事宜的指示电文等。重要的文件有:

①远东国际军事法庭苏联检察官关于提审指定战犯的备忘录。1947年1月7日,苏联助理检察官瓦西里埃夫将军通过国际检察局调查部向驻日盟军远东司令部军事情报局局长威洛比提出审讯731部队军官石井四郎、菊池齐、太田澄等细菌战嫌犯要求,以调查其实施细菌战实验罪行以及因这些实验而进行的大规模谋杀罪行。

②《日本细菌战实验》。1947年1月17日,驻日盟军远东司令部军事情报局、国际检察局相关人员与苏联代表会谈纪要,会谈中苏联提供了平房基地受破坏情况和日本细菌战部队进行人体实验的细节,并多次要求提审石井四郎和太田澄,指出石井四郎、菊池齐、太田澄等人实施的医学实验导致了2000多名中国人的死亡。

③苏联检察官公函。1947年3月7日,盟国对日理事会苏联代表捷列维扬科中将正式致函驻日盟军总司令部参谋长米勒少将,要求将731部队长石井四郎列为对苏战犯,试图以此强行推进对日本细菌战罪行的调查。

④1947年3月21日华盛顿致麦克阿瑟的W94446号电文,用于答复麦克阿瑟C69946号电文。答复分两部分:第一,美国将派人引导和监视苏联人的审讯,应预先对太田和菊池进行指导,不要向苏联人泄漏任何重要信息,不要让苏联人知道美国已在就此事进行调查;第二,日本被指控的那些对中国所犯

的罪行与苏联没有明显利害关系,应让苏联明白允许他们提审是为了表示一种基于政府间友好的友善示意,而不应成为今后惯例。

3. 美国对日本细菌战罪行的掩盖与交易

正如20世纪80年代以来美国、日本、中国等国的学者通过大量扎实档案调查所揭示的,美国政府为获取日本细菌战研究的成果,通过大量幕后活动免除了对石井四郎等人战争罪行的起诉。这类档案是美国国家档案馆现存日本细菌战罪行卷宗下较重要的一批,也是目前各国学者查阅、揭示最多的一批。鉴于很多重要的研究著作①已对其进行了整理,在此仅作简要介绍。

(1)对苏联检察官调查要求的应付

针对1947年1月7日苏联检察官提出的"苏联关于审讯并逮捕日本细菌战专家的要求",美国方面制定一系列政策、措施,包括根据苏联提交的备忘录、日本细菌战实验情报等内容,对相关文件进行分析,权衡将这些情报作为日本战争罪行证据提供和暴露细菌战情报二者的利弊,制定了相关应对政策的细节等,这部分档案被归入SFE 188系列,内容较为庞杂。例如1947年2月28日的《SFE 188/1备忘录》"建议华盛顿派出细菌战研究专家组赴东京,抢在苏联人前面审讯太田澄和菊池齐";1947年3月7日的《1087号备忘录》拒绝了苏联方面关于将石井四郎和太田澄列为对苏战犯的要求,声称"国际检察局已经安排与远东国际军事法庭苏联代表进行会审";1947年3月26日《P&O 000.5 TS备忘录》,针对苏联检察官提出的审讯要求,美国战争部指令驻日盟军总部对细菌战嫌犯进行预审,"以确保不会有任何敏感的信息暴露给苏联人";1947年5月2日,指示菊池齐在接受苏联审讯时,不要向苏联人提供任何有关人体实验、对华细菌战或大规模生产跳蚤的信息;1947年8月1日的《SFE 188/2备忘录》提到"苏联人可能披露的证据资料里,包括日本细菌战部队使用美国战俘进行人体实验的内容"。

(2)对法务局调查结果的掩盖

1946年下半年,美国对细菌战罪行的调查政策逐渐形成,最终制定政策,要求所有涉及美国国家安全的事宜均置于美国参谋长联席会议(JCS)和国务院—战争部—海军部三部协调委员会(SWNCC)的统一管控之下,对外发布的

---

① 例如[美]谢尔顿·哈里斯著《死亡工厂——美国掩盖的日本细菌战犯罪》,[日]森村诚一著《恶魔的饱食——日本细菌战部队揭秘》,[美]约翰·鲍威尔著《一个美国记者关于日本细菌战的记述》,[日]青木富贵子著《731——石井四郎及细菌战部队揭秘》,[日]西里扶甬子著《日本细菌战犯免于起诉的背后——揭露美日间的龌龊交易》以及《美军情报部所存的〈石井文档〉》等。

任何信息均须事先经过前者批准①。根据《石井四郎201卷宗》记载,1946年11月26日,参谋二处将法务局的201案卷设为"最高机密",移入330卷宗,"禁止法务局就此案卷做进一步调查,该卷宗资料不再允许查阅",终止法务局对此案的全部调查行动。1946年12月5日的《有关生物战国家计划的联合信息安全政策》颁布针对有关细菌战信息的处理政策,规定所有有关细菌战的信息均列入最高机密,"战争部长和联合研发委员会(Joint Research & Development Board)下令所有有关细菌战的信息均为最高机密",该政策由联合研发委员会的"X"委员会负责执行。1947年3月,美国联合参谋部向东京发布"最高司令和总参谋长的直接命令",指示"未经参谋二处的同意,对该事件不得向起诉方向做工作并不得以任何形式公开……各现场已着手进行的追踪调查全部停止"。1947年4月17日威洛比向法务局下令终止一切针对细菌战案件的调查和起诉行动,将相关案卷设密,并指令"禁止进行任何出于起诉目的的调查,未经参谋二处许可,禁止以任何形式披露此案卷,这是来自最高司令和总参谋长的直接命令"(16058号文件)。

(3)美国各政府部门的政策评估

关于对石井四郎等人是否进行战犯起诉豁免的问题,美国各部门曾经进行过广泛而漫长的讨论,从战后一直持续至远东国际军事法庭宣判完毕,既包括从各国搜集的相关动向以及基于这些情报进行的政策评估,也包括各部门的不同意见,这批档案散存在美国国家档案馆的馆藏中。例如1947年5月6日远东司令部向美国国防部发送了一封军事急电(52423号文件)提出可通过"利用日本人对苏联人的畏惧心理进行审讯""口头豁免保证"和"书面豁免保证"三种方式获取细菌战的详细情报。1947年7月24日远东司令部民间情报局(Civil Intelligence Section, CIS)提交给参谋二处的有关石井四郎的报告中提醒参谋二处"中国可能会想要将石井四郎列为战犯进行起诉"。参谋二处建议远东司令部"关于此事不要向任何机构泄露任何信息,并将相关信息均列为最高机密"。1947年8月1日,国务院—战争部—海军部三部协调委员会得出结论"手头没有充分的证据足以构成对石井等人的犯罪指控,而日本细菌战研究的情报远比进行战争罪行起诉重要",督促远东小委员会对石井等人进行豁免。1947年8月8日远东小委员会成员、美国国务院代表罗伯特·费尔里的"对SWNCC 351/2/D号文件的意见"进一步指出豁免石井等人的更多理由,

---

① 1946年11月29日,东京的副官长办公室接到来自华盛顿的警告:"有关日本细菌战的事项为最高机密。"

"1946年12月国际检察局已经决定不把石井四郎作为指控东条英机和其他甲级战犯的证人,因为没有充足证据表明石井部队与他们有关联","目前最可靠的证据揭露的均是针对中国人的犯罪,然而两年来中国从未试图提出起诉。我们似应假设这是他们的责任","国际检察局认为目前没有充分证据支持对石井等人进行起诉,而中国也没有准备起诉的意思","而给予石井等人的豁免单纯只是美国方面的豁免,并未质疑中国、苏联或其他国家在任何时间进行追诉的能力","必须记住一点,在任何情况下,我们更关心的是其他国家不可以获得比我们更多的情报。起诉石井四郎将付出向其他国家暴露这些情报的代价"。1947年9月8日美国国务院拒绝为石井等人提供书面豁免保证,要求驻日盟军总部继续在现有水平上进行调查,"国务院无法赞同SFE 188/2的提议,即向石井四郎及其助手承诺他们提供的细菌战资料将保留在情报系统,且不会作为'战争罪'的证据",并认为提供豁免承诺将"把美国带入严重的窘境"。1948年1月9日,法务局1117号备忘录"关闭330卷宗,对石井四郎不再起诉"。1948年3月11日,针对1947年5月6日远东司令部向美国国防部发送的52423号文件,国务院—战争部—海军部三部协调委员会复函麦克阿瑟(SANA5974号文件)称:"派往日本的专家的报告表明,已按你要求从石井四郎等人那里获得了细菌战情报。"关于赦免石井四郎等人的问题"建议盟军总部在觉得必要之时,再重新提交原报告建议中的第3B和第5部分以供讨论"。由此,美国政府采取拖延战术,最终规避了为是否提供"豁免保证"作出官方决定,对日本细菌战罪行的调查也不了了之。

(三)在日缴获档案专藏①

1947年,美国国家档案馆为管理二战期间美方从纳粹轴心国家缴获的文献和二战末期从战败国没收的档案而专门设立RG 242文件组。1948年5月18日,美国国家档案馆接收了中央情报局移交的一批外国档案,这批档案数量超过3万卷,主要为美国政府在占领日本时缴获或没收的日本政府档案,卷宗名为"二战时期缴获敌方档案:日本",这批档案被美国国家档案馆接管后,成为RG 242卷宗的一部分,占架3450立方英尺。这批档案保存条件良好,无阅览限制,这些因素使得它们成为研究现代日本军事史的基础文献,也是美国本土所藏供研究日本现代社会、经济、政治和外交发展等方方面面的最大专藏之

① James William Morley. Check List of Seized Japanese Records in the National Archives[J]. The Far Eastern Quarterly, 1950, 9(3):306-333.

一。该文件组的绝大部分文件原件于 1958 年归还日本[①]，美国国家档案馆保存复制件，并编制了专门索引。

这批档案中，原日本陆军省档案占据大半，其余档案为原日本海军省档案。尽管上述两机构 1872 年才建立，但这批档案的历史可以追溯到 1868 年二者的前身"太政官"下设统领陆军和海军事务的机构档案。这些前身机构包括：海陆军务科、军防事务局、兵部省、海军部和陆军部等。

这批档案的编号最高到 NA61261 号，但事实上只有 30303 卷。这批档案虽然数量巨大，其中完整的档案却很少，档案已经完全丢失，可能有部分档案被隐藏或故意销毁，而另一些则被美国其他政府机构使用，尚未移交给美国国家档案馆。其中最惹人注意的是日本陆军省参谋本部海外派兵及作战档案几乎完全缺失，有关九一八事变、华北事变和"大东亚战争"[②]的档案则存在大量缺失。

1. 海军省档案[③]

（1）普通文书。包括公文类纂、原书、原书类纂、普号通览、受号、公文杂辑等，以上绝大部分为海军省早期档案，涉及二战期间的有公文杂档及其备考（1876—1938 年），此外还有一些零散的 1889—1940 年间档案，包括英文杂辑、秘书官缀、次官级杂缀、要书缀等。

（2）海军省及更高首脑签发的命令、公报、报告、规章等。包括海军公报（1883—1945 年）、达[④]（1879—1944 年）、内令（1939—1945 年）、海军诸例则（1884—1944 年）、治疗品经理规程（1935—1940 年）等。

（3）海军省人事局档案。包括职员进退录（1887—1928 年）、赏赐者名簿（1894—1938 年）、海军辞令公报[⑤]（1915—1944 年）、现役海军名簿（1940—1944 年）等。

（4）涉外档案。包括：1897—1919 年间驻外使领馆报告三种，即驻在员情报报电[⑥]、外国驻在员报告[⑦]和外国出张员报告[⑧]；驻外帝国大公使馆附海军武官往复文书（1927—1929 年）；大使馆附海军武官往复文书（1906—1936 年）；

① 据调研，归还后的文件原件大部分收藏于日本防卫省防卫研究所战史部。

② 二战时期，日本对其发起的侵略战争总称。

③ 为便于使用者查找或检索原档，全书日文档案题名多为直译。

④ 即通知。

⑤ 即官员任免书。

⑥ 即海外居留人员报送的情报。

⑦ 即海外居留人员报送的报告。

⑧ 即驻外使团报告。

军令部情报(1921 年 7 月—1929 年 12 月、1938 年、1940 年);自明治四十四年至大正二年“清国事变”[①]书类(1911—1913 年);外务报告“清国事变”关系(1911—1914 年)。

(5)事变、战争等相关档案文献。包括甲午海战、侵占台湾、义和团事件、日俄战争、第一次世界大战、对华侵略战争等。其中第二次世界大战以前涉及日本侵华罪行的档案有:“台湾事变”辑录补遗(1874—1905 年,侵占台湾相关)、大本营海军大臣副官部海军报告(1894—1895 年,甲午海战相关)、明治二十七八年战史编纂准备书类(1894—1895 年,甲午海战相关)、日清战史原稿(1894—1895 年,甲午战争相关)、战史稿本死者略传(1894—1895 年,甲午海战相关)、日清战役海军卫生史(1894—1895 年,甲午战争相关)、明治三十三年“清国事变”(1900 年,义和团事件相关)、海军战史抄(1900 年,义和团事件相关)、战时机关部记事(1904—1905 年,日俄战争相关)、明治三十七八年战时书类(1904—1905 年,日俄战争相关)、日露战役参加者史谈会记录(1904—1905 年,日俄战争相关)、明治三十七八年海战史(1904—1905 年,日俄战争相关)、千九百四五年露日海战史(1904—1905 年,日俄战争相关)、大正战役战时书类(1914—1920 年,第一次世界大战相关)、青岛方面战记(1914—1919 年,第一次世界大战相关)、各中队战斗记事大要(1900—1914 年,青岛战役等战役相关)等。第二次世界大战期间的日本侵华档案则包括九一八事变、华北事变、“大东亚战争”相关档案,具体有昭和六七年事变海军战史(1931—1932 年)、中国事变功绩调查资类缀(1940—1941 年,标注有最高军事机密字样,包括来自海军参战部队的战场详报)、”大东亚战争”功绩调查资类缀(1941—1945 年)、捕获法院[②](Prize Court)文书(1943—1945 年)以及一些不成系统的零散杂档。

2. 陆军省档案

(1)文书。包括大日记(1872—1918 年)、秘密大日记(1873—1940 年)、陆军机密大日记(1934—1940 年)、军事机密大日记(1899—1933 年)、“满洲”大日记[③](1904—1941 年)、“满洲”机密大日记(1933 年)、陆满普大日记[④]

---

① 指辛亥革命。

② 即交战国设立的用于裁定战争期间拿捕商船及其货物的合法性、处理战利品的特别军事法庭。

③ 内容为日军在中国东北地区的军事行动相关文书、报告。

④ 即日本陆军在中国东北地区的普通军事日志,密级为不设密。

(1942年)、陆满密大日记[①](1940年)、陆满机密大日记[②](1933—1940年)、陆支普大日记[③](1928—1942年)、陆支密大日记[④](1928—1944年)、陆支机密大日记[⑤]、亚普大日记[⑥](1945年)、亚密大日记(1942年、1945年)、来翰缀[⑦](1871—1941年)等。

(2)文件。包括永存书类[⑧](1911—1941年)、"台湾处分"(1874—1875年)、"朝鲜事变"缀丛[⑨](1876—1945年)、明治二十七八年战役日记(1894—1895年,中日甲午战争相关)、陆军报告(1895年,甲午战争相关)、战史编纂准备书类(1895年,甲午战争相关)、二十七八年战役军队发着报告(1894—1895年,中日甲午战争相关)、"清国事变"书类编册(1894—1905年)、明治三十七八年战役相关满受书类补遗(1904—1905年,日俄战争相关)、临密书类(1904—1906年,日俄战争相关)、明治三十七八年日露战史(1904—1905年,日俄战争相关)、日露战史例证集、"间岛事件"关系书类(1920—1922年)、昭和二年山东出兵缀(1927年)、华北地方列国势力概要(1928年)、外国武官佣聘关系书类(1870—1922年)、俘虏书类(1904—1945年)、中美关系书类(1918年)、平和条约关系书类(1918—1930年)、国际联盟关系书类(1924—1933年)、军备制限相关书类(1921年,华盛顿会议相关)、国际会议关系书类(1925—1934年)、军备缩少问题关系书类(1923—1931年)、整理关系缀[⑩](1922—1926年)、各国军器供给关系缀(1914—1922年)、陆军制度调查相关书类(1924年)等。其中侵华战争类目下的重要文件有:作战命令缀(1937—1945年)、兵要地志(1941—1944年)、完胜[⑪](1943年)、支拂额集计表[⑫](1945年)、大东亚原案缀(1942年)、陆密缀(1943—1945年)、陆支密缀(1941年)、

---

① 即日本陆军在中国东北地区的秘密军事日志,密级为秘密。

② 即日本陆军在中国东北地区的机密军事日志,密级高于秘密军事日志。

③ 即日本陆军在华普通军事日志。该部分档案损毁严重,已不完整,内容为日军在华军事行动相关的文书、报告,内附地图、图表和照片。

④ 即日本陆军在华秘密军事日志。

⑤ 即日本陆军在华机密军事日志。

⑥ 即日本陆军在亚洲地区的普通军事日志,主要内容为大东亚战争(1941—1945年)期间的军事行动相关文书、报告。

⑦ 即陆军总部收到的各类文书。

⑧ 即永久档案,内容涵盖命令、规章、人事任免、仪典、职责、奖惩、教育、军需、报告、安全、计划、服饰、抚恤、建设计划、军事法庭、视察、补充兵员、救灾救援等方方面面。

⑨ 包括与朝鲜相关的军事行动数据、外交事宜、当地起义暴动情况、日本人在朝鲜政府受雇情况等。

⑩ 内容为各部队报送日本军部的军事装备部署报告,按时间排序。

⑪ 日本关东军编制,配发军官的系列杂志,该系列受毁严重,并不完整。

⑫ 内容为各类军官、军队在华开支报告。

国民勤劳事务撮要(1945年)等。

(3)陆军省及更高首脑签发的命令、公报、报告、规章等。包括内令(1940—1945年)、指令(1910—1922年)、省达[①](1882—1936年)、陆军成规类聚(1918—1922年)等。

(4)报告。包括省内各局的日报、周报、月报、季报、半年报、年报、情报、常报缀(1931—1945年)、事务成绩(1931—1945年)等。

(5)日记、部队史料、战役报告等。包括朝鲜军档案、第七师团状况报告(1913—1945年)、阵中日志、战斗行动详报、历史、日志(1877—1945年)等。

(6)征兵、动员和复员档案。包括总动员计画关系书类(1931—1945年)、对军师团动员计画令的意见(1939—1943年)、陆军动员计画令及其细则(1943年)和复员关系书类缀(1945年)等。

(7)个人文书。包括各类名簿(1941—1945年)、陆军异动通报(1942—1943年、1945年)、恩给关系证据书类(1942—1944年)、特别志愿将校采用者连名簿(1945年)、将校名簿(1945—1946年)、陆军战时名簿(1941—1945年)。

(8)其他。包括国有财产现在额报告书附属图面(1911—1945年)、陆军制式兵器图、飞行适否记录(1935—1945年)、每日天气报告等。此外还有一些1940—1945年期间的日本商工省文书手稿,这些均按年排序。

(四)盟军情报翻译分析部档案

1. 机构简介

盟军情报翻译分析部(Allied Translator and Interpreter Section, ATIS)是二战期间由美国和澳大利亚联合组织的一个军事情报翻译机构,主要负责翻译日文文书和审讯日军战俘,此外还承担了大量情报分析、军事评估以及某些政治宣传的工作,在战争末期,该机构主要负责日本战犯战争罪行的调查。

1942年2月以前,太平洋战区盟军的情报翻译工作主要由参谋二处各办公室相关附属人员承担(在其他战区该项工作主要是由战略情报局承担)。西南太平洋战役打响后不久,西南太平洋战区司令麦克阿瑟及其参谋二处主管威洛比意识到情报工作的高度重要性,但麦克阿瑟拒绝与战略情报局合作,因此他建立了一系列在自己直接领导下运行的情报机构。在此背景下,1942年2月,西南太平洋战区司令部成立翻译通译班。该翻译通译班作为麦克阿瑟司令部的一部分,在威洛比领导下工作。到1942年8月,随着盟军在西南太平洋

① 即陆军省发布的通知。

战场上俘获的日本战俘和敌方档案越来越多,麦克阿瑟认为他需要一个更大的、统一的盟军情报部队,原翻译通译班亟需进行加强和扩大。因此他指示成立一个新的专职情报翻译部门,以便系统地、充分地开发利用缴获的敌方资料,开展战俘审讯工作。于是,1942 年 9 月 19 日,西南太平洋战区司令部签发命令成立盟军情报翻译分析部,最初由 25 名军官和 10 名士兵组成,此后从美国、澳大利亚、英国和印度陆海空军下设语言学校招募了大批毕业生,到 1945 年,该机构的员工已超过 1000 人。

在整个二战期间,西南太平洋战区司令部一直不断变换驻地,因此盟军情报翻译分析部也随之不断迁移。1942 年 10 月至 1945 年 6 月,盟军情报翻译分析部办公地点设在澳大利亚布里斯班郊区的因杜卢皮利区(Indooroopilly)。为履行职责,盟军情报翻译分析部被分为不同的科室,分别负责翻译、审讯、信息、制作、训练、记录和菲律宾群岛侦查等工作。因作战需要,情报翻译分析部的先遣队通常都紧跟最前线的先头部队一起行动,通常,在军级部队以先遣梯队(Advanced Echelons)形式随军行动,在师级部队则以语言特遣小分队形式随军行动。例如 1943 年在盟军进攻新几内亚时,成立了随军的先遣梯队,及时将战场缴获情报进行了翻译分析,为新几内亚战役的胜利作出了巨大贡献。1944 年 3 月,麦克阿瑟要求情报翻译分析部工作地点更接近战斗现场。1944 年 9 月 22 日,参谋二处助理参谋长在印尼霍兰迪亚(Hollandia)司令部附近成立先遣盟军情报翻译分析部(Advanced Allied Translator and Interpreter Section, ADVATIS)。该机构实际上是一个微型的盟军情报翻译分析部,下设不同分组,协助翻译、编制具有重要时效价值的战俘审讯报告等工作。1945 年 5 月,先遣盟军情报翻译分析部随先头部队进驻菲律宾马尼拉。1945 年 6 月 4 日盟军情报翻译分析部在布里斯班的基地关闭,几周后迁至马尼拉。

日本投降后,随着 1945 年 8 月 28 日西南太平洋战区司令部更名为驻日盟军最高统帅司令部,盟军情报翻译分析部的职能也由战时负责评估日军军事状况转变成调查研究战后日本社会状况。1945 年 10 月 3 日,情报翻译分析部先头部队进驻东京。1945 年 11 月 17 日,盟军情报翻译分析部在日本东京运行,主要承担日本战犯战争罪行的调查工作。1946 年 4 月 30 日,该机构正式解散,相关工作移交驻日盟军最高统帅司令部参谋二处翻译通译部。

2. 档案的价值和流转存世情况

盟军情报翻译分析部紧随先头作战部队,及时将战场上缴获的敌方档案和对日军战俘审讯中获得的情报汇总、编译并广泛印刷分发,提供了大量具有高度价值的军事情报,有力配合了对日作战,也保留下了大量日本战争罪行证据。随后对这些情报的分析又提供了更多军事战略信息和政治信息,形成了大量的研究报告和正式文件,具有重要的史料价值。

由于盟军情报翻译分析部的资料属于秘密情报,从未大范围传播。目前,没有一个机构能够单独完整地收藏其全部历史资料,而是被分藏于不同的机构。

(1)马里兰大学东亚图书馆

20 世纪 50 年代初,在驻日盟军总部前雇员、马里兰大学历史学教授戈登·普兰格(Gordon W. Prange)博士的努力争取下,包括盟军情报翻译分析部档案在内的一大批政府档案、手稿和资料被移交给马里兰大学东亚图书馆。1979 年,这批资料被命名为"戈登·普兰格专藏"。美国国会信息服务部(CIS)组织人力对这批档案进行清点,将其与美国国家档案馆以及麦克阿瑟基金会的档案进行了比对查重,然后进行了缩微化。

(2)美国国家档案馆

美国国家档案馆没有为盟军情报翻译分析部档案建立专门的文件组,其主要分散在 RG 125/153/165/208/226/319/331/407/457/496/554 等文件组中。其中,RG 125 包括日本战犯和证人的审讯报告(包括审讯和证言笔录),有关证人和被告人的口供,日记和回忆录,文件的复印件、信件、照片和地图等证据。RG 165 包含对日本战俘的审讯报告、指令文件、审讯指南等。审讯报告及其摘要报告主要包括有关敌方军事力量的组织和战术等信息,还包括敌方工业、经济、潜在军事目标等信息;指令文件主要是为了从战俘口中得到一些特殊情报,而发给审讯人员的一些审讯指令,这些特殊的审问主题涉及空军部队、食品配给、军事邮政系统、气球炸弹、飞机工业、防空武器等;审讯指南主要是一些工具书和培训教材,包括一系列的报告、指南、战俘审讯手册等①。RG 407 是收藏盟军情报翻译分析部档案最全的一宗。

(3)其他机构

麦克阿瑟将军基金会也收藏了不少盟军情报翻译分析部档案,美国国会图书馆、美国密歇根大学亚洲图书馆、美国斯坦福大学胡佛研究所等也有少量收藏。

3. 文献内容

1942 年 9 月—1945 年 9 月的三年时间里,盟军情报翻译分析部审查了 35

---

① 在 RG 165、Entry79 的《出版物目录》里列出了 1944 年 6 月期间的绝大部分盟军情报翻译分析部档案。

万份缴获敌档,并完整翻译了其中的1.8万份。除提供初始情报资料译本外,情报翻译分析部还提供各类分析报告和敌情概要,发布了超过2800份对1万余名日本战俘的审讯报告,出版或油印了超过7200种材料,以满足西南太平洋各战场的情报需求。其中的7000余份档案被美国国会信息服务部制成2200余片缩微平片,命名为《战时缴获日军文件译本:盟军情报翻译分析部报告(1942—1946)》(*Wartime Translations of Seized Japanese Documents: Allied Translator and Interpreter Section Reports, 1942 - 1946*)对外发行。文献内容包括日记、信函、战地日志、军事命令及相关文件、地图图表、宣传战和心理战材料、战俘审讯报告、技术手册和指南等。其中文本类资料按29:1或34:1比例缩微,地图类则按14:1或17:1比例缩微。与日本战争罪行关系较密切者主要涉及以下几组档案。

(1)研究报告

盟军情报翻译分析部信息科(The ATIS Information Section)主要负责提供从审讯记录、译稿、情况报告、情报概要、地图、照片和其他外部出版物中获取的信息,工作内容包括编制索引、摘要,整理核对缴获文件和战俘口供,答复内部咨询,提供信息以协助翻译官和审讯官工作等。1943年5月,情报翻译分析部开始接受外部咨询并向其他部门提供情报,由此诞生了"信息咨询报告(Information Request Reports)",但该报告只用于答复特定信息咨询请求。随着可用资料越来越多,信息科开始就普遍关注的主题编制"信息公告(Information Bulletins)"。"信息咨询报告"和"信息公告"在1944年6月被"研究报告(Research Reports,代号RR)"取代。

"研究报告"出版了超过120份,涵盖很多主题,很多与战术或战略问题密切相关。例如第67号"沉没、损坏或前面未列出的日本战舰和商船(Japanese Warships and Merchant Vessels Sunk, Damaged or not Previously Listed)"、第87号"日本水雷和扫雷艇(Japanese Mines and Minesweeping)"以及第99—108号"日本地名——菲律宾(Japanese Place Names-Philippines)"等。其他还有有关日本陆军心理学(第76号)、日军努力消灭鼠疫和霍乱(第92号)和日本宪兵局(第119号)的信息。其中涉及日本战争罪行的报告有:第84号报告"日本与细菌战",报告摘录了从日方缴获的有关日军研究和实施细菌战的文件;第117号报告"日本军医部队对战争法和伦理的侵犯(Infringement of the Laws of War and Ethics by the Japanese Medical Corps)",汇集了日本违反日内瓦公约的情况,并指出日军医务人员是如何一次又一次处死"自己的病人"的;1944年4月29日出版的第72号研究报告(前身为第14号情报翻译分析部信息公告)

"日本人违反战争法(Japanese Violations of the Laws of War)",报告包括28页译文,每页译文后附原件照片和翻译员签名。

目前,这些报告已编制目录索引,收藏于美国国家档案馆RG 165文件组的Entry79条目下的《出版物目录》里。

(2)即时快译

"即时快译(Current Translations,CT)"刊登各类文件的全译本,通常各期由涉及同一主题的几份文件组成,文件原稿内容包括战地手册、技术指南、情报报告等,其中有不少从日军日记、笔记中摘录的信息,总出版数超过170期。其中有关日本战争罪行的文件包括第255号"审讯和处理(盟军)战俘规程(Procedures in Interrogating and Handling [Allied] Prisoners of War)"、第123和145号"西南太平洋战区盟军军事行动情报报告文件(File of Intelligence Reports on Operations in SWPA)"、第222号"宪兵情报、宣传、绥靖和第五纵队活动(Military Police Intelligence, Propaganda, Pacification, and Fifth Column Activities)"、第237号"个体处罚、军纪、对敌方空袭人员的判刑、军事法庭判决、空袭防御措施(Personal Punishment, Military Discipline, Legal Punishment of Enemy Air Personnel, Court Martial Judgment, Air Raid Defense Measures)"、第239号"战俘雇用以及返日部队监管条例(Regulations Concerning Employment of Prisoners of War and Supervision of Troops Returning to Japan)"、第255号"战俘审讯和处置规程(Procedure in Interrogating and Handling Prisoners of War)"、第278号"1941—1942年马尼拉战役(Malaya Campaign 1941—1942)"、第285号"1942年7月—1943年4月新几内亚战役的教训(Lessons from New Guinea Operations July 1942 - April 1943)"等。

(3)限定范围发行报告

"限定范围发行报告(Limited Distribution Reports, LDR)"是一类高度机密的特别报告,主要为具有最高情报价值或高度时效性文件的译本,按照命令不定期发布。这批报告总计编号到第104号。其中第16号内容是被俘的美军B-24飞行员被日军审讯情况,第17号内容是盟军和日军在荷属新几内亚本地居民中的活动,第25号内容是爪哇地区的抗日活动,第39号内容是海军行动、计划和命令(1941—1944年)。此外还有其他一些基于缴获文件和审讯记录出版的盟军情报翻译分析部出版物,例如先遣梯队报告(Advanced Echelon Reports)、菲律宾系列译本(Philippine Series Translations)和审讯现场报告(Interrogation Spot Reports)等。

1943年1月,盟军情报翻译分析部印发的文件数量达到每月约2万页,

1944 年 1 月增至每月 43 万页,到 1945 年 1 月的高峰期每月增至近 200 万页,这些文件既为打败日本法西斯作出了重要贡献,也为清算日本二战罪行留下了宝贵的史料证据。

第三节　馆藏评述

一、美国国家档案馆的文献组织方式

(一)文献著录的基本规则

美国国家档案馆的文献著录主要参照《档案、个人文件和手稿:档案馆、历史协会和手稿图书馆的编目手册》。该《手册》是美国乃至国际档案界最有影响的档案著录规则之一。著录主要遵循四条原则:一是来源原则,强调档案著录中来源的重要性,要求档案著录应该直接与档案形成的目的和职能相联系,具体体现为通过扩展附注项来突出这一原则;二是尊重全宗原则,把著录的重点首先放在全宗级的著录上,便于从整体上把握全宗内的文件和案卷的价值;三是上下文著录原则,即不要求档案著录仅限于严格照录已有特征信息,而是建议把档案的上下文关联作为著录的信息源,进行符合档案内容实际的著录;四是多级著录原则,通过提供多级著录结构来体现档案著录间的多维联系,而且每一级次的著录格式都是统一的。著录规则的结构总体分为档案特征信息的著录和检索点的选取两部分。第一部分主要包括著录总则、题名和责任者项、稿本项、日期项、载体形态和附注项。其中,著录总则主要界定了著录规则的范围、信息源、标识符、著录详简级次、著录语种与稿本等。第二部分主要包括检索点与统一题名,具体分为选择检索点、个人标目、地理名称、团体标目、统一题名等①。

(二)文献组织方式

美国国家档案馆所藏文献来源为美国联邦政府各机构,因此,其二战以后相关文献史料基本按文献来源机构分藏,每个机构为一个文件组(Record Group,RG),按机构序列排号(例如美国国务院一般档案为 RG 59,盟军总部档案为 RG 331 等),各文件组内按该机构下属行政单元进一步细分,各单元内基本按时间排序。为了保证档案的系统性和完整性,通常情况下美国国家档案馆在整理馆藏时会按各立档机构原有排序方式进行存放。

---

① 黄霄羽. 外国档案管理学[M]. 北京:中国人民大学出版社,2008:159 - 160.

一般而言，馆藏文献的著录结构包括四个层级。第一层级为文件组，著录内容包括文件组名（record group name）、文件组号（record group number）和该文件组的简介（description），著录内容主要为该文件组原建档机构简介、档案来源等；第二层级为文件系列（record series），著录内容包括文件系列标题（series heading）和简介；第三层级为各系列下的条目（entry），著录内容包括题名（entry title）、编号（entry number）、起止时间（date span）、起止档案盒号（number of boxes）、初始馆藏地（beginning location）和内容说明；最后一层级为文件集（file unit），著录内容为各文件集下的文件清单，包括档案盒号（box number）、主题（subject）和十进制分类号（decimal）。由于各建档机构的档案管理方式不一，因此不同馆藏的著录方式、著录内容和著录详略各不相同。但每条记录必须有文件组号、条目名、条目号、档案盒号和初始馆藏地，这是调阅文献所必须的字段，能够确保定位馆藏。如果读者在查档过程中很难记下这些字段，则可以只记下条目号（在调阅一组档案时）或单份文件（只调阅一份文件时）后面的唯一标识号（Doc ID），该馆咨询馆员可以据此迅速定位馆藏。

根据档案馆藏的特点，美国国家档案馆在馆藏文献的著录管理上与图书馆有很大不同。在20世纪初美国国家档案馆曾一度试图以大部制分类法和十进制分类法整合所有馆藏，结果发现这很容易造成建档信息丢失和排架混乱，而且馆藏管理成本巨大。因此目前在馆藏的分类和排架上基本遵照原建档单位的分类方式，但为避免给读者查阅造成困难，美国国家档案馆在文献著录上强化了著录字段的功能，各层级都有详细的著录说明，内容包括档案的来源、历史沿革、内容、缩微化情况、数字化情况、与其他文献关系、适用于哪些研究方向等，有的甚至包括知名学者在学术著作中的引用情况，使得读者能够快速找到自己真正需要的档案。对于已有数字化版本的档案，美国国家档案馆会提供URL链接，读者可在世界各地直接阅读全文。此外该馆已出版6部档案馆使用指南，供读者查阅使用。

二、美国国家档案馆所藏日本战争罪行文献特点

（一）内容特点

由于美国国家档案馆所收藏的文献史料以美国政府移交的官方档案为主，因此在文献内容上未能完全涵盖日本二战战争罪行的方方面面。例如，战争期间和战后美国政府从未系统收集或建立有关“慰安妇”的档案，因此美国国家档案馆中几乎没有这方面的有价值的资料。又例如，关于1937年12月发生的南京大屠杀惨案，由于美国政府在南京大屠杀发生4年后才正式参战，因

此当时的美国官方没有开展相关文献资料的收集工作，仅有美国驻华外交官和海军的受袭记录、“班乃号”海军军舰事件的调查报告以及为完成战后审判而事后收集的一些资料等。从前文介绍也可看出，美国国家档案馆在档案的征集整理上也以日本针对美国公民、政府和军队的犯罪证据为主。另外，由于20世纪五六十年代日美签订和平条约后，美国政府将大批档案归还日本，据其自称“绝大部分未留副本”，因此其中有关战争罪行的很多重要档案可能已经流失。

（二）文献利用情况

由于战后并未像对德国纳粹战犯那样对日本战犯进行持续的追捕，因此美国各情报部门未针对日本战犯建立个人卷宗。在2000年纳粹战争罪行和日本帝国政府档案跨机构工作组启动前，一方面大量日本二战罪行档案分散于浩如烟海的卷宗中，未进行专题性梳理、汇集，另一方面仍有大量文献未解密公开，仅有一些高层用户能够接触到。至2007年工作组任务结束时，很多日本二战文献得到梳理和揭示，美国国家档案馆针对学者关心的一些课题制作了日本战争罪行文献书目数据库①。该数据库中的文献按时间排序，每一份均给出了索书号（头标为JWC），读者可根据索书号在美国国家档案馆官网上查阅已数字化的电子版档案，也可据此赴美国国家档案馆二馆二层查阅纸本原档。这些举措方便了公众查阅，然而仍有很多文献因“涉及国家安全”“保护隐私”“出于维护与外国情报机构的长期合作关系”等理由处于保密状态。

三、美国国家档案馆文献查阅指南

美国国家档案馆馆藏与日本战争罪行相关的档案主要散存于二战时期的军事档案、美国外交档案等部分，载体形式涉及纸质文献、缩微文献、影音资料和照片等，可在各相关阅览室进行调阅。

（一）纸质文献研究阅览室

纸质文献研究阅览室位于美国国家档案馆二馆二层，面积最大，约2051平方米。纸质文献研究室的收藏分为民事档案和军事档案两大部分。民事档案包括美国政府民事行政部门所产生的各种档案。大部分档案产生于1900年

① NARA staff. Japanese War Crimes Records at the National Archives: Research Starting Points [EB/OL]. In: IWG. Researching Japanese War Crimes. [2013-06-28]. http://www.archives.gov/iwg/japanese-war-crimes/.

以后，涉及司法、内政、财政、劳动、工商、能源、农业、住房和城市发展、教育、卫生和公众服务、交通等部门；军事档案是指政府行政部门的军事机构所产生的档案。大部分记录也产生于1900年以后，包括国防部、陆军部及其前身所形成的各类档案。

美国国家档案馆所藏涉及中国的纸质文献散存于立法与外交分部，司法、财政与社会分部，科学、经济与自然资源分部，综合分部，海军和早期陆军分部，近代陆军司令部分部，近代陆军战场分部。其中主要全宗有RG 59（国务院一般档案）、RG 84（国务院驻外机构档案）、RG 76（边界、争端委员会和仲裁文件）、RG 43（国际会议、委员会、展览会文件）、RG 256（美国和谈代表团的一般档案）、RG 353（部际委员会、国务院内联合委员会文件）等[①]。仅以RG 84（国务院驻外机构档案）为例，其内容涉及"美军中缅印战区驻延安观察组"（迪克西使团）档案、"麦卡锡事件"相关档案、抗战档案、"东京审判"档案、日本战争罪行档案、中美合作抗战档案、国共关系观察报告等。

纸本文献阅览室为闭架阅览，提档时间为每天9:00、10:00、13:30、14:30。为避免文件乱序，每个档案盒每次只能由一人翻阅，且每次只能打开一个档案盒。可自助复印，也可自带相机进行拍摄，但拍摄前需签订拍摄协议书，承诺遵守相关版权规定，获得授权，并确保文献在标有NARA标志的背景板上拍摄。

（二）缩微文献研究阅览室

缩微文献研究阅览室位于二馆四层，开架阅览。从20世纪40年代开始，美国国家档案馆就有选择地将所藏文件制成缩微胶卷，以保护原始文件，便利读者使用。缩微胶卷有两种编号，一种是M（microfilm）系列，为永久性馆藏。一种是T（temporary）系列，为临时性馆藏，即这类缩微文献未来可能还要再进行加工。大部分缩微胶片被存储在阅览室内供利用者自行取阅，在缩微阅览室入口处放有数百册馆藏缩微文献的目录，读者可在此查阅所需文献，填写索书单向工作人员索取或自行去缩微文献柜里提取，对比较难以准确定位的主题，也可咨询工作人员请求帮助。对于需要复制的文献，可向该馆指定的服务商订购，也可将缩微文件转换为CD格式订购。订购时需同时提供出版号（Publication Number）和胶卷编号（Roll Number）。

---

① 陶文钊．美国国家档案馆（总馆）所藏有关中国档案材料简介［J］．近代史研究，1985（5）：190－226．

（三）声像、视频资料研究阅览室

声像、视频资料研究阅览室位于二馆四层。收藏的文献类型包括不同历史时期的影像胶片、录像带、录音带、唱片、光盘等，针对不同格式的载体，在该阅览室均配备有相应读取设备，但文献利用方式略有不同。

（1）光盘（CD）：开架阅览。可自带空白 CD，利用阅览室设备免费刻录。如果手头恰巧没有光盘，美国国家档案馆可以为每位未带 CD 的读者免费提供 2 张空白光盘供应急使用。

（2）胶片（film）：闭架阅览。需提前查阅目录（联机或卡片），填写索取单，放在柜台上的小格子里，每天 9:00、10:00、13:30、14:30 为提档时间。无版权限制的胶片可以免费刻录到光盘，有版权限制的需要提前向版权所有人获取授权后方可复制。如自行复制需自带相关设备，也可委托美国国家档案馆授权的复制商代为复制。委托复制的订购流程为：首先向该馆发送电子邮件索取复制授权表；其次填写授权表，并准确填写所要复制文献的题名、档案号、索取号、主题等相关详细信息；再次，将填好的表格发送至美国国家档案馆进行审核，审核通过后，会将此表发回申请人。审核结果有 4 类："P"为无法立即提供复本，"I"为可以立即提供复本，"2"为该文献使用权有限制，"check"（同时附有工作人员签名）为同意进行复制。申请人可在美国国家档案馆主页上选择该馆授权的复制商进行复制。复制方式可以选择胶片至胶片，也可选择胶片至光盘、硬盘或磁带。付款方式可选择国际银行转账或信用卡直接支付。

（3）磁带（tape）：开架阅览。读者可到阅览室书架中自取，可自行复制。

上述文献在提取以后，读者使用设备如有困难，均可请求工作人员指导帮助。

（四）照片研究阅览室

照片研究阅览室位于二馆五层，大约收藏有 800 万张照片和图形图像档案，时间涵盖 19 世纪 80 年代至今。除照片阅览室的收藏外，纸质文献阅览室和制图、建筑阅览室也收藏有一些照片资料，整个二馆总计大约收藏有 900 万张照片。

所有馆藏照片可通过以下渠道进行检索：①1900 年由芭芭拉·刘易斯·伯格（Barbara Lewis Burger）编撰的《美国国家档案馆馆藏照片指南》《国家公园管理处的记录：安塞尔·亚当斯摄影》和《美国国家档案馆联邦档案指南》（1995）；②在线检索系统；③馆藏照片书本式目录和卡片目录。

如果读者需要复制照片，可自带相机、扫描仪等设备，现场自行免费拍摄。

照片阅览室为利用者自助拍摄照片专门准备了拍摄台,包括相机升降架、摄影光源,最大程度确保利用者拍摄照片的质量。由于灯光产生的热量很大,为避免对照片原件造成损坏,该馆规定每次连续拍摄的时间不能超过两小时。在拍摄完成后,必须随手关闭光源。此外,照片研究阅览室另有2台自助照片复印机,放入照片原件后,几秒钟后便可获取照片复印件。

第三章 国际刑事法院

第一节 文献来源与馆藏内容

国际刑事法院位于荷兰海牙,其管辖权与运作受《罗马规约》约束,是一个独立的国际机构,并非联合国的一部分,与联合国保持着合作关系。由此,国际刑事法院获取了包括日本战争罪行档案在内的联合国战争罪行委员会档案。

一、国际刑事法院对日本战争罪行文献的整理与揭示

(一)国际刑事法院法律工具数据库的建立

纽伦堡审判和东京审判对第二次世界大战期间轴心国所犯战争罪行的审判开启了追究战争罪行刑事责任的先河,为20世纪90年代后前南斯拉夫国际刑事法庭、卢旺达国际刑事法庭、塞拉利昂特别法庭、东帝汶临时法庭及东帝汶重罪特别法庭等司法实践提供了先例和借鉴。国际刑事法院开发的法律工具数据库[①]收集了大量纽伦堡审判、东京审判等重要二战战争罪行审判档案,并基于"公开自由获取法律信息"及"法律信息公共物品"的理念,提供给世界各地学者使用,其中不乏罕见稀有文献。

目前,可以分别通过阿拉伯文、中文、英文、法文及西班牙文访问国际刑事法院法律工具数据库的官方网站[②]。

(二)国际刑事法院法律工具数据库的主要内容

数据库共包含15大部类,除"互联网法律资源"和"法律工具箱"两类内容未对外公开外,其余13类均可在网站平台上找到相应的入口(见表3-1)[③]。

---

① The ICC Legal Tools Database[EB/OL].[2015-02-15]. http://www.casematrixnetwork.org/cn/icclegaltoolsdatabase/.

② 国际刑事法院法律工具数据库官方网站:www.legal-tools.org.

③ Overview of the Tools[EB/OL].[2016-12-23]. http://www.legal-tools.org/status-of-work-on-the-tools/.

表 3－1　国际刑事法院法律工具数据库内容

序号	项目类别	内容简介	文件数量
1	国际刑事法院文件 ICC Documents	国际刑事法院的基本法律文件（例如创立文件）及法院判决的文件库。	29184
2	国际刑事法院“筹备文件”及《罗马规约》修正案 ICC ‘Preparatory Works’ and Statute Amendments	包括法院规约的谈判及起草、《国际刑事法院程序和证据规则》及《国际刑事法院犯罪构成要件》等，是 1989 年 12 月至 2002 年 9 月国际刑事法院筹备期间各国政府、国际组织、学术机构及非政府组织间编制的文件。该部分还包含了与《罗马规约》修正案相关的文件。	8982
3	国际法律文书 International Legal Instruments	提供有关核心国际罪行四个领域的主要国际条约的全文，这四个领域包括国际公法、国际人权法、国际人道法及国际刑法。	763
4	国际（化）刑事法庭（基本文件） International（ised） Criminal Jurisdictions（Basic Documents）	包括国际（化）刑事法庭的一些基本法律文本及背景信息。例如纽伦堡国际军事法庭、远东国际军事法庭、前南斯拉夫国际刑事法庭、卢旺达国际刑事法庭、塞拉利昂特别法庭、东帝汶重罪特别法庭、伊拉克高级法院、柬埔寨法院特别法庭及黎巴嫩特别法庭。不包含判决书。	1212
5	国际（化）刑事判决 International（ised） Criminal Decisions	包括国际（化）刑事法庭的起诉书、判决书及其他部分裁决，也包括部分二战后各盟国成立的军事法庭作出的判决。	37389
6	国家司法 National Jurisdictions	汇集各国的国家法律制度文件，是开展各国刑法、刑事诉讼法、战争罪行法等相关法律比较研究的重要工具。但该部分不包括国家实施性立法文件内容。	9869

续表

序号	项目类别	内容简介	文件数量
7	国家实施性立法 National Implementing Legislation	包括国家相关立法汇编和国家实施性立法两部分。其中国家实施性立法子库可全文检索国家相关立法。该部分内容还包扩对国家实施立法总体情况的概述以及国家相关规定的分析。	815
8	涉及核心国际犯罪的国家案例 National Cases Involving Core International Crimes	汇集了各国法庭或国际刑事法院作出的有关种族灭绝罪、违反人道罪、战争罪及侵略罪的相关判决案例,包括民事和刑事案件。	2065
9	出版物 Publications	包括知名国际刑法及相关学科的学者发表的文章及观点。	1111
10	人权判决和文件 Human Rights Law Decisions and Documents	包括联合国和地区性人权机构作出的人权判决,尤其是在涉及核心国际罪行的相关刑事司法过程中的人权判决。	4033
11	其他国际法律判决和文件 Other International Law Decisions and Documents	包括非刑事领域国际法庭作出的判决,这些判决可能涉及核心国际罪行的刑事司法问题。	8060
12	联合国战争罪行委员会 United Nations War Crimes Commission	包括出自联合国战争罪行委员会档案内的非限制类文件(1943—1948 年)。	11843
13	国际(化)事实调查委托 International(ised) Fact-Finding Mandates	包含 26 个国家的国际(化)事实调查委托记录和资料文件。	702
	合计		116028

其中涉及日本战争罪行的法律文件、调查记录和审判文档,主要集中在第 4、5、8 和 12 类目下。

二、日本战争罪行文献利用与获取

国际刑事法院法律工具数据库文献资源丰富,特别是其中的日本战争罪行史料价值极高。为便于读者使用,笔者总结了一些使用经验,供读者参考。

(一)类目浏览

点击国际刑事法院数据库官网页面左侧的"进入数据库"(Go to Database)栏目,即可打开法律工具数据库的内容导航页面①。在"法律工具数据库"(Legal Tools Database)条目下可以清楚地看见该数据库目前公开的13大部分内容目录。

每个大类下面,分别按不同的分类方式和层级关系对具体所含文件进行了排列,凡是词条显示为"+"的即表示还有下级分类。点击相应的词条,该词条所含的一级文件会在导航栏目下方按"发布时间、文件格式、文件名"列表显示。继续点击具体文件名,页面将出现该文件的详细信息。

公开显示的文件均可以通过点击"资源下载(Download resource)"进行下载,或通过点击"预览(Preview)"预览文件内容索引。

(二)内容检索

在法律工具数据库的检索页面,运用关键词、各字段的不同组合方式进行检索,可得到多项不同结果。除"国际(化)事实调查委托"之外,十二类内容均可公开检索。检索到的每一个文件都有专门的网页详细显示该文件的编号、名称、类别、资源类型、文件来源、语言、当前状态、公开时间以及文件的在线链接,判决文件还详细说明了审判的地点和被告名字。

1.一般方法

根据法律工具项目所使用的《元数据手册》,该项目对数据库中几乎所有文件均进行了元数据登记注册。数据库中每份文件的元数据均属可检索信息,例如文件名、文件日期、发布时间以及发布者。数据库检索功能所包含的推荐检索词,可以连接到相应的检索域。

检索数据库时,先点击法律工具数据库页面左侧的"检索数据库"(Search Database)栏目,随后进入法律工具数据库检索页面②,可在页面上方的检索框内输入需检索的字词文本,搜索范围可以通过页面左右边的下拉菜单进行筛选,既可以选择在整个数据库内检索,也可以限定在十二个公开部类中检索。

检索框还特别提供检索词推荐的功能。当用户敲入第一个字符的时候,检索框下方就会出现至多十个以敲入字符为开头的推荐词条。这些词条均选自国际刑事法院关键词库,一旦选择点击其中一个词条,它将会立即出现在搜

---

① Browse the Tools[EB/OL].[2016-12-23].http://www.legal-tools.org/browse/.

② Legal tools search[EB/OL].[2016-12-23].http://www.legal-tools.org/search/.

索文本框内，以便用户进一步操作。当选定的关键词为短语时，它们会以加上双引号的形式出现在搜索框内，这意味着它们将作为一个整体被检索，当然也可删除引号继续检索，这样将得到含有这些单词的文件集合。

2. 检索式检索

检索框中可输入的文本分为检索词和运算符两部分。其中，检索词可为单词和短语。多个检索单词和短语之间可以通过"and"(与)、"or"(或)、"not"(非)进行组配，构成逻辑检索式。

(1)字段检索

该数据库检索工具支持字段检索。用户可以在搜索框以"字段名:检索单词"的格式，通过限定搜索字段，来缩小单词的检索范围(字段明细见表3-2)。

表3-2 法律工具数据库可检索字段

序号	字段名	中文含义
1	title	文件名
2	language	语种
3	externalid	外部编号
4	source	来源
5	organisation	机构
6	casename	案件名
7	casenumber	案件号
8	chamber	内庭
9	accused	被告人
10	situation	位置
11	appealnumber	申诉号

(2)通配符检索

该数据库检索工具还支持单词中某个或某些字母的通配符检索。单个字母使用通配符"?"，多个字母使用通配符" * "(* 代表零个及以上数量字母)。

例如需同时查询检索词"test"和"text"时，可输入：

te? t

例如需同时查询检索词"test"、"tests"和"tester"时，可输入：

test *

需要注意的是,通配符不能作为单词的首字母使用。

(3)模糊检索

此外,该数据库检索工具也支持单词结尾标记波浪号“ ~ ”的模糊检索。如希望查询形似单词“roam”的词语,可以输入:

roam ~

这样会获得像“foam”“roams”等结果。同时,用户还可以通过在波浪号后面附加 0 到 1 之间的匹配度数值来限定模糊程度,数值越接近 1,结果相似度越高。若不输入数字,默认匹配度值为 0.5。例如可以输入:

roam ~0.8

第二节　日本战争罪行文献举要

一、国民政府对日本战争罪行的判决

(一)国民政府对日本战犯的审判

第二次世界大战结束以后,国民政府曾搜查、逮捕、公开审判并惩处了一批罪大恶极的日本战犯。1945 年 12 月 6 日,由国民政府军令、军政、外交、司法、行政院等部处联同“联合国战争罪行调查委员会和远东及太平洋分会”等机构组成“战争罪犯处理委员会”,先后派遣罪犯罪证调查小组会同远东国际军事法庭国际检察局赴各地搜集日本战犯罪证,并派东北督导组赴东北各地开展工作,以推进处理日本战犯事务[①]。国民政府分别在南京、上海、北平、沈阳、太原、济南、徐州、汉口、广州、台北十个城市,设立审判日本战犯的军事法庭。其中,南京军事法庭直属国民政府国防部,其他 9 个军事法庭隶属于各战区、绥靖区或行辕。

从 1945 年 12 月至 1947 年 12 月 20 日,国民政府累计审判日本战犯 2435 人,其中判处死刑 149 人,实际执行 145 人(4 人在执行前病死或减刑),判处徒刑者共计 208 人,也有部分因证据不足释放[②]。后来,随着战争罪犯处理委员会的解散、国民政府在大陆的溃败以及国防部南京军事法庭于 1949 年 4 月宣

---

① 战犯处理工作报告书(1947 年)[Z]. 中国第二历史档案馆藏,档案号:十八—2602.

② 刘统. 国民政府审判日本战犯概述(1945—1949)[J]. 民国档案,2014(1):72—84;各军事法庭战犯审理情况表(1947 年 12 月 20 日)[Z]. 中国第二历史档案馆藏,档案号:十八—2602.

布解散，国民政府审判日本战犯的活动算是告一段落。

（二）文献概况

在国际刑事法院法律工具数据库“国际（化）刑事判决”部分的类目下，“二战后远东东京和盟军法庭判决”条目下的“远东盟军”部分所含文件，按国别分为澳大利亚、中国、法国、荷兰（印尼）、菲律宾、苏联、英国和美国这八个子部分。其中“中国”一栏下有 1946 年 4 月 1 日至 1948 年 11 月 24 日的 160 份判决文件，全部是国民政府所设军事法庭对日战犯审判判决书的彩色高清数字化版本，目前中国国内尚未发现如此完整的文献（见表 3－3 至 3－11）。

判决书来自国民政府各地军事法庭，包括北平（北京）第十一战区司令长官司令部审判战犯军事法庭（简称北京审判）、保定绥靖公署[①]审判战犯军事法庭（简称保定审判，法庭地点仍在北平）、济南第二绥靖区司令部审判战犯军事法庭（简称济南审判）、南京国防部审判军事法庭（简称南京审判）、徐州绥靖公署审判战犯军事法庭及徐州陆军司令部审判战犯军事法庭（简称徐州审判）、广州行辕审判战犯军事法庭（简称广州审判）、上海国防部审判军事法庭（简称上海审判）和台北台湾省警备总司令部审判战犯军事法庭（简称台北审判）。在二战后国民政府先后设立的十个审判庭中，唯有武汉（汉口行辕）、沈阳（东北行辕）和太原（第二战区）三地审判庭的判决结果没有出现在该数据库中。

该数据库所列的审判结果并不是国民政府对日战犯审理的全部判决结果。除了武汉、沈阳和太原军事法庭的数据整体缺失外，已有的南京、广州、上海、台北审判中的很多案件，以及重要日本战犯如谷寿夫、田中军吉、冈村宁次的判决结果都不在其中，实际审判案件的数量也远不止本文记录的数字。但其中也不乏比较重要的日本战犯的审判档案，例如南京审判（表 3－6）中的日本战犯酒井隆和矶谷廉介的判决书、广州审判（表 3－9）中的田中久一判决书等。

---

① 国民政府第十一战区于 1947 年 3 月改编为保定绥靖公署。

表 3-3 北京第十一战区司令长官司令部审判战犯军事法庭判决书清单

序号	原顺序号	数据库记录编号	文件名	判决时间	载体格式	页数	被告姓名	罪行	判决
1	1	229437	Judgement on Takeuchi Kaichiro Case	1946 年 4 月 16 日	PDF	2	竹内嘉一郎	连续伤害、胁迫等	有期徒刑五年
2	2	229413	Judgement on Yamaguchi Toshiharu Case	1946 年 4 月 16 日	PDF	2	山口利春	连续杀人	死刑 剥夺公权终身
3	3	229463	Judgement on Ti Zheng Sheng and Others Case	1946 年 4 月 16 日	JPG	1	堤正胜 鹿又忠治	杀人	死刑 剥夺公权终身
4	4	229415	Judgement on Takahashi Tetsuo Case	1946 年 4 月 26 日	PDF	3	高桥铁雄	连续共同战时谋杀平民	死刑
5	5	229429	Judgement on Haku Tenzui Case	1946 年 5 月 2 日	PDF	3	白天瑞	连续共同战时屠杀平民	死刑
6	6	229383	Judgement on Koukai Katsu Case	1946 年 4 月 26 日	JPG	1	高贝盛	连续共同杀人、强盗等	死刑 剥夺公权终身
7	7	229457	Judgement on Yamada Michijio Case	1946 年 5 月 8 日	PDF	3	山田通尉	战时屠杀平民	死刑
8	8	229451	Judgement on Ishihara Takamitsu Case	1946 年 5 月 2 日	JPG	1	石原崇光	以军事利益供敌国(日本),连续以军需品交付敌国(日本),为敌国(日本)间谍①	死刑 剥夺公权终身

① 此处“敌国”指日本,为便于读者了解判决书原文内容,笔者在“罪行”一列照录判决书原文,括号内的“日本”为笔者根据审判事实所加注释,下同。

续表

序号	原顺序号	数据库记录编号	文件名	判决时间	载体格式	页数	被告姓名	罪行	判决
9	9	229409	Judgement on Kano Riichi and Yamamoto Masao Case	1946 年 5 月 15 日	PDF	3	狩野里一 山元正雄	连续共同在战时谋杀平民	死刑
10	10	229477	Judgement on Sato Taro Case	1946 年 5 月 21 日	PDF	2	佐藤太郎	拘留平民加以不人道待遇、施以酷刑	有期徒刑十个月
11	11	229497	Judgement on Ishikawa Shoichi Case	1946 年 5 月 15 日	PDF	4	石川正一 佐佐木薰	拘留平民加以不人道待遇；战时谋杀平民	有期徒刑七年； 死刑
12	12	229379	Judgement on Shirai Matsuo Case	1946 年 5 月 25 日	PDF	2	白井松夫	连续共同拘留非军人及平民，加以不人道待遇、施以酷刑	有期徒刑二年
13	13	229427	Judgement on Nakahara Shishiro and Others Case	1946 年 6 月 8 日	PDF	5	中原狮郎 伊东守 内山秀雄 高桥守市	共同屠杀平民；明知其他被告有罪而无故不使其受追诉处罚①	有期徒刑十五年； 有期徒刑十二年； 死刑； 有期徒刑四年
14	14	229465	Judgement on Nonomiya Naotaro Case	1946 年 6 月 8 日	JPG	1	布宫直太郎	伤害身体、连续私行拘禁	有期徒刑七年

① 在这起案件里面，被告高桥守市是某宪兵班长，被告内山秀雄是他手下的宪兵。高桥守市虽没有直接参与杀人，但由于手下伙同他人共同杀人，高桥守市知情不报且对下属不进行追责处罚，因而被审判定罪。

续表

序号	原顺序号	数据库记录编号	文件名	判决时间	载体格式	页数	被告姓名	罪行	判决
15	15	229471	Judgement on Inoue Masao Case	1946年6月8日	PDF	3	井上政雄	战时诱拐妇女	有期徒刑十年
16	16	229473	Judgement on Miyasako Tadahisa Case	1946年6月9日	PDF	2	宫迫忠久	对平民施酷刑,战时共同谋杀平民未遂	有期徒刑十年
17	17	229433	Judgement on San Zhai De Tai Lang Case	1946年6月22日	JPG	1	三宅德太郎	在与外国开战期间连续向敌国(日本)输送军事利益	有期徒刑八年 剥夺公权八年
18	19	229455	Judgement on Miyamoto Tadayoshi Case	1946年6月29日	PDF	3	宫本忠义	为敌军叛卖鸦片	无期徒刑
19	20	229573	Judgement on Nakagawa Masao Case	1946年6月29日	PDF	5	中川正雄	连续共同在战时谋杀及屠杀平民,连续共同在战时拘留非军人及平民并加以不人道待遇,连续在战时对非军人及平民施以酷刑	死刑
20	21	229485	Judgement on Jin Jing Huan Case	1946年6月22日	JPG	1	金景焕①	(外患案)	无罪

① 韩国人,某公司经理。

续表

序号	原顺序号	数据库记录编号	文件名	判决时间	载体格式	页数	被告姓名	罪行	判决
21	22	229387	Judgement on Miyahara Tsunejiro Case	1946 年 7 月 3 日	PDF	2	宫原常次郎①	*②	*
22	23	229421	Judgement on Adachi Hiromu Case	1946 年 7 月 7 日	PDF	2	安达宏	拘留平民加以不人道待遇	有期徒刑五年
23	24	229423	Judgement on Araki Kazuo Case	1946 年 7 月 7 日	PDF	2	荒木和夫	战时谋杀平民	无期徒刑
24	25	229407	Judgement on Kanazawa Masao Case	1946 年 7 月 13 日	PDF	3	金泽正雄	连续共同谋杀平民，共同抢劫，连续勒索财物	死刑
25	27	229523	Judgement on Ishikawa Kozaburo Case	1946 年 8 月 3 日	PDF	2	石川孝三郎	对平民施以酷刑	有期徒刑一年六个月
26	28	229481	Judgement on Heng Xi Chun Ji Case	1946 年 8 月 3 日	PDF	3	横西春吉	共同谋杀平民，拘留平民加以不人道待遇	死刑
27	29	229509	Judgement on Koyama Teichi Case	1946 年 8 月 17 日	PDF	4	小山贞知	战时从事奴化中华民族工作	无期徒刑
28	30	229491	Judgement on Atarashiya Sho Case	1946 年 8 月 18 日	PDF	2	新谷昇	战期以军事上之利益供敌国（日本）	有期徒刑四年

① 由于数据库中该判决书源文件损坏，无法获知具体内容，人名为笔者音译。
② *表示文件无法访问。

续表

序号	原顺序号	数据库记录编号	文件名	判决时间	载体格式	页数	被告姓名	罪行	判决
29	31	229501	Judgement on Nishimura Heihachiro Case	1946 年 8 月 10 日	JPG	1	西村平八郎	（渎职案）	无罪
30	34	229449	Judgement on Yoneda Hidenori Case	1946 年 9 月 14 日	PDF	3	米田英泽	共同连续谋杀平民，放流平民，强迫平民行无义务之事	死刑
31	35	229507	Judgement on Sugawara Kichiro Case	1946 年 9 月 14 日	PDF	3	菅原吉朗	战时共同拘留平民加以不人道待遇	有期徒刑五年
32	36	229517	Judgement on Kajiwara Masaichi Case	1946 年 9 月 14 日	PDF	3	梶原政市	连续共同贩卖鸦片	有期徒刑九年 剥夺公权九年
33	37	229399	Judgement on Hayashida Fujio Case	1946 年 9 月 16 日 ［1946 年 9 月 7 日］	PDF	3	林田富士雄	战时共同连续谋杀平民，拘留平民加以不人道待遇	死刑
34	40	229367	Judgement on Ihara Naomi Case	1946 年 10 月 4 日	PDF	3	井原直美	连续共同在战时屠杀平民	死刑
35	41	229469	Judgement on Ishikami Tamotsu Case	1946 年 10 月 6 日	PDF	3	石上保	战时连续共同屠杀平民	死刑
36	42	229511	Judgement on Ishihio Kiyoshi Case	1946 年 10 月 20 日	PDF	3	石尾清	战时屠杀平民	死刑

续表

序号	原顺序号	数据库记录编号	文件名	判决时间	载体格式	页数	被告姓名	罪行	判决
37	43	229525	Judgement on Tanaka Michio Case	1946 年 10 月 21 日	PDF	3	田中道雄	战时对平民施以酷刑,没收财产,肆意侮辱	有期徒刑六年
38	48	229495	Judgement on Du Lai Er Lang Case	1946 年 11 月 2 日	PDF	2	渡赖二郎	(外患案)	无罪
39	52	229505	Judgement on Fujimoto Tadao Case	1946 年 11 月 16 日	PDF	2	藤本忠雄	共同作战期间拘留平民加以不人道之待遇,没收财产	有期徒刑七年
40	56	229555	Judgement on Mizuno Sei Case	1946 年 11 月 23 日	PDF	2	水野瀞	连续意图为自己不法之所有而侵占业务上持有之物	有期徒刑二年
41	58	229435	Judgement on San Zhai De Tai Lang Case	1946 年 11 月 30 日	PDF	2	三宅德太郎	(外患案)	无罪
42	59	229547	Judgement on Ch'a Kyun Pok Case	1946 年 11 月 23 日	PDF	3	车均福(又名江村均福)	共同谋杀平民	死刑
43	60	229453	Judgement on Ishihara Takamitsu Case	1946 年 12 月 7 日	PDF	3	石原崇光	(外患案)	无罪
44	61	229461	Judgement on Yamada Takeo Case	1946 年 12 月 7 日	PDF	3	山田武夫	(外患案)	无罪

续表

序号	原顺序号	数据库记录编号	文件名	判决时间	载体格式	页数	被告姓名	罪行	判决
45	62	229513	Judgement on Takahashi Raiji Case	1946 年 11 月 30 日	PDF	3	高桥雷二	共同屠杀平民	死刑
46	63	229375	Judgement on Tooyama Midou Case	1946 年 12 月 14 日	PDF	3	远山三童	（外患案）	无罪
47	64	229529	Judgement on Koyano Seishichi Case	1946 年 12 月 7 日	PDF	2	小谷野正七	（渎职案）	停止审判
48	65	229531	Judgement on Koyano Seishichi Case	1946 年 12 月 7 日	PDF	2	小谷野正七	连续共同在战争时期屠杀平民	死刑
49	69	229431	Judgement on Ye Qi Feng Case	1946 年 12 月 21 日	PDF	2	野琦丰	（外患案）	无罪
50	79	229459	Judgement on Yamada Michijio Case	1947 年 2 月 8 日	PDF	3	山田通尉	共同于作战期内谋杀平民，对非军人施以酷刑	死刑
51	81	229419	Judgement on Mori Kaeo Case	1947 年 2 月 8 日	PDF	4	毛利兼雄	共同谋杀平民，对非军人施以酷刑，拘留非军人加以不人道待遇	死刑
52	82	229411	Judgement on Kano Riichi and Yamamoto Masao Case	1947 年 3 月 1 日	PDF	3	狩野里一 山元正雄	连续共同对非军人施以酷刑	死刑

续表

序号	原顺序号	数据库记录编号	文件名	判决时间	载体格式	页数	被告姓名	罪行	判决
53	83	229567	Judgement on Ogawa Osamu Case	1947 年 2 月 22 日	PDF	3	小川里	共同肆意破坏财产	有期徒刑七年
54	84	229575	Judgement on Nakagawa Masao Case	1947 年 2 月 22 日	PDF	4	中川正雄	连续于作战期间对非军人施以酷刑	死刑
55	85	229499	Judgement on Nishimura Heihachiro Case	1947 年 3 月 8 日	PDF	3	西村平八郎	连续共同对非军人施以酷刑	死刑
56	87	229535	Judgement on Kobayashi Ryoichi Case	1947 年 3 月 10 日	PDF	3	馆野孙市 小林良一	连续对非军人施用酷刑； 连续放逐非军人	无期徒刑； 有期徒刑十年
57	88	229369	Judgement on Ihara Naomi Case	1947 年 3 月 15 日	PDF	4	井原直美	连续共同在作战期间对非军人施以酷刑	无期徒刑
58	96	229377	Judgement on Nishida Shoichi Case	1947 年 4 月 1 日	PDF	3	西田正市	（外患案）	无罪
59	141	229549	Judgement on Murakami Mitsugi Case	1947 年 1 月 18 日	PDF	2	村上调	（伤害案）	无罪

表 3－4 保定绥靖公署审判战犯军事法庭判决书清单

序号	原顺序号	数据库记录编号	文件名	日期	载体格式	页数	被告姓名	罪行	判决
1	18	229447	Judgement on Ageta Jusaburo Case	1946 年 6 月 22 日	PDF	4	上田十三郎	共同连续没收财产	有期徒刑十年
2	68	229425	Judgement on Moriki Goro Case	1946 年 12 月 21 日	PDF	3	森木五郎	战时连续对非军人施以酷刑，连续共同没收财产	死刑
3	74	229541	Judgement on Ikegami Kenkichi Case	1947 年 9 月 6 日	PDF	3	池上贤吉	（纵兵杀人抢劫等案）	无罪
4	89	229493	Judgement on Atarash-iya Sho Case	1947 年 3 月 15 日	PDF	2	新谷昇	（外患案）	无罪
5	90	229543	Judgement on Aomoto Kimasa Case	1947 年 3 月 8 日	PDF	4	青木规正	抢劫	有期徒刑五年
6	92	229475	Judgement on Miyasako Tadahisa Case	1947 年 3 月 22 日	PDF	2	宫迫忠久	连续共同对非军人施以酷刑	无期徒刑
7	93	229519	Judgement on Watanabe Toshiji Case	1947 年 3 月 22 日	PDF	2	渡部利二（又名杜静昆）	共同对非军人施以酷刑	有期徒刑十年
8	94	229445	Judgement on Shimizu Toyoo Case	1947 年 3 月 29 日	PDF	4	清水丰绪	连续共同对非军人施以酷刑	死刑

续表

序号	原顺序号	数据库记录编号	文件名	日期	载体格式	页数	被告姓名	罪行	判决
9	97	229381	Judgement on Shirai Matsuo Case	1947 年 4 月 19 日	PDF	2	白井松夫	伤害人之身体	有期徒刑一年六个月
10	98	229559	Judgement on Kubouchi Shigenari Case	1947 年 3 月 22 日	PDF	6	久保内重（即杨永志）	战时非战事必要共同无故纵火，连续利用职务诈取财物	死刑
11	100	229553	Judgement on Young Qing Lin Case	1947 年 4 月 12 日	PDF	3	杨庆林①	连续共同对非军人施以酷刑	有期徒刑十年
12	101	229479	Judgement on Sato Taro Case	1947 年 4 月 19 日	PDF	2	佐藤太郎	（伤害等罪案）	无罪
13	102	229561	Judgement on Bi Ke Case	1947 年 4 月 12 日	PDF	3	比克	（外患等罪案）	无罪
14	105	229395	Judgement on Hayashida Fujio and Others Case	1947 年 5 月 10 日	PDF	3	井部重郎 小泉清一郎 林田富士雄	共同没收财产	死刑； 死刑； 无罪
15	106	229401	Judgement on Hayashida Fujio Case	1947 年 5 月 10 日	PDF	3	林田富士雄	对非军人施用酷刑，共同谋杀平民	死刑
16	111	229515	Judgement on Takahashi Raiji Case	1947 年 5 月 17 日	PDF	3	高桥雷二	共同屠杀平民	死刑

① 中国台湾人，宪兵队翻译。

续表

序号	原顺序号	数据库记录编号	文件名	日期	载体格式	页数	被告姓名	罪行	判决
17	112	229365	Judgement on Honma Sei Case	1947 年 5 月 24 日	PDF	2	本间诚	（统制思想案）	无罪
18	114	229527	Judgement on Tanaka Michio Case	1947 年 6 月 7 日	PDF	4	田中道雄	对平民连续实施恶意侮辱，连续没收财产	有期徒刑十年
19	115	229503	Judgement on Takahashi Torashika Case	1947 年 6 月 7 日	PDF	3	高桥虎鹿	（支持侵略战争案）	无罪
20	118	229393	Judgement on Matsumoto Naotake Case	1947 年 6 月 21 日	PDF	3	松本尚武	（外患及纵兵抢夺等罪案）	无罪
21	121	229467	Judgement on Makawa Hidekozu Case	1947 年 7 月 5 日	PDF	5	茂川秀和	连续共同支持侵略中华民国之战争，连续共同对于非军人施以酷刑	死刑
22	123	229373	Judgement on Tsutsumi Yuhei Case	1947 年 5 月 24 日	PDF	3	堤雄平	（虐待俘虏等罪案）	无罪
23	124	229565	Judgement on Chen Huan Cai Case	1947 年 5 月 24 日	PDF	3	陈焕彩①	共同谋杀平民，对非军人施以酷刑，连续勒索财物，共同强迫为无义务之事	死刑

① 中国台湾人，宪兵队翻译。

续表

序号	原顺序号	数据库记录编号	文件名	日期	载体格式	页数	被告姓名	罪行	判决
24	125	229557	Judgement on Oka Ken-ichi Case	1946年11月10日	PDF	3	冈健一	连续共同贩卖毒品	无期徒刑
25	131	229385	Judgement on Koukai Katsu Case	1947年7月26日	PDF	3	高贝胜	连续杀人，连续肆意破坏财产，对平民施用酷刑，连续没收财产	死刑
26	132	229569	Judgement on Ogawa Osamu Case	1947年7月26日	PDF	2	小川里	（破坏财产案）	无罪
27	134	229439	Judgement on Gong Dao Yi Nan and Miyoshi Toshiro Case	1947年8月16日	PDF	4	三好俊良 功刀一男	对平民连续施以酷刑	无期徒刑； 无罪
28	136	229389	Judgement on Miyahara Tsunejiro Case	1947年6月21日	PDF	2	宫原常次郎	对非军人施以酷刑	有期徒刑十年
29	137	229391	Judgement on Kamo Masao Case	1947年6月21日	PDF	4	加茂正雄	共同强迫为无义务之事	有期徒刑十二年
30	138	229487	Judgement on Kusanagi Arihira Case	1947年8月30日	PDF	3	草薙阿里平 町田利夫	连续共同对非军人施以酷刑，连续共同滥用职权而为逮捕羁押	有期徒刑十一年

续表

序号	原顺序号	数据库记录编号	文件名	日期	载体格式	页数	被告姓名	罪行	判决
31	140	229443	Judgement on Terakado Norio Case	1947 年 9 月 13 日	PDF	2	寺门宣夫	连续意图取供而施强暴胁迫	有期徒刑五年
32	142	229521	Judgement on Watanabe Toshiji Case	1947 年 9 月 27 日	PDF	3	渡部利二	连续对非军人施以酷刑，连续恶意侮辱	有期徒刑十五年
33	143	229371	Judgement on Itao Hi-deichi Case	1947 年 9 月 27 日	PDF	3	板尾秀一	共同连续对非军人施用酷刑	无期徒刑
34	144	229545	Judgement on Aomoto Kimasa Case	1947 年 8 月 30 日	PDF	3	青木规正	（谋杀平民案）	无罪
35	145	229533	Judgement on Men Ma Cai Ji and Others Case	1947 年 11 月 1 日	PDF	3	横山贞宗 门马才记	（战犯嫌疑案）	无罪
36	146	229537	Judgement on Kobayashi Ryoichi Case	1947 年 11 月 1 日	PDF	3	馆野孙市 小林良一	连续滥行逮捕	有期徒刑三年； 无罪
37	147	229397	Judgement on Koizumi Seiichiro and Others Case	1947 年 11 月 8 日	PDF	3	井部重郎 小泉清一郎	共同连续或帮助没收财产	有期徒刑十五年； 有期徒刑七年
38	148	229539	Judgement on Kato Tat-sutoshi Case	1947 年 12 月 11 日	PDF	2	加藤辰年	（谋杀平民案）	无罪

续表

序号	原顺序号	数据库记录编号	文件名	日期	载体格式	页数	被告姓名	罪行	判决
39	149	229441	Judgement on San Lun Quan and Others Case	1947 年 10 月 25 日	PDF	3	村井忠明 木场济三 池田义一 三轮泉	连续滥行逮捕羁押	村井有期徒刑三年;木场等三人均无罪
40	150	229403	Judgement on Shiratori Yoshihashi and Sui Ji Wu Zi Case	1947 年 11 月 29 日	PDF	3	白鸟吉乔 穗积武子	连续共同对非军人施以酷刑，连续共同妨害他人行使合法权利	死刑; 无罪
41	151	229571	Judgement on Ashitate Shigeru Case	1947 年 12 月 13 日	PDF	3	足立茂	（谋杀平民案）	无罪
42	152	229417	Judgement on Mori Kaeo Case	1947 年 12 月 11 日	PDF	3	毛利兼雄	连续对非军人施用酷刑	有期徒刑十五年
43	153	229483	Judgement on Ye Ze Wu Fu Case	1947 年 12 月 15 日	PDF	3	野泽武夫	共同滥用职权而为逮捕羁押	有期徒刑三年
44	154	229563	Judgement on Yoshida Kunio and Kato Sanno-suke Case	1947 年 12 月 13 日	PDF	3	吉田国勇 加藤三之辅	共同谋杀平民，连续对非军人施以酷刑	无期徒刑

续表

序号	原顺序号	数据库记录编号	文件名	日期	载体格式	页数	被告姓名	罪行	判决
45	155	229405	Judgement on Akahotsu Seiki Case	1947 年 11 月 22 日	PDF	3	赤穗津正气 西村祥三 先祖矶松	连续共同对非军人施以酷刑，连续共同没收财产	赤穗无期徒刑；西村二人有期徒刑十二年
46	156	229489	Judgement on Uchida Ginnosuke Case	1947 年 11 月 8 日	PDF	4	内田银之助	连续共同谋杀平民	无期徒刑
47	157	229551	Judgement on Yu Chuan Wan Ci Lang Case	1947 年 10 月 25 日	PDF	3	余川万次郎	连续共同谋杀平民，强奸	无期徒刑

表 3－5 济南第二绥靖区司令部审判战犯军事法庭判决书清单

序号	原顺序号	数据库记录编号	文件名	日期	载体格式	页数	被告姓名	罪行	判决
1	32	229285	Judgement on Okahira Kikuo Case	1946 年 8 月 25 日	PDF	2	冈平菊夫	共同杀人，共同妨害自由，共同遗弃尸体	死刑
2	45	229277	Judgement on Aoi Naomitsu Case	1946 年 10 月 19 日	PDF	3	青井真光	战时违反战争法规及惯例，共同实施暴行连续杀害、虐待俘虏，连续使用俘虏为奴隶从事不合规定工作，遗弃尸体	死刑
3	46	229295	Judgement on Hasegawa Minoru Case	1946 年 10 月 28 日	PDF	2	长谷川○	战时违反战争法规及惯例，共同实施暴行予以不人道之待遇，流放平民使人为奴隶，强暴胁迫使人处无义务之事，私禁剥夺人之行动自由，实施奴化教育，侵占持有他人之物	有期徒刑十八年
4	47	229261	Judgement on Tanaka Masao Case	1946 年 11 月 1 日	PDF	3	田中政雄	参与侵略战争实施暴行，对中国平民及非战人员滥施酷刑予以不人道之待遇，共同杀人，共同妨害自由，共同伤害人之身体及健康	死刑

续表

序号	原顺序号	数据库记录编号	文件名	日期	载体格式	页数	被告姓名	罪行	判决
5	49	229291	Judgement on Jue Nei Yi Xiong Case	1946 年 11 月 8 日	PDF	2	掘内义雄	战时意图加强战争，凭借侵略势力共同强行开采煤炭未遂，顶替犯人使之隐蔽	有期徒刑十年
6	70	229259	Judgement on Emoto Kingo and Tanaka Kangoro Case	1946 年 12 月 29 日	PDF	2	江本今吾 田中勘五郎	作战期间共同违反战争法规及惯例，实施暴行，连续对非军人施以酷刑	有期徒刑十二年
7	76	229279	Judgement on Kunitomi Shigeru Case	1946 年 11 月 19 日	PDF	2	国富茂	作战期间违反战争法规及惯例，连续奴化占领区居民，连续勒索、强买铜铁及食粮	有期徒刑十二年
8	77	229297	Judgement on Hasegawa Minoru Case	1947 年 1 月 28 日	PDF	2	长谷川○	作战期间违反战争法规及惯例，企图奴化占领区居民	有期徒刑十年
9	78	229299	Judgement on Zhao Yun Tai Case	1946 年 12 月 26 日	PDF	4	赵允台①	作战期间违反战争法规及惯例，实施暴行，对中国人民为有计划连续之谋杀，连续对非军人实施酷刑，连续拘留非军人加以不人道待遇，连续对拘留人勒索财物	死刑

① 朝鲜人。

续表

序号	原顺序号	数据库记录编号	文件名	日期	载体格式	页数	被告姓名	罪行	判决
10	80	229293	Judgement on Jue Nei Yi Xiong Case	1947年2月8日	PDF	3	掘内义雄	作战期间违反战争法规及惯例,共同私自采矿,顶替犯人使之隐蔽	有期徒刑二年
11	91	229273	Judgement on Xin Rong Xing Xiong Case	1947年3月21日	JPG	1	新荣幸熊	(战犯案)	无罪
12	104	229267	Judgement on Fukuda Eisuke	1947年4月25日	PDF	2	福田永助	作战期间违反战争法规及惯例,为有计划之谋杀,对非军人施以酷刑,私行拘禁	死刑
13	107	229283	Judgement on Kobayashi Aio Case	1947年4月22日	PDF	2	小林爱男	作战期间违反战争法规及惯例,共同实施暴行抢劫,谋杀俘虏、非军人,妨害自由	死刑
14	109	229275	Judgement on Kawamura Goro Case	1947年5月7日	PDF	4	河村伍郎	作战期间违反战争法规及惯例,实施暴行,对中国人民为有计划共同连续之谋杀,共同连续对非军人施以酷刑,共同抢劫财物,共同妨害自由	死刑

续表

序号	原顺序号	数据库记录编号	文件名	日期	载体格式	页数	被告姓名	罪行	判决
15	110	229287	Judgement on Arino Minabu Case	1947年3月26日	PDF	2	有野学	作战期间共同违反战争法规及惯例，强迫平民售卖房产，对非军人施以酷刑	有期徒刑十二年
16	122	229263	Judgement on Mi Cang Xian Yi, Yan Ben Rong and Zi Tian Case	1947年7月16日	JPG	1	米仓宪一 辻田岩登 岩本荣	（战犯案）	无罪
17	127	229289	Judgement on Maeda Teruzo Case	1947年7月23日	PDF	2	前田辉三	作战期间违反战争法规及惯例，实施暴行，共同连续对非军人施以酷刑	有期徒刑十年
18	128	229269	Judgement on Nishizaki Toshio Case	1947年7月20日	PDF	2	西崎敏夫	作战期间违反战争法规及惯例，连续奴化占领区居民	有期徒刑十二年
19	129	229281	Judgement on Hirota Yonezo Case	1947年7月22日	PDF	2	广田米藏	作战期间违反战争法规及惯例，实施暴行，共同对非军人施以酷刑	无期徒刑

续表

序号	原顺序号	数据库记录编号	文件名	日期	载体格式	页数	被告姓名	罪行	判决
20	130	229265	Judgement on Takeyama Eiichi Case	1947年7月25日	PDF	5	武山英一	作战期间违反战争法规及惯例,实施暴行,共同连续谋杀非军人,共同连续对非军人施以酷刑,共同谋杀俘虏,共同连续虐待俘虏,共同连续放逐非军人,没收财产,共同连续勒索财物,共同连续妨害自由	死刑
21	135	229271	Judgement on Ichirou Suzuki Case	1947年7月22日	JPG	1	铃木一郎	(战犯案)	无罪

表 3－6 南京国防部审判战犯军事法庭判决书清单

序号	原顺序号	数据库记录编号	文件名	日期	载体格式	页数	被告姓名	罪行	判决
1	33	229303	Judgement on Sakai Takashi Case	1946 年 8 月 27 日	PDF	13	酒井隆	参预侵略战争，纵兵屠杀俘虏，伤兵及非战斗人员，并强奸、抢劫、流放平民，滥施酷刑，破坏财产	死刑
2	50	229305	Judgement on Zhong Shan Jiu San Case	1946 年 11 月 13 日	PDF	3	中山九三	虐待俘虏	有期徒刑七年
3	51	229307	Judgement on Cui Bing Dou Case	1946 年 11 月 13 日	PDF	2	崔秉斗①	虐待俘虏	有期徒刑七年
4	53	229301	Judgement on Mishima Mitsuyoshi Case	1946 年 11 月 20 日	PDF	3	三岛光义	作战期间非法杀人	无期徒刑
5	57	229313	Judgement on Huang Ting Liang Case	1946 年 11 月 27 日	PDF	2	黄廷樑②	作战期间非法逮捕人民	有期徒刑三年
6	67	229016	战犯鹤丸光吉判决书正本	1946 年 12 月 18 日	PDF	3	鹤丸光吉	作战期间对非军人肆施酷刑	死刑

① 朝鲜人，管理俘虏。

② 中国台湾人，日宪兵队翻译。

续表

序号	原顺序号	数据库记录编号	文件名	日期	载体格式	页数	被告姓名	罪行	判决
7	71	229315	Judgement on Zhu Hai Lu and Tsai Sen Case	1946 年 12 月 31 日	PDF	2	蔡森① 朱海闾②	虐待俘虏	有期徒刑四年
8	73	229361	Judgement on Tsai Sen and Zhu Hai Lu Case	1946 年 12 月 31 日	PDF	2	蔡森 朱海闾	虐待俘虏	有期徒刑四年
9	99	229311	Judgement on Kubodera Tokuji Case	1947 年 4 月 2 日	PDF	3	久保寺德次	作战期间非法征用并勒索捐款	有期徒刑七年
10	113	229309	Judgement on Matsumoto Kiyoshi Case	1947 年 5 月 28 日	PDF	4	松本洁	作战期间连续杀害平民,连续对非军人施以酷刑,又连续抢劫并勒索财物	死刑
11	126	229317	Judgement on Isogai Rensuke Case	1947 年 7 月 22 日	PDF	5	矶谷廉介	军事占领期间连续放逐非军人	无期徒刑
12	139	229319	Judgement on Satou Genichi	1947 年 9 月 10 日	PDF	2	佐藤玄一	(战犯案)	无罪

① 中国台湾人,日军俘虏营看守员。

② 中国台湾人,日军俘虏营现场员。

表 3-7　徐州绥靖公署审判战犯军事法庭判决书清单

序号	原顺序号	数据库记录编号	文件名	日期	载体格式	页数	被告姓名	罪行	判决
1	26	229337	Judgement on Iriyama Hiroshi Case	1946 年 7 月 29 日	PDF	3	入山博	借势强占财物	无期徒刑
2	38	229331	Judgement on Kodama Tsutomu and Nakagawa Taiji Case	1946 年 9 月 27 日	PDF	5	渡边市郎 中岛慎太郎 白川义弘 中川恭治 儿玉协	连续共同对非军人施以酷刑，共同对非军人施以酷刑	儿玉协处有期徒刑十二年；其余人各处有期徒刑十年
3	39	229363	Judgement on Watanabe Ichiro and Others Case	1946 年 9 月 27 日	PDF	5	渡边市郎 中岛慎太郎 白川义弘 中川恭治 儿玉协	连续共同对非军人施以酷刑，共同对非军人施以酷刑	儿玉协处有期徒刑十二年，其余人各处有期徒刑十年
4	54	229329	Judgement on Inoue Gen-ichi Case	1946 年 11 月 20 日	PDF	5	井上源一	共同抢劫，连续对非军人施以酷刑	死刑
5	55	229333	Judgement on Matsumo-to Yoshio Case	1946 年 11 月 22 日	PDF	4	松本芳雄	共同连续对非军人施以酷刑	死刑

续表

序号	原顺序号	数据库记录编号	文件名	日期	载体格式	页数	被告姓名	罪行	判决
6	66	229335	Judgement on Itao Yusaku and Others	1946年12月16日	PDF	4	板尾有作 茅也喜重 市桥谦次 岛田义和 五仲弥五郎	共同连续对非军人施以酷刑，拘留非军人加以不人道待遇；共同对非军人施以酷刑	市桥谦次处无期徒刑；其余人各处有期徒刑十二年
7	72	229339	Judgement on Yu Mu Song Case	1946年12月31日	PDF	3	庾茂松①	连续对非军人施以酷刑，连续拘留非军人加以不人道之待遇	死刑
8	75	229323	Judgement on Ding Gang Zhi Case	1947年1月25日	PDF	2	钉冈直	（战犯案）	无罪
9	117	229325	Judgement on Kosei Yosaburo Case	1946年6月15日	PDF	4	古性与三郎	连续结伙抢劫，谋杀	死刑

① 即于茂松，朝鲜人，前徐州日本宪兵分队翻译。

表 3-8　徐州陆军司令部审判战犯军事法庭判决书清单

序号	原顺序号	数据库记录编号	文件名	日期	载体格式	页数	被告姓名	罪行	判决
1	86	229321	Judgement on Ishimatsu Kumao and Kobayashi Masashige Case	1947 年 3 月 10 日	PDF	4	石松熊雄 宫崎留吉 小林正成	共同连续对非军人施以酷刑，共同拘留非军人加以不人道待遇	死刑； 有期徒刑十五年； 无期徒刑
2	95	229327	Judgement on Ogawa Hiro-shi and Song Qi Xiu Xian Case	1947 年 3 月 31 日	PDF	3	小川洋 松崎秀宪	（伪造货币、贩运鸦片等案）	无罪
3	103	229341	Judgement on Yanagawa Hiroo Case	1947 年 4 月 23 日	PDF	4	柳川广雄	共同谋杀，强奸	死刑

表 3-9　广州行辕审判战犯军事法庭判决书清单

序号	原顺序号	数据库记录编号	文件名	日期	载体格式	页数	被告姓名	罪行	判决
1	44	229359	Judgement on Tanaka Hisakazu Case	1946 年 10 月 18 日	PDF	5	田中久一	参与侵略战争,纵兵屠杀俘虏及非战国人员,强奸、抢劫、流放平民、滥施酷刑、饿毙平民,强迫平民从事有关军事的工作,肆意破坏财产,勒索及过度征用,故意轰炸不设防地区医院,毁坏历史建筑物,推行、散布毒品	死刑

表 3 – 10　上海国防部审判军事法庭判决书清单

序号	原顺序号	数据库记录编号	文件名	日期	载体格式	页数	被告姓名	罪行	判决
1	158	229353	Judgement on Miyakawa Seizo	1948 年 5 月 31 日	PDF	3	宫川清三	纵容部属强奸妇女	有期徒刑十二年
2	159	229357	Judgement on Sakuraba Shirou	1948 年 7 月 5 日	PDF	2	樱庭子郎	（战犯案）	无罪
3	160	229355	Judgement on Miyakawa Seizo	1948 年 11 月 24 日	PDF	2	宫川清三	（战犯案）	无罪

表 3－11　台北台湾省警备总司令部审判战犯军事法庭判决书清单

序号	原顺序号	数据库记录编号	文件名	日期	载体格式	页数	被告姓名	罪行	判决
1	108	229345	Judgement on Nakamura Yukishige and Others Case	1947 年 4 月 28 日	PDF	5	平冈久忠 中村幸茂 木村高之	共同对非军人施以酷刑	平冈久忠二人处有期徒刑十五年；木村高之处有期徒刑十年
2	116	229343	Judgement on Ito Chozaburo Case	1947 年 6 月 10 日	PDF	4	伊藤长三郎	共同连续对非军人施以酷刑	有期徒刑六年
3	119	229349	Judgement on Zhang Xi Ming Case	1947 年 6 月 30 日	PDF	3	张锡铭①	共同连续对非军人施以酷刑	有期徒刑十年
4	120	229347	Judgement on Yasutake Haruo and Liao Zheng Quan Case	1947 年 6 月 23 日	PDF	5	安武治雄 廖正全②	共同连续对非军人施以酷刑	有期徒刑十年； 有期徒刑五年
5	133	229351	Judgement on Fu A-Tian and Wu Jiao Wu Case	1947 年 8 月 13 日	PDF	4	付阿添③ 吴堀雾④	共同连续对非军人施以酷刑	有期徒刑十年

① 中国台湾宜兰人，无业。
② 中国台湾基隆人，台北某警察所警长。
③ 中国台湾人，新主线警察局警察。
④ 中国台湾人，商人。

二、联合国战争罪行委员会文献

（一）委员会简介

联合国战争罪行委员会是第二次世界大战中同盟国组织的关于战争罪行的国际法律组织，旨在为战后国际社会公正合法地惩治战争暴行、审判战犯提供法律依据①。

1942 年 10 月 7 日，英国大法官约翰·西蒙（John Simon）在伦敦宣布成立战争罪行调查委员会。1943 年 10 月 20 日，联合国战争罪行委员会在伦敦正式成立，包括中国在内的 17 个成员国参与其中。至 1948 年 3 月底，该委员会共确定国际战争罪行案件 8178 起，列出的战争罪犯、犯罪嫌疑人（或单位）3 万 4 千余名，其中日本罪犯和嫌疑人 423 名②。

（二）文献概况

国际刑事法院法律工具数据库“联合国战争罪行委员会”③类目包括联合国战争罪行委员会档案内的非限制类文件（1943—1948 年），下分四个部分，分类汇总了与委员会相关的档案资料，合计 11809 件，提供在线全文浏览（见表 3 - 12）。

第一部分是“前联合国委员会 UNWCC 档案集（1943—1949）”，包括文件两件：一份名为《前联合国委员会档案集——联合国战争罪行委员会（1943—1949）》（*United Nations Archives Predecessor Archives Group: United Nations War Crimes Commission 1943 - 1949*），共计 60 页，数据库记录编号为 239655，以表格形式记载了委员会从 1943 年到 1949 年间各项档案资料的分类汇总情况，还附有一份 6 页前言，介绍了委员会的历史、组织结构等内容；另一份即《联合国战争罪行委员会历史和战争法的发展（1948）》（*1948* History of The United Nations War Crimes Commission and the Development of the Laws of War），共计 609 页，数据库记录编号为 497489，是联合国战争罪行委员会出版的一部专著。

第二部分是“委员会、委员组、研究室、远东及太平洋分委员会”档案，下分“会议纪要”和“文件、报告和相关材料”两大类，汇总了相关文档共计 1663 件。

---

① 刘萍. 联合国战争罪行委员会的设立与运行——以台北“国史馆”档案为中心的探讨[J]. 历史研究，2015(6)：116 - 133.

② 不包括分委员会和美国、澳大利亚、英国、荷兰和远东其他军事当局独立列出的被指控日本人数。

③ United Nations War Crimes Commission[EB/OL]. [2016 - 04 - 18]. http://www.legal-tools.org/en/browse/ltfolder/0_28425/#results.

委员会下设三个委员组,分别是事实与证据组(第一委员组)、执行组(第二委员组)和法律组(第三委员组)。“会议纪要”内容为委员会及其委员组、远东及太平洋分委员会的会议情况,共385个文件;“文件、报告和相关材料”则包括委员会及其委员组、研究室产生的各种文件、报告等,共1278件。

第三部分是“各成员国政府、其他国家和军事法庭”档案10128件。包括各国军事法庭文档3840份,如澳大利亚、英国、加拿大、中国、捷克斯洛伐克、法国、希腊、荷兰、挪威、波兰和美国。其中中国军事法庭部分的文档是一份日本战犯酒井隆的审判书。该审判书在前文已有提及,此处不再赘述。此外,还有远东国际军事法庭的文件资料共6288件,包括起诉书、庭审记录、文档、法庭证据、国际检察局文档、辩方文档和判决书等。

第四部分“其他参考资料”是研究室和其他外部来源的参考资料,共计16份索引、介绍类文档。

表3-12 国际刑事法院数据库中的联合国战争罪行委员会资料分类汇总

<table>
<tr><th>一级分类</th><th>二级分类</th><th>三级分类</th><th>文件数量</th><th>小计</th></tr>
<tr><td>前联合国委员会UNWCC档案集(1943—1949)资料 Inventory of UN Archives Predecessor Archives Group UNWCC,1943-1949</td><td>/</td><td>/</td><td>2</td><td>2</td></tr>
<tr><td rowspan="6">委员会、委员组、研究室、远东及太平洋分委员会资料 Commission, Committees, Research office and Far Eastern and Pacific Sub-Commission</td><td rowspan="3">会议纪要</td><td>委员会</td><td>161</td><td rowspan="6">1663</td></tr>
<tr><td>委员组</td><td>185</td></tr>
<tr><td>远东及太平洋分委员会</td><td>39</td></tr>
<tr><td rowspan="3">文件、报告和相关材料</td><td>委员会</td><td>629</td></tr>
<tr><td>委员组</td><td>303</td></tr>
<tr><td>研究室</td><td>346</td></tr>
<tr><td rowspan="5">各成员国政府、其他国家和军事法庭资料 Member Governments, Other National Authorities and Military Tribunals</td><td rowspan="5">各国军事法庭文档</td><td>各国战争罪行法庭审判结果</td><td>2</td><td rowspan="5">10128</td></tr>
<tr><td>各国审判报告摘要</td><td>16</td></tr>
<tr><td>澳大利亚</td><td>183</td></tr>
<tr><td>英国</td><td>764</td></tr>
<tr><td>加拿大</td><td>21</td></tr>
</table>

续表

一级分类	二级分类	三级分类	文件数量	小计
各成员国政府、其他国家和军事法庭资料 Member Governments, Other National Authorities and Military Tribunals	各国军事法庭文档	中国	1	
		捷克斯洛伐克	1	
		法国	519	
		希腊	1	
		荷兰	64	
		挪威	7	
		波兰	34	
		美国	2227	
	远东国际军事法庭文件	起诉书	12	
		庭审记录	595	
		文档	500	
		法庭证据	3651	
		国际检察局文档	169	
		辩方文档	1332	
		判决书	29	
其他参考资料 Miscellaneous Reference Material	研究室和其他外部来源的参考资料	/	16	16
合　计				11809

三、女性国际战争罪法庭文献

(一)女性国际战争罪法庭的召开背景

2000 年,女性国际战争罪法庭在东京设立,对 20 世纪三四十年代亚太战争区域的日本军事性奴隶,即慰安妇(comfort women)罪行进行庭审。法庭从 2000 年 12 月 8 日到 12 月 10 日审理了来自幸存者、专家和犯罪嫌疑人的证词,于 2000 年 12 月 12 日发布初步调查和判决结果。超过 75 名幸存者出席了法庭诉讼。

女性国际战争罪法庭是一个由曾经遭受日本侵略的亚洲国家和地区的代表为控诉日本军队推行的性奴隶制度罪行而在日本东京举行的民间性质模拟法庭活动,受到国际法律界人士的高度重视,并引起全球范围的关注。该法庭自1997年起，由亚洲7个民间团体组成的国际执行委员会负责筹备。2000年10月1日，中国大陆检察官团正式向法庭总检察处提交指控起诉书。参与庭审的来自中国等8个国家和地区的检察官和受害者代表团共390人，四天审理共有旁听者5855名。法庭当时作了初步判决，并于2001年作出最后判决。根据检察官团成员之一的周洪钧所述，中国大陆地区共有28人前往东京，其中有检察官7人，还有日本性奴隶制度受害者代表万爱花、袁竹林、杨明贞、何君子（朝鲜籍）、郭喜翠、刘秀梅6人①。

太平洋战争期间日军的性奴隶制度，以慰安妇等名义虐待、摧残许多亚洲女性，是“20世纪最大规模的战争罪行”之一。但是由于日本政府在战后的掩盖，该罪行没能被及时揭露，也未得到应有的调查和审判。东京的这个民间性质的模拟法庭活动——女性国际战争罪法庭成为历史上第一个宣判二战时日本天皇和日本政府在此罪名上有罪的法庭。

（二）文献概况

在国际刑事法院法律工具数据库“涉及核心国际犯罪的国家案例”类目下，设有“日本”专题条目，下列文件《女性国际战争罪法庭对日本军事性奴隶审判的口头判决（2001）》（以下简称《口头判决书》），分153条信息记录了2001年女性国际战争罪法庭对日本军事性奴隶审判的口头判决，于2008年10月11日公开。

在目前日本军事性奴隶罪行并没有得到正式审判和承认的国际形势下，这份原文为英文的《口头判决书》（记录编号：24109）列出了日本军事性奴隶罪行的最直接证据。案件被告包括裕仁天皇（Emperor Hirohito）、松井石根（Matsui Iwane）、畑俊六（Hata Shunroku）、寺内寿一（Terauchi Hisaichi）、板垣征四郎（Itagaki Seishiro）、东条英机（Tojo Hideki）、梅津美治郎（Umezu Yoshijiro）、小林跻造（Kobayashi Seizo）、安藤利吉（Ando Rikichi），共9人。

正式判决书长达240页，包括35名幸存者证词，目前暂未公开发布。

根据庭审亲历者周洪钧的叙述②，法庭的初步判决书指出，日本昭和天皇并非“傀儡”，当时他有着独特的决策权力，他知道或应当知道“南京强奸”等事件的发生，他应该采取措施阻止而不是同意或默认这类事件在所谓“慰安妇”的名义下继续发生。初步判决书还指出，日本政府未能履行责任，真诚地向日军性奴隶制度的受害者作出道歉和赔偿。法庭敦促日本政府真诚道歉，

① 周洪钧．东京国际妇女法庭及其初步判决述评［J］．中国法律，2001（2）：7－10．

② 周洪钧．东京国际妇女模拟法庭审判亲历记［J］．国际展望，2001（8）：18－23．

并对受害者遭受的所有经济和精神损失予以赔偿，公开有关“慰安妇”问题的档案材料，建立纪念碑、纪念馆，成立教育基金帮助受害者后代等。

尽管这仅仅是法庭的初步判决，且因法庭系民间组织设立，故其判决并无强制执行效力，但该法庭的审判程序和人员组成严格依据法律规范，完全体现了公开、公正、公平审判的严肃性。法庭认真地采纳证据，遵照国际法的原则和规则，作出判决，其审判结果在国际社会产生了不可估量的影响力，无论在道义还是法律上，都具有强大的说服力[①]。由于正式判决书全文目前还未公开，这份口头初步判决文件就显得尤为重要，为便于国内学者了解，笔者择要节译附后，英文原稿可在国际刑事法院法律工具数据库中获取。

四、附录

《女性国际战争罪法庭对日本军事性奴隶审判的口头判决(2001)》节译

女性倡导性别公正

口头判决记录

2001 年 12 月 4 日于荷兰海牙提交

口头判决记录由女性国际战争罪法庭审判日本军事性奴隶的法官于2001年12月4日提交。正式判决书择日公布。

诉讼概况与背景

打破历史的沉默

1. 法官现在将宣读判决书内容概要。

2. 在东京诉讼期间，七个检察官小组和两名同席检察长提供了数量惊人的证据，其中包括 35 名幸存者的证词。完整的官方判决书今天正式发布，内容达 240 多页。首先想强调的是，我们不可能捕捉到幸存者讲述的全部经历。另外还要强调的是，我们宣读的内容不是判决书的一部分，判决书会在适当的时候公开。

3. 20 世纪 90 年代早期，一些女性打破几近五十年的痛苦沉默，对她们以及其他人在 20 世纪三四十年代的亚太地区战争过程中遭受的日本军事性奴

① 周洪钧. 东京国际妇女法庭及其初步判决述评[J]. 中国法律，2001(2)：7－10.

隶的暴行要求得到道歉和赔偿。这些受害的幸存者被称作“慰安妇”，她们挺身而出，讲述了她们是如何被征召，通过暴力、胁迫、欺骗的方式被贩卖，并被限制在“慰安所”，或者更准确地说是被限制于性奴役设施，在日本军队所在的任何地方，包括前线。

4. 这些幸存者的勇气鼓舞了其他性暴行受害者讲出她们所遭受的罪行。这些曾经的“慰安妇”们以一种非凡的方式，为全球女性人权运动的更广泛发展作出了巨大贡献。

诉讼

5. 2000年审理日本军事性奴隶的女性国际战争罪法庭设在东京，从2000年12月8日到12月10日审理了来自幸存者、专家和犯罪人的证词，于2000年12月12日发布初步调查结果。超过75名幸存者出席了法庭诉讼。

6. 该法庭是在国家失于履行其职责的情形下，为确保司法公正而设立。造成这种失误的初步责任在二战盟国，尽管他们掌握了性奴隶的证据，但没有在1946年4月至1948年11月间进行审理的远东国际军事法庭庭审之前起诉日本官方的相关罪行。

7. 然而，其首要责任在于日本，在过去的56年中始终没有进行正式且全面的道歉，没有起诉犯罪人，也没有提供赔偿或就他们的罪行采取任何有意义的补救措施。

8. 法官强调，日本人民不在这次审判范围内。违反国际人道主义法律的个人责任不包括集体罪责的归属。法庭无意偏离这一重要原则。

9. 本法庭出于以下信念而设立：尽管未能完全纠正犯罪者对曾经的“慰安妇”犯下的罪行，但不能压制她们的声音。这是一个人民的法庭，一个在全球文明社会的呼吁下构想并设立的法庭。女性国际战争罪法庭和其他人民的法庭一样，以“法律是文明社会的工具”这一理念为前提，它不专属于任何单一政府或联合政府。

10. 虽然人民法庭不能判处刑罚或命令赔偿，但能提出法律认定及道德力量支撑下的建议。希望日本政府能认识到，他们的最大耻辱不在这些犯罪事实被揭露，而在于拒绝承担这些罪行的法律责任和道德责任。

共同起诉书

11. 检察官共提交七份国家起诉书及一份共同起诉书。在共同起诉书中，根据法庭宪章第2条，检察官对以下被告的违反人道罪，尤其是强奸罪和性奴役罪进行了指控：裕仁天皇、松井石根、畑俊六、寺内寿一、板垣征四郎、东条英机、梅津美治郎、小林跻造和安腾利吉。

……

有关日本和辩护审议进程的通知

14. 关于本次诉讼法庭书记官已于2000年11月9日和28日通知了日本首相,并邀请日本派国家代表来参加庭审。法官对日本政府并未对邀请作出回应感到遗憾。

东京法庭作为远东国际军事法庭的延续

15. 本法庭的审判,或可作为远东国际军事法庭及亚太地区各附属法庭的延续,这些法庭都没有对日本领导人关于"慰安制度"和菲律宾地方大规模强奸事件的责任提出指控和进行审判。至于那些在战后法庭中已得到审判的被告,本法庭将把对他们的诉讼视为这些审判的扩展。

被告

16. 本案被告在战争期间曾担任日本政府和军部的某些至高职务。

17. 从1937年到1945年,日本天皇裕仁是日本的国家元首和武装部队的最高统帅。

18. 安腾利吉曾担任第二十一军司令官,1940年10月起任职华南方面军司令官,还曾担任"台湾军"司令官和"台湾总督"。

19. 畑俊六在不同时期曾担任以下职务:"台湾军"司令官、华中派遣军司令官、中国派遣军总司令官以及陆军大臣。

20. 板垣征四郎时任陆军大臣,因此对天皇直接负责。他被任命为中国派遣军总参谋长,后转任朝鲜军司令官。

21. 小林跻造曾先后任"台湾总督"、内阁大臣,向天皇报告。

22. 松井石根是日本陆军一名高级官员,并取得了上将军衔。松井曾任上海派遣军司令官和中国派遣军司令官,是入侵南京军队的司令官。

23. 寺内寿一曾任华北方面军司令官以及在菲律宾、印度尼西亚、马来西亚、东帝汶、缅甸作战的南方军司令官。他还曾担任陆军大臣和陆军教育总监。

24. 东条英机曾先后任关东军司令官、陆军次官、陆军总参谋长、首相、陆军大臣和内阁大臣等职务。

25. 梅津美治郎在不同时期曾历任陆军次官、第一军司令官、关东军司令官和陆军总参谋长等职。

26. 山下奉文曾任第十四军司令官,并在这个职位上指导并负责日军在菲律宾的行动,包括在菲律宾邦板牙省坎达巴镇的玛潘尼克村(Mapanique)的暴行。

事实认定

对收到的证据的说明

27. 如前文所述，有35位幸存者在法庭上作证，她们或直接出庭，或通过视频访谈。法官认为每一位作证的证人都是可信的，她们的证词、证据也是准确且值得信赖的，予以采纳。她们的证词明显表明，这些幸存者们仍然深受其遭遇所累，受伤害至深。我们认为她们的痛苦更进一步地证明了她们叙述的真实性和准确性。

28. 除了幸存者的证词，还有从前的士兵、军官的供词，日本政府的供词，专家的证词，联合国的性奴役专员的报告，以及远东国际军事法庭判决书里包含的背景证据，法官还考虑挑选了证据中的其他文件。今天，我们并不打算重复所有证据，只提及去年12月在法庭上听到的证词中的一小部分。

“慰安妇”制度的发展与实行

29. 现在我们根据检察官提交的证据，来讨论一下“慰安妇”制度发展和实行方面的调查结果。作为调查背景，我们一直依赖于远东国际军事法庭判决的相关调查结果，特别是日本政府和日本军方为实现称霸亚太区域这一目标，一直在其占领地区实施各种形式的暴行。在这些地区普遍存在拘禁和虐待平民的行为，最常见的行为可能有谋杀、酷刑、强奸、强迫劳动以及进行不人道的监禁。

“慰安妇”制度的起源

30. 1932年，日军在中国设立了第一个所谓的“慰安所”，与日军入侵中国东北的行动一致。随着1937年12月日军侵袭南京及其前后具有因果联系的一系列事件的发生，军事性奴隶制度开始制度化，其残酷结果就是“南京暴行”。当松井石根的部队逼近南京时，他们施行了超大规模的谋杀、酷刑、强奸以及其他形式的性暴力行为。

31. 残酷的悖论是，南京暴行是性奴隶设施制度化的一个重要动机。据称这是打算通过建立高度管制下的、制度化的性设施，来取代满城肆意而为的奸淫女性的行为。

性奴隶制度的制度化

32. 亚太战争期间，日军不断建立为军队提供性服务的设施。日本政府和军部建立“慰安所”并把它扩充为一个庞大机构有多方面原因。根据此前的证据，建立“慰安所”首先是为了防止日本士兵染上性病，其次是为了消减军队逼近和占领该地区时因日本士兵大量强奸平民女性而造成的反日情绪。证据还证明，建立“慰安妇”制度是为了“安慰”士兵，为他们压抑已久的情绪、压力，以及那些严苛、专断的纪律和他们不得不忍受的环境所带来的挫败感，提供一个发泄的途径。另一个原因则是为防止士兵们在访问当地妓院时传播军事秘密或被间谍窃取军事秘密。日军认为，“建立他们自己的慰安所并定期监督是最好的”保守军事秘密的“政策”。

33. 由于日军发展其性奴隶制度，为寻求足够的女性达到他们每一百名士兵配一名女性的比例，日军将殖民地视为满足其对女孩和妇女需求的来源地。

34. 在中国台湾，日本人通过请求台湾殖民贸易公司（TCTC），以及包括“总督”和警方在内的当地殖民政府的帮助来征集女性。因此，日本政府和私营公司联手积极参与和维持在中国的“慰安制度”，并征集台湾地区女性进入“慰安所”服务。

35. 中国台湾幸存者的证词指出，日军监督，并在某些情况下直接参与迫使中国大陆和台湾地区的妇女、女孩为“慰安所”服务。

……

军事性奴隶制度的特点

58. 法官发现，日本的军事性奴隶制度是日本亚太侵略战争的标准组成部分。法官还发现整个地区的女孩和妇女不是遭到绑架、征召或胁迫，就是通过欺骗手段，被强行变为军事性奴隶体制的一部分。这些女孩和妇女一旦被奴役，便遭到连续或不时的轮奸以及其他形式的性暴力和酷刑。她们生活环境恶劣，食不果腹，毫无隐私，卫生条件差。

59. 大部分的年轻女孩和没结婚的女性都因为被强奸而失去贞操。另外，她们在设施中遭受的无情暴力和侵犯，造成了各种生育方面的伤害，比如怀孕、堕胎、流产、绝育、性病以及性残害。除了强加给她们的侮辱性体检，她们在被强奸和性奴役过程中遭受的殴打、刀刺、焚烧和性虐待则造成了巨大的痛苦。虐待也带来了严重的情感伤害和心理伤害。恶劣的拘留环境常常导致营养不良、疾病甚至死亡。大量的妇女和女孩都没能在这种环境和虐待中存活下来，有的被故意杀害。

60. 自“慰安制度”建立以来，日军制定了大量的规定来管理它。其中就有旨在预防和识别性传播疾病（性病）的卫生条例。还有的详细规定了被选作“慰安妇”的女性类型、目标受害者的年龄、“慰安所”的条件以及“慰安妇”应遵守的规矩。最后，还明确规定了士兵的言行举止，并要求“慰安妇”只能提供给那些付了费的军事人员，为此还设置了售票制度。

……

赔偿和建议

144. 对国际不法行为的受害者有进行赔偿的义务，这一直是“国际法的一般原则”。这一原则现已发展成为一项法律规定，而不是简单的道德责任。

145. 国家责任法规定，“当一个国家因其作为或不作为导致违背国际法义务时，便需要作出赔偿”。此外，国家补偿的形式不一定是自行决定的，特别是故意的国家不法行为。本案不是一个国家疏于保护的案例，而是这个国家积极并故意地造成伤害。因此，“提供的补救措施应当弥补信任的缺失，因为在一般情况下，不法行为越离谱，受害者就越愤怒和痛苦，遭受的伤害也就越大”。

146. 调查认为日本应该积极履行国家补偿的义务，补偿应全面覆盖由于最初的和后续的国家不法行为而使受害者受到的所有伤害。本庭提出如下建议：

建议

147. 为了履行其责任，法庭认为，日本政府必须采取以下每一项补救措施：

i. 完全承认其建立“慰安制度”的责任和义务，以及该制度是违反国际法的。

ii. 发出正式而坦诚的道歉，承担法律责任并保证不重犯。

iii. 补偿受害者和幸存者，以及那些有权对本文所述的政府违法行为追偿的人们，应在数额上足以弥补损失并防止将来再出现损失。

iv. 建立彻查军事性奴隶制度的机制，保存历史资料并对公众开放。

v. 考虑与幸存者商量建立一个真相与和解委员会，创建一个基于战争、过渡、占领期犯下的罪行的性别历史记录。

vi. 通过建立纪念馆、博物馆和图书馆来承认并纪念那些受害者和幸存者们，并承诺“不再重犯”。

vii. 通过正式或非正式的方式赞助教育活动，包括在各年级教科书中纳入有意义的内容，资助学者和作家们的活动，以保证对人们的教育，特别是对与这些违法行为及其伤害有关的年轻人和后代的教育。

viii. 支持引导民众认识军事性奴隶制度和性别不平等间的关系，为实现性别平等、尊重地区人民平等创造前提条件。

ix. 遣返愿意被遣返的幸存者。

x. 披露所掌握的所有关于“慰安所”的文件以及其他资料。

xi. 查明并惩罚建立“慰安所”和为“慰安所”征集人员的主要案犯。

xii. 依据家属或近亲的意愿找到并归还死者遗体。

148. 法庭还建议前同盟国：

i. 立即解密有关建立和实施“慰安”制度的一切军事资料和政府资料，以及远东国际军事法庭之前没有对此进行起诉的理由。

ii. 立即解密所有关于远东国际军事法庭之前没有起诉裕仁天皇的原因的军事和政府记录。

iii. 承认自己在战后审判初期以及这以后 55 年的时间里，未能调查和起诉对曾经的“慰安妇”犯下的罪行。

149. 法庭还建议联合国和所有的国家及其人民：

i. 采取一切必要措施，以确保日本政府向受害者、幸存者和那些有权追偿损失的人们给予足够的赔偿。

ii. 寻求国际法院有关日本政府在前“慰安所”方面非法行为和持续义务等方面的参考意见。

iii. 而且，要了解这种暴行植根于对性别、民族和贫困的普遍歧视，必须进一步研究军国主义和虐待女性之间的直接联系，明确承认并理解到这是与战争、与和平有关的事情。只有这样，才能真正对这种虐待行为提出实质性的质疑，我们为防止其再次发生所作出的努力才能有效。

结论

150. 历史上多次出现国家忽视武装冲突中对女性犯下的罪行。同盟国没能对这一前所未有的军事性奴隶及进一步的强奸事件进行起诉，例如菲律宾的玛潘尼克村，这种失误导致受害女性无法平等获得法律的支持，并使得“她们的遭遇不值得同情”或者“她们是自愿参加的”等看法蔓延。这种被司法排除在外的状态造成了幸存者的沉默并阻碍其伤口愈合。

151. 我们希望，这个女性法庭及其判决的道德力量将会鼓舞各国以及世界人民引导日本承认他们有责任去弥补罪行、纠正错误，并能鼓励后代在尊重女性平等和尊严的基础上继续前行。

152. 幸存者们的勇气、对正义的渴望和团结一致的精神激起了一场全球性的运动，为确保此类罪行永远不再被忽视，也绝不允许再发生这种罪行，在最近设立的国际刑事法庭上已经开始起诉那些对女性犯下的罪行，这就是她们努力的成果之一。这为惩治对女性实施的暴行奠定了基础。

153. 总之，通过这场审判，法官们希望感谢所有受到日本军事性奴隶制度迫害的女性们。我们也承认，能重建自己的生活并站到我们面前来作证的这些幸存者们极具坚忍不拔的意志和高贵的品质。对她们犯下的罪行仍然是第二次世界大战中未予以伸张的正义之一。没有关于日本军事性奴隶制受害者的博物馆,不知名的"慰安妇"们没有坟墓,对子孙后代没有相关的教育,也没有对此进行过判决。许多曾为正义而奋斗的女性如今已经过世,成为无名英雄。尽管记载在史册上的名字通常是那些犯下罪行的人,而非受害者,但是这个判决书记载了那些在这里讲述她们故事的幸存者的名字。因此,至少在这四天时间里,错误被架上了断头台,真相被请上了王者之座。

第四章　美国耶鲁大学神学院图书馆

第一节　机构简介

一、馆情综述

美国耶鲁大学神学院（简称耶鲁神学院）成立于1822年，与哈佛神学院、普林斯顿神学院齐名，是跨教派且无教派归属的神学研究机构。该学院十分重视对中国基督教会的研究，并在其神学院图书馆特藏室收藏有丰富的中国基督教文献档案，其中有大量日军侵华期间的文献资料，这批文献是从在华传教士和在华外籍人士等第三者视角研究抗日战争期间中日军事、外交关系等问题的重要一手史料，对客观梳理、揭露和研究日军侵华战争罪行具有重要价值。

该馆特藏室收藏的所有原始档案资料在特藏室网站上都有相关介绍。这些内容也作为一个整体，可以通过耶鲁大学"在线发现系统"①的检索链接进入。另外，读者可以在线浏览特藏室收藏的个人文章、机构档案、小册子资料和非公开出版物的清单。其中，人物卷宗除建立了人名索引外，还建立了地理索引，方便读者检索。特藏室收藏的许多传教资料都被收入"中国记录项目"②。除部分可公开流通获取的资料外，特藏室所藏的流通受限资料也对读者提供检索阅览，例如善本书、神学院教职工文献等可以通过目录检索，并在特藏阅览室内部使用③。

耶鲁神学院图书馆及特藏室所藏史料按文件组（Record Group）编号，缩写为RG；缩微资料（Microfilms）编号标识符缩写为MS。下面将在提到具体馆藏

---

① Yale Finding Aid Database [DB/OL]. [2016-12-30]. http://drs.library.yale.edu/fedoragsearch/rest.

② China Records Project[EB/OL]. [2016-12-30]. http://web.library.yale.edu/divinity/chinaproject.

③ Divinity Library Special Collections[EB/OL]. [2016-08-29]. http://web.library.yale.edu/divinity/overview.

时尽量附上馆藏编号，一些专有机构名和人名也同时附以英文原文，以便查阅。

二、中国文献特藏①简介

（一）文献内容

耶鲁神学院图书馆收藏了近400位在华传教士档案和手稿，总排架长度超过1700英尺，时间范围涵盖1832年至1950年。这些文献记录了在华教会情况和传教士们的在华活动。通过这些资料，可以了解当时在中国发生的各类事件、运动和相关机构情况，另一方面也可用于反观当时向中国派遣传教士、支持传教活动的西方社会的相关情况。文献内容主要包括：任教士的私人书信、日记、文字和纪念品；与所服务的传教机构相关的书信、报告和财务信息；传教机构分发的期刊和报告；传教士撰写的记述和回忆录等。

1. 手稿档案

耶鲁神学院图书馆馆藏以手稿、档案类纸质资料为主，其中有关中国部分的大都为教会机构文献。例如，亚洲基督教高等教育联合会档案（United Board for Christian Higher Education in Asia; RG 11）即包含1880—1950年间由新教徒宣教机构在中国大陆建立的十三所学院和大学的相关资料，包括福建协和大学（Fukien Christian University）、金陵女子大学（Ginling College，后改名金陵女子文理学院）、华南女子文理学院（Hwa Nan College）、岭南大学（Lingnan University）、金陵大学（University of Nanking）、圣约翰大学（St. John's University）、华西协和大学（West China Union University）、燕京大学（Yenching University）、齐鲁大学（Shantung Christian University [Cheeloo]）、东吴大学（Soochow University）、之江大学（Hangchow Christian College）、华中大学（Huachung Christian University）和沪江大学（Shanghai University）。

2. 缩微资料

耶鲁神学院图书馆采购收藏了许多原藏于其他收藏机构的缩微副本。其主要来源机构为：美国公理会海外传道部（American Board of Commissioners for Foreign Missions，又称美部会）、奥古斯塔纳福音派路德教会（Augustana Evangelical Lutheran Church）、世界宣道会（Board of World Missions）、浸信会宣道会（英国）（Baptist Missionary Society [British]）、中国基督教会边境服务部（Church

---

① China Resources at the Yale Divinity School Library [EB/OL]. [2016-08-29]. http://web.library.yale.edu/divinity/special-collections/china-collections.

of Christ in China Border Service Department)、中华内地会(China Inland Mission)、教会传教会(Church Missionary Society)、苏格兰教会传道档案馆(Church of Scotland Missionary Archive)、伦敦传道会(London Missionary Society)、岭南基金会(Lingnan Foundation)、卫理公会(美国)宣道部(Methodist Church[U. S.], Board of Missions)、卫理会宣道会(英国)(Methodist Missionary Society [British])、英格兰长老会(Presbyterian Church of England)、美国长老会海外宣道部(Presbyterian Church in the U. S. A., Board of Foreign Missions)、亚洲基督教高等教育联合会、基督教文学联合会(United Christian Literature Society)、美国联合路德教会海外宣道部(United Lutheran Church in America, Board of Foreign Missions)、美国天主教中国分部(United States Catholic China Bureau)、世界基督教学生联合会(World Student Christian Federation)等。

3. 印刷品

耶鲁神学院图书馆还拥有很多1949年以前有关中国的年度报告和报刊。如《美以美会教报》(*China Christian Advocate*, 1914—1941)、《中国基督教年鉴》(*China Christian Yearbook*, 1926—1940)、《中国博医会报》(*China Medical Missionary Journal*)、《亿万华民》(*China's Millions*, 中华内地会会刊)、《福州使者报》(*Foochow Messenger*, 1903—1940)、《友穆季刊》(*Friends of Moslems*)、《海南通讯》(*Hainan Newsletter*, 1912—1940)、《中华全国基督教协进会公报》(*National Christian Council of China Bulletin*, 1922—1936)、《华西教会新闻》(*West China Missionary News*, 1901—1943)等。这部分馆藏大多记录了中国教会及其传教的实时情况,是研究民国时期中国社会民生境况的重要史料。

(二)文献数字化建设情况

近年来,耶鲁大学神学院图书馆开展了多项专题文献数字化工作,许多文献由此得以数字化揭示,供全世界读者在线获取。目前可在线获取的资源包括:

(1)档案类。如亚洲基督教高等教育联合会档案。

(2)机构年报类。涉及的机构有美国浸信会海外宣道会(American Baptist Foreign Mission Society)、中华内地会、中国圣教书会(Chinese Religious Tract Society)、上海济良所(Door of Hope, Shanghai)、福州圣教医院(Foochow Missionary Hospital)、传道西藏(Tibetan Mission)①等。

① Agencies and institutions for which reports are available online[EB/OL]. [2016-11-15]. http://web.library.yale.edu/divinity/day-missions-collection-annual-reports-listing.

(3)专题图片和专题文献类。如国际宣道图片档案、中国大学与学院图片库、南京大屠杀专题文献[①]、阿比·桑德森文献(Abbie Sanderson Papers,1918—1937,1946—1953)、埃里森和罗莉·希尔德雷斯文献(Ellison and Lottie Hildreth Papers,1913—1937)、约翰·马歇尔·福斯特文献(John Marshall Foster Papers,1888—)以及其他中国传教文献等。

三、日本侵华战争罪行文献

该馆所藏日本侵华罪行文献,主要以当时在中国的传教士留下的文献为主。如史德蔚文献(Albert and Celia Steward Papers,1921—1950;RG 20)[②]、贝德士文献(Miner Searle Bates Papers,1920—1978;RG 10)[③]、米尔士文献(Wilson Plumer Mills Papers;RG 8)等。这些资料有的已经通过南京大屠杀专题数据库进行了数字化揭示,如威尔逊文献(Robert Wilson Papers;RG 11);有的通过重新整理出版、学术研究等方式得到了较为全面的揭示与研究,如拉贝文献(John Rabe;RG 8)。但还有一些尚未得到充分揭示,也没有经过数字化,只能通过简单的主题目录了解大概内容,如坎贝尔家族文献(Campbell family;RG 7)。同时,耶鲁大学神学院图书馆目前依然在对该部分文献进行不断地整理和揭示。为便于读者了解相关馆藏全貌,笔者在此作简单分类梳理,更多细节可根据本文提供的卷宗信息获取,或者根据神学院图书馆的人名索引[④]以及耶鲁大学的检索发现系统进行深入挖掘。

(一)已数字化的日军南京大屠杀罪行文献

耶鲁大学神学院图书馆南京大屠杀专题文献[⑤]来源于耶鲁大学神学院图书馆特藏室的亚洲基督教高等教育联合会档案、在华传教士个人卷宗、“中国记录项目”个人杂项文献等。目前已数字化的内容有三类:

(1)文字档案。包括威尔逊文献(RG 11)、史德蔚文献(RG 20)、贝德士文献(RG 10)、米尔士文献(RG 8)、安娜·墨菲特·查维斯文献(Anna Moffett Jarvis;RG 8)、欧内斯特·福斯特文献(Ernest H. Forster;RG 8)和魏特琳文献

---

① Documentation of the“Nanking Massacre”[EB/OL].[2016-11-15]. http://divinity-adhoc. library. yale. edu/Nanking.

② Albert and Celia Steward Papers[EB/OL].[2016-11-15]. http://hdl. handle. net/10079/fa/divinity. 020.

③ Miner Searle Bates Papers[EB/OL].[2016-11-15]. http://hdl. handle. net/10079/fa/divinity. 010.

④ Personal papers [EB/OL].[2016-12-28]. http://web. library. yale. edu/divinity/personal-papers.

⑤ The Nanking Massacre Project[EB/OL].[2016-12-27]. http://web. library. yale. edu/divinity/nanking.

(Papers of Minnie Vautrin;RG 8、RG 11、MS 62)[①]。

(2)照片文献。主要是欧内斯特·福斯特文献中的照片部分。

(3)视频文献。主要是马吉文献(John G. Magee Family Fapers;RG 242)[②]中的视频部分。

这批文献因史料价值较高,本章第二节将作专门介绍。

(二)未数字化的日军罪行文献

除了已数字化的部分外,该馆还有许多尚未完成整理和数字化的相关文献可以通过人名索引、专题页面或者馆藏检索了解。本章仅选取已知部分介绍。

1. 拉贝文献

第 8 号文件组。

约翰·拉贝(John Rabe)生于德国汉堡。南京大屠杀期间,拉贝作为南京安全区国际委员会(Nanking International Safety Zone Committee)主席,和其他国际友人一起,在其负责的不足 4 平方千米的安全区内,拯救了超过 25 万中国人的生命。拉贝文献收藏拉贝有关中国的档案和照片,主要是关于日军在南京的暴行和南京安全区国际委员会工作的资料。美籍华裔作家张纯如就是通过这里的拉贝文献线索,最终找到了著名的《拉贝日记》原始记录。拉贝文献主要集中于第 8 号文件组的第 148、149 和 150 盒,其中《拉贝日记》影印版在第 150 盒。

2. 马吉文献

第 242 号文件组。

约翰·吉莱斯皮·马吉(John Gillespie Magee),美国传教士,1912 年至 1940 年 5 月在南京下关挹江门外的道胜堂教堂传教。南京大屠杀期间,马吉牧师担任国际红十字会南京委员会主席以及南京安全区国际委员会委员。马吉牧师曾参与救助中国难民,并拍摄了日本军人屠杀中国人的纪录片。1946 年,马吉牧师曾经在设立于日本东京的远东国际军事法庭上为审判日军南京大屠杀罪行作证。马吉文献记录了他和家人有关中国的见闻(包括马吉 1922—1941 年间的文章),其中除了已经数字化并可以在线获取的两段影像资料外,还有大量珍贵的文字和照片资料,如马吉自己撰写和搜集的记录南京

① Papers of Minnie Vautrin[EB/OL]. [2016 - 11 - 15]. http://101.96.8.165/divinity-adhoc.library.yale.edu/Nanking/Vautrin.pdf.

② John G. Magee Family Papers[EB/OL]. [2015 - 10 - 05]. http://hdl.handle.net/10079/fa/divinity.242.

大屠杀的书信、广播稿、新闻报道、剪报和文章等,以及后来由马吉的儿子们搜集的大屠杀幸存者的回忆书信、相关报道、剪报、照片和访谈资料等。马吉文献共25盒,排架长度约10.5英尺,由马吉家人捐赠。

3. 坎贝尔家族文献

第7号文件组。

乔治·坎贝尔(George Campbell)和珍妮·沃特曼·坎贝尔(Jennie Wortman Campbell)夫妇作为美国浸信会(Baptist)传教士,1887年至1946年间居住于华南地区,与客家人生活和工作,具体时间段大概为1887—1900年、1908—1912年、1914—1916年以及1927—1933年。他们的八个孩子中有四个继承了父辈的在华传教工作,大女儿露易丝·坎贝尔(Louise Campbell)1928年起在中国的客家部落工作40年,三女儿玛格丽特·拉鲁·坎贝尔(Margaret Larue Campbell)及其丈夫于1916—1946年间也在客家人中工作至退休,小女儿多萝西·麦克布赖德·坎贝尔(Dorothy McBride Campbell)和小儿子大卫·迈尔斯·坎贝尔(David Miles Campbell)则分别于1926—1944年和1926—1942年间工作于中国。坎贝尔家族文献①是坎贝尔夫妇及其子女两代传教士中国经历的见证,由坎贝尔家族捐赠,共31盒,分四部分,包括书信、日记和笔记、手稿、个人物品和纪念物,排架长度约13英尺。其中,日记和笔记是文献的主要部分,包括大量抗日战争期间几乎无间断的在华记录。

4. 约翰逊文献

第6号文件组。

威廉·理查德·约翰逊(William Richard Johnson)作为美国卫理会(Methodist)传教士于1906年至1941年间在中国辗转于上海、南昌等地传教。1924—1927年其任江西国际饥荒救济会执行秘书,指导堤防修复和制定饥荒救济计划,1931—1936年间负责饥荒和洪灾救济工作,1931—1932年主持由美国小麦和棉花贷款计划资助的堤防修复工作,1933年深入当地调查并参与了江西农村重建计划。后经短暂休假后,约翰逊于1937年只身回到中国,在地方传教的同时主要从事战争救济工作,1941年香港被围困期间负责督管香港嘉诺撒医院(Canossa Hospital),救助受伤民众,并担任美国红十字协会中国救济组(American Red Cross, China Relief Unit)助理主任,1941—1942年被日军囚禁于赤柱拘留营(Stanley Internment Camp),后返回美国。约翰逊深谙中

---

① Campbell Family Papers[EB/OL].[2015-10-05]. http://hdl.handle.net/10079/fa/divinity.007.

国地方农村的困境与问题，亲身经历并目睹了日军对普通民众的伤害，自己也遭到日军的拘留。约翰逊文献[①]由约翰逊家族捐赠，共52盒，分五大部分，包括他的书信、手稿和打印稿、笔记和其他打印资料，排架长度约17.5英尺。

5. 摩根夫妇文献

第126号文件组。

洛伦佐·西摩·摩根（Lorenzo Seymour Morgan）和露丝·本内特·摩根（Ruth Bennett Morgan）夫妇1905年至1946年间在江苏省和安徽省作为医疗传教士服务于长老会和卫理会。摩根夫妇在上海、镇江、清江浦、海州、芜湖等地生活过，曾先后工作于江苏清江浦医院、江苏海州医院、江苏镇江长老会医院和安徽芜湖总医院，抗日战争期间主要在芜湖见证了日军对中国的侵略行为。例如曾目睹长江芜湖段的英国船只受到日军炮击并最终在医院附近烧毁，也亲身经历了1947年12月日军控制芜湖医院的事件。摩根夫妇文献[②]由他们的儿子和儿媳捐赠，排架长度约19英尺，共44盒，分为六大部分，包括家族书信、一般书信、文稿、传记资料、搜集资料和照片等。

6. 裨益知文献

第108号文件组。

裨益知原名威拉德·利文斯通·贝尔德（Willard Livingstone Beard），受美部会派遣，1894年至1941年间在中国福州作为传教士工作了40多年。裨益知文献[③]由贝尔德家人捐赠，共13盒，分六大类，包含裨益知及其家人的书信、日记、手稿、收集的材料、照片和个人物品等，文献年代为1894—1964年，排架长度约6英尺。其中，日记内容共59个文件，已由神学院图书馆数字化[④]，可在线浏览，部分文献曾制成缩微胶卷。裨益知文献于近些年进行过补充，新增了大量家族书信和研究文稿，文献中的部分书信、手稿、照片和搜集的资料，均产生于抗日战争时期的中国，不仅记录了裨益知及其家人的日常工作和生活，还经常涉及中国的政治事件和社会问题。

---

① William Richard Johnson Papers[EB/OL]. [2015 - 10 - 05]. http://hdl.handle.net/10079/fa/divinity.006.

② Lorenzo and Ruth Bennett Morgan Papers[EB/OL]. [2015 - 10 - 05]. http://hdl.handle.net/10079/fa/divinity.126.

③ Willard Livingstone Beard Family Papers[EB/OL]. [2015 - 10 - 05]. http://hdl.handle.net/10079/fa/divinity.108.

④ The AdHoc Image and Text Database on the History of Christianity[EB/OL]. [2016 - 12 - 28]. http://divdl.library.yale.edu/dl/Browse.aspx? qc = AdHoc&qs = 1146.

7. 费奇文献

乔治·费奇(George Ashmore Fitch)是当年南京安全区国际委员会的西方传教士。费奇文献含有他生前保存的包括个人日记、书信以及他搜寻的有关南京大屠杀的资料共54盒。“20多年来,这些珍贵资料一直躺在美国耶鲁大学神学院图书馆的资料堆里,无人发现,直到南京大学历史系的访问学者姜良芹的查阅,才首次为世界所知。”①这部分文献暂未按人名进行归档,未编统一的文件组号。

值得一提的是,除耶鲁神学院图书馆之外,耶鲁大学斯特林图书馆档案部(Manuscripts and Archives,Sterling Library)还藏有部分帕克斯顿文献。帕克斯顿(John Hall Parxton)是一位美国外交官,曾任驻南京副领事(1925—1929年)、驻南京大使馆二秘(1937年)和上海总领事馆派往南京官员(1938—1942年)。帕克斯顿文献中也有少量反映当时中国时局和中日关系的档案,值得关注。

四、馆藏评价

耶鲁大学神学院图书馆所收藏的日军战争罪行文献,无论在图书馆界还是史学界,都具有不可替代和不容忽视的价值。首先,就文献来源而言,它们属于“第一手史料”,是事情发生当时对历史事实的实录,而非后来回忆和追忆,准确性较高;其次,档案来自于以历史学家贝德士为代表的一批具有较高知识水平和较严谨历史态度的亲历者,能够以较为冷静、客观的态度如实记录他们见证的历史真相和搜集的历史证据,可信度较高;再次,文献涉及日记、报告、新闻报道、书信、照片、视频等多种形式,类型丰富,内容翔实,特别是其中的视频资料,是日军罪行的铁证,很多在战后的日本战犯审判中作为法庭证据使用。此外,从整理方法来看,这批文献基本上都以当时的在华外籍人士为归档分类主体,以人物为线索,既利于史料原始来源的确认,又便于研究者检索和利用。

正如章开沅在《南京大屠杀的历史见证》一书中引用贝德士的话所言:“如果事实说明了一个现代军队的种种野蛮行径,那就让事实说话吧。”②

---

① 九年之后再次启程——访大型纪录片《1937南京记忆》执行总导演曹海滨.《中国电视报》14-47期第A14版:卫视剧情[EB/OL].[2015-10-05]. http://dianshibao.cntv.cn/shtml/zgdsb/20141205/37675.shtml.

② 王奇生.章开沅教授与贝德士文献研究——南京大屠杀资料的新发现[J].抗日战争研究,1995(4):38.

第二节　南京大屠杀专题数据库

一、专题数据库概况

南京大屠杀专题数据库[①]是主要基于耶鲁大学神学院图书馆特藏室相关文档和照片专藏建立的一个数字化文献专题数据库,由日本 ICU 基金会提供资金和人员支持。在史料的选择上,主要以时间范围为筛选标准,即以产生于南京大屠杀期间的文献为主,但有少量虽然生成日期不在南京大屠杀发生时间段内、却能够提供相关背景信息的文献也被纳入数据库,所有收入数据库的文献均编制了文档索引。2016 年初,该数据库经统一更新改版后,在耶鲁大学神学院图书馆网站上开放以供读者使用。

二、文献来源与馆藏分布

南京大屠杀专题数据库中的所有数字化文献,均以在线文档或在线图片、视频的形式,通过网站链接供读者浏览。数据库所选文献主要来源于以下五组文献[②]。

(一)亚洲基督教高等教育联合会档案文献

第 11 号文件组[③]。

耶鲁大学神学院图书馆收藏的亚洲基督教高等教育联合会档案文献共有 465 盒,排架合计约 206 英尺,文献时间范围为 1882—1977 年,语种为英文。文献主要来自新教徒宣教机构在中国建立的十三所学院和大学,包括记载联合会及其前身机构行政职能等信息的信函、摘要、报告、财报、出版物和照片等,此外还有新中国成立后亚洲其他地区相关记录。

该文件组分为六大系列,分别是:

(1)中国基督教学院相关部门,1937—1944 年综合一般档案;

(2)中国基督教学院联合会,1947—1955 年综合一般档案;

---

① The Nanking Massacre Archival Project: About the Project[EB/OL]. [2016 - 11 - 15]. http://web. library. yale. edu/divinity/nanking/about.

② The Nanking Massacre Archival Project: Documents[EB/OL]. [2016 - 11 - 15]. http://web. library. yale. edu/divinity/nanking/documents.

③ United Board for Christian Higher Education in Asia Archives[EB/OL]. [2016 - 11 - 15]. http://hdl. handle. net/10079/fa/divinity. 011.

(3)新档案;

(4)中国学院档案;

(5)视听材料;

(6)相关组织机构和出版物。

(二)史德蔚文献

第20号文件组。

史德蔚原名阿尔伯特·牛顿·施特华德(Albert Newton Steward),1897年出生于美国,1921年毕业于美国俄勒冈农学院,同年作为教育传教士被美以美会派往中国,在金陵大学教授植物学。1937年8月全家撤离中国,1938年9月史德蔚回到南京,1939年7月其妻西莉亚·贝拉·斯比克·施特华德(Celia Belle Speak Steward)与三个孩子也一同返回中国。1943年2月,史德蔚在上海闸北被日军拘留,1945年9月被释放,后仍留在金陵大学工作,1950年9月返回美国任俄勒冈州立大学任教授,1959年1月去世。

耶鲁大学神学院图书馆收藏的史德蔚文献全称为"阿尔伯特和西莉亚·施特华德文献",由施特华德家族捐赠,共有档案16盒,排架总长度约7.5英尺,时间范围为1908—1979年,英文。史德蔚文献主要记录了史德蔚的传教工作和个人生活,其中关于他本人的日常活动和当时中国的政治、社会环境的记录尤为详尽。

史德蔚文献共分五大系列:

(1)书信,1908—1979年;

(2)写作、谈话,1930—1959年;

(3)主题文件,1933—1950年;

(4)传记材料,1913—1977年,具体日期不详;

(5)照片,1934—1946年,具体日期不详。

(三)贝德士文献

第10号文件组。

贝德士原名米纳·赛尔·贝茨(Miner Searle Bates),出生于美国,父亲是基督会的牧师和大学校长。1935年,他在哈佛大学的中国历史系获得哲学博士。1917—1918年在印度和美索不达米亚地区做基督教青年会工作。1920—1950年,贝德士作为基督教联合传教会(United Christian Missionary Society,即基督会)的传教士,在南京大学教授历史长达30年之久。

耶鲁大学神学院图书馆收藏的贝德士文献全称为"米纳·赛尔·贝茨文献",由贝德士家族捐赠,共有档案132盒,排架总长度约55英尺,时间范围为

1836—1979 年，英文。文献记录了贝德士作为传教士、学者和作家的一生。贝德士文献主要包括贝德士在中国南京工作期间有关的书信、笔记、写作作品和其他印刷材料，特别是有关他在第二次世界大战期间作为南京安全区国际委员会的组织成员和南京国际救济委员会（Nanking International Relief Committee）[①]主席所做的工作。中国学者章开沅从 20 世纪 80 年代开始曾多次前往耶鲁大学神学院图书馆查阅文献，期间发现并整理了贝德士文献。

贝德士文献共分八大系列：

（1）书信，1920—1978 年；

（2）关于中国的记录与资料，1936—1978 年，具体日期不详；

（3）《基督徒奋进在中国社会》草稿；

（4）知名中国基督徒文献；

（5）其他记录和收集的材料，1928—1978 年，具体日期不详；

（6）文稿，1924—1975 年，具体日期不详；

（7）教学相关材料，1952—1965 年，具体日期不详；

（8）个人物品和纪念物。

（四）“中国记录项目”个人杂项文献

第 8 号文件组[②]。

耶鲁大学神学院图书馆收藏的“中国记录项目”个人杂项文献共有档案 382 盒以上，排架总长度约 165 英尺，时间范围为 1834—2012 年，英文。这是一个开放性文献专藏，目前包括至少 325 个人的材料，主要是来华新教传教士留下的档案。“中国记录项目”于 1968 年由美国基督教会国家委员会发起，旨在保存那些赴华传教士们的个人资料，并据此建立一个可供历史学家利用的中央级文献存储库。耶鲁大学神学院于 1969 年被选中作为其中央存储机构，从此致力于征集和收藏与中国相关的传教士文献。

该批文献分为四部分：

（1）个人文献 A-G；

（2）个人文献 H-M；

（3）个人文献 N-Z；

---

① 南京安全区国际委员会在日军强制撤销安全区的压力下于 1938 年 2 月被迫改名为南京国际救济委员会。

② China Records Project Miscellaneous Personal Papers Collection[EB/OL].[2016-11-15]. http://hdl.handle.net/10079/fa/divinity.008.

(4)口述史记录。

(五)魏特琳文献

魏特琳全名米妮·魏特琳(Minnie Vautrin),中文名华群,美国传教士,1912年来到中国安徽并创办了合肥三青女子中学,1919年应聘至南京金陵女子大学掌管校务。耶鲁大学神学院图书馆收藏的魏特琳文献以缩微胶卷方式提供使用。内容主要包括以下三部分:

(1)第11号文件组第134盒,内容是"魏特琳日记",来自亚洲基督教高等教育联合会档案;

(2)第62号缩微胶卷,内容为1919年到1938年间的一些书信、电报的手写稿和打字稿等;

(3)第8号文件组的其他文献,内容包括一些书信、奖状、个人行程、新闻报道等。

在这批文献中,内容丰富翔实、长达526页的"魏特琳日记"是日本在华战争罪行的重要证据。从1937年8月12日开始,到1940年4月,魏特琳坚持写日记并定期将其邮寄给美国好友,以便她们更好地了解中国时事。当时在美国的好友认为魏特琳的日记很有价值,于是将它寄给俄亥俄州辛辛那提市的《同学》发表。美籍华裔作家张纯如在搜集整理南京大屠杀资料时,在这里发现了珍贵的"魏特琳日记"。20世纪90年代,耶鲁大学神学院图书馆特藏室对魏特琳日记原稿进行了整理,并将其制成缩微胶卷,供历史档案学者研究使用。

三、主要文献内容

耶鲁大学南京大屠杀数据库中的数字文献按照原始文献类型来分,主要包括文档类、照片类和视频类三种。

(一)文档文献

文档类南京大屠杀数字文献以核心人物为索引,共计355件,可以分为以下六组。

1. 威尔逊文献

罗伯特·威尔逊(Robert O. Wilson),1906年出生于中国南京,哈佛大学医学博士。南京大屠杀发生时,他正在金陵大学鼓楼医院任外科医生,亲手救治了数千名受伤难民。1940年下半年,威尔逊在鼓楼医院5年的任期结束,回到美国。二战期间,他担任美军医疗队队长,前往巴拿马。1946年,威尔逊赴日本东京,作为南京大屠杀证人,在审判日本战犯的远东国际军事法庭出庭作证。

在亚洲基督教高等教育联合会的档案中,已数字化的有关南京大屠杀记录的威尔逊文献主要是1936年到1941年间威尔逊医生及其夫人马乔里·威尔逊(Marjorie Wilson)与亲友的往来通信,共计17封,案卷编号为第11号文件组第229盒,分为3个卷宗(见表4-1):(1)威尔逊1937年通信,第3875卷;(2)威尔逊1938—1941年通信,第3876卷;(3)威尔逊夫人1936—1938年通信,第3873卷。

表4-1　南京大屠杀专题数据库中的威尔逊文献目录

<table>
<tr><th>文件组号</th><th>文件编号</th><th>标题</th><th>中文译名</th><th>内容</th></tr>
<tr><td rowspan="5">RG 11: Box 229 Folder 3875</td><td>NMP0012</td><td>Aug. 15 - Sept. 3, 1937 "Dear Folks"</td><td>1937年8月15日—9月3日,"亲爱的朋友们"</td><td>威尔逊写给多人的信</td></tr>
<tr><td>NMP0013</td><td>Aug. 16, 1937 "Dear Dr. Wilson"</td><td>1937年8月16日,"亲爱的威尔逊医生"</td><td>加赛德(B. A. Garside)写给威尔逊的信</td></tr>
<tr><td>NMP0014</td><td>Sept. 24 - Dec. 14, 1937 "Dear Folks"</td><td>1937年9月24日—12月14日,"亲爱的朋友们"</td><td>威尔逊写给多人的信</td></tr>
<tr><td>NMP0015</td><td>Nov. 8, 1937 "Dear Dr. Wilson"</td><td>1937年11月8日,"亲爱的威尔逊医生"</td><td>雷金纳德·惠勒(W. Reginald Wheeler)写给威尔逊的信</td></tr>
<tr><td>NMP0016</td><td>Dec. 15, 1937 - Jan. 9, 1938 "Dear Family"</td><td>1937年12月15日—1938年1月9日,"亲爱的家人"</td><td>威尔逊写给家人的信</td></tr>
<tr><td>RG 11: Box 229 Folder 3876</td><td>NMP0017</td><td>Jan. 28 - 31, 1938 "Dearest Family"</td><td>1938年1月28日—31日,"亲爱的家人"</td><td>威尔逊写给家人的信</td></tr>
</table>

续表

文件组号	文件编号	标题	中文译名	内容
RG 11：Box 229 Folder 3873	NMP0001	Dec. 28, 1937 "Dear Mr. Garside"	1937年12月28日，"亲爱的加赛德先生"	马乔里写给加赛德（中国基督教高等教育联合会管理人员）的卡片
	NMP0002	Jan. 21, 1938 "Dear Marjorie"	1938年1月21日，"亲爱的马乔里"	加赛德写给马乔里的信
	NMP0003	Jan. 25, 1938 "Dear Marjorie"	1938年1月25日，"亲爱的马乔里"	加赛德写给马乔里的信
	NMP0004	Feb. 17, 1938 "Dear Marjorie"	1938年2月17日，"亲爱的马乔里"	加赛德写给马乔里的信
	NMP0005	August 11, 1938 "Dear Marjorie"	1938年8月11日，"亲爱的马乔里"	加赛德写给马乔里的信
	NMP0006	July 26, 1938 "Dear Mr. Garside"	1938年7月26日，"亲爱的加赛德先生"	马乔里写给加赛德的信
	NMP0007	August 27, 1938 "Dear Mr. Garside"	1938年8月27日，"亲爱的加赛德先生"	马乔里写给加赛德的信
	NMP0008	Sept. 23, 1938 "Dear Mr. Garside"	1938年9月23日，"亲爱的加赛德先生"	马乔里写给加赛德的信
	NMP0009	Sept. 26, 1938 "Dear Mr. Garside"	1938年9月26日，"亲爱的加赛德先生"	马乔里写给加赛德的信
	NMP0010	Sept. 26, 1938 "Dear Marjorie"	1938年9月26日，"亲爱的马乔里"	加赛德写给马乔里的信
	NMP0011	Oct. 3, 1938 "Mrs. Wilson"	1938年10月3日，"亲爱的威尔逊夫人"	埃文斯（C. A. Evans）写给威尔逊夫人的信
文件数量合计			17	

2. 史德蔚文献

史德蔚虽未直接经历南京大屠杀（当时他短暂回国，后返回南京），但由于长期在中国的活动经历，所保存的个人文档中仍有大量能证明日军南京暴行以及日军其他战争罪行的文献。

南京大屠杀专题数字化的史德蔚文献来源于第 20 号文件组的第 10 盒，主要包括两部分，分别是第 220 卷中的“南京——中日战争期间的情况”和第 229 卷中的“南京大学——1937—1946 年通讯”卷宗，共 3 份文件（见表 4－2）。

表 4－2　南京大屠杀专题数据库中的史德蔚文献目录

文件组号	文件编号	标题	中文译名	内容
RG 20：Box 10 Folder 220	NMP0018	“The Classmate-Notes from a Nanking Diary”	“同学——一篇南京日记中的记录”	魏特琳杂志上的一篇通讯文章
RG 20：Box 10 Folder 229	NMP0019	November 10，1937 “News Flashes from Nanking”	1937 年 11 月 10 日，“南京新闻”	《南京新闻》（*News Flashes from Nanking*）通讯文章，雷金纳德·惠勒编写
	NMP0020	December 24，1937 “The University of Nanking”	1937 年 12 月 24 日，“南京大学”	《南京新闻》通讯文章，雷金纳德·惠勒编写
文件数量合计			3	

3. 贝德士文献

贝德士是来华传教士当中被中国学界了解稍多的一位，他不仅曾在金陵大学教授历史，同时还是南京国际安全区委员会的组建成员，1939—1941 年任南京国际救济委员会主席，1950—1965 年曾担任纽约联合神学院教授。战后，贝德士曾于 1946 年 7 月 29 日在远东国际军事法庭上作证，指控日军在南京城犯下的罪行。

在南京大屠杀专题数字化文献中，贝德士文献的数量最多，一共包括 30 个卷宗 270 份文件（见表 4－3）。1988 年，章开沅先生在美国耶鲁大学神学院图书馆查阅文献时，意外发现贝德士生前保存的一批重要档案。1991 年他开始对这批档案进行了深入研究和解读，从而使这批珍贵史料得以被人们重新认识。这批文献中，与南京大屠杀直接相关的资料共 15 卷，包括南京国际安全区委员会原始档案，以及安全区委员们的往来书信和日记。这些"同时代的第一手资料"也是本数据库中数字化贝德士文献的主要内容，被章开沅认为是"日军南京大屠杀最佳的历史见证，也是最好的实录"①。

表4-3 南京大屠杀专题数据库中的贝德士文献目录

序号	文件组号	文件编号	标题	中文译名	文件数量
1	RG 10: Box 1 Folder 5	NMP0021-NMP0022	"Bates/wife and sons 1937 Jan - Aug"	"1937年1月至8月贝德士/妻子和儿子"	2
2	RG 10: Box 1 Folder6	NMP0023-NMP0027	"Bates/wife and sons 1937 Sep - Oct"	"1937年9月至10月贝德士/妻子和儿子"	5
3	RG 10: Box 1 Folder 7	NMP0028-NMP0034	"Bates/wife and sons 1937 Nov - Dec"	"1937年11月至12月贝德士/妻子和儿子"	7
4	RG 10: Box 1 Folder 8	NMP0035-NMP0060	"Bates/wife and sons 1938 Jan - Feb"	"1938年1月至2月贝德士/妻子和儿子"	26
5	RG 10: Box 1 Folder 10	NMP0061-NMP0062	"Bates to/from wife and sons 1938 May"	1938年5月贝德士/妻子和儿子"	2
6	RG 10: Box 4 Folder 59	NMP0063-NMP0083	"Japanese Embassy, Nanking 1937 - 1939, Japanese Embassy, Shanghai 1938"	"日本大使馆，南京1937—1938年；日本大使馆，上海1938年"	21
7	RG 10: Box 4 Folder 60	NMP0084	"L"	"L"	1
8	RG 10: Box 4 Folder 62	NMP0085	"M"	"M"	1
9	RG 10: Box 4 Folder 63	NMP0086-NMP0090	"Nanking International Relief Committee 1941; Nanking, University of; Board of Founders 1937 - 1938; National Christian Council, Shanghai 1938"	"南京国际救济委员会，1941年；南京大学；创始人联合会，1937—1938年；全国基督教协会，上海1938年"	5

① 王奇生. 章开沅教授与贝德士文献研究——南京大屠杀资料的新发现[J]. 抗日战争研究，1995(4)：36.

续表

序号	文件组号	文件编号	标题	中文译名	文件数量
10	RG 10: Box 4 Folder 64	NMP0091	“P-T”	“P-T”	1
11	RG 10: Box 4 Folder 65	NMP0092-NMP0102	“Timperley, H. J. 1936 – 1938”	“田伯烈，1936—1938年”	11
12	RG 10: Box 90 Folder 718	NMP0103-NMP0107	C. Reports and memoranda from China 1935, 1936	C. 1935—1936年中国报道与备忘录	5
13	RG 10: Box 90 Folder 719	NMP0108-NMP0122	C. Reports and Memoranda From China, 1937 – 1938	C. 1937—1938年中国报道与备忘录	15
14	RG 10: Box 102 Folder 861	NMP0123-NMP0127	Nanking during Sino-Japanese conflict, 1937 Nov	中日战争期间的南京，1937年11月	5
15	RG 10: Box 102 Folder 862	NMP0128-NMP0148	Nanking during Sino-Japanese conflict 1937 Dec. 2 – 15	中日战争期间的南京，1937年12月2日—15日	21
16	RG 10: Box 102 Folder 863	NMP0149-NMP0164	Nanking during Sino-Japanese conflict 1937 Dec. 16 – 20	中日战争期间的南京，1937年12月16日—20日	16
17	RG 10: Box 102 Folder 864	NMP0165-NMP0177	Nanking during Sino-Japanese conflict 1937 Dec. 21 – 31	中日战争期间的南京，1937年12月21日—31日	13
18	RG 10: Box 102 Folder 865	NMP0178-NMP0197	Nanking during Sino-Japanese conflict 1938 Jan.	中日战争期间的南京，1938年1月	20
19	RG 10: Box 102 Folder 866	NMP0198-NMP0214	Nanking during Sino-Japanese conflict 1938 Feb.	中日战争期间的南京，1938年2月	17
20	RG 10: Box 102 Folder 867	NMP0215-NMP0231	Nanking during Sino-Japanese conflict 1938 March	中日战争期间的南京，1938年3月	17
21	RG 10: Box 102 Folder 868	NMP0232-NMP0248	Nanking during Sino-Japanese conflict 1938 April – Nov	中日战争期间的南京，1938年4月—11月	17

续表

序号	文件组号	文件编号	标题	中文译名	文件数量
22	RG 10:Box 102 Folder 869	NMP0249	Nanking during Sino-Japanese conflict 1939	中日战争期间的南京,1939 年	1
23	RG 10:Box 102 Folder 870	NMP0250-NMP0258	Nanking during Sino-Japanese conflict 1940 – 1941	中日战争期间的南京,1940—1941 年	9
24	RG 10:Box 102 Folder 871	NMP0259-NMP0260	Nanking during Sino-Japanese conflict n. d.	中日战争期间的南京,日期不详	2
25	RG 10:Box 103 Folder 874	NMP0261-NMP0263	G. Political + religious situation 1937 – 1938	G. 1937—1938 年政治和宗教状况	3
26	RG 10:Box 103 Folder 875	NMP0264-NMP0268	G. Political + religious situation 1939,(1930s?)	G. 1939 年(20 世纪 30 年代?)政治和宗教状况	5
27	RG 10: Box 87 Folder 682	NMP0269	A. J	A. J	1
28	RG 10: Box 87 Folder 684	NMP0270	A. L	A. L	1
29	RG 10: Box 87 Folder 690	NMP0271-NMP0289	A. National/Public/Social Affairs series from China Missions Newsletter 1935 – 1950, n. d.	A. 1935—1950 年期间中国教会新闻中的国家/公共/社会事务系列(具体日期不详)	19
30	RG 10:Box 126 Folder 1132	NMP0290	Curriculum vitae, biographical sketches	履历,传记草稿	1
合计					270

4. 米尔士文献

米尔士(Wilson Plumer Mills)是美国长老会海外布道托事部在南京的牧师,1937 年 11 月 22 日出任南京安全区国际委员会委员,1938 年 2 月 18 日被选为新成立的南京国际救济委员会副主席,1938 年 2 月 23 日拉贝离开南京后,他继任南京国际救济委员会主席,直到 1939 年 5 月与其夫人一同离开南京回到美国。

数字化的米尔士文献来自“中国记录项目”个人杂项文献系列,收藏于第 8 号文件组,分布于 6 个卷宗(见表 4 – 4)。

表4－4　南京大屠杀专题数据库中的米尔士文献目录

序号	文件组号	文件编号	标题	中文译名	文件数量
1	RG 8：Box 141 Folder 11	NMP0291-NMP0293	Mills, W. Plumer-Correspondence to family Jan 3 - 10,1938	米尔士与家人的通信，1938年1月3日—10日	3
2	RG 8：Box 141 Folder 12	NMP0294-NMP0298	Mills, W. Plumer-Correspondence to family Jan 19 - Feb 9,1938	米尔士与家人的通信，1938年1月19日—2月9日	5
3	RG 8：Box 141 Folder 13	NMP0299-NMP0302	Mills, W. Plumer-Correspondence to family Feb 19 - 26,1938	米尔士与家人的通信，1938年2月19日—2月26日	4
4	RG 8：Box 141 Folder 14	NMP0303-NMP0305	Mills, W. Plumer-Correspondence to family March 2 - 3, 1938, Feb. 26, Enclosed notes of MS Bates	米尔士与家人的通信，1938年3月2日—3日，2月26日，附贝茨的记录	3
5	RG 8：Box 141 Folder 15	NMP0306-NMP0310	Mills, W. Plumer-Correspondence to family March 9 - 20,1938 Letter of H. Maxcy Smith incl. talk by John Rabe	米尔士与家人的通信，1938年3月9日—20日；马克西·史密斯来信，含拉贝讲话	5
6	RG 8：Box 141 Folder 16	NMP0311-NMP0312	Mills, W. Plumer-Correspondence to family March 18, 31,1938	米尔士与家人的通信，1938年3月18日—31日	2
合计					22

5. 查维斯文献

安娜·墨菲特·查维斯（Anna Moffett Jarvis）曾于1920—1949年间在中国南京、北京、福州等地传教，其记录1937—1938年日军在南京暴行的信函等资料构成了该部分文献主体，排架长约5英尺。

数字化的查维斯文献来自“中国记录项目”个人杂项文献系列，收藏于第8号文件组，分布于4个卷宗（见表4－5）。

表 4－5　南京大屠杀专题数据库中的查维斯文献目录

序号	文件组号	文件编号	标题	中文译名	文件数量
1	RG 8：Box 103 Folder 2	NMP0313	Jarvis, Anna Moffett-Typescript compilation of letters："Letters from China 1920－1949"	查维斯信件汇编打字稿：1920—1949 年中国来信	1
2	RG 8：Box 103 Folder 3	NMP0314-NMP0316	Jarvis, Anna Moffett-Corres：Circular letters 1937	查维斯信件：1937 年通函	3
3	RG 8：Box 103 Folder 4	NMP0317-NMP0328	Jarvis, Anna Moffett	安娜・墨菲特・查维斯	12
4	RG 8：Box 103 Folder 6：	NMP0329-NMP0331	Jarvis, Anna Moffett-Typescript reports, 1937, 1938, 1941, 1942	查维斯报告打字稿，1937、1938、1941、1942 年	3
合计					19

6. 福斯特文献

欧内斯特・福斯特（Ernest H. Forster）和克拉丽沙・福斯特（Clarissa Forster）曾于 1918—1939 年间在中国南京、扬州等地传教。福斯特文献是二人文献的合集，包括书信、打印材料、照片等资料，记录了 1937—1938 年间日军南京暴行的事实，排架长约 1.5 英尺。数字化的福斯特文献来自"中国记录项目"个人杂项文献系列，收藏于第 8 号文件组，分布于 7 个卷宗（见表 4－6）。

表 4－6　南京大屠杀专题数据库中的福斯特文献目录

序号	文件组号	文件编号	标题	中文译名	文件数量
1	RG 8：Box 263 Folder 1	NMP0332	Forster, Ernest & Clarissa-from disbound scrapbook-letters, clippings, ephemera	福斯特散装剪贴簿：信件、简报等	1
2	RG 8：Box 263 Folder 2	NMP0333-NMP0337	Forster, Ernest & Clarissa-from disbound scrapbook-letters, clippings, ephemera	福斯特散装剪贴簿：信件、简报等	5

续表

序号	文件组号	文件编号	标题	中文译名	文件数量
3	RG 8:Box 263 Folder 3	NMP0338-NMP0340	Forster, Ernest & Clarissa-from disbound scrapbook-letters, clippings, ephemera	福斯特散装剪贴簿:信件、简报等	3
4	RG 8:Box 263 Folder 4	NMP0341-NMP0342	Forster, Ernest & Clarissa-from disbound scrapbook-letters, clippings, ephemera	福斯特散装剪贴簿:信件、简报等	2
5	RG 8:Box 263 Folder 6	NMP0341-NMP0343	Forster, Ernest & Clarissa-from disbound scrapbook-letters, clippings, ephemera	福斯特散装剪贴簿:信件、简报等	1
6	RG 8:Box 263 Folder 8	NMP0344-NMP0352	Forster, Ernest & Clarissa-from disbound scrapbook-letters, clippings, ephemera	福斯特散装剪贴簿:信件、简报等	9
7	RG 8:Box 263 Folder 9	NMP0353-NMP0355	Forster, Ernest & Clarissa-from disbound scrapbook-letters, clippings, ephemera	福斯特散装剪贴簿:信件、简报等	3
合计					24

（二）照片文献

数字化的南京大屠杀相关照片主要来自第 264 号和 265 号文件组，分布在 3 个卷宗里，共计 36 张。

表 4-7 南京大屠杀专题数据库中的照片目录

序号	文件组号	标题	中文译名	文件数量
1	RG 8:Box 264 Folder 1	Forster, Ernest & Clarissa-Photo album: China 1927 - 1939	福斯特相册:1927—1939年的中国	2
2	RG 8:Box 265 Folder 2	Forster, Ernest & Clarissa-Photographs: Photo album 1937—1938	福斯特照片:1937—1938年相册	33

续表

序号	文件组号	标题	中文译名	文件数量
3	RG 8：Box 265 Folder 3	Forster, Ernest & Clarissa Photographs：Photo album Yangchow 1936 Nanking 1937 - 38	福斯特照片：1936 年扬州相册，1937—1938 年的南京	1
合计				36

其中有南京国际安全区委员会的委员们于 1937 年 12 月 15 日的一张珍贵合影，照片中福斯特、米尔士、拉贝、史迈士（Lewis S. L. Smythe）和费奇这些曾经见证日军南京暴行、并为保护和救济南京受害民众进行过斗争的国际友人站在一起。

（三）视频文献

南京大屠杀专题数据库文献列表中有两份视频文件，均来自第 242 号文件组的马吉文献，其中一份是日本暴行和难民营受害者情况的录像①，另一份是马吉夫妇在金陵女子文理学院校园里和魏特琳、福斯特在一起的场景②。

① Magee_Reel_9_clip[EB/OL].[2016 - 12 - 27]. http://divinity-adhoc. library. yale. edu/Nanking/Magee_reel_9_clip. mp4.

② Magee_Reel_1_clip[EB/OL].[2016 - 12 - 27]. http://divinity-adhoc. library. yale. edu/Nanking/Magee_reel_1_clip. mp4.

第五章　美国麦克阿瑟纪念馆

第一节　馆情简介

一、麦克阿瑟与远东地区近现代历史的深厚渊源

道格拉斯·麦克阿瑟(Douglas MacArthur),美国陆军上将,1880年1月26日出生于美国阿肯色州的一个军人世家。1903年6月麦克阿瑟从美国军事学院(The United States Military Academy,即西点军校)毕业并获授少尉军衔。同年10月随第3工兵营赴菲律宾,期间他被派往菲律宾伊洛伊洛省(Province of Iloilo)督建码头,随后又在塔克洛班市(Tacloban City)、甲描育市(Calbayog City)和宿务市(Cebu City)进行调查。1904年4月升为中尉。1905年10月至1906年6月,被任命为其父阿瑟·麦克阿瑟(Arthur MacArthur, Jr.)将军的副官,并随之赴日本、中国、印度及东南亚等地区进行军事考察。1919年任西点军校校长。1922年10月,麦克阿瑟离开西点军校,携家眷再赴菲律宾,任马尼拉军区司令。1923年6月被任命为驻菲律宾第23步兵旅旅长。1925年1月晋升少将,1925年5月回国。1928年麦克阿瑟获任驻菲律宾美军司令。1930年9月麦克阿瑟离开菲律宾回国,同年11月任美国陆军参谋长。1935年,在菲律宾总统奎松(Manuel Quezon)邀请下,经过富兰克林·罗斯福(Franklin D. Roosevelt)总统批准,麦克阿瑟第五次来到远东地区,担任菲律宾军事顾问,帮助组建菲律宾陆军,1936年8月被正式授予菲律宾陆军元帅称号。1937年12月麦克阿瑟退出美军现役,不再以美国代表身份担任菲律宾政府军事顾问,但仍以平民身份担任奎松总统顾问。

1941年7月,麦克阿瑟被罗斯福总统重新征召入伍,以陆军少将身份出任美国陆军驻远东部队(United States Army Forces in the Far East, USAFFE)司令,旋即晋升为中将,12月又升为上将。1941年12月7日太平洋战争爆发后,麦克阿瑟在菲律宾指挥美菲联军抵御日军进攻,由于判断失误、指挥失当,美菲联军作战失利,被迫放弃马尼拉,退守巴丹半岛。1942年2月,为避免麦克阿

瑟成为日军战俘,罗斯福总统命令麦克阿瑟前往澳大利亚。1942 年 3 月麦克阿瑟携家人和部分幕僚乘坐鱼雷艇从科雷希多撤退至棉兰老岛,随后从棉兰老岛的德尔蒙特机场(Delmonte Airfield)登机,飞往澳大利亚。随后,留守巴丹的美菲联军于 4 月 9 日投降,科雷希多守军则于 5 月 6 日投降,这些降军绝大部分成为巴丹死亡行军、泰缅铁路、地狱船等日军战争暴行的受害者。

1942 年 4 月 18 日,麦克阿瑟出任西南太平洋盟军总司令(Supreme Commander of Allied Forces in the Southwest Pacific Area,SWPA),开始指挥对日反攻。他强调太平洋战场的重要性,对"先欧后亚"的战略方针持异议。1942 年 7 月—1943 年 1 月麦克阿瑟指挥西南太平洋盟军(美澳联军)取得巴布亚半岛战役的胜利,随后挥师西进,运用跳岛战术多次实施两栖登陆,1944 年 7 月取得新几内亚战役胜利,同年 10 月开始实施菲律宾战役,12 月攻取莱特岛。1945 年 1 月率部在菲律宾吕宋岛登陆,3 月初攻占马尼拉,7 月占领整个菲律宾群岛。

1945 年 8 月 15 日,日本宣布无条件投降,稍后麦克阿瑟被任命为驻日盟军最高统帅,执行对日占领任务。1945 年 9 月 2 日,反法西斯联盟在密苏里号军舰上举行受降仪式,麦克阿瑟代表盟国接受日本投降。战后,麦克阿瑟受美国总统委派,出任驻日盟军最高统帅和"联合国军"总司令等职,负责对日军事占领和日本重建工作。1945 年底,依据《波茨坦公告》和日本投降条约,驻日盟军总部主导组织了远东国际军事法庭审判、马尼拉审判、横滨审判、丸之内审判等一系列对日本甲、乙、丙级战犯战争罪行的军事法庭审判,麦克阿瑟作为驻日盟军最高统帅,在日本战争罪行调查、对日战犯审判和日本战争赔偿裁定等方面拥有主导大权。经过系列审判,最终有 5400 余日本人被起诉,4300 余人被判有罪,991 人[①]被判死刑,491 人被判终身监禁,近 3 千人被判有期徒刑。这些战犯被起诉的战争罪行包括巴丹死亡行军、南京大屠杀、马尼拉大屠杀等震惊世界的大规模暴行。然而,为获取日军人体生物实验和细菌战数据,麦克阿瑟免除了对石井四郎和其他细菌战研究人员的罪行起诉。此外,他还免除了对日本天皇和所有皇族(包括秩父宫、朝香宫、武田宫、东久迩宫、伏见宫等)的战争罪行起诉,并无视部分日本皇族和日本知识分子关于"天皇退位"和"实行摄政"的公开呼吁,坚持"天皇退位并非必要"。1951 年 4 月,美国总统杜鲁门解除五星上将麦克阿瑟驻日盟军最高统帅、"联合国军"总司令、远东美军总司令和远东美国陆军司令等各项指挥权。随后,麦克阿瑟离开远东地区回到美国,1964 年 4 月在美国去世。

---

① 含甲级战犯,下同。

麦克阿瑟的一生与远东地区结下了深厚的渊源,他在远东地区反法西斯战争和战后日本处置与罪行清算等方面均扮演了极为重要的角色。因此,以其所赠私藏为基础建立的麦克阿瑟纪念馆①馆藏中包含大量有关日本战争罪行的文献史料,是北美地区该类馆藏的一个重要收藏地。

二、麦克阿瑟纪念馆简介

1961 年麦克阿瑟将其所有的奖杯、奖牌、奖品、勋章、军服、旗帜、佩剑、战利纪念品、个人文件、档案、文书和其他个人纪念品捐赠给美国弗吉尼亚州诺福克市。为收藏和管理这些赠品,诺福克市重建了坐落于诺福克市中心、始建于 1850 年的市政大厅,成立道格拉斯·麦克阿瑟将军纪念馆(The General Douglas MacArthur Memorial),简称麦克阿瑟纪念馆。麦克阿瑟纪念馆既是博物馆,也是麦克阿瑟研究中心,由博物馆、图书档案馆兼研究中心、教育中心、剧场、迎宾中心和一个礼品商店组成,可免费参观。

其中,麦克阿瑟纪念馆的图书档案馆兼研究中心负责有关麦克阿瑟生平资料的收藏、管理、保存和使用,同时也收藏在第一次世界大战、第二次世界大战和朝鲜战争中曾与麦克阿瑟并肩作战的同事们的资料,这些资料主要来自麦克阿瑟本人藏书和亲友捐赠,以及该馆建馆以来从其他收藏机构或个人手中征集、购买、复制的一些文献。

麦克阿瑟纪念馆图书档案馆位于麦克阿瑟纪念馆综合楼的让·麦克阿瑟研究中心,收藏有麦克阿瑟捐赠的 5000 册原始文献、18 位属下将军的文书档案、数百名退伍老兵和其故交熟人的文献等,计有约 6000 册藏书、200 万份档案、8.6 万多张照片、130 册影集、111 部电影胶片以及数以千计的报纸、杂志和期刊,还有一些音频、报纸、善本、剪贴簿和缩微文献等。遗憾的是,1942 年以前的麦克阿瑟私藏文献绝大部分都在 1945 年 2 月的马尼拉战役中毁灭了,因此该馆所藏文献以马尼拉战役以后的文献为主。

麦克阿瑟所捐赠的文书档案既有私人文书也有公务档案,包括私人书信、其任驻日盟军最高统帅时期的公函、报告、照片、通知、备忘录、命令等,除了少量零星文献外,绝大部分档案始自 1941 年夏,止于麦克阿瑟去世。

该馆馆藏中,最令学者感兴趣的文献包括:1937—1941 年麦克阿瑟任菲律宾政府军事顾问时期的文献;1941—1942 年间菲律宾战役文献;对日军事占领

---

① The General Douglas MacArthur Memorial[EB/OL].[2016-12-30]. http://www.macarthurmemorial.org/.

和战后日本重建时期文献;1941—1951 年有关朝鲜战争的文献;麦克阿瑟及其亲友的历史照片和私人书信等。此外,麦克阿瑟的同僚惠特尼少将(Major General Whitney)、威洛比少将(Major General Willoughby)、萨瑟兰中将(Lieutenant General Sutherland)等人的一些档案也收藏于此,颇受关注。目前这些馆藏已大部分制成35 毫米缩微胶卷,提供到馆阅览,也可通过馆际互借方式借阅,或可直接向该馆购买。

三、馆藏价值

麦克阿瑟的一生与远东地区结下了深厚渊源,他在远东和太平洋地区的对日作战和日本战后改造中发挥了至关重要的历史作用。因其鲜明、独断、专制的个人性格,其职务档案的保存相对独立,很多没有按照美国政府档案归档要求纳入官方档案管理系统,因此其领导过的部门和下属们手中留存了大量独有的历史文献。在麦克阿瑟纪念馆建成后,这些文献中的很大部分从个人手中聚集并归入馆藏,因此麦克阿瑟纪念馆所藏的历史档案具有一定的特殊性和独有性,是相关领域学者不可遗漏的一手文献史料。此外,该馆对于馆藏开放持积极态度,除部分涉密文档不能公开阅览外,大部分馆藏已缩微复制成为缩微胶卷公开销售,计 20 个系列 4000 余卷,为世界各国学者的文献获取提供了一定便利,但在使用时仍需注意以下方面。

第一,由于该馆馆藏形成的历史原因,其中的很多文献与美国国家档案馆所藏的美国陆军部、陆军军法署、陆军参谋部、战争情报署、中央情报局、国际军事情报局、驻西南太平洋战区美国陆军总部和二战盟军总部档案有交叉和重叠,读者使用时应多方对比参照。

第二,该馆馆藏建立的初衷是纪念麦克阿瑟的功绩,由于这些文件来源的特殊性,部分文件所反映的观点未必客观真实,既有当时的历史局限性,也受到意识形态等方面的影响。例如从战俘情况调查相关档案的措辞中即可感觉到美国对营救西方盟军战俘的重视,以及对于中国战俘特别是遭受细菌战实验的那些“赤化分子”的冷漠和敌视,这是档案记录人的个人历史观局限所致,我们在史料使用中应注意加以分析和甄别。

第三,该馆馆藏并非为调查日本战争罪行或纪念反法西斯战争而收集,因此,日本战争罪行文献是散存在各个主题卷宗下的,并没有集中管理或特别标记。由于馆藏管理人员对文献的理解程度不一,部分文件的馆藏说明并不准确,此外部分文档因数量庞大,逐一著录需耗费大量的时间和人力,故有些重要档案仅被归入“通信”“一般文件”“杂档”“印刷品”等笼统的大类下,没有更多信息,若追求对文献的无遗漏阅读，需要在文献查阅时深入各卷宗内逐一翻阅，这需要投入极大的人力和时间。本文仅就笔者所阅览过的文件作一定的介绍，仍不能确保完全覆盖，择要述之供相关研究人员参考。

第二节　日军战争罪行文献馆藏

麦克阿瑟纪念馆1964年1月26日开放，但直到1965年麦克阿瑟藏书才正式移交该馆。

目前，麦克阿瑟纪念馆馆藏文献共有135个文件组[①]，该馆官网上提供了各卷宗馆藏的基本信息，同时也提供部分纸本馆藏指南和介绍供读者查询参考。按文献类型，日本战争罪行馆藏可分为档案原件和该馆从其他收藏机构复制的档案副本两类。

一、档案原件

（一）战俘档案

虐待战俘和平民俘虏是日军二战期间所犯下的系列战争罪行之一，在麦克阿瑟纪念馆的馆藏中，收藏有大量被日军俘虏或关押者捐赠的私人档案，从受害人的角度记录了二战期间日军虐待战俘和平民俘虏的暴行，涉及巴丹死亡行军、泰缅铁路、战俘营和平民集中营[②]等几个专题。

1. 罗伯特·舍瓦尔兹档案

文件组号RG 55，6盒，排架长度3英尺。

罗伯特·舍瓦尔兹（Robert M. Schoevers）是二战期间的一名美国战俘，被俘后被强迫参加泰缅铁路修建工程。他收藏的资料大部分是关于二战的纪念邮票、纪念币、报刊杂志和视频。

---

① MacArthur Memorial Archives and Library [EB/OL]. [2016－12－30]. http://www.macarthurmemorial.org/337/MacArthur-Memorial-Archives-and-Library.

② 菲律宾被日军视为全球侵略扩张计划的重要跳板和基地，在珍珠港事件次日（1941年12月8日），日军即对其实施了突然袭击和进攻。整个二战期间，日军在菲律宾各地设立集中营，用于关押战俘和平民俘虏，这些集中营包括圣托马斯集中营、霍姆斯集中营、洛斯巴诺斯集中营、甲万那端集中营、奥唐纳集中营等。这些集中营的档案和当事人口述史料也是麦克阿瑟纪念馆馆藏的重要部分。

2. 路易斯·鲍勒中校档案

文件组号 RG 59,2 盒,排架长度 1 英尺。

菲律宾科雷希多战役爆发时,路易斯·鲍勒(Louis J. Bowler)中校正在海防司令部服役,后被日军俘虏(1942—1945 年)。该文件组包括他被俘期间的日记和笔记的打字稿,此外还包括第 10 军区的一些文献。二战期间,鲍勒的兄弟罗伯特亦曾在菲律宾棉兰老岛游击队长温德尔·费尔蒂希(Wendell Fertig)手下担任分队长。

3. 厄尔·绍特上校档案(1917—1997 年)

文件组号 RG 66,3 盒,排架长度 4.5 英尺。

厄尔·绍特(Earl Short),前二战战俘、美国第 31 步兵团上校,在麦克阿瑟就任菲律宾政府军事顾问期间,曾在麦克阿瑟的参谋部任职。二战爆发前,厄尔·绍特被调往美国第 31 步兵团,1942 年 5 月,随着菲律宾战事的节节败退,科雷希多失陷,厄尔·绍特被日军俘虏。该文件组包括他在被俘期间的剪报、照片、档案和个人日记。

4. 莱昂·贝克中士档案(1942—1995 年)

文件组号 RG 67,2 盒,排架长度 1 英尺。

莱昂·贝克(Leon Beck)中士是一名服役于美国第 31 步兵团的老兵,二战期间,他在臭名昭著的巴丹死亡行军途中成功逃脱,并成为一名吕宋岛抗日游击队员。该文件组包括战俘名单、抗日游击队活动情报和相关信件。

5. 奥兹·迪克森上士档案

文件组号 RG 96,1 盒,排架长度 0.5 英尺。

奥兹·迪克森(Ozzie Dixon),前二战战俘、美国陆军驻远东部队、美国陆军航空队第三中队上士。菲律宾战役首日,迪克森上士正身处吕宋岛伊巴机场,随后在战役中失踪。他所在部队的其他成员不记得在巴丹死亡行军或奥唐纳集中营(Camp O'Donnell)见到过他,但有人记得 1942 年 7 月在马尼拉比利比德监狱(Bilibid Prison)曾见到临终前的他。本文件组为他的家人所搜集到的有关他失踪和痊愈情况的资料。包括书信、简报和照片①。

6. 费伊·贝利家族所赠圣托马斯集中营档案(1942—1959 年)

文件组号 RG 98,排架长度 3.5 英尺。

费伊·贝利(Fay Bailey)原为花旗银行马尼拉分行员工,1942 年初菲律宾

① Papers of Sgt. Ozzie Dixon[EB/OL]. [2016 - 12 - 30]. http://www.macarthurmemorial.org/184/Sgt-Ozzie-Dixon-Papers.

被日本占领后，和所有其他身在马尼拉的美国人一样，他和家人一同被关入日本人建立的圣托马斯集中营（1942 年 1 月—1945 年 3 月）。在集中营里，费伊·贝利负责集中营物资的采购。该文件组展示了在日本人统治下的圣托马斯集中营里，一个普通家庭的日常生活情况①。

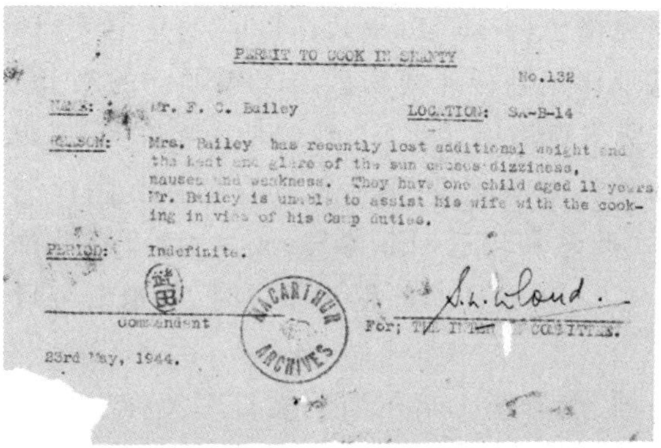

PERMIT TO COOK IN SHANTY

No.132

NAME: Mr. F. C. Bailey　　LOCATION: SA-B-14

REASON: Mrs. Bailey has recently lost additional weight and the heat and glare of the sun causes dizziness, nausea and weakness. They have one child aged 11 years. Mr. Bailey is unable to assist his wife with the cooking in view of his Camp duties.

PERIOD: Indefinite.

Commandant　　For; THE INTERNEE COMMITTEE.

23rd May, 1944.

图 5－1　贝利获许在棚屋里做饭的通行证②

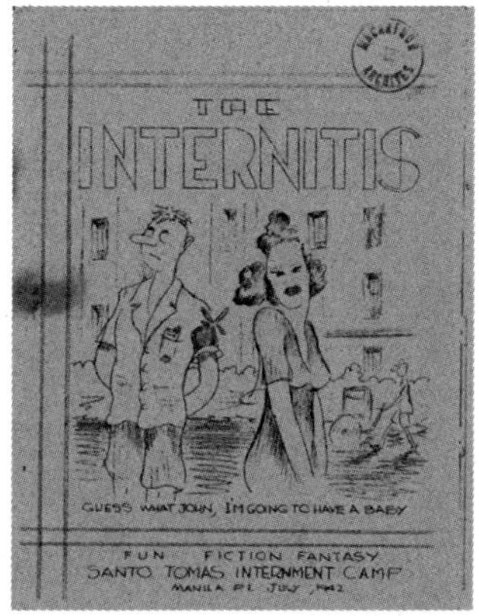

图 5－2　俘虏在集中营里出版期刊的样刊③

7. 劳伦斯·鲍尔达斯中士档案（1942—1945 年）

文件组号 RG 103，1 盒，排架长度 0.5 英尺。

劳伦斯·鲍尔达斯（Lawrence R. Baldus）中士是美国第 1 骑兵师年纪最大的几名军人之一，他在 1942 年入伍时已经接近 40 岁。他当时在美国第 1 骑兵师第 5 骑兵团第 2 骑兵中队服役，他参与了美国海军对菲律宾的进攻作战和解放圣托马斯集中营的战斗。该文件组为其捐献的大量服役期间收集的文物、纪念品、图书、报刊和照片。

8. 詹姆斯·哈尔斯玛专藏中的霍姆斯集中营（Camp Holmes）/比利比德监狱档案

文件组号 RG 105。该文件组包括 3000 多册图书、杂志和期刊，4000 多幅地图，数百张照片，詹姆斯·哈尔斯玛（James J. Halsema）收藏的私人文件以及

① Papers of Fay C. Bailey and Family-Santo Tomas Internment Camp[EB/OL]. [2016－12－30]. http://www.macarthurmemorial.org/179/Fay-C-Bailey-and-Family-Papers.

② 图片来自麦克阿瑟纪念馆官网。为缓解圣托马斯集中营空间拥挤的情况，日本人允许俘虏在集中营主建筑之外建造棚屋。该文件组包括大量有关集中营日常生活的资料。

③ 图片来自麦克阿瑟纪念馆官网。在集中营的第一年，日本人允许俘虏在集中营里出版期刊杂志。该图为赶在日本人终止出版前印制的一份样刊。该文件组中有很多集中营出版物。

1899—2005 年之间产生的有关菲律宾百年来动荡历史的大量档案（因尚未完成编目，该批档案数量目前暂时未知）。

詹姆斯·哈尔斯玛 1919 年 1 月 1 日出生于美国，但他早年大部分时间都在菲律宾度过。其父亲 E. J. 哈尔斯玛当时在号称菲律宾“夏都”的美属菲律宾殖民地碧瑶市任市长，同时 E. J. 哈尔斯玛还是道格拉斯·麦克阿瑟和麦克阿瑟后来的妻子琼·玛丽·费尔克洛思（Jean Marie Faircloth）的介绍人（1935 年在麦克阿瑟乘坐“胡佛号”去往菲律宾赴任菲律宾政府军事顾问的路上，E. J. 哈尔斯玛介绍他与琼·玛丽·费尔克洛思认识）。詹姆斯·哈尔斯玛 1936 年以前的时光基本都在碧瑶市布伦特中学度过，随后他动身前往美国杜克大学读大学。1940 年夏天，詹姆斯·哈尔斯玛返回菲律宾，成为美资《马尼拉每日公报》驻碧瑶市的编辑。1941 年 12 月底日本进犯菲律宾时，詹姆斯·哈尔斯玛正身在碧瑶市。

与碧瑶市的其他盟国平民一样，詹姆斯·哈尔斯玛被日军关押于碧瑶霍姆斯平民集中营。他在那里被关押了三年半，在日本看守的手下备受折磨。1945 年 2 月，随着盟军解放老比利比德监狱，他和其他碧瑶市平民俘虏一起重新获得自由。此后，他终其一生致力于搜集有关菲律宾的一切资料。他的 3000 余册藏书涵盖了从二战史到小说、从酒店宣传册到电话簿、从科技著作到政府法规等各个方面，其中有大量二战期间在菲律宾坚持抗日的盟军游击队员、盟军战俘和日裔集中营退伍兵的书信。

9. 圣托马斯集中营档案

文件组号 RG 112，3 盒，排架长度 1.5 英尺。该文件组由二战期间被日本人关押于菲律宾马尼拉圣托马斯集中营的前盟国平民俘虏捐赠。

圣托马斯集中营①（Santo Tomas Internment Camp）是二战期间日本在菲律宾设立的最大平民俘虏集中营。1942 年 1 月至 1945 年 2 月间，共关押了 4000

① 1941 年 12 月 26 日，美军宣布马尼拉为不设防城市，并将军队从马尼拉撤出，留下了大量平民。1942 年 1 月 2 日日军占领马尼拉，他们命令所有平民留在原地，并宣布“任何袭击或企图袭击日军的人都将被枪毙”，但如果找不到嫌疑人，就要“拘捕十名有声望人士作为人质”。菲律宾的最后一支美军部队于 1942 年 5 月 6 日投降，仅少数军人逃往山区继续坚持对日游击作战。数日后，日军将马尼拉城内所有来自敌对国的外国人集中押往圣托马斯大学，建立了一个占地约 22 公顷的集中营。这些平民俘虏以美国人和英国人为主，1942 年 2 月，该集中营共关押了约 3200 名美国人、900 名英国人（含加拿大、澳大利亚等英联邦国家人）、40 名波兰人、30 名荷兰人和少量来自西班牙、墨西哥、尼加拉瓜、古巴、俄罗斯、比利时、瑞典、丹麦、中国和缅甸的公民。从 1942 年 1 月至 1945 年 3 月，因各种原因在圣托马斯死亡的人数为 390 人，死亡率接近 10%。

余人次。当美军第6集团军第1骑兵师把他们解救出来时，很多人已因食物缺乏而濒临死亡。

10. 霍姆斯集中营/比利比德监狱档案

文件组号 RG 113，1盒，排架长度0.5英尺。该文件组由二战期间被日本人关押于菲律宾碧瑶市日军集中营的前盟国平民俘虏捐赠。

霍姆斯集中营/比利比德监狱最初是西班牙殖民者于1865年建立的平民监狱，太平洋战争爆发后，被日军改建成战俘营，同时也作为医院和临时集中营。它主要承担了战俘中转营的角色。最初用于临时关押巴丹战役降军中的高级军官和全部科雷希多降军。几乎全部在科雷希多投降的盟国战俘都通过该地转移到其他地区。例如1942年5月27日，第一批科雷希多战俘在此运往甲万那端集中营；1942年6月3日高级军官战俘被运往菲律宾打拉（Tarlac）集中营；1943年10月2日150名医护兵和伤病士兵被转移往甲万那端等。保守估计约80%的巴丹幸存者曾在此中转。当1945年2月美军第6集团军第37师解放比利比德监狱时，此处约关押了800人。1945年2月7日麦克阿瑟来到这里慰问战俘，当时这些人已经瘦得皮包骨头，大部分人虚弱得只能直挺挺地躺在简易窄床上，情形比圣托马斯集中营要凄惨得多。

11. 洛斯巴诺斯集中营档案

文件组号 RG 114，1盒，排架长度0.5英尺。该文件组由二战期间被日本人关押于菲律宾洛斯巴诺斯日军集中营的前盟国平民俘虏捐赠。

洛斯巴诺斯是位于菲律宾马尼拉以南的拉古纳湖湾沿岸的一个小镇，人口稀少，交通不便。洛斯巴诺斯集中营（Los Banos Internment Camp）所在地此前为菲律宾农业学院，现在为菲律宾大学洛斯巴诺斯分校的一部分。1943年，因圣托马斯等集中营变得日益拥挤，很多被囚禁的人需要被转移到新的集中营，因此日军把当地的菲律宾农业学院、林业学院等学校改建成集中营，面积约24万平方米。1943年5月9日，日军宣布因圣托马斯集中营人数已接近5000人，因此要将其中800人转移到距圣托马斯集中营68千米远的洛斯巴诺斯集中营。5月14日，约800人被押上火车离开圣托马斯集中营，这是洛斯巴诺斯集中营的第一批居民。随后，1943年12月又从圣托马斯集中营转移来200人，1944年4月转移来500人，12月转移来150人。接下来的几个月，其他来自反法西斯联盟国家的俘虏陆续被运往洛斯巴诺斯，其中包括大批传教士和神职人员——这些神职人员此前曾被允许只要保证不卷入政治就可以不住进集中营，然而此时仍被日军拘禁。著名的澳大利亚记者、曾任蒋介石和张学良顾问以及西安事变调停人的端纳（William Henry Donald）也被关押于此。

洛斯巴诺斯集中营变得日益拥挤，到 1945 年 2 月 23 日该集中营被盟军解放时，其总人数已达到2132 人，其中还有一名出生仅 3 天的婴儿。这些俘虏主要来自英国、澳大利亚、荷兰、挪威、波兰、意大利和加拿大。除由护士长劳拉·科布（Laura M. Cobb）带领的 11 名海军护士和少数士兵外，大部分是平民商人、教师、银行家和传教士。

根据受害者的回忆，整个被关押期间，集中营里人们忍受着食品短缺、卫生不良和日本警卫的疯狂虐待，到 1945 年初，在日本军需官小西贞明（Konishi Sadaaki）的苛刻食品限量供应和疯狂虐待下，集中营的情况已经变得像地狱一般。1945 年 2 月美军第 11 空降师在当地抗日游击队的帮助下，成功奇袭洛斯巴诺斯，解救了这里的人们，小西贞明则趁乱逃跑。数天后，全副武装的日军在小西贞明的带领下回到洛斯巴诺斯，然而集中营里已空空如也。为了报复这一营救行动，日军对留在洛斯巴诺斯镇的平民进行了报复性屠杀，大约 1500 名平民（包括妇女和儿童）被杀害，他们的房屋也被放火烧毁。此外，日军还对有帮助盟军嫌疑的临近小镇进行了扫荡。战后，小西贞明以给养不足致使俘虏死亡等罪名被判绞刑。

12. 保罗·马歇尔上校档案

文件组号 RG 133，1 大扁盒，排架长度 3 英尺。

保罗·马歇尔（Paul H. Marshall），美军驻科雷希多海防司令部总部上校，前二战战俘，达沃集中营（Davao Penal Colony）越狱者，第 10 军区第 114 游击团指挥官。二战爆发前，保罗·马歇尔上校正在美军驻科雷希多的第 60 海岸炮兵团服役。科雷希多沦陷后，他随美军驻科雷希多总部一起向日军投降。他先是被关押于菲律宾甲万那端（Cabanatuan），随后被流放至达沃集中营，1943 年 4 月他在达沃成功越狱，随后加入了温德尔·费尔蒂希在棉兰老岛的抗日游击队，并负责该岛苏里高地区的游击活动指挥工作。该文件组包括他的私人书信、公务文件、地图、口述历史和照片。

13. 迈克尔和伊丽莎白·诺曼博士档案

文件组号 RG 135，排架长度 60 英尺。

迈克尔和伊丽莎白·诺曼夫妇[1]（Drs. Michael and Elizabeth Norman）为纽

---

[1] 迈克尔·诺曼，曾任《纽约时报》记者，越战后从美国海军陆战队退役，后任纽约大学新闻学教授。伊丽莎白·诺曼，为纽约大学斯坦哈特文化、教育和人类发展学院人文学教授。诺曼夫妇曾耗时十余年，踏遍五大洲搜寻有关巴丹死亡行军的绝密档案和珍贵资料，翔实还原了日军制造的这一灭绝人性的灾难。

约大学教授、作家，在撰写《我们这些天使：被日军困在巴丹半岛上的美国护士身上发生的不为人知的故事》（*We Band of Angels: the Untold Story of American Nurses Trapped on Bataan by the Japanese*）和《黑暗中的眼泪：巴丹死亡行军全记录》（*Tears in the Darkness: The Story of the Bataan Death March and its Aftermath*）[①]等著作过程中搜集了大量资料，包括来自美日双方的数百名退伍军人和第二次世界大战菲律宾战役战犯的口述历史。

该文件组包括函件、地图、照片以及200余卷的专题藏书。

（二）对日作战文献

日本诉诸武力对他国领土的侵略、占领以及为实现上述目的而进行的策划和阴谋，违反了日本作为签署方对国际条约的庄严保证。这些条约包括1899年7月和1907年10月的《海牙公约》，1919年6月的《凡尔赛条约》，1922年2月的《九国公约》，1928年8月的《白里安—凯洛格公约》等，所有这些条约都明确否定诉诸武力解决国家间的纷争[②]。因此，日本以武力进行侵略扩张、蔑视已签订条约的军事行动是其违反战争法的又一罪行，在麦克阿瑟纪念馆馆藏中，这些罪行的具体证据和细节可在盟军老兵捐赠的对日作战文献中找到。

1. 美国陆军驻远东部队司令部档案（1941—1942年）

文件组号RG 2，排架长度7英尺。

美国陆军驻远东部队司令部始建于1941年7月，并负责指挥了1941—1942年的菲律宾战役。其档案内容包括麦克阿瑟的公文通信、一般命令、报告、作战命令、新闻稿、宣传材料、司令部日志、俘获文件等，包括大量有关巴丹保卫战和科雷希多防御战的资料，例如G1、G2、G3部[③]档案等。菲律宾沦陷后，这批档案使用潜艇从科雷希多运至澳大利亚，随后成为麦克阿瑟私人档案的一部分，成为研究菲律宾战役早期情况的重要史料。这批档案已被制成缩微胶卷，胶卷编号4—21。其中第10—11卷（档案盒号5）、20—21卷（档案盒号14）为盟军从日军处缴获的日军日记、文件、照片和部分缴获文档的翻译件，

---

① 1942年4月，美菲联合部队在与日军争夺菲律宾巴丹半岛的战役中失败投降，由此开始了二战历史上最黑暗的“巴丹死亡行军”战俘转移行动，从1942年4月至1945年8月日本投降，期间美菲联军战俘遭受了连续41个月的饥饿、脱水、苦役、致命疾病、严刑拷打、随意滥杀等惨无人道的折磨。该事件是日军在远东战场犯下的与南京大屠杀齐名的战争暴行。

② 远东国际军事法庭庭审记录・中国部分——侵占东北检方举证[M]. 程维荣，译. 上海：上海交通大学出版社，2014：4－5.

③ 按美军编制，G1、G2、G3、G4为部门代号，对应的部门分别为人事、情报、作战和保障四个部门。

是日军罪行的最直接证明。

2. 西南太平洋盟军司令部档案(1942—1945 年)

文件组号 RG 3,202 盒,排架长度 100 英尺。

1942 年 3 月麦克阿瑟撤退到澳大利亚后,盟军组建了西南太平洋盟军司令部(Headquarters of Southwest Pacific Area)以保卫澳大利亚、领导抗日战斗。该文件组是由麦克阿瑟的侍从官收集的这一时期的档案,包括 1942—1945 年间的通信、电报、情报摘要、地理调查、缴获档案、对日俘的审讯报告、作战计划、命令、报告和战后报告、敌军部署情况、历史卡片索引等。1942—1945 年间另有大量电报收藏于“美国太平洋陆军总司令部档案(1942—1947 年)”中(详见下文)。已制成缩微胶卷,胶卷编号 411—581,分为通信、情报、作战及计划、杂档和历史卡片索引五个系列。该文件组较为特别,其中最重要的资料有:

(1)对缴获日本文书的分析和翻译材料。缩微卷号 458—502(盒号 72—110),511—515(盒号 119—123),533—549(盒号 141—155),包括盟军情报翻译分析部编译的各种译文、摘要、公告、分析报告、日志、手册、工具书等。

(2)对日本战俘的讯问记录。缩微卷号 502—511(盒号 111—119),包括 1942 年 9 月—1943 年 6 月现场审讯报告 1—150 号(缺 82 号),1943 年 4—11 月审讯报告 151—300 号,1943 年 11 月—1944 年 5 月审讯报告 301—425 号(缺 328 和 412 号),1944 年 5—8 月审讯报告 426—525 号(缺 488 号),1944 年 8—10 月审讯报告 526—621 号(缺 598 号),1944 年 9—11 月审讯报告 622—699 号(缺 678 号),1944 年 11 月—1945 年 3 月审讯报告 700—798 号(缺 735、762、764、765、768、773 和 781 号),1945 年 3—4 月审讯报告 799—873 号,1945 年 4—8 月审讯报告 874—929 号(缺 882、887、894、915—919、922—924、926、927 号)。

(3)有关日本违反战争法的相关档案。因文件体量很大,仅择要列出。缩微卷号 511—512(盒号 120):1944 年 7 月 24 日《日本与细菌战》(文件夹号 84);1944 年 7 月 29 日《日本陆军军医部队的组织结构》(文件夹号 83);1944 年 8 月 24 日《日军手中的盟军战俘》(文件夹号 86);1944 年 10 月 27 日《鼠疫和霍乱》(文件夹号 92);1945 年 1 月 23 日《日本违反战争法情况》(文件夹号 72)。缩微卷号 512—513(盒号 121):1945 年 1 月 26 日《日本军医部队违反战争法和伦理的报告》(文件夹号 117)。缩微卷号 524—525(盒号 132):1944 年 10 月 1 日《第五纵队在华调查报告:日本的毒气战试验和媒体宣传》(文件夹号 197);1944 年 10 月 7 日《泰国突然爆发流行性疾病》(文件夹号 210);1944 年 11 月 15 日《关于战俘情况的讯问、日军军纪败坏情况等》(文件夹号

225);1944 年 12 月 3 日《对(盟军)飞行员的个人惩罚和军事法庭判决》(文件夹号 237)。缩微卷号 532—533(盒号 140):1945 年 5 月 3 日《毒气和化学武器报告》等。

3. 美国太平洋陆军总司令部档案(1942—1947 年)

文件组号 RG 4,57 盒,排架长度 24.5 英尺。

1945 年 4 月 3 日,为协调对日本本土的进攻,美国决定成立太平洋陆军总司令部(Headquarters of U. S. Army Forces Pacific,USAFPAC),任命麦克阿瑟为司令,负责指挥太平洋地区所有美国陆军部队的作战行动。1945 年 4 月 6 日,美国太平洋陆军总司令部正式成立,人事上基本沿用了麦克阿瑟的西南太平洋战区司令部人员,因此,虽然该机构 1945 年才成立,但该文件组下收藏的档案可追溯至 1942 年,截至 1947 年 1 月 1 日该机构被裁并(其中偶有超出这一时间范围的文件)。

麦克阿瑟纪念馆所收藏的美国太平洋陆军总司令部档案仅为保存在麦克阿瑟下属们手里的那些档案,因此它与麦克阿瑟下属们的专藏档案有所交叠,此外还包括了部分对日占领时期的军事档案。根据文件类型,该文件组分为 8 个系列:

(1)一般文件。主要为 1945—1950 年间,太平洋陆军总司令部各类备忘录、命令、报告等;

(2)通信。1942—1947 年的通信记录、往来文书等;

(3)情报。又分为 4 个子系列,分别为一般文件、驻韩军政府(1945—1947 年)、每日情报概要(1945 年 8 月—1946 年 12 月)和占领情势报告(1945 年 12 月—1946 年 7 月),其中第一个子系列一般文件中有日本进行投降谈判的文档。这部分文件对军事史研究极有价值;

(4)作战记录。主要包括 1945 年 8 月—1946 年 4 月间的作战计划、报告、摘要、军队调动情况等;

(5)公报和新闻稿。主要包括 1942 年 4 月—1946 年 9 月的各类公报、新闻稿、讲话稿和对日占领报告等;

(6)原田日记(Sainoji-Harada Memoirs),又名《西园寺·原田回忆录》。为日本明治元老西园寺公望(1849—1940)的秘书原田熊雄(1888—1946)的回忆录,记录了 1930—1940 年间西园寺的政治活动,是一部有重要参考价值的日本近代史料,曾被远东国际军事法庭作为判罪证据大量引用,用于审判日本战犯。馆藏档案盒号 50—52,缩微复制件卷号 613—614;

(7)印刷材料。包括战俘处置、化学战、宣传战和占领时期初期的一些日本印刷品。例如《日本监狱中解放的盟军战俘》(原档盒号53,缩微复制件卷号615)、《菲律宾政府关于马尼拉受损及日军暴行的报告》(1945年2月,原档盒号57,缩微复制件卷号617)等;

(8)涉密资料。这部分文件需经陆军副官署(Adjutant General of the Amry)许可方能查阅,不对外开放。

其中第二、第三、第六和第七系列涉及日本战争罪行和日本战犯审判较多。目前该馆已将第一至第七系列制成缩微胶卷,胶卷编号582—617。

4. 考特尼·惠特尼少将档案

文件组号RG 16,76盒,排架长度33英尺。

考特尼·惠特尼,美国陆军少将,1917年成为美军飞行员,1927年获得法学学位,此后赴菲律宾马尼拉从事律师职业,1940年重新应召入伍,就任美国陆军航空队驻华第14航空军情报官,随后应麦克阿瑟要求调入西南太平洋战区,负责菲律宾地区游击队组织和支援工作。日本投降后就任驻日盟军最高统帅司令部民政局局长,负责日本和平宪法的起草及送交国会通过,在占领期日本的政府、社会和经济自由化中发挥了重要影响。

该文件组主要包括美军在菲律宾游击队的组织、后勤、述职档案,各已知游击队的档案,美军支持者档案,美国平民和军队从菲律宾疏散、撤离档案等。

已制成缩微胶卷,胶卷编号337—410。

5. 查尔斯·威洛比少将档案(1947—1973年)

查尔斯·威洛比,美国陆军少将,绰号"小希特勒""红色狩猎者",极度右翼反共主义者。1941—1951年期间担任麦克阿瑟情报参谋,在搜集情报与反情报侦察领域发挥了重要作用,战后参与对日占领和日本重建,是麦克阿瑟的重要幕僚,1945年4月12日获得少将军衔。正是在他的倡议下,在太平洋战场的战后战犯审判中,美军免除了对石井四郎战争罪行的起诉,作为交易,石井四郎将其所属731部队所有的秘密情报,包括日本在华进行的灭绝人性的细菌战和化学战研究和实验的数据资料交付美军。由此,石井四郎不仅逃脱了战后审判,还得到美军支付的大笔酬金。

本组文献根据文献来源,分为四部分。第一部分为原始馆藏,文件组号RG 23,23盒,排架长度11英尺。分为通信集、印刷品、敏感资料和情报四个系列,内容包括威洛比的私人书信、情报报告副本和他任职于西南太平洋盟军总司令部和远东委员会[①](Far Eastern Commission, FEC)时期的历史情报档案,其中有其著作和论文校样、外国情报摘要副本、履职驻日盟军最高统帅司令部时期有关左翼渗透的情报档案及其编辑出版的期刊等。这批文献已被制成缩微胶卷,胶卷编号 908—933、936。其中 918 和 919(档案盒号 15—18)包括被日本占领期间,菲律宾诸岛组织的游击抗日行动情报;924—933(档案盒号 23)为威洛比任参谋二处主管时的各类情报档案,包括日本占领下的菲律宾情报、日军军事行动情报、盟军情报翻译分析部翻译的缴获日军档案、战后初期日本国内各方面情报等;936(档案盒号 23)为红色间谍佐尔格档案,包括佐尔格 1942 年 2 月在日本东京受审情况、上海公共租界巡捕房档案等。

第二部分为从美国国家档案馆复制而来的威洛比档案(1942—1945 年)副本,文件组号 RG 23a,共计 6 盒,排架长度 8 英尺。这些文件与第一部分文件无重复,是对第一部分文件的较好补充。

第三部分是从葛底斯堡学院(The Gettysburg College)馆藏中复制而来的威洛比私人档案选辑(1943—1954 年),包括威洛比的私人书信、打印稿本、军事报告和文学作品等,文件组号 RG 23b,共计 2 盒,排架长度 1 英尺。已制成缩微文献,胶卷编号 1086。

第四部分是从位于美国宾夕法尼亚州卡莱尔的美国陆军军事历史研究所(U. S. Army Institute of Military History)复制的档案副本,主要为威洛比在 1943—1954 年间的一些私人档案,文件组号 RG 23c,共计 2 盒,排架长度 1 英尺。

6. 理查德 · 马歇尔档案

理查德 · 马歇尔(Richard J. Marshall),美国陆军少将,二战期间先后担任美国西南太平洋盟军总司令部副参谋长、美国陆军驻远东部队参谋长、美国陆军太平洋战区司令部副参谋长、驻日盟军最高统帅司令部副参谋长等职,1945 年 9 月 2 日随同麦克阿瑟在密苏里号上接受日本投降。

该文件组号 RG 29,内容包括:理查德 · 马歇尔在 1942—1945 年间的档案,绝大部分为有关二战的照片、个人记录、打字稿等,共计 1 盒,排架长度 6 英寸;从美国陆军军事历史研究所复制的理查德 · 马歇尔军事报告和个人书

---

① 远东委员会(Far Eastern Commission, FEC)于 1945 年 12 月 27 日成立,由美国、苏联、中国、法国、加拿大、澳大利亚、新西兰、印度、巴基斯坦、荷兰、菲律宾、缅甸等国组成,负责监督盟国对日理事会(Allied Council for Japan),以便于盟国共同管制战后日本。其前身为远东咨询委员会(Far Eastern Advisory Commission,成立于 1945 年 9 月)。1951 年 9 月 8 日旧金山对日和约生效之后解散。

信,2 盒,排架长度 1 英尺;理查德·马歇尔的女婿约翰·奥尔森[1](John Olson)上校捐赠的20 世纪30 年代至50 年代有关理查德·马歇尔的新闻简报、命令、备忘录,以及一些早期文件的参考资料等,共计 1 盒,排架长度 6 英寸;理查德·马歇尔女儿哈里特·马歇尔(Harriette Marshall)捐赠的日记、公私函件以及与理查德·马歇尔副参谋长职责相关的一些文件,共计 6 盒,排架长度 4 英寸。

7. 韦尔登·赫斯特档案

文件组号 RG 43,8 盒,排架长度 6 英尺。

韦尔登·赫斯特(Weldon B. Hester)是一名国际红十字会成员,在 1945 年的吕宋岛战役中随美国陆军第 38 师进入菲律宾。该文件组包括道格拉斯·麦克阿瑟发表的文章,涉及 1941—1942 年巴丹战役、1945 年收复科雷希多和其他太平洋战争战役,还包括弗拉纳根将军(E. M. Flanagan,撰写了多部有关第 11 空降师的专著)的部分档案。这部分文献已制成缩微胶卷,编号 1068—1069。

8. 温德尔·费尔蒂希档案(1935—1977 年)

文件组号 RG 53,21 盒,排架长度 15 英尺。

温德尔·费尔蒂希,美国陆军中校,二战期间担任美国第 10 军区菲律宾棉兰老岛游击队长。该文件组系从费尔蒂希家族手中购入,其中有日记、报告、书信、手稿、报纸、文章和照片,还包括很多棉兰老岛美国游击队员的个人回忆录,以及美国传记作家约翰·济慈[2](John Keats)发表于 1963 年的作品《独自战斗》(*They Fought Alone*)原版,这部作品向人们讲述了二战期间温德尔·费尔蒂希带领的棉兰老岛抗日游击队的故事。

9. 查尔斯·帕森斯档案(1943—1945 年)

文件组号 RG 58,1 盒,排架长度 0.5 英尺。

查尔斯·帕森斯(Charles Parsons),绰号"喳小鸡"("Chick"),商人、外交官,大约在 1930 年前后加入美国海军后备队(预备役),太平洋战争爆发后被临时擢升为海军少校,凭借其巴拿马外交官身份和此前与日本商人的交情,得以安全居住于日本占领区,期间他和家人利用这一身份优势收集了大量日军情报,与躲在附近丛林中的美菲士兵进行联络,打探被日军关押的美军战俘和平民俘虏的情况等。后因其白种人身份遭到日军逮捕、关押和拷打,但终因其巴拿马外交官身份被释放,回到美国后又追随麦克阿瑟支援菲律宾地区的抗

---

① 约翰·奥尔森也是巴丹死亡行军的幸存者。

② 此约翰·济慈(1921—2000)是美国传记作家,与英国著名诗人济慈(1795—1821)不是同一人。

日游击队,成为二战期间菲律宾抗日游击队的重要组织者和军需供应商。该文件组包括书信、报告和笔记。

10. 彼得·格兰特中士档案(1942—1945 年)

文件组号 RG 60,3 盒,排架长度 1.5 英尺。

彼得·格兰特(Peter Grodsky Grant)在二战时期任《西南太平洋区每日新闻报》(*Southwest Pacific Area Daily News*)记者,在占领期日本任美国军方报《太平洋星条旗报》(*Pacific Stars and Stripes*)记者,该文件组是他在二战期间的家书。

11. 埃德·丹尼斯档案

文件组号 RG 62,4 盒,排架长度 2 英尺。

在新几内亚战役初期,埃德·丹尼斯(Ed Dennis)在美国西南太平洋战区陆军运输队小型舰艇编队服役。该文件组包括手稿、日记、照片和大事记,这些资料构成了号称"麦克阿瑟私家海军"的小型舰艇编队的总账本。

12. 弗雷德里克·马夸特档案

文件组号 RG 72,6 盒,排架长度 4.5 英尺。

弗雷德里克·马夸特(Frederic S. Marquardt),二战期间任美国西南太平洋战区作战新闻处记者。该文件组是弗雷德里克·马夸特在二战期间收集到的大量有关菲律宾地区作战情况的资料,包括书信、宣传单、报告、自由之声广播、报纸和大事记等。

13. 乔治·雷姆准将档案(1942—1945 年)

文件组号 RG 101,1 盒,排架长度 0.5 英尺。

二战期间,乔治·雷姆(George A. Rehm)准将就职于西南太平洋盟军作战部(G3 部),并随部从澳大利亚抵达东京。该文件组文献不多,但都是有关这一时期的非常珍贵的历史文献,此外还有 185 张照片。

14. 查尔斯·史密斯中校档案(1941—1945 年)

文件组号 RG 106,3 盒,排架长度 3 英尺。

查尔斯·史密斯(Charles M. Smith)是美国西南太平洋战区驻菲律宾部队参谋二处中校,美军驻棉兰老岛游击队成员。查尔斯·史密斯在二战开始前是一名驻菲律宾马斯巴特的采矿工程师,二战开始后,他来到棉兰老岛,在夏普将军手下担任工程师军官。当夏普将军向日本投降时,查尔斯·史密斯躲了起来。1942 年 12 月,他和他的工程师同事乔丹·哈姆纳(Jordan Hamner)一起从棉兰老岛航行到澳大利亚,在那里查尔斯·史密斯得到麦克阿瑟将军的委任,随后多次利用潜艇潜入菲律宾群岛。1944 年初查尔斯·史密斯成为菲律宾萨马岛第5军区游击队长。该文件组包括大量的历史文物、公函和印刷品。

15. 约瑟夫·谢尔上校档案(1941—1943年)

文件组号RG 107,1盒,排架长度0.5英尺。

约瑟夫·谢尔(Joseph R. Sherr),美国西南太平洋战区陆军信号兵部队上校,曾在麦克阿瑟手下任密码破译处主管,1942年3月11日他随从麦克阿瑟一起乘坐鱼雷快艇离开科雷希多。约瑟夫·谢尔是西南太平洋盟军主要密码破译组织中央局[①]的幕后英雄。1943年10月,他在去协调西南太平洋战区和中缅印战区信号情报工作的途中牺牲。该文件组包括大量巴丹—科雷希多战役和西南太平洋盟军总司令部早期的档案,另有277张历史照片。

16. 弗雷德里克·伍斯特少校档案

文件组号RG 110,4盒,排架长度2英尺。

弗雷德里克·伍斯特(Frederick Worcester)战前在菲律宾是一位著名的商人,也是一位海军预备役军官。他的父亲迪安·伍斯特(Dean Worcester)博士是一位美国学者,被认为是20世纪最杰出的菲律宾研究者。日军空袭珍珠港后,弗雷德里克·伍斯特参加了对日作战,1942年美菲联军向日军投降时,弗雷德里克·伍斯特被委派赴菲律宾南部群岛执行秘密任务,由此躲过了科雷希多失陷和棉兰老岛被占后的日军追捕。此后他参加了棉兰老岛和内格罗斯岛的游击运动,直到1944年乘潜艇撤离菲律宾。

17. 威廉·赫特森上校中缅印战区档案

文件组号RG 118,1盒,排架长度0.5英尺。

威廉·赫特森(William Hutson),美国南卡罗来纳州人,二战期间曾任美国陆军上校。他是二战期间创建陆军坦克爆破组的第一人。在中国人民抗日战争期间,他还同时担任国民政府美军顾问,与蒋介石、毛泽东均有联系,他还是1945年日军撤离印度支那地区后进入西贡的第一名美国军官,并会见了越南领导人胡志明。他同时获得了中国和法国政府颁发的军功章。

18. 约翰·布恩中士档案

文件组号RG 122,2盒,排架长度1英尺。

菲律宾战役期间,约翰·布恩(John Boone)在美军驻巴丹第31步兵团服役,1942年4月9日驻菲美军向日军投降,约翰·布恩逃脱了日军追捕和巴丹死亡行军,在潜藏一段时间后开始指挥巴丹抗日游击运动,直至1945年美军

① 中央局(the Central Bureau),系太平洋战区的通信情报机构。

收复菲律宾。该文件组包括抗日游击队巴丹军区总部文件。

19. 汤姆·朱里卡少校档案

文件组号 RG 125,3 盒,排架长度 1.5 英尺。

汤姆·朱里卡(Tom Jurika)是在菲律宾出生并长大的美国人,二战开始后在菲律宾宿务岛被任命为少尉,并因最早一部介绍太平洋战争的书——克拉克·李(Clark Lee)撰写的《他们管这叫太平洋》(*They Call it Pacific*)而出名。汤姆·朱里卡主要负责在日军侵入前毁掉宿务,并在 1942 年美菲联军投降时逃脱了日军的追捕。他积极投身于菲律宾的抗日游击运动,但在 1944 年初被美军疏散,乘潜艇离开菲律宾,并参与了他内弟查尔斯·帕森斯("喳小鸡")主持的 SPYRON 供给特派团,负责为游击队运送供给物资。该文件组包括汤姆·朱里卡和他的兄弟美国海军上尉斯蒂芬·朱里卡(Stephen Jurika)的个人档案。斯蒂芬·朱里卡是 1942 年 4 月 18 日空袭东京计划(又称"杜立特空袭")的主要策划人。

(三)对日占领档案

第二次世界大战结束后,为执行美国政府"单独占领日本"的政策,麦克阿瑟以"驻日盟军最高统帅"①名义在日本东京建立驻日盟军最高统帅司令部②,通过日本政府实行所谓"间接统治",并对日本法西斯在二战期间所犯的战争罪行进行了广泛的调查、审判和处置。此外,还就如何防止日本重新走上军国主义道路进行了政治、经济、教育、农业、工业等方方面面的调查研究和改革,这些资料至今仍有重要借鉴意义。

1. 驻日盟军最高统帅司令部档案(1945—1951 年)

文件组号 RG 5,122 盒(含 1 盒机密档案),排架长度 57 英尺。

司令部成立于 1945 年 8 月,1952 年 4 月 28 日《旧金山和约》生效,司令部结束对日占领,日本恢复主权国家地位。该批档案涵盖了麦克阿瑟担任美国太平洋陆军总司令(1945—1947 年)和远东司令(1947—1951 年)两个时期,因此该部分馆藏与美国太平洋陆军总司令部档案(RG 4)和远东司令部总部档案(RG 6)有所交叠。根据美国政府的任命,驻日盟军最高统帅司令部主要职能为负责对日受降、媾和以及有关对日占领的一切内政和军事事务,因此该文件组包括对日占领相关文件,例如各类公私函件、各国外交代表与驻日盟军最高统帅往来书信、报告、和平条约相关文件等;远东国际军事法庭相关文件,包

① 又译作驻日盟军总司令、联合国军最高司令官等。

② 又译作盟军最高司令官总司令部、盟军最高司令部等。

括判决书、备忘录、一般命令、通告、盟军委员会会议录、日程安排等。

麦克阿瑟纪念馆所藏驻日盟军最高统帅司令部档案仅为保存在麦克阿瑟下属们手里的、1945 年 8 月—1951 年 4 月间形成的、实行对日占领政府职能的那些档案,恐无法涵盖有关对日占领的方方面面。根据文件类型,该文件组分为 6 个系列:

(1)通信。1945—1951 年间的通信记录、往来文书、工作日志等。其中第 2 个子系列为日本投降相关文书,盒号 1—2;

(2)一般文件。包括 1945—1951 年间的盟军驻日政务委员会文件,远东委员会会议记录,有关日本内政、国防、外交、国安、选举、公共卫生、日本共产党与劳工关系、日本天皇的战后角色的各类文件,以及对日本政府的各项指令等;

(3)对日占领各部门档案。包括对日占领军政府各部门的档案,根据机构,这批档案分为政府局(Government Section)、军事情报局(Military Intelligence Section)、外交局(Diplomatic Section)、自然资源局(Natural Resources Section)、民间情报和教育局(Civil Information and Education Section)、经济科学局(Economic and Scientific Section)和国际检察局(International Prosecution Section)7 个子系列,是了解这一时期对日占领各方面情况的最有价值史料。其中第 2 子系列军事情报局档案中有“关于日本军医部队的调查”研究报告(1947 年 1 月 18 日,文件盒号 105,文件夹号 2,缩微复制件胶卷号 117)、山下奉文审讯摘要(1947 年 9 月 20 日,文件盒号 106,文件夹号 6,缩微复制件胶卷号 119)等。第 7 子系列国际检察局档案包括辩护概要、判决书修改过程版本、起诉书、庭审概要、法庭规章、麦克阿瑟对远东军事法庭审判和山下奉文审判结果的核准(1948 年 11 月 24 日)以及军事审判命令(1950 年 3 月 24 日)等;

(4)日本人的请愿书。主要为那些日本战犯的亲属写给麦克阿瑟请求赦免罪行的文件,这些请愿书绝大部分以日文书写。缩微卷号 130—132(盒号 119);

(5)印刷材料。包括大量的论文和专著,此外还包括有关日本投降的文件复印件;

(6)涉密资料。这部分文件未经陆军副官署审查和许可不能查阅,具体内容暂时未知。

其中第 1—5 系列已制成缩微胶卷,胶卷编号 22—133。

2. 远东司令部总部档案(1947—1951 年)

文件组号 RG 6,107 盒(含机密档案),排架长度 46 英尺。

远东司令部(Far East Command,FEC 或 FECOM)成立于1947年1月1日,是美军用于实施对日占领的军事机构。1957年7月1日解散,其职能移交于太平洋司令部,麦克阿瑟任其第一任司令官(1947—1951年),后由李奇微(Matthew Ridgeway)将军接任。

远东司令部最初由美国陆军第8军和美国陆军驻朝鲜、琉球、菲律宾和马里亚纳群岛第24团组成,管辖范围包括日本、朝鲜半岛、琉球群岛、马里亚纳群岛和菲律宾群岛,主要负责实施对日占领,主导日本内政和对日占领军政府事务,实施日本以外其他远东地区的军事行动以及维护远东地区的军事安全,同时也为美国外交政策服务。虽然远东司令部和驻日盟军总部都设在东京,且事实上由相同的人员构成,然而二者无论在管辖范围还是职能上都有严格区分和界定,其中驻日盟军总部管辖范围为日本四岛及少数几个外岛,麦克阿瑟的职责是对在日本的非军事行动负责,而远东司令部则主要对上述地区的军事活动负责。

远东司令部的官方档案收藏于美国国家档案馆,内容包括通信、报告、电报、计划和文件摘要几类。麦克阿瑟纪念馆的远东司令部档案则主要包括对日占领和朝鲜战争中的军方档案,有一些书信,但主要是情报摘要、特别报告、军事行动报告、军事行动命令和策划朝鲜战争备忘录等,分为一般文档、情报、作战相关、驻琉球军政府行动、印刷材料和涉密材料6个系列。其中前5个系列已制成缩微胶卷,胶卷编号618—707。第6系列因为涉密,没有公开。

3. C. E. 斯科格隆(C. E. Skoglund)上校档案(1945—1951年)

文件组号RG 31,8盒,排架长度3.5英尺。

来自对日占领档案,大部分为驻日盟军最高统帅司令部政府局的官方报告,有关当时日本的各方面情况等。

已制成缩微胶卷,胶卷编号997—1001。

4. 查尔斯·凯迪斯上校档案(1948—1951年)

文件组号RG 33,1盒和5合订本,排架长度2英尺。

查尔斯·凯迪斯(Charles L. Kades)曾任驻日盟军最高统帅司令部政府局副参谋长。该文件组包含很多宝贵资料,例如有关日本和平宪法制定的档案等。

已制成缩微胶卷,胶卷编号1081。

5. 保罗·罗杰斯中尉档案(1941—1989年)

文件组号RG 46,11盒,排架长度5英尺。

保罗·罗杰斯(Paul P. Rogers)二战期间任萨瑟兰中将的秘书,是1942年

3 月随麦克阿瑟从科雷希多逃离菲律宾的“巴丹帮”里唯一的一名普通士兵。保罗·罗杰斯的档案包括日记、书信、打字稿或文章、照片以及麦克阿瑟和萨瑟兰的手稿。

已制成缩微胶卷,胶卷编号 1055—1061。

6. 海伦·西曼斯档案

文件组号 RG 47,1 盒,排架长度 5 英寸。

海伦·西曼斯(Helen Hosp Seamans)博士曾就职于驻日盟军最高统帅司令部民间情报和教育局教育部。该文件组包括占领期日本有关妇女问题处置情况的手稿、书信、讲义、日记和手册等。

7. 杰克·纳皮尔上校档案(1945—1948 年)

文件组号 RG 61。

杰克·纳皮尔(Jack Napier)曾任驻日盟军最高统帅司令部政府局事务部部长,在惠特尼少将手下工作。他在日本政府的战后整肃中发挥了较重要作用。该文件组主要涉及军国主义者、共产主义者等各类人的排查认定等。

已制成缩微胶卷,胶卷编号 1082—1084。

8. 詹姆斯·萨朗格上尉档案(1942—1946 年)

文件组号 RG 64,3 盒,排架长度 1.5 英尺。

詹姆斯·萨朗格(James Salango)为西南太平洋部队的随军牧师,战争结束后最早进入日本。该文件组主要为詹姆斯·萨朗格的书信,有助于深入了解日本被占领初期的各方面情形。

9. 小劳伦斯·休斯档案

文件组号 RG 69,3 盒,排架长度 1.5 英尺。

小劳伦斯·休斯(Laurence I. Hewes, Jr.)在盟军实行对日占领时期,参与了日本土地改革计划,该文件组主要为有关日本土地改革的照片和文件。

10. 唐纳德·胡佛上校档案

文件组号 RG 77,1 盒,排架长度 0.5 英尺。

1945 年 9 月至 1946 年初,唐纳德·胡佛(Donald D. Hoover)在艾略特·索普(Elliott Thorpe)上校领导的西南太平洋战区反情报处下属的民间检阅支队任主任。藏品包括在审手册、心理战材料、民间检阅支队往来书信,以及与占领期日本出版物审查相关的档案文书等,其中有不少日本民间检举揭发日方战争罪行的书信材料。

11. 沃尔特·彭尼诺中校档案

文件组号 RG 78,2 盒,排架长度 1 英尺。

二战期间，沃尔特·彭尼诺（Walter Pennino）在欧洲战区第7装甲师服役。在对日占领期，他就职于麦克阿瑟领导的远东司令部公共信息办（Public Information Office，PIO）。该文件组包括公共信息局档案、驻日盟军最高统帅司令部下属各机构出版物，还包括照片、日志、地图、报刊等反映沃尔特·彭尼诺在日时光的文献。

12. 斯宾塞·阿金少将档案

文件组号 RG 79，6 盒，排架长度 3 英尺。

斯宾塞·阿金（Spencer B. Akin），从 1941—1942 年的菲律宾战役开始担任麦克阿瑟的首席信号官，直至对日占领初期。作为首席信号官，他还同时主管美国西南太平洋盟军密码破译工作。该文件组包括斯宾塞·阿金撰写的有关二战期间西南太平洋盟军密码破译工作的两部重要著作，还包括大量占领期日本的早期玻璃幻灯片、俘获的日本战争宣传画等。

已制成缩微胶卷，胶卷编号 947。

13. 乔治·伯吉斯档案

文件组号 RG 80，2 盒，排架长度 0.6 英尺。

乔治·伯吉斯（George V. T. Burgess）任美国海外咨询顾问公司（Overseas Consultants Inc.，O. C. I.）财务主管，曾作为克利福德·斯特赖克委员会（Clifford Strike Committee）成员赴占领期日本调查工业赔偿问题。该文件组包括海外咨询顾问公司、克利福德·斯特赖克委员会和埃德温·波利（Edwin Pauley）的准备报告，以及 170 张占领期日本、广岛和其他日本各方面情况的幻灯图片。

已制成缩微胶卷，胶卷编号 951。

14. 罗伯特·马尔堡档案（1946—1949 年）

文件组号 RG 99，2 盒，排架长度 2 英尺。

罗伯特·马尔堡（Robert F. Malburg），警察，在对日占领时期赴日帮助开展日本警察系统改革工作，就职于驻日盟军最高统帅司令部公共安全部（Public Safety Division）警察调查处。该文件组包括他调查期间的笔记、书信，还包括他收集的大量纪念品，例如地图、旅游纪念品、唱片等。

15. 唐纳德·纽金特中校档案（1945—1951 年）

文件组号 RG 100。

唐纳德·纽金特（Donald M. Nugent）中校，海军陆战队队员，在对日占领时期曾任驻日盟军最高统帅司令部民间情报和教育局主管，主要负责占领期日本的教育和宗教问题。他主管了日本教育体制改革，包括实施男女同校和清除学校课程中的军国主义教育内容等。这批文献是麦克阿瑟纪念馆在 eBay 网上拍得。

16. 理查德 · 普尔档案

文件组号 RG 115，2 盒，排架长度 1 英尺。

理查德 · 普尔（Richard Poole）是在日本横滨出生和长大的美国人，二战前是美国国务院雇员，二战爆发后加入美国海军，二战后期他又回到日本横滨，随后被驻日盟军最高统帅司令部政府局选中，帮助重新编制日本宪法。这些档案体现了他在该领域的工作成果，反映了他对宪法制定、日本天皇在日本政府和社会中地位等问题的洞见和思考。

17. 埃德温 · 梅里尔警官档案

文件组号 RG 116，1 盒，排架长度 0.5 英尺。

埃德温 · 梅里尔（Edwin P. Merrell）于 1947—1949 年在巢鸭监狱分遣队服役。该文件组包括有关巢鸭监狱的历史文物、纪念物、照片和相册、图片（插图）以及日本被占时期的货币等。很多收藏品上有受到盟国指控的日本甲级战犯嫌疑人的签名。其中巢鸭囚犯之一藤木二三男（Fumio Fujiki，乙丙级战犯，曾在巢鸭监狱被关押 5 年）的漫画《巢鸭传说》向人们展示了巢鸭监狱的日常生活情形。

（四）散存于公众捐赠文献中的日本战争罪行档案

除上述体量较大的专门馆藏外，麦克阿瑟纪念馆还接收来自公众的捐赠，因文献较为零散，单份数量不大，为方便管理，麦克阿瑟纪念馆将这些文档统一列入一个文件组进行管理，该文件组编号为 RG 15，共计 77 盒，排架长度 38 英尺，包括书信、照片、纪念品、报告、图书、素描、速写等，这些文件已被制成缩微文献，缩微卷号 941—959。其中有一些是与日本战争罪行相关的历史文献（见表 5 – 1）。

表 5 – 1　美国麦克阿瑟纪念馆公众捐赠馆藏中所藏日本战争罪行文献①

序号	标题	盒号/文件夹号	文献主题
1	美国军事学院（西点军校）毕业生联合会档案	23/4	（1）甲万那端美国战俘纪念馆（甲万那端，菲律宾）； （2）甲万那端战俘营（吕宋岛，菲律宾）； （3）第二次世界大战菲律宾战役（1941—1942 年）。

① 表中少量文献未编入 RG 15 文件组。

续表

序号	标题	盒号/文件夹号	文献主题
2	美国陆军航空队第27轰炸机队少校、前战俘、“地狱船”幸存者罗伯特·布莱克斯利(Robert Blakeslee)档案	81/2	(1)巴丹死亡行军； (2)达沃集中营(棉兰老岛,菲律宾)； (3)地狱船[①](信洋丸,Shinyo Maru)； (4)第二次世界大战菲律宾战役个人经历； (5)第二次世界大战中被日本俘虏的战俘。
3	美国陆军航空队第5空军基地大队成员、前战俘、“地狱船”幸存者海耶斯·博莱索(Hayes Bolitho)档案	82/4	(1)达沃集中营(棉兰老岛,菲律宾)； (2)德尔蒙种植园(棉兰老岛,菲律宾)； (3)地狱船(信洋丸,Shinyo Maru)； (4)第二次世界大战中被日本俘虏的战俘。
4	美国海军准尉、前战俘杰克·琼斯(Jack J. Jones)档案	15/15	(1)比利比德监狱(马尼拉,吕宋岛,菲律宾)； (2)甲万那端集中营(吕宋岛,菲律宾)； (3)日立收容所[②](日立市,日本)； (4)第二次世界大战(1939—1945年)； (5)第二次世界大战中被日本俘虏的战俘。
5	美国陆军驻远东部队第60海岸炮兵团少校、前战俘阿瑟·彼得森(Arthur Peterson)档案	87/12	(1)甲万那端集中营(吕宋岛,菲律宾)； (2)地狱船(鸭绿丸[③],Oryoku Maru)； (3)第二次世界大战中被日本俘虏的战俘。
6	美国陆军驻远东部队军需部上校、前战俘迈克尔·奎因(Michael A. Quinn)档案	37/4	(1)巴丹战役； (2)第二次世界大战中被日本俘虏的战俘。

① “地狱船(Hell Ships)”是日本二战时期运送战俘的无标识商船,用于将盟国战俘从新加坡和菲律宾运送至日本、朝鲜、中国台湾和东北地区做劳工。

② 日立收容所设在日立市日立造船厂、日立矿山等处,二战中日本曾从新加坡、菲律宾等地运送大量战俘给日立公司做劳工。

③ 鸭绿丸(Oryoku Maru)二战期间,日军用于运送战俘的著名船只。在麦克阿瑟纪念馆馆藏目录原文记录中标注的英文名字为“Oryoko Maru”,经笔者考证应为笔误,正确拼写应为“Oryoku Maru”。

续表

序号	标题	盒号/文件夹号	文献主题
7	前战俘马里奥·托内利(Mario G. Tonelli)档案	20/6	(1)甲万那端集中营(吕宋岛,菲律宾); (2)奥唐纳集中营(吕宋岛,菲律宾); (3)第二次世界大战中被日本俘虏的战俘。
8	詹姆士·肯·贝克(James K. Ken Baker)所捐巢鸭监狱档案	62/7	(1)对日占领(1945—1952年); (2)巢鸭监狱(日本,东京); (3)日本战犯审判。
9	美军第27轰炸机队伯特·班克(Bert Bank)少校档案	40/2	(1)巴丹死亡行军; (2)甲万那端战俘营(吕宋,菲律宾); (3)奥唐纳集中营(吕宋,菲律宾); (4)达沃集中营(达沃,棉兰老岛,菲律宾)。
10	美军第27轰炸机队飞行员约翰·布莱克伍德(John R. Blackwood)档案	40/4	(1)巴丹死亡行军; (2)第二次世界大战中被日本俘虏的战俘。
11	特雷斯·凯茨(Tress R. Cates)档案	1/12	圣托马斯集中营。
12	美国第31步兵团卢埃尔·钱德勒(Lewell F. Chandler)档案	40/6	巴丹死亡行军。
13	印第安纳州历史学会(Indiana Historical Society)道格拉斯·柯兰因(Douglas E. Clanin)档案	28/9	(1)石井四郎; (2)日军暴行; (3)细菌战。
14	比利比德监狱幸存者贝茜·克莱姆(Bessie Crim,1914—?)档案	—	(1)比利比德监狱(马尼拉,吕宋岛,菲律宾); (2)霍姆斯集中营; (3)传教士。
15	作家加文·道斯(Gavan Daws)档案	52/4	(1)地狱船; (2)战俘和集中营(1939—1945年)。

续表

序号	标题	盒号/文件夹号	文献主题
16	亚力克·杜博罗(Alec Dubro)档案	15/28	(1)笹川良一(Sasakawa Ryoichi)①; (2)(对日)战犯审判。
17	驻日盟军最高统帅司令部法务局(SCAP Legal Section)威廉·吉尔(William R. Gill)档案	61/11	(1)大船收容所(Ofuna Prison Camp,大船,日本)②; (2)日本战犯审判。
18	美国陆军驻远东部队理查德·戈登(Richard Gordon)少校档案	40/10	巴丹死亡行军。
19	美国第31步兵团军医拉尔夫·希布斯(Ralph E. Hibbs)档案	40/11	甲万那端集中营(吕宋岛,菲律宾)。
20	美国陆军第5307混成旅军事情报处格兰特·广林(Grant Hirobayashi)档案	70/5	中缅印战区军事情报。
21	让·爱尔兰(Jean Ireland)档案	66/3	(1)巴丹死亡行军; (2)圣托马斯集中营; (3)伤兵护理。
22	第4海军陆战队药剂师助理欧内斯特·欧文(Ernest J. Irvin)档案	40/13	(1)菲律宾战役(1941—1942年); (2)战俘和集中营(1939—1945年)。
23	第26骑兵团托马斯·琼斯(Thomas Jones)少校档案	52/6	(1)游击队活动(吕宋岛); (2)地狱船; (3)战俘和集中营(1939—1945年)。

① 笹川良一,日本商人,政客,二战期间积极支持日本军国主义,日本战败后以甲级战犯嫌疑人身份被监禁于巢鸭监狱,1948年12月24日获释出狱。

② 即横须贺海军警备队植木分遣队,通称大船收容所,位于神奈川县镰仓郡大船町,二战期间被日本海军情报机构用于审讯和关押高阶军官战俘,这些战俘主要是飞行员和潜艇军官。

续表

序号	标题	盒号/文件夹号	文献主题
24	驻日盟军最高统帅司令部经济科学局威廉·卡宾斯基(William Karpinsky)档案	15/21	(1)战俘雷·博丁(Ray L Bodine); (2)地狱船; (3)对日占领; (4)对日宣传战中使用的空投传单; (5)战俘和集中营(1939—1945年)。
25	查尔斯·金(Charles King)档案	56/4	(1)战争暴行; (2)战俘和集中营(1939—1945年)。
26	伊丽莎白·科佩尔曼(Elizabeth S. Kopelman)档案	46/8	(1)远东国际军事法庭; (2)印度法官拉达宾诺德·巴尔(Rahadbinod Pal)的审判意见; (3)日本战犯审判。
27	洛斯巴诺斯集中营幸存者路易丝·克勒格尔修女(Sister Louise Kroeger)档案	—	洛斯巴诺斯集中营。
28	玛丽·雷兹尼布特(Mary J. Laznibut)档案	84/5	(1)比利比德监狱(马尼拉,吕宋岛,菲律宾); (2)霍姆斯集中营(碧瑶,菲律宾); (3)洛斯巴诺斯集中营; (4)圣托马斯集中营。
29	第71临时步兵师拉尔夫·列文伯格(Ralph Levenberg)档案	40/15	(1)巴丹死亡行军; (2)菲律宾战役(1941—1942年); (3)战俘和集中营(1939—1945年)。
30	安东尼·马拉齐洛(Anthony Marangiello)中士档案	63/6	(1)巴丹死亡行军; (2)菲律宾战役(1941—1942年)。
31	约瑟夫·马祖尔(Joseph Mazur)下士档案	79/6	比利比德监狱(马尼拉,吕宋岛,菲律宾)。
32	美国陆军驻远东部队第60海岸炮兵队I营毕晓普·麦肯德里(Bishop D. McKendree)档案	—	(1)地狱船(波路丸,Haro Maru); (2)二战战俘经历。

续表

序号	标题	盒号/文件夹号	文献主题
33	伯顿·莫斯(Burton Moss)医生档案	84/10	(1)化学战; (2)菲律宾战役(1941—1942年)。
34	弗兰克·克萨达(Frank B. Quesada)上校档案	23/11	(1)抗日游击队(吕宋); (2)洛斯巴诺斯集中营。
35	美国陆军驻远东部队第192坦克营欧文·萨德米尔(Owen L. Sandmire)中士档案	41/4	(1)细菌战; (2)菲律宾战役(1941—1942年); (3)战俘和集中营(1939—1945年)。
36	罗伯特·扎瓦莱士(Robert F. Sawallesh)中校档案	46/6	圣托马斯集中营。
37	帕特·斯皮罗(Pat Spiro)档案	64/8	圣托马斯集中营。
38	托马斯·施泰勒(C. Thomas Stahle)上校档案	3/9	(1)圣托马斯集中营; (2)(国际红十字会)爱丽丝·汤普森(Alice Thompson)文件。
39	第11空降师哈利·斯旺(Harry A. "Bloody" Swan)档案	56/6	洛斯巴诺斯集中营。
40	玛丽亚·钱伯斯(Maria Chambers Tseu)档案	77/15	(1)儿童和战争; (2)集中营; (3)圣托马斯集中营; (4)圣灵修道院修女(马尼拉,菲律宾); (5)战俘和集中营(1939—1945年)。
41	美国陆军护士兵团玛德琳·玛丽(Madeline Marie Ullom)档案	41/6	(1)伤兵救治; (2)圣托马斯集中营; (3)菲律宾战役(1941—1942年)。
42	菲律宾第71步兵师安东尼奥·瓦里亚斯(Antonio Varias)档案	14/1	甲万那端战俘营(吕宋岛,菲律宾)。

续表

序号	标题	盒号/文件夹号	文献主题
43	诺里斯·沃兹沃斯(Norris Wadsworth)家族档案	63/8	(1)达沃集中营(棉兰老岛,菲律宾); (2)德尔蒙种植园(棉兰老岛,菲律宾)。
44	第1542工兵连德威特·沃尔德(DeWitt J. Wald)档案	61/3	(1)奥唐纳集中营(吕宋岛,菲律宾); (2)奥唐纳集中营纪念碑。
45	威廉·威尔斯(William Wells)指挥官档案	41/7	(1)甲万那端集中营(吕宋岛,菲律宾); (2)地狱船(巴西丸,Brazil Maru); (3)地狱船(波路丸,Haro Maru); (4)地狱船(鸭绿丸); (5)第23号战俘营(福冈,日本); (6)斗六战俘营(Toroku POW Camp,中国台湾)①
46	小艾伦·哈维·伍德沃德(Allan Harvey Woodward,Jr)少校档案	80/3	(1)中缅印战区; (2)飞行训练; (3)二战期间的空中作战行动(1939—1945年)。
47	美国陆军驻远东部队第92海岸炮兵队朱尔斯·耶茨(Jules D. Yates)上校档案	41/8	(1)甲万那端集中营(吕宋岛,菲律宾); (2)菲律宾战役(1941—1942年)。
48	美国陆军驻远东部队陆军航空队第14轰炸机中队埃尔默·泽勒(Elmer L. Zeller)下士档案	41/9	(1)个人回忆; (2)战俘和集中营(1939—1945年)。
49	杰拉尔德·宗柏(Gerald L. Zomber)档案	13/3	(1)日本战犯亲笔文件; (2)远东国际军事法庭; (3)日本战犯审判。

① 1942—1945年间,日军曾在中国台湾地区设立16个战俘营,斗六战俘营是其中之一。这些战俘营主要被日军用于关押菲律宾战役和新加坡战役中俘虏的同盟国战俘,这些战俘主要来自美国、英国、加拿大、荷兰、澳大利亚、新西兰等国。由于战俘营条件恶劣、管理严苛,加之战俘水土不服、缺食少药等原因,不少战俘丧命于战俘营中。

二、从其他收藏机构复制的档案副本

1. 从美国国家安全局（National Security Agency，NSA）复制的二战密电档案

文件组号 RG 27，共计 9 盒，排架长度 4 英尺。包括珍珠港事件的背景，密电，情报破译处档案等。

2. 刘易斯·毕比准将日记

文件组号 RG 34，1 盒，排架长度 2.5 英寸。

刘易斯·毕比（Lewis C. Beebe）准将在菲律宾巴丹—科雷希多战役期间，曾任美国陆军驻远东部队副总参谋长。他在巴丹战役中成为日军的战俘，直到 1945 年 8 月，盟军对日作战胜利后才重新获得自由。该批文献系从美国陆军军事历史研究所馆藏中复制。

3. 乔治·格鲁纳特中将档案（1920—1942 年）

文件组号 RG 35，1 盒，排架长度 5 英寸。

乔治·格鲁纳特（George Grunert）在第二次世界大战太平洋战争爆发前曾担任菲律宾部队的指挥官，1941 年 11 月被麦克阿瑟撤回到美国。1944 年 6 月受美国陆军部长亨利·史汀生（Henry Stimson）委派，成立了珍珠港事件专门调查组，从军事和外交等各方面对珍珠港事件前后情况进行了调查，调查报告于战后公布，这份报告至今仍存在争议。该文件组系从美国陆军军事历史研究所复制，包括乔治·格鲁纳特的书信、日志等。

4. 斯蒂芬·张伯伦中将档案（1942—1946 年）

文件组号 RG 36，1 盒，排架长度 5 英寸。

斯蒂芬·张伯伦（Stephen J. Chamberlin），二战期间曾任麦克阿瑟的助理参谋长，负责新几内亚、菲律宾、婆罗洲等战役的策划和监督执行。该文件组从美国陆军军事历史研究所复制，包括斯蒂芬·张伯伦的书信、报告等。

5. 罗伯特·艾克尔伯格档案选集（1942—1948 年）

文件组号 RG 41，4 盒半，排架长度 2.5 英尺。

罗伯特·艾克尔伯格（Robert L. Eichelberger），美国陆军中将，1921 年 3 月曾任美国驻华使团情报处负责人，在北京和天津设立情报办公室，并曾拜见孙中山。二战期间，罗伯特·艾克尔伯格任美国西南太平洋盟军第 8 集团军司令，参加了收复菲律宾的系列战役，1948 年底退役。该文件组从杜克大学珀金斯图书馆（Perkins Library，Duke University）复制，内容包括罗伯特·艾克尔伯格的书信、报告、备忘录等档案副本。

6. 邦纳·费勒斯档案选辑

邦纳·费勒斯(Bonner F. Fellers),美国陆军准将,二战期间任麦克阿瑟军事秘书和心理战主管,被认为是麦克阿瑟的得意门生。战后邦纳·费勒斯在对日占领和日本战后改造中发挥了重要角色,曾充当了日本天皇和驻日盟军最高统帅司令部之间的联系人。他主张赦免天皇的战争责任,维持天皇在日本的统治,对日本进行占领和重建以使其符合美国利益。他曾会见远东国际军事法庭的所有被告,据历史学家认为,他从中进行暗箱操作,协调这些被告进行串通以使天皇及其他皇族成员免于被起诉。

麦克阿瑟纪念馆所藏邦纳·费勒斯档案共两部分:

第一部分文件组号 RG 44,2 盒,排架长度 1 英尺。该文件组从斯坦福大学胡佛研究所(Hoover Institution at Stanford University)复制,内容包括各种工作报告、公函副本等,但重点为对日宣传战和心理战,档案日期涵盖 1942—1946 年。

第二部分文件组号 RG 44a,8 盒,排架长度 4 英尺。该文件组从邦纳·费勒斯女儿手中的原始档案复制而来,内容包括 1918—1971 年间的公私信函、1937—1964 年间邦纳·费勒斯写给妻子和女儿的书信、美国西南太平洋盟军总司令部时期档案、占领期日本档案。其中最珍贵的是有关驻日盟军最高统帅司令部的历史文献。这批文件已被制成缩微胶卷,编号 1070—1074。

7. 阿尔弗雷德·赫西档案(1945—1948 年)

文件组号 RG 40,文献为 35 毫米缩微胶卷,共 12 卷。

阿尔弗雷德·赫西(Alfred R. Hussey),就职于驻日盟军最高统帅司令部政府局,是日本和平宪法的主要设计师。该文件组包括有关制定日本和平宪法的文书档案、驻日盟军最高统帅司令部政府局日常运行情况、约翰·鲍登(John Bowden)对其藏书书目的解题点评等。该批文献系从密歇根大学(University of Michigan)复制。

8. 约瑟夫·道奇档案

文件组号 RG 48,1 盒。

约瑟夫·道奇(Joseph M. Dodge)曾任驻日盟军最高统帅司令部财政顾问,在占领期日本负责日本的银行重组。该文件组是从底特律公共图书馆伯顿历史文献部(Burton Historical Collection, Detroit Public Library)的相关馆藏中筛选复制而来。

9. 乔治·肯尼将军日记(1941—1945 年)

文件组号 RG 54,3 盒,排架长度 1.5 英尺。

乔治·肯尼(George C. Kenney),美国陆军航空队将军,二战期间任美国西南太平洋盟军空军司令,参加了新几内亚战役、菲律宾战役(1944—1945年)、婆罗洲战役(1945年)和空袭日本。该文件组从博林空军基地空军历史办公室(Office of Air Force History, Bolling AFB)复制而来,内容包括乔治·肯尼将军在1941年12月8日至1945年9月的日记。

10. 远东国际军事法庭文件选辑

文件组号RG 65,6盒,排架长度3英尺。

该文件组复制自南康涅狄格大学(Southern Connecticut University)获赠的相关档案原件,包括远东国际军事法庭的庭审记录副本等。

第六章　日本国立公文书馆

第一节　机构简介

一、馆情综述

日本国立公文书馆建立于1971年7月，位于东京都千代田区北之丸公园，是日本的国家级档案馆，负责保存、管理日本政府机构移交的历史档案文书，它的成立改变了日本自明治时期以来各省公文书各自保存的方式。1998年7月，国立公文书馆为了扩充书库，在茨城县①筑波市内，设立了筑波分馆（茨城县筑波市上泽6-6）。2001年4月，基于《国立公文书馆法》，国立公文书馆成为独立行政法人。2001年11月30日，开设亚洲历史资料中心（位于东京都文京区本乡3-22-5），将国立公文书馆、外务省外交史料馆以及防卫省防卫研究所图书馆等机构保管的亚洲历史档案数字化，提供数字档案馆信息服务②。

国立公文书馆除设向公众免费开放的公文书阅览室外，还设有馆藏史料展示区，分为常设展、企划展和主题特展，努力增加公众接触和了解档案资料的机会③。

日本国立公文书馆东京馆区占地面积约4000平方米，建筑面积共计11550平方米，其中书库面积7000平方米，书架总长度35千米。主体建筑物分为地上4层，地下2层。其中，地上第二层为开放的阅览室、缩微拍照室，第一层为展览室；地下第一层为文件接收、归档和熏蒸室，第二层为库房区。筑波分馆占地面积25000平方米，使用面积11250平方米，其中书库面积7290平方米，建筑物3层，书架总长度共计37千米。

---

① 日本的“都、道、府、县”是一级行政区，下设“市”级行政区。

② 冯怡，蒋冠. 日本国立公文书馆网站建设情况介绍与经验借鉴[J]. 档案学研究，2012(4)：76—80.

③ 国立公文書館事業理念[EB/OL]. [2018-08-05]. http://www.archives.go.jp/about/idea.html.

二、馆藏概况

国立公文书馆将所藏资料分为行政文书、司法文书、法人文书、赠与·寄存文书、内阁文库5大资料群。行政文书是各府、省移交给国立公文书馆的文书；司法文书是由司法机关移交管理的文书，以及2000—2010年各大学移交的民事判决原件构成；法人文书是独立行政法人移交给国立公文书馆保管的文书；赠与·寄存文书是指赠送或者寄存在国立公文书馆的文书；内阁文库是指原内阁文库所藏的古代典籍和古文书。其中，内阁文库的前身是1873年太政官[①]里设置的"图书挂"(図書掛)，1885年随着内阁制度的创立，成为内阁文库[②]，此后作为日本国内屈指可数的典藏日文和中文古籍、古文书的专门图书馆受到国内外研究者的青睐，其馆藏也包含很多江户幕府的记录等公文书资料。国立公文书馆走上独立行政法人道路后，内阁文库所藏资料仍然继续保存在国立公文书馆，供读者使用。

另外，虽然国立公文书馆本身并没有收录外交、防卫(明治时代以来的旧陆海军)、皇室相关的国家档案，但作为日本国立公文书馆分支机构的亚洲历史资料中心，已将国立公文书馆、外务省外交史料馆、防卫省防卫研究所图书馆所保管的亚洲历史资料按顺序进行了数字化，在亚洲历史资料中心网站向公众开放获取[③]。

三、文献利用政策

该馆除周六日及法定节假日、年末年初(12月28日—第二年1月4日)闭馆外，其他时间均开馆，每日开馆时间为9:15—17:00,16:30后停止接待读者进入阅览室。

读者入馆后需要先在一层接待处领取一张临时一日卡，进入二层阅览室查阅档案。阅览室规模不大，可容纳几十人，室内设有纸质目录中心，也可联机检索。除纸质目录区的目录册之外，所有的文献均为闭架状态。读者需要先在网站检索系统或者阅览室的纸质目录区检索特定历史公文书的索取号以及题名，填写打印并亲自到服务台确认申请单，由工作人员进库调取文献。国

---

① 日本明治维新政府设立的官厅名。1868年6月成立，1885年随着内阁制度的开始被废止。

② 国立公文書館概要[EB/OL].[2018-08-05]. http://www.archives.go.jp/about/outline/.

③ 如果需要查询相关原始档案，可访问下述机构：外务省外交史料馆，藏有幕府末期以来的外交记录；防卫省防卫研究所图书馆，藏有明治以来的旧陆海军等的档案，各部队的战斗记录；宫内厅宫内公文书馆，藏有明治以后的宫内省、宫内府、宫内厅制作或者收藏的文书。

立公文书馆的档案实行分级开放制度，在国立公文书馆目录检索系统检索文献时，凡标有“公开”或者“部分公开”的特定历史档案，原则上，在提交《特定历史公文书等使用申请书》的当天，会授予《特定历史公文书等利用决定通知书》。如果是标有“要审查”或者“非公开”的特定历史档案，在授予《特定历史公文书等利用决定通知书》之前可能需要等待数日①。此外，按照规定，特定历史档案只能在阅览室规定的场所阅读，如果需要暂时拿出阅览室，要向工作人员提出申请。读者在阅览时，可以用手机、相机等拍照设备对文献资料进行拍照，但是只能在工作人员指定的场所拍摄，不得使用三脚架、闪光灯，不得将照相机直接与特定历史档案接触。如果原资料是文件或者图片，可以采取缩微胶卷、扫描等形式复制，其中标有“部分公开”的特定历史档案等，只能复印准许公开部分，未准许公开部分在复制时需予以覆盖或遮挡。磁带等电磁类文献，采取打印或者刻盘的方式交付读者。如果申请查阅的文献是缩微胶卷，可使用阅览室内的缩微阅读器进行浏览，如需还原复制，阅览室内设有缩微还原打印机，读者可以自助将16毫米的缩微胶卷资料还原打印为纸质资料，费用为30日元/张（B4纸）。在文献复制方式上，读者可以选择到馆复制，也可以选择邮寄复制，付费方式可以选择到馆交费，也可以银行转账。

第二节　日本战争罪行文献馆藏

日本国立公文书馆作为国家级档案馆，所藏行政公文书主要由各政府机构移交，所以这些资料在国立公文书馆的检索目录中按照移交机构划分。该馆所藏日本战争罪行文献主要集中在行政文书资料群的宫内厅、法务省和内阁·总理府等类下，即自宫内厅接收的关于远东国际军事法庭审判资料、自法务省接收的战犯相关资料以及内阁·总理府部分下的美国返还档案资料等。

一、宫内厅移交的远东国际军事法庭审判资料

国立公文书馆在1974年接收了宫内厅移交的远东国际军事法庭审判相关资料。这批资料移交至国立公文书馆时被分装在64个纸箱里。虽然箱子从1至64按序号明确进行了标记，但是箱内的资料并没有分类，几乎处于毫无顺

① 国立公文書館·利用請求[EB/OL].[2018－07－31].http://www.archives.go.jp/guide/riyou-seikyuu.html.

序的散乱状态。接收此资料后的20余年,国立公文书馆一直没有着手整理,使其成为该馆所藏资料中最后一批没有整理目录的资料。直到2000年1月,国立公文书馆才开始着手整理该批资料并编制目录,2002年12月完成该项工作①。

这批资料共计23865件(簿册),有英语资料、日语资料和其他资料。国立公文书馆按照资料内容,大致将这批远东国际军事法庭审判资料分为四类(见表6－1):①公判速记录;②检方证据资料;③辩方证据资料;④其他资料。

表6－1　日本国立公文书馆所藏四类远东国际军事法庭审判资料

资料类别	英语资料(件)	日语资料(件)及其他资料(件)	共计(件)
公判速记录	992	3	995
检方证据资料	6668	311	6979
辩方证据资料	11103	1133	12236
其他资料	3603	52	3655

通过以上数据,可以看出宫内厅移交的远东国际军事法庭审判相关资料中,英语资料约占资料总数的93.7%,日语资料约占6.3%,英语资料占压倒性多数,这是在资料语种方面宫内厅移交资料的一个总体特征。

在国立公文书馆的阅览室目录区,有分册整理的目录册子,分别是《速记录·检方资料》《辩方资料1》《辩方资料2》《其他资料》。

纸质目录册子编制完成以后,国立公文书馆又开始将目录册子的数据录入该馆主页的目录检索系统中,2003年3月末完成网上目录的录入,从此读者不需要到馆就可以便利地通过网络检索该馆所藏远东国际军事法庭审判资料的信息。目前,读者可访问国立公文书馆"数字档案"主页②,直接点击"检

① [日]庄司孝.宮内庁移管極東国際軍事裁判関係資料について—目録作成事業を終了して—[EB/OL].『北の丸』2003(36).[2018－07－31].https://www.digital.archives.go.jp/DAS/meta/MetSearch.cgi? DEF_XSL = default&IS_KIND = detail&IS_SCH = META&IS_STYLE = default&IS_TYPE = meta&DB_ID = G9100001EXTERNAL&GRP_ID = G9100001&IS_SORT_FLD = &IS_SORT_KND = &IS_START = 1&IS_TAG_S1 = id&IS_CND_S1 = ALL&IS_KEY_S1 = F2005021821372700740&IS_NUMBER = 100&ON_LYD = on&IS_EXTSCH = F9999999999999900000%2BF2009121017005000405%2BF2005021821372600739%2BF2005021821372700740&IS_DATA_TYPE = &IS_LYD_DIV = &LIST_TYPE = default&IS_ORG_ID = F2005021821372700740&CAT_XML_FLG = on.

② 国立公文書館デジタルアーカイブ[EB/OL].[2018－08－05].https://www.digital.archives.go.jp/.

索”，即可进入馆藏资料群页面。“行政文书”下设资料群如下图所示：

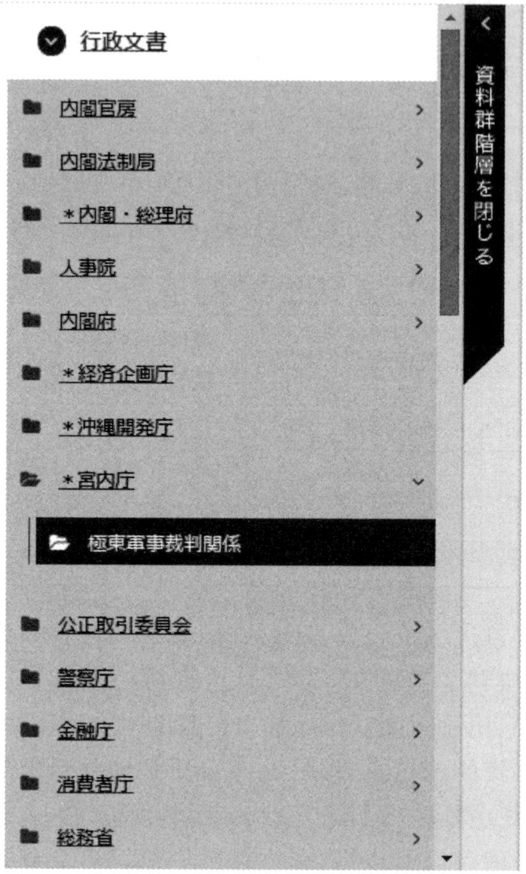

图 6－1 日本国立公文书馆网上检索系统中的资料群呈现图

在网站检索系统中的资料群说明中，将资料按内容明确分为前文所述四类，纸质目录也是按此分册整理，但是公文书馆的网站检索系统并没有在“远东军事法庭审判相关资料”下做进一步的分类，而且 2 万余册资料并不是按类别顺序依次呈现，所以在庞大的资料群中想要查找或者单独分析某一类文献仍然比较困难，故笔者简要梳理如下，以便查阅。

（一）公判速记录

宫内厅移交的远东国际军事法庭审判资料中有公判速记录 995 件。除了 3 件是日语记录，其余 992 件都是英文的速记录。这些资料，基本按开庭日期归类，各册信息包括标题、索取号、馆藏地等（见表 6－2）。据庄司孝统计，远东国际军事法庭审判全部开庭日 423 回，该馆藏有 383 回，约占所有公判速记录的 90.5%①。

表 6－2　日本国立公文书馆簿册详细信息

簿册标题	Record of Proceedings of the INTERNATIONAL MILITARY TRIBUNAL FOR THE FAR EAST
资料所属层级	行政文书 > 宫内厅 > 远东军事审判相关
索取号	昭 49 宫内 00012100
馆藏地	本馆－4E－013－00
制作部门	不明
移管前所藏机构	宫内厅
移管年度	昭和 49
获取方法	移管
媒介形式	纸
利用限制	公开
相关事项	译文远东国际军事法庭审判速记录・开庭年月日 1946/11/12・页数 10129－10279・分类 远东审判速记录

（二）检方资料

检方资料是审判时由检方收集的证据资料。包括法庭受理采用的证据、驳回的证据以及检方收集整理后未提交的证据资料，这些资料一般本身带有 Doc. No.*****（五位数字）资料号，此外起诉书、结案陈词书等虽然没有资料号，但可以明确认定属于检方资料，也归入此类。这批资料中，英语资料有 6668 件（95.5%），日语资料 277 件（4.0%），其他资料（例如日语、英语并用的资料等）34 件（0.5%）。

（三）辩方资料

辩方资料是指审判时辩护方收集整理的证据资料。主要包括被法庭受理采用的证据、驳回的证据、辩方收集整理后未提交的证据资料等。这些资料一

① [日]庄司孝. 宫内庁移管極東国際軍事裁判関係資料について―目録作成事業を終了して―[EB/OL].『北の丸』2003(36).[2018－07－31]. https://www.digital.archives.go.jp/DAS/meta/MetSearch.cgi? DEF_XSL = default&IS_KIND = detail&IS_SCH = META&IS_STYLE = default&IS_TYPE = meta&DB_ID = G9100001EXTERNAL&GRP_ID = G9100001&IS_SORT_FLD = &IS_SORT_KND = &IS_START = 1&IS_TAG_S1 = id&IS_CND_S1 = ALL&IS_KEY_S1 = F2005021821372700740&IS_NUMBER = 100&ON_LYD = on&IS_EXTSCH = F9999999999999900000%2BF2009121017005000405%2BF2005021821372600739%2BF2005021821372700740&IS_DATA_TYPE = &IS_LYD_DIV = &LIST_TYPE = default&IS_ORG_ID = F2005021821372700740&CAT_XML_FLG = on.

般本身附有 Def. No.****（四位数字）资料号。另外，即使没有该资料号，但是辩论书等从文字内容可以明确判断属于辩方资料的也被归入此类。其中，英语资料共有 11103 件（90.74%），日语资料 1055 件（8.62%），其他资料（日语、英语并用）78 件（0.64%），再次印证了宫内厅移交资料的语种特征：英语资料占绝大多数，日语资料非常少。

在宫内厅移交的辩方资料中，有 119 件（1.0%）是其独有的。在此详要介绍如下：

· 昭 49 宫内 16743100 广田文书第三号 第 68 次帝国议会上广田外务大臣的演说原稿 昭和 11 年 1 月 21 日（日文）

· 昭 49 宫内 16744100 同上（英文）

· 昭 49 宫内 17306100 田中隆吉反诘　在张鼓峰的战斗状况（日文）

· 昭 49 宫内 09768100 冈田菊三郎宣誓供述书（英文）

· 昭 49 宫内 19061100 小田岛忠宣誓供述书（英文）

· 昭 49 宫内 09750100 米内光政宣誓供述书（英文）

· 昭 49 宫内 09757100 后藤亮之介宣誓供述书（英文）

· 昭 49 宫内 09753100 川越武雄宣誓供述书（英文）

· 昭 49 宫内 09754100 龟山幸一宣誓供述书（英文）

· 昭 49 宫内 18868100 陆军刑法（英文）

· 昭 49 宫内 09692100 资料号 Def. No. 1136 文件的勘误表（英文）

· 昭 49 宫内 13501100 资料号 Def. No. 2451、2452 文件的真实性证明书（英文）

· 昭 49 宫内 15763100 日德意三国同盟相关资料（英文）

· 昭 49 宫内 15762100 在驻日德国大使陪同下松冈和史塔玛的非正式会谈的特点（英文）

· 昭 49 宫内 16804100 广田弘毅审讯书（英文）①

① ［日］庄司孝. 宮内庁移管極東国際軍事裁判関係資料について—目録作成事業を終了して—［EB/OL］.『北の丸』2003(36).［2018－07－31］. https://www.digital.archives.go.jp/DAS/meta/MetSearch.cgi?DEF_XSL=default&IS_KIND=detail&IS_SCH=META&IS_STYLE=default&IS_TYPE=meta&DB_ID=G9100001EXTERNAL&GRP_ID=G9100001&IS_SORT_FLD=&IS_SORT_KND=&IS_START=1&IS_TAG_S1=id&IS_CND_S1=ALL&IS_KEY_S1=F2005021821372700740&IS_NUMBER=100&ON_LYD=on&IS_EXTSCH=F9999999999999900000%2BF2009121017005000405%2BF2005021821372600739%2BF2005021821372700740&IS_DATA_TYPE=&IS_LYD_DIV=&LIST_TYPE=default&IS_ORG_ID=F2005021821372700740&CAT_XML_FLG=on.

（四）其他资料

其他资料是指宫内厅移交的资料中除前面所述的公判速记录、检方资料和辩方资料以外的资料。总件数为3655件，其中，英语资料3603件，日语资料52件。这些资料大致分类如下：

A 法庭命令、检方申述、被告方申述（952件，全部英文）

B 内庭审理记录（321件，全部英文）

C 诉讼事件一览表、诉讼手续概要（78件，全部英文）

D 辩方申述（144件，全部英文）

E 被告方证据及证人一览、法庭证据索引（733件，其中英文721件，日文12件）

F 检方相关资料（102件，全部英文）

G 被告方备忘录、信件（600件，其中英语595件，日语5件）

H 其他被告方的资料（725件，其中英语690件，日语35件）①

关于宫内厅移交的远东国际军事法庭审判相关资料的收集过程，并没有任何记载。据庄司孝推测："宫内厅移交资料的第4类——其他资料中辩护方相关的资料比较多，从这一点判断，也许是从事这一审判的辩护人转交的资料，另外，从同一资料有多个复本可以推测，应该是多名辩护人转交的资料。"②

① ［日］庄司孝.宮内庁移管極東国際軍事裁判関係資料について—目録作成事業を終了して—［EB/OL］.『北の丸』2003(36).［2018-07-31］.https://www.digital.archives.go.jp/DAS/meta/MetSearch.cgi?DEF_XSL=default&IS_KIND=detail&IS_SCH=META&IS_STYLE=default&IS_TYPE=meta&DB_ID=G9100001EXTERNAL&GRP_ID=G9100001&IS_SORT_FLD=&IS_SORT_KND=&IS_START=1&IS_TAG_S1=id&IS_CND_S1=ALL&IS_KEY_S1=F2005021821372700740&IS_NUMBER=100&ON_LYD=on&IS_EXTSCH=F9999999999999900000%2BF2009121017005000405%2BF2005021821372600739%2BF2005021821372700740&IS_DATA_TYPE=&IS_LYD_DIV=&LIST_TYPE=default&IS_ORG_ID=F2005021821372700740&CAT_XML_FLG=on.

② ［日］庄司孝.宮内庁移管極東国際軍事裁判関係資料について—目録作成事業を終了して—［EB/OL］.『北の丸』2003(36).［2018-07-31］.https://www.digital.archives.go.jp/DAS/meta/MetSearch.cgi?DEF_XSL=default&IS_KIND=detail&IS_SCH=META&IS_STYLE=default&IS_TYPE=meta&DB_ID=G9100001EXTERNAL&GRP_ID=G9100001&IS_SORT_FLD=&IS_SORT_KND=&IS_START=1&IS_TAG_S1=id&IS_CND_S1=ALL&IS_KEY_S1=F2005021821372700740&IS_NUMBER=100&ON_LYD=on&IS_EXTSCH=F9999999999999900000%2BF2009121017005000405%2BF2005021821372600739%2BF2005021821372700740&IS_DATA_TYPE=&IS_LYD_DIV=&LIST_TYPE=default&IS_ORG_ID=F2005021821372700740&CAT_XML_FLG=on.

二、法务省移交的战犯相关资料

国立公文书馆所藏的另一部分关于日本战争罪行的资料，来源于法务省。1999—2000 年，法务省向国立公文书馆移交了共计 7895 件战犯相关资料。在国立公文书馆的网上目录检索系统中，这一资料群被分为三部分，即战争罪行审判相关资料（6003 件）、巢鸭监狱相关资料（1712 件）、战犯赦免相关资料（180 件）。

（一）战争罪行审判相关资料

1. 资料概况

法务省移交的这批战争罪行审判相关资料，共计 6003 件，索取号为平 11 法务 01889100—平 11 法务 08093100。这些资料的制作单位是法务省司法法制调查部[①]，1999 年由其移交到国立公文书馆保管。读者可在国立公文书馆电子检索目录中检索，也可以在该馆二层阅览室内的目录中心通过纸本目录《平成 11 年度移管　法务省公文书目录》进行检索。

2. 资料来源

与宫内厅移交的远东国际军事法庭审判资料不同，法务省所藏的这一资料群由多个机构积累而成：一是曾经试图核实麾下部队战争犯罪实际情况的日本陆海军两省；二是负责战犯复员业务的厚生省；三是 1952 年成立的法务省。在法务省成立之前，这部分资料经历陆海军两省、复员官署法务调查部门、厚生省引扬援护局等机构，最终在 1955 年由厚生省交由负责战犯资料收集事业的法务省保管。

法务省一方面收集自己业务领域的相关资料，另一方面，站在总结战争审判资料的立场上，从战犯释放前后开始到 20 世纪 70 年代，制作和收集了大批资料，这些资料占法务省移交国立公文书馆资料的一大部分[②]，内容基本涵盖了所有的乙丙级战犯审判和一部分东京审判。

这部分资料实行分级开放政策，分为“公开”“部分公开”“要审查”“非公开”四种。其中已完成数字化的“公开”部分有 477 件档案（索取号：平 11 法务 01889100—平 11 法务 02365100），分别是甲级远东国际军事法庭审判记录

---

① 1952 年 8 月日本法务省成立，设立了法务省大臣官房调查课，1958 年 5 月大臣官房调查课改组成大臣官房司法法制调查部，2001 年 1 月改称大臣官房司法法制部，负责关于司法制度的设计以及立案、整理编写内外法令以及法务资料等。

② ［日］大江洋代，金田敏昌. 国立公文書館所蔵「戦争犯罪裁判関係資料」の形成過程と BC 級戦争裁判研究の可能性［J］. 歴史学研究，2015，4（930）：19－33，39.

328 件,甲级远东国际军事法庭审判速记录 149 件。其中,甲级远东国际军事法庭审判记录英语簿册 152 件,日语簿册 176 件;甲级远东国际军事法庭审判速记录英语簿册 139 件,日语簿册 10 件。读者可在检索系统中直接点击阅览资料原文。剩下的 5526 件尚未数字化,其中涉及日本乙丙级战犯的资料基本为"部分公开"和"要审查"状态。此外,基于保护个人隐私的理由,涉及个人信息的资料均设为"非公开"状态。

3.资料内容

根据法务省移交时的既定资料分类,该批资料分为以下 7 组。

(1)甲级审判记录・甲级审判速记录(索取号:平 11 法务 01889100—平 11 法务 02365100):远东国际军事法庭审判记录(英文)(第 1—171 号),共 152 件簿册,索取号为平 11 法务 01889100—平 11 法务 02040100;远东国际军事法庭审判记录(日文)(第 1—171 号),共 176 件簿册,索取号为平 11 法务 02041100—平 11 法务 02216100;远东国际军事法庭审判速记录(日文)(第 1—416 号、判决),共 10 件簿册,索取号为平 11 法务 02217100—平 11 法务 02226100;远东国际军事法庭审判速记录(英文)(第 1—49858 页),共 139 件簿册,索取号为平 11 法务 02227100—平 11 法务 02365100。

以上即为在国立公文书馆网站能够直接阅览全文资料的 477 册资料。

(2)甲级战犯审判相关记录,日志,剪报资料等,远东国际军事法庭审判资料目录,丰田・田村审判记录(丸之内审判记录):共 202 件簿册,索取号为平 11 法务 02366100—平 11 法务 02567100。

(3)甲级战犯审判辩护相关资料,甲级战犯审判辩护研究资料,纽伦堡审判(德国纳粹)相关资料:共 1192 件簿册,索取号为平 11 法务 02568100—平 11 法务 03759100。

(4)乙丙级战犯马尼拉审判记录,战争审判事件调查票及调查表,乙丙级事件档案:乙丙级美军军事审判(马尼拉法庭)・审判记录(英文),57 件簿册,索取号为平 11 法务 03760100—平 11 法务 03816100;战争审判事件调查票及调查表(英国、澳大利亚、法国、荷兰、菲律宾、中国),13 件簿册,索取号为平 11 法务 03817100—平 11 法务 03829100;乙丙级事件档案按照审判国国别划分,分为 7 种,共计 1937 件簿册,索取号为平 11 法务 03830100—平 11 法务 05766100。

(5)厚生省移管资料:甲级战犯审判、乙丙级战犯审判、复员援助相关资料共 544 件簿册,索取号为平 11 法务 05767100—平 11 法务 06310100。其主要内容将在后文详述。

(6)司法法制调查部研究·调查资料,各审判国参考资料,战争受刑者关怀协会相关资料:共1065件簿册,包括战争犯罪审判概史、战犯事务资料、联合国战争罪行委员会史及战时法的发展、巢鸭战犯行刑概史、原海军将领谈话记录、战犯辩护人日志、地方出差调查报告书、战犯资料担当职员日记等。索取号为平11法务06311100—平11法务07375100。其主要内容将在后文详述。

另外,司法法制调查部的研究调查资料中,还有一部分缩微胶卷及音频资料,共516件簿册,索取号为平11法务07376100—平11法务08093100。

(二)巢鸭监狱相关资料

巢鸭监狱是日本战败后用于关押日本战犯的机构。因曾关押过被远东国际军事法庭处以极刑的东条英机、土肥原贤二等日本甲级战犯而闻名于世。法务省移交的资料中有1712件是巢鸭监狱相关资料,索取号为平11法务00177100—平11法务01888100,资料语言为日语。1999年法务省矫正局①将这批资料移交至国立公文书馆保管。

读者除了可以在国立公文书馆的网上目录检索系统查找这批资料外,还可以使用该馆阅览室目录区的纸本目录《平成11年度移管　法务省公文书目录》进行检索。

这批资料的内容分类详细信息如下:

(1)巢鸭监狱关押者身份信息:共1466件(第1—1471号),索取号为平11法务00177100—平11法务01642100。这部分资料因为涉及战犯的个人信息,全部为"非公开"状态。

(2)巢鸭监狱状况每日报道、关押者名册、假释审查相关册子:共232件,索取号为平11法务01643100—平11法务01874100。涉及战犯个人信息的资料不公开,不包含战犯个人信息的资料公开。经笔者统计,这部分资料中,公开资料约占45%,部分公开资料约占36%,非公开资料约占19%。

(3)巢鸭慰问相册,照片、盘片、录音带:共14件,索取号为平11法务01875100—平11法务01888100。其中,公开资料5件,非公开资料9件。

(三)战犯赦免相关资料

《旧金山和约》签订后,美国结束对日本的军事占领,日本恢复主权。随

① 1948年2月,废止司法省、设置法务厅时,矫正总务局、成人矫正局以及少年矫正局成立。1949年6月,在法务府改组时成为矫正保护局,1952年8月在法务省改组时独立为矫正局。矫正局负责惩戒及拘留、送交少年院的保护处分以及送交少年鉴别所的看管处置等事宜。

后，日本国内掀起要求尽快释放战犯的国民运动，日本律师联合会向日本政府提交了“战犯赦免劝告相关意见书”，日本国内甚至募集了4千万人的请愿签名，日本政府借此机会向联合国提出对所有战犯进行赦免和减刑的要求。截至1956年3月末，日本甲级战犯全部获释，乙丙级战犯则在1958年5月底前全员赦免、释放。有关这一段历史的相关档案由负责恩赦、假释事宜的法务省保护局制作并收藏[①]，2000年移交给日本国立公文书馆，相关档案共计180件，索取号为平12法务00001100—平12法务00180100，资料语言是日语，日期为1952—1958年。

主要内容如下：

（1）战犯赦免、减刑、假释处分决定书，获得假释者原始簿册：共18册，索取号为平12法务00001100—平12法务00018100，其中2册为部分公开，16册为非公开资料。

（2）战犯个人记录（美国、英国、法国、荷兰、澳大利亚·甲级）记录簿：共162册，索取号为平12法务00019100—平12法务00180100，因涉及战犯个人信息，全部资料不公开。

读者除了可以在国立公文书馆的网上目录检索系统查找这批资料外，还可以使用该馆阅览室目录区的纸本目录《平成12年度移管　法务省公文书目录》进行检索。

三、美国返还档案资料

在国立公文书馆中另一部分比较集中地揭示日本战争罪行的资料是“行政文书”资料群下的“内阁·总理府”部分中的“美国返还文书”。这批资料主要生成于1868—1956年间，共计2748件。资料语言为日语，由日本陆海军及内务省制作而成。日本战败后，美国占领了日本，这批资料被美军接收后带回美国，保管于美国国会图书馆。1973年12月美国将这批资料返还给日本政府，随后于1974年1月14日搬入国立公文书馆收藏。

资料内容根据其归还时的状态分为两类：

（1）旧陆海军相关（返赤）；

---

① 1940年11月，司法省设立了保护局，但是在1943年11月废止。之后，1949年6月法务府成立时设立了矫正保护局，1952年8月，法务省成立时独立为保护局。保护局负责以下事务：（1）恩赦相关事宜；（2）假释出狱、假释出劳改场、假释出院（少年院、妇女辅导院）、不定期刑的结束以及出院等相关事宜；（3）关于保护观察、更正紧急保护以及监狱、少年院或者妇女辅导院中收容者的环境调整；（4）助力、监督更正保护事业等。

(2)内务省等相关(返青)。

其中,“返赤”是指美国返还这批资料时,在资料盒子上贴了红色的标签,主要为旧陆海军档案。“返青”是指美国返还这批资料时,在资料盒子上贴了蓝色的标签,主要为内务省档案。日本战争罪行档案主要集中于“返赤”资料中,是研究二战期间日本军事侵略和殖民统治情况的重要史料,共1583件。目前其中的99.5%都可在亚洲历史资料中心网站上全文阅览(见表6-3)。

表6-3　部分“返赤”资料清单

资料名称	中文译名	索取号
昭和十年・十一册ノ内其一・滿受大日記(密)陸軍省	1935年陆军省满受大日记(密)(第十一册之一)	返赤01002000
昭和十五年・第十冊・陸滿密大日記・陸軍省	1940年陆军省陆满密大日记(第十册)	返赤05001000
支那時局報—第26号・北支停戦協定ノ成立	中国时局报——第26号・华北停战协定的达成	返赤06001000
支那敵地(外蒙ヲ除ク)飛行場要覧	中国(除外蒙古)飞机场要览	返赤07003000
鉄道輸送力調査図見方	关于铁路运输能力调查图的看法	返赤08001000
凍傷ニ就テ(第一五回滿州医学会哈爾浜支部特別講演)	关于冻伤(第15次“满洲医学会”哈尔滨支部特别演讲)	返赤08012000
最近ノ支那鉄道概況(新聞報、諜者報綜合)	最近中国铁路的概况	返赤12009000
浙贛作戦間総合調查報告書・第6編・水路	浙赣会战时综合调查报告书・第6篇・水路	返赤12015000
石景山製鉄所拡充計画現況	石景山钢铁厂扩充计划现状	返赤14018000
華北労働問題概説〔地図3葉〕	华北劳工问题概述(地图3页)	返赤34028000
遼寧兵工廠ノ状況調書・関東軍野戦兵器廠長鈴木中佐	辽宁兵工厂状况调查书・日本关东军野战兵器厂厂长铃木中佐	返赤36008000
昭和13年度・北滿ニ於ケル冬季兵器試験報告其一(総説)	1938年“北满洲”地区冬季兵器试验报告之一(总述)	返赤37012000
軍事機密—第54号・戦時鮮滿鉄道運用規定	军事机密——第54号・战时“鲜满”铁路运用规定	返赤38017000

续表

资料名称	中文译名	索取号
大東亜戦争・功績調査資料綴	"大东亚战争"功绩调查资料册	返赤38026000
昭和13年度・北満ニ於ケル冬季兵器試験報告其2(重砲、弾薬、測器関係)	1938年"北满洲"地区冬季兵器试验报告之二(大炮、弹药、探测器相关)	返赤41001000
壷盧島分関輸出及移出通関系統図	葫芦岛海关出口及运出通关图	返赤41007000
浙東地区蚕糸関係調査要綱	浙东地区蚕丝相关调查大纲	返赤56016000
球副功—第76号・大東亜戦争(支那事変第二次ヲ含ム)功績書事務必携	"大东亚战争"功绩书事务必备	返赤56035000
匪賊情報月報—第2~4号・3月~5月ニ於ケル共産匪軍態勢要図	"匪贼"情报月报——第2—4号・3—5月中国共产党军队形式要图	返赤56044000
戦時月報資料(6月分)附図・北支那方面軍占拠地域内治安概況	战时月报资料(6月份)附图・日本华北方面军占领区域内治安概况	返赤56049020
陝西省地質及び油徵地要図	陕西省地质及石油可能分布要图	返赤56049030
蒙疆地域敵情要図(於昭和16年11月下旬)	"蒙疆"地区"敌情"要图(1941年11月下旬)	返赤56049040
北支那方面敵情及治安回復状況要図(昭和15年9月末日頃ニ於ケル)	华北方面"敌情"及治安恢复状况要图(1940年9月末)	返赤56049050
重慶側資料第242号・華文・軍事昭和十八年	1943年重庆方面资料第242号・中文・军事	返赤62008000
東亜共栄圏の鉱物資源・其二・クロム鉄鉱	"东亚共荣圈"的矿物资源・其二・铬铁矿	返赤76014000
満蒙植民に関する一方案	关于"满蒙"地区殖民的方案	返赤76018000
昭和十四年・陸支受大日記(普)	1939年陆支受大日记(普)	返赤79002000
総参二地—第76号・上海市銀行同業公会(組合)重要職員調査表	上海市银行同业公会重要职员调查表	返赤81010000

续表

资料名称	中文译名	索取号
総参二地一第65号・福州木材調査(其ノ三)	福州木材调查(其三)	返赤81015000
東北義勇軍ノ実相	东北抗日义勇军的真实情况	返赤81016000
(昭和14年度)支那事変ニ於ケル主要作戦ノ梗概	1939年日本主要作战梗概	返赤81017000
中支那振興株式会社政府所有株式第4回払込財産目録	"华中振兴股份公司"政府所有股票第4次缴付财产目录	返赤82003000
昭和17年1月・満洲国ニ於ケル敵産等処置ニ関スル件	1942年1月日本处置"满洲国"地区产业的相关事宜	返赤81018000

上述资料既包含"公开"资料,也包含"部分公开"和"要审查"的资料。"公开"部分的资料,读者可以直接在网上阅览电子图像全文,也可以在阅览室阅读缩微胶卷。作为检索手段,读者可以利用网上检索系统和国立公文书馆阅览室目录区的纸本目录进行查找。

四、其他文献

除了宫内厅、法务省、美国返还档案资料三个集中的资料群外,国立公文书馆还有一些相对零散的有关日本战争罪行的资料。例如,"行政文书"资料群的"财务省"下的"财政史资料",按照年代划分为"明治・大正财政史编纂资料""昭和财政史资料""战后财政史资料""赔偿文件""议会参考书""《终战至媾和》编纂资料"6项。其中覆盖了日本侵华战争时间全过程的"昭和财政史资料"中,收藏了229册"秋元文书"①。这批资料中含有大量有关日本侵华期间在华经济、财政、金融、货币政策史料,其中也包括对华鸦片毒化政策史料。

第三节　乙丙级战犯审判专题文献

战后,日本法务省曾花费十余年的时间专门收集整理日本战犯审判文献,

① 秋元顺朝(1905—1967)从大藏省调职到企画院、兴亚院期间(20世纪40年代)的文书。大藏省是日本自明治维新后到2000年期间存在的中央政府财政机关,主管日本财政、金融、税收;兴亚院则是日本侵华期间,设立的专门负责处理侵华事宜的机构。

除各国均较重视的甲级战犯审判文献(远东国际军事法庭审判文献)外,其在日本乙丙级战犯审判文献的收集上着力最多,是目前世界上收集日本乙丙级战犯审判文献最全之机构。

一、乙丙级战犯审判相关资料

(一)乙丙级战犯马尼拉审判记录

共计57件簿册,索取号为平11法务03760100—平11法务03816100。包括美军主导的乙丙级军事审判(马尼拉法庭)·审判记录(英文)、菲律宾主导的乙丙级军事审判·审判记录(英文)、美国联邦最高法院对恳请乙丙级战犯人身保护令及诉讼中止命令的判决(BC級人身保護令及訴訟中止命令歎願に対する合衆国大審院判決)。其中只有1件为"部分公开"状态,其余皆为"要审查"状态。在簿册标题中已注明为英文资料的共56件,其中《美国联邦最高法院对恳请乙丙级战犯人身保护令及诉讼中止命令的判决》未注明资料语言。

(二)战争审判事件调查票及调查表

法务省司法法制调查部在当初搜集资料时,曾在1956年秋向当初的辩护人、被告人、翻译、教诲师约3300名相关人员寄出了调查票,收到约半数回复①。

移交的资料中,调查票及调查表共13件簿册,这13件簿册包含1483件调查资料,索取号为平11法务03817100—平11法务03829100。主要包括两部分:①乙丙级战犯审判事件调查表·英国、澳大利亚、美国、中国;②乙丙级战犯审判事件调查票(在巣鸭监狱完成部分)·英国、澳大利亚、法国、美国其一(横滨)、美国其二(除横滨外)、荷兰、菲律宾、法国。这些资料公开程度为"部分公开"。

(三)乙丙级事件档案

1. 文献内容

乙丙级事件档案比较全面地涵盖了乙丙级战犯的各场审判,每件簿册标题直接注明审判国、审判法庭、审判事件和被告人数。这些资料簿册以"BC級(**裁判関係)##裁判·第○号事件(□名)"为标题,即"乙丙级(**审判相关)##审判·第○号事件(□名)"。其中,**表示审判国,##表示审判地点,○以数字表示第几号事件,□表示被告人数。

---

① [日]大江洋代,金田敏昌.国立公文書館所蔵「戦争犯罪裁判関係資料」の形成過程とBC級戦争裁判研究の可能性[J].歴史学研究,2015,4(930):31.

乙丙级战犯审判始于1945年10月8日美国主导的马尼拉法庭审判①，终于1956年7月中华人民共和国政府的审判②，花费前后10余年时间，共举行2200多场审判。国立公文书馆收藏相关档案1937件簿册，索取号为平11法务03830100—平11法务05766100。这些资料按照审判国别划分为7种③，具体信息整理如表6－4④。

表6－4 乙丙级战犯审判资料详细信息

审判主导国	审判件数	被告人数	法庭所在地	审理时间	资料件数	索取号	资料完整度	总册数
美国	456	1453	横滨	1945年12月18日—1949年10月19日	398	平11法务03830100—平11法务04227100	不完整	514
			关岛	1946年4月11日—1949年4月28日	35	平11法务04228100—平11法务04262100	完整	
			夸贾林	1945年11月21日—1945年12月24日	3	平11法务04263100—平11法务04265100	完整	
			关岛·夸贾林（综合资料）		3	平11法务04266100—平11法务04268100	完整	
			上海	1946年2月12日—1946年9月16日	12	平11法务04269100—平11法务04280100	不完整	

① 林博史在『BC級戦犯裁判』（第55页）一书中认为1945年2月26日—1945年3月15日在关岛对一名塞班出身的警官（查莫洛）杀人罪进行的审判是乙丙级战犯审判的起始。

② 因苏联未加入联合国战争罪行委员会，国立公文书馆所藏乙丙级战犯审判资料不含有苏联审判资料，因此本文内容不涉及苏联审判。

③ 国立公文书馆并未对中华民国和中华人民共和国的乙丙级战犯审判资料进行区分，本文表6－4中予以区分，共计8种。

④ 审判件数及被告人数引自：林博史．BC級戦犯裁判［M］．東京：岩波書店，2005：61；审理时间引自：茶園義男．茶園義男論文集：BC級戦犯裁判関係［M］．不二出版，1993：17－18；中华人民共和国沈阳、太原审判时间及被告人数引用自：赵社民，孟国祥．中共审判日本战犯工作述评［J］．南京社会科学，2009（8）：96－101．

续表

审判主导国	审判件数	被告人数	法庭所在地	审理时间	资料件数	索取号	资料完整度	总册数
美国			马尼拉	1945 年 10 月 8 日—1947 年 4 月 15 日	63	平 11 法务 04281100—平 11 法务 04343100	不完整	
英国	330	978	新加坡	1946 年 1 月 21 日—1948 年 3 月 12 日	143	平 11 法务 04344100—平 11 法务 04486100	不完整	269
			新山	1946 年 8 月 12 日—1947 年 7 月 12 日	2	平 11 法务 04487100—平 11 法务 04488100	不完整	
			吉隆坡	1946 年 1 月 29 日—1948 年 1 月 11 日	24	平 11 法务 04489100—平 11 法务 04512100	不完整	
			太平	1946 年 2 月 11 日—1947 年 12 月 26 日	13	平 11 法务 04513100—平 11 法务 04525100	不完整	
			亚罗士打	1946 年 4 月 10 日—1947 年 11 月 16 日	2	平 11 法务 04526100—平 11 法务 04527100	完整	
			槟城	1946 年 8 月 30 日—1946 年 9 月 28 日	3	平 11 法务 04528100—平 11 法务 04530100	完整	
			香港	1946 年 4 月 25 日—1948 年 12 月 20 日	34	平 11 法务 04531100—平 11 法务 04564100	不完整	
			纳闽	1946 年 4 月 8 日—1946 年 5 月 24 日	6	平 11 法务 04565100—平 11 法务 04570100	完整	

续表

审判主导国	审判件数	被告人数	法庭所在地	审理时间	资料件数	索取号	资料完整度	总册数
英国			亚庇	1946年11月20日—1947年10月8日	11	平11法务04571100—平11法务04581100	不完整	
			缅甸①	仰光 1946年4月10日—1947年11月21日 眉苗② 1947年5月12日—1947年11月18日	31	平11法务04582100—平11法务04612100	不完整	
澳大利亚	294	949	拉包尔	1945年12月9日—1947年8月6日	123	平11法务04613100—平11法务04735100	不完整	228
			纳闽	1945年12月3日—1946年1月31日	16	平11法务04736100—平11法务04751100	完整	
			香港	1947年11月24日—1948年12月13日	17	平11法务04752100—平11法务04768100	完整	
			新加坡	1946年5月17日—1947年4月2日	25	平11法务04769100—平11法务04793100	不完整	
			韦瓦克	1945年12月1日—1945年12月2日	1	平11法务04794100	完整	

① 因国立公文书馆所藏的资料题名为"BC 級(イギリス裁判関係)ビルマ裁判……",即"乙丙级(英国相关)缅甸审判……"。未细分为缅甸仰光军事法庭和缅甸眉苗军事法庭,此表格出现这种情况,统一以该馆资料题名为准。如果需要细分法庭地点,在后面审判时间栏中补充。

② 现改称彬乌伦。

续表

审判主导国	审判件数	被告人数	法庭所在地	审理时间	资料件数	索取号	资料完整度	总册数
澳大利亚			达尔文港	1946年3月1日—1946年4月29日	3	平11法务04795100—平11法务04797100	完整	
			马努斯	1950年6月5日—1951年4月9日	34	平11法务04798100—平11法务04831100	完整	
			安汶·摩罗泰岛①	安汶 1946年1月2日—1946年1月24日 摩罗泰岛 1945年12月7日—1946年2月28日	9	平11法务04832100—平11法务04840100	不完整	
荷兰（印尼）	448	1038	巴达维亚	1946年8月5日—1949年12月14日	121	平11法务04841100—平11法务04961100	完整	442
			棉兰	1947年2月6日—1949年3月10日	59	平11法务04962100—平11法务05020100	不完整	
			丹戎槟榔	1948年5月24日—1948年8月30日	5	平11法务05021100—平11法务05025100	不完整	
			坤甸	1946年10月21日—1948年1月16日	20	平11法务05026100—平11法务05045100	完整	

① 因国立公文书馆所藏的资料题名为“BC級（オーストラリア裁判関係）アンボン・モロタイ裁判……”，即“乙丙级（澳大利亚相关）安汶·摩罗泰岛审判……”，未细分安汶军事法庭和摩罗泰岛军事法庭，法庭所在地一栏统一以该馆资料题名为准。如果需要细分法庭地点，在后面审判时间栏中补充。

续表

审判主导国	审判件数	被告人数	法庭所在地	审理时间	资料件数	索取号	资料完整度	总册数
荷兰（印尼）			马辰	1947年11月11日—1948年7月17日	10	平11法务05046100—平11法务05055100	完整	
			巴厘巴板	1946年9月13日—1947年5月25日	20	平11法务05056100—平11法务05075100	完整	
			望加锡	1946年10月2日—1949年8月16日	36	平11法务05076100—平11法务05111100	完整	
			古邦	1947年7月30日—1948年7月24日	9	平11法务05112100—平11法务05120100	不完整	
			安汶	1946年12月5日—1948年12月20日	46	平11法务05121100—平11法务05166100	不完整	
			万鸦老	1946年10月30日—1948年5月28日	45	平11法务05167100—平11法务05211100	完整	
			摩罗泰岛	1946年10月10日—1948年1月21日	19	平11法务05212100—平11法务05230100	不完整	
			霍兰迪亚	1948年3月11日—1948年10月21日	52	平11法务05231100—平11法务05282100	不完整	
菲律宾	72	169	马尼拉	1947年8月1日—1949年12月28日	83	平11法务05283100—平11法务05365100	不完整	83

续表

审判主导国	审判件数	被告人数	法庭所在地	审理时间	资料件数	索取号	资料完整度	总册数
法国	39	230	西贡①	1946年9月30日—1950年3月29日	40	平11法务05366100—平11法务05405100	不完整	40
中华民国	605	883	汉口	1946年6月28日—1948年1月29日	65	平11法务05406100—平11法务05470100	不完整	360
			北平	1946年4月8日—1948年1月31日	67	平11法务05471100—平11法务05537100	不完整	
			广东②	1946年5月16日—1947年2月20日	59	平11法务05538100—平11法务05596100	不完整	
			沈阳	1946年7月20日—1948年1月8日	21	平11法务05598100—平11法务05618100	不完整	
			南京	1946年5月30日—1948年5月13日	12	平11法务05619100—平11法务05630100	不完整	
			济南	1946年8月25日—1947年11月13日	6	平11法务05631100—平11法务05636100	不完整	
			徐州	1946年6月15日—1947年4月30日	11	平11法务05637100—平11法务05647100	不完整	
			上海	1946年5月15日—1949年1月26日	104	平11法务05648100—平11法务05751100	不完整	

① 1975年，改称胡志明市。

② 审判地点位于广州，但国立公文书馆所藏簿册题名为“BC級(中華民国裁判関係)広東裁判·第1号事件”，所以此处按照簿册题名“广东”著录。

续表

审判主导国	审判件数	被告人数	法庭所在地	审理时间	资料件数	索取号	资料完整度	总册数
中华民国			台北	1946 年 10 月—1947 年 12 月 23 日	5	平 11 法务 05752100—平 11 法务 05756100	不完整	
			太原	1946 年 12 月 1 日—1948 年 3 月 24 日	10	平 11 法务 05757100—平 11 法务 05766100	不完整	
中华人民共和国		36	沈阳①	1956 年 6 月 9 日—1956 年 6 月 19 日、1956 年 7 月 1 日—1956 年 7 月 20 日	1	平 11 法务 05597100		1
		9	太原	1956 年 6 月 10 日—1956 年 6 月 20 日	0	无馆藏	无馆藏	

2. 比较具有代表性的审判案例

这 2200 多场审判详细记录了日本乙丙级战犯在东亚、东南亚和太平洋地区犯下的种种罪行，尤其是在虐待俘虏方面。

比较具有代表性的罪行审判有：

（1）美国横滨审判：武士道审判（横滨审判第 23 号，索取号：平 11 法务 03852100）、枪杀中国劳工的花冈事件（横滨审判第 230 号，索取号：平 11 法务 04063100、平 11 法务 04064100）、东海军司令部 B29 乘务员处刑事件（横滨审判第 261 号，索取号：平 11 法务 04105100—平 11 法务 04108100）、大船收容所事件（横滨审判第 256 号、第 303 号等，索取号：平 11 法务 04096100—平 11 法务 04099100、平 11 法务 04168100 等）、石垣岛事件（横滨审判 237 号事件，索取号：平 11 法务 04071100—平 11 法务 04076100）等；

① 国立公文书馆藏有 1 件新中国对乙丙级战犯的审判资料，资料名称为“BC 級（中華民国裁判関係）中共、瀋陽裁判第 1—3 号事件”。

(2)美国关岛审判:父岛食人肉事件(关岛审判第11号,索取号:平11法务04238100、平11法务04239100)、海军活体解剖事件(关岛审判第17号,索取号:平11法务04245100)等;

(3)英国新加坡审判:卡尔尼科巴岛事件(新加坡审判第12号,索取号:平11法务04354100)、泰缅铁路建设虐待俘虏事件(新加坡审判第85号,索取号:平11法务04429100)、新加坡肃清华侨事件(新加坡审判第118号,索取号:平11法务04465100—平11法务04466100)等;

(4)英国吉隆坡审判:马六甲事件、森美兰州事件等;

(5)英国香港审判:一宫町事件、比哈尔号事件等;

(6)英国亚庇审判:亚庇事件、山打根事件等;

(7)英国缅甸审判:第一次毛淡棉事件等;

(8)澳大利亚纳闽审判:山打根死亡行军(澳大利亚纳闽审判第14号,索取号:平11法务04749100)等;

(9)澳大利亚香港审判:加斯马塔澳大利亚陆军飞行员介错①事件(澳大利亚香港审判第13号,索取号:平11法务04768100)等;

(10)澳大利亚韦瓦克审判:日军在新几内亚食人肉事件;

(11)澳大利亚安汶·摩罗泰岛审判:安汶岛杀害澳军俘虏事件等;

(12)荷兰巴达维亚审判:三宝垄慰安所事件(荷兰军巴达维亚审判第69号,索取号:平11法务04915100)、弗洛雷斯岛事件、马格朗事件、樱花俱乐部事件、任抹②宪兵分队事件等;

(13)荷兰坤甸审判:坤甸事件(虐杀西婆罗洲住民事件)等;

(14)法国西贡审判:兰森事件(西贡审判第39号,索取号:平11法务05404100)等;

(15)中华民国南京审判:百人斩事件(南京审判第21号,索取号:平11法务05627100)等;

以下对上述提到的部分审判事件予以介绍。

(1)花冈事件

随着日本侵华战争的速战速决计划破灭,以及太平洋战争的开始,日本国内劳动力严重不足,日本政府决定输入大量的中国劳工。日本侵略者在中国强行绑架近千名中国平民和俘虏运至日本秋田县花冈矿山的鹿岛组(今鹿岛

---

① “介错”指在日本切腹仪式中为切腹自杀者斩首以便其更快死亡。

② 印尼城市。

建设公司）花冈作业场，从事超强度的苦役，以弥补其国内劳力之不足，强化日本的战争经济。严苛的劳动条件致使部分中国劳工死亡。为了镇压中国劳工的反抗和逃跑，日本宪兵、警察和警防团杀害了大量劳工，近半数劳工命丧日本。

（2）大船收容所事件

1942 年 5 月—1945 年 8 月太平洋战争期间，日本海军在关岛和威克岛抓捕了多名美军俘虏。原则上这些俘虏要送交陆军管理的俘虏收容所，但是海军为了从美军俘虏处获得兵器和作战相关情报，在日本神奈川县镰仓市植木秘密设置的大船收容所内，将俘虏关进牢房，施行殴打、饥饿、不予治疗伤病等虐待，致使数名俘虏死亡。

（3）父岛食人肉事件

1945 年在小笠原诸岛父岛，日本陆海军高级干部俘虏了 8 名美军航空部队飞行员，嗜食其中 5 人的肉体。父岛当时只遭遇了空袭，并未开展地面战争，当地粮食供给并未极端恶化，能够保持自给自足，吞食美军俘虏人肉只是当时的陆海军干部在酒宴上为了提高士气而为，充分可见日本战犯的残暴行径。

（4）新加坡肃清华侨事件

日军占领了新加坡后，第 25 军司令部为了对“抗日分子”和原政府相关者进行处刑，在包含新加坡在内的马来半岛各地进行肃清作战。宪兵队集合在新加坡居住的 18—50 岁华侨，对其进行盘问。他们将挑选出的华侨用卡车运送到海边，统一用机枪扫射。日军共进行了三次肃清。

（5）山打根死亡之旅

1945 年太平洋战场，在日本开设的马来西亚山打根俘虏收容所，日军对澳大利亚、英国士兵俘虏施以“死亡之旅”虐待。

随着日本在太平洋战场的不断失利，1945 年 1 月日军判断美军会在婆罗洲西海岸登陆，于是日军部队开始转移，并决定把俘虏转移到距离婆罗洲西海岸 260 千米的拉瑙。为了躲避空袭，从山打根到拉瑙选取了布满密林和湿地的艰险道路。

因为长期忍受饥饿和医护不周，俘虏们本来就营养不良、体弱多病，还要背负 30 千克日本兵的行李。在恶劣的自然环境和匮乏的物质条件下，俘虏们光脚在大雨中穿梭密林，如有落伍者立即被射杀。第一批出发的俘虏共 470 名，到达拉瑙后仅剩 150 人生存。

第二批出发的俘虏共 536 名，每日只给 85 克食物，到达拉瑙后只有 183 人存活。

收容所只剩下 288 名俘虏,他们基本都是患有疾病无法行动的病人。他们靠吃草根和腐烂的食物维持生命。在这样的情况下,森竹中尉又让岩下少尉等 37 名日本士兵选出了 75 名俘虏强迫他们出发,第三批俘虏无人生还。

三批俘虏被迫转移后,1945 年 6 月 9 日山打根收容所内还剩下 185 名俘虏,到 7 月 12 日只剩下 50 人。森竹中尉决定用机枪射杀 23 人,剩下的 27 人因为疾病自然死亡。

而在俘虏们转移后的目的地拉瑙,截至 6 月 25 日约有 190 名俘虏存活,存活下来的人每天只有 70—75 克粮食,还要每天从事繁重的体力劳动。

截至 8 月 1 日,仅剩 33 人存活,日军残忍地将其全部射杀。

(6)三宝垄慰安所事件

日本军占领印度尼西亚后,一部分日本军人无视军令,监禁荷兰女性,在三宝垄的 4 处慰安所强制她们每日卖春,并不支付任何报酬,致使有些女性沾染性病、怀孕。

(7)百人斩竞赛

日本发动侵华战争初期,野田毅和向井敏明在上海向南京的进攻途中,手持日本军刀,比赛谁先杀满 100 名中国人。最后向井敏明以斩杀 106 人,胜过斩杀 105 人的野田毅。

3. 特定战犯审判案卷的检索技巧

除了按照审判法庭查找资料外,如果想查找特定的某个乙丙级战犯的审判记录,又不清楚该战犯是在哪一次审判的话,可以通过查找概要表(事件的起诉事由概要、被告姓名、判决内容等列表)来确定该战犯被审判的审判号。概要表的索取号见表 6－5①。

表 6－5　乙丙级战犯审判概要表索取号

索取号	簿册标题
平 11 法务 07126100	美国战争犯罪审判概要表 *
平 11 法务 07127100	美国战争犯罪审判概要表(初期)
平 11 法务 07128100	英国战争犯罪审判概要表
平 11 法务 07129100	澳大利亚战争犯罪审判概要表

① 国立公文書館・よくあるご質問[EB/OL].[2018－07－31].http://www.archives.go.jp/guide/faq.html#Q23.

续表

索取号	簿册标题
平 11 法务 07130100	荷兰战争犯罪审判概要表＊
平 11 法务 07131100	荷兰战争犯罪审判概要表(初期)
平 11 法务 07132100	比利时战争犯罪审判概要表＊
平 11 法务 07133100	比利时战争犯罪审判概要表(初期)
平 11 法务 07134100	法国战争犯罪审判概要表
平 11 法务 07135100	中国战争犯罪审判概要表

注:其中,带＊的概要表是在标注“初期”的概要表之后制作完成的,内容信息也更为详细。

二、厚生省移管资料

法务省移交给国立公文书馆的资料中,有厚生省移管资料共 544 册,索取号为平 11 法务 05767100—平 11 法务 06310100,包括甲级战犯审判、乙丙级战犯审判以及复员援助相关资料。

在法务省之前,收集日本战犯审判相关资料的部门分属于陆海军两省。陆军省系统由“第一复员”省・局的“法务调查部(课)”负责,海军省系统由“第二复员”省・局的“法务调查部(课、班)”负责,积累编成了 544 册资料。1955 年,由厚生省将其移交给法务省保管,所以在国立公文书馆的目录上,将这 544 册资料称为“厚生省移管资料”①。

厚生省移管资料中关于乙丙级战犯审判的簿册主要有:战犯者原簿(美国、澳大利亚、荷兰、英国、中国、菲律宾、法国)、战犯者原簿索引、旧海军战犯相关人员名簿、陆军法务相关人员名簿、陆军(美国、澳大利亚、英国、荷兰、中国、法国、菲律宾)审判战犯者名簿、战犯相关人员特殊名簿、海军相关战争受刑者遗属状况调查表、战争审判记录、美国横滨审判资料、荷兰各法庭战犯审判资料、旧海军相关・战犯被处刑者遗言集(澳大利亚相关)、英国各地审判参考资料、中国(南京、太原)战争审判资料册、澳大利亚香港审判辩护团日志、美国关岛审判战犯记、中国审判记录・北京不起诉处分(战犯不起诉处分书)等。

三、司法法制调查部研究・调查资料

司法法制调查部研究・调查资料共计 1065 件簿册,索取号为平 11 法务

① [日]大江洋代,金田敏昌. 国立公文書館所蔵「戦争犯罪裁判関係資料」の形成過程と BC 級戦争裁判研究の可能性[J]. 歴史学研究,2015,4(930):19－33,39.

06311100—平 11 法务 07375100。这些资料主要包括 20 件战争犯罪审判概史（东京审判、各国乙丙级审判）、战犯事务资料、巢鸭关押战犯行刑概史、甲级战犯听取书、陆军及海军将领听取书、乙丙级战犯审判相关人员听取书、谈话收录集、乙丙级战犯辩护人日志、各地方出差调查报告书 78 件（见表 6-6）、战争犯罪审判研究报告、战犯资料担当职员笔记、甲级战犯资料木户日志、乙丙级审判事件相关资料、乙丙级战犯资料种别表、乙丙级战争犯罪审判概见表、受刑者名簿等等。

审判乙丙级战犯时，正值日本战后的混乱期，又因审判地分散于亚洲、太平洋各地区，日方作为被告方，审判记录并没有带回日本，资料有很多缺失。有鉴于此，1955 年开始，日本法务省司法法制调查部战争犯罪资料科的十几名工作人员，在原海军大佐丰田隈雄（远东国际军事法庭审判中负责海军方辩护）和原陆军中佐井上忠男的带领下，开展资料收集和相关人员的拜访调查①。

在这个过程中，工作人员发现，因为乙丙级战犯审判不允许辩护人带走资料，所以很难从审判相关人员处收集资料，工作人员也曾向各审判主导国提出过希望获得资料的要求，但只有菲律宾给予了回应，因此资料收集非常困难。最终他们从详细做过庭审笔记的辩护人、秘密带回一部分资料的被告人、翻译和教诲师那里搜集到了一些资料。另外，丰田和井上从 1957 年至 1970 年花了 14 年的时间出差日本全国，深入调查搜集相关资料，从约 700 名相关人员处听取了情况，进行了记录，并在 1970 年完成了目录索引的整理。1999 年，法务省将这批资料移交给国立公文书馆保管。

大江洋代曾在论文中指出这些资料与本节第一部分的乙丙级事件档案单纯保存资料的意图不同，是带有总结战争审判立场性的资料群②。这些资料来源于与审判有直接关系的辩护人、律师、教诲师甚至被告本人，资料的客观性、真实性和准确性尚需鉴别，研究者在使用时应多加考证。

---

① ［日］大江洋代，金田敏昌．国立公文書館所蔵「戦争犯罪裁判関係資料」の形成過程と BC 級戦争裁判研究の可能性［J］．歴史学研究，2015，4（930）：30.

② ［日］大江洋代，金田敏昌．国立公文書館所蔵「戦争犯罪裁判関係資料」の形成過程と BC 級戦争裁判研究の可能性［J］．歴史学研究，2015，4（930）：19－33，39.

表 6－6　法务省司法法制调查部整理收集的 78 件出差调查报告书内容提要

序号	簿册标题	内容	调查时间	调查人员	相关人员	索取号
1	仙台、福岛①	仙台、福岛出差经过，法务相关者名簿，福岛县处刑者名簿，战争审判资料座谈会摘录	1956 年 2 月 24 日—27 日	丰田隈雄 久间好矩	原陆军少将、原陆军法务少佐、水野传三郎、相原末治	平 11 法务 06528100
2	名古屋、静冈	美国横滨审判第 309 号潜水舰事件资料、调查报告书、静冈在住辩护人等	1956 年 3 月 6 日—7 日	板垣金信	原军令部部员海军中佐、原潜水舰长海军中佐	平 11 法务 06529100
3	广岛、吴②、山口	广岛诸部队原子弹爆炸受害情况、巢鸭关押者中山口县人员名簿、广岛县战犯名簿、广岛县战犯死亡者名簿等	1956 年 3 月 15 日—23 日	原忠一 丰田隈雄	原中将矢野志加三、原少将中岛、原少将加藤、原大佐高木、原大佐奥山、原大佐井浦、原大佐佐佐木、原大佐日下、原中佐清水鹤造、律师今西贞夫	平 11 法务 06530100
4	大分、长崎、佐贺	英国新加坡审判第 137 号、121 号事件参考资料，英国新加坡审判资料，荷兰望加锡审判资料，荷兰巴达维亚审判第 91 号泰缅铁路虐待俘虏事件资料，荷兰棉兰审判资料，战犯死亡者、在押者、释放者名簿，长崎原子弹爆炸受害图等	1956 年 8 月 20 日—28 日	丰田隈雄	原海军中将、原宪兵大佐、律师藤原千寻、律师入江启七郎、铁路第 9 连队材料厂长	平 11 法务 06531100

① 簿册标题省略“地方出差调查报告书”，只保留地名。
② 广岛县内的港口城市。

续表

序号	簿册标题	内容	调查时间	调查人员	相关人员	索取号
5	新潟	与战争审判辩护人井川正夫、青木楢吉、福岛章夫谈话内容要旨，与居住在新潟市周边的战犯的谈话内容要旨	1956年11月12日—13日	丰田隈雄 佐藤和直	井川正夫、青木楢吉、福岛章夫	平11法务06532100
6	金泽	与居住在金泽周边的战犯的谈话要旨，与原战争审判辩护人沢田哲夫、吉岛金一、篠岛仁三、坂野博晖、吉野彦助的谈话要旨	1956年11月15日—16日	丰田隈雄 佐藤和直	沢田哲夫等	平11法务06533100
7	大阪、神户、京都	美国横滨审判第316号大阪宪兵队事件资料，英国缅甸审判资料一览，英国太平审判资料一览，荷兰棉兰审判参考资料，澳大利亚拉包尔审判资料，英国新加坡审判第115号卡尔尼科巴岛虐待住民事件资料，美国横滨审判第117号、第234号事件资料，美国横滨审判第203号大阪监狱事件资料，美国横滨审判第119号福冈俘虏收容所第三分所事件，澳大利亚安汶·摩罗泰岛审判事件第7号安汶岛俘虏收容所事件资料，澳大利亚新加坡审判第14号敌机飞行员处刑事件资料，中国沈阳审判第88号锦州地方检察厅事件资料	1956年12月3日—13日	椎村透 杉田笃	辩护人浪江源治、和岛岩吉、阿部甚吉、中西九市、畑健次、马濑文夫、寺西博、石原寿夫、原第36混成旅团陆军大尉、原大阪俘虏收容所鹤贺分所陆军中尉、大阪监狱工作人员、福冈俘虏收容所原第3分所陆军军医中尉、原海军会计上曹、原锦州地方检察厅次长等	平11法务06534100

续表

序号	簿册标题	内容	调查时间	调查人员	相关人员	索取号
8	宇都宫、浦和	英国新加坡审判第80号事件、中国上海审判第126号事件、法国西贡审判第40号事件、菲律宾马尼拉审判第50号事件、美国关岛审判第17号事件、荷兰棉兰审判全部情况	1957年2月11日—13日	丰田隈雄	辩护人桥本一正等	平11法务06535100
9	高松、松山	英国缅甸审判辩护人穴沢定志听取事项，英国缅甸审判第14、18、21、30、34号事件资料，英国缅甸审判全部情况，荷兰安汶审判第41、81号事件资料，荷兰古邦审判第20号事件资料，荷兰万鸦老审判第17号事件资料，美国横滨审判资料，美国关岛审判第15号事件资料，中国南京审判第1、28号事件资料，中国北京审判资料，远东国际军事法庭审判资料·梅津与何应钦协定的真相，远东国际军事法庭审判资料·对日本侵华战争的考察，出差调查报告书	1957年3月11日—15日	井上忠男 久间好矩	辩护人穴沢定志	平11法务06536100
10	熊本、鹿儿岛、宫崎	美国横滨审判第107号事件资料、法国西贡审判第11号西贡宪兵队事件、中国广东审判第50号事件资料、美国马尼拉审判第59号事件、英国新加坡审判第98号泰缅铁路事件资料、美国横滨审判第80号大阪收容所第6分所事件、中国汉口审判第64号事件资料、出差调查报告书	1957年10月6日—13日	丰田隈雄	原菲律宾俘虏收容所陆军卫生曹长、原西贡宪兵分队宪兵曹长、原中国南部宪兵队特高科长宪兵少佐、原独步第174大队陆军大尉、原南方军铁路司令官陆军中将、辩护人藤井洋元、原第68师团长陆军中将	平11法务06537100

续表

序号	簿册标题	内容	调查时间	调查人员	相关人员	索取号
11	盛冈、八户、札幌、弘前	出差调查收集资料，英国新加坡审判资料，英国新加坡审判第8、18号事件资料，英国亚庇法庭资料，英国缅甸审判资料，英国缅甸仰光法庭第1、3、4、5、6、8、11、15号事件资料，美国横滨法庭第26、45号事件资料，荷兰丹戎槟榔法庭第5号事件资料，澳大利亚拉包尔法庭第60号事件资料，英国香港法庭第28号事件，美国马尼拉法庭第42号事件资料	1957年10月21日—26日	井上忠男 久间好矩	辩护人村上武、三宅修一（辩护人报告、辩护人日志节选）、辩护人相内祯介	平11法务06538100
12	长野、上田	出差报告书，美国横滨军事法庭第1、216、229号事件，荷兰摩罗泰岛法庭第14号事件，荷兰坤甸审判资料	1957年11月20日—24日	渡边清海 丰田隈雄	辩护人北沢忠三	平11法务06539100
13	大阪、京都	出差报告书，英国香港审判第32、34、40号事件，英国缅甸审判第22、38号事件，美国横滨审判第80、160、197、219、261、300号事件，英国新加坡审判第57、76、85、117号事件，英国吉隆坡审判事件，澳大利亚安汶·摩罗泰岛审判第7号事件，澳大利亚拉包尔审判第188、194、196、198、200、203号事件，美国马尼拉审判第11号事件，中国上海审判第58号事件，中国汉口审判第65号作战期间使用毒气事件	1958年1月19日—26日	椎村透 蓝田保	平川千秋、真锅喜三郎、佐伯千仞、岩口守夫、辩护人小林昭、辩护人藤本香藤	平11法务06540100

续表

序号	簿册标题	内容	调查时间	调查人员	相关人员	索取号
14	神户、广岛	出差调查收集资料，美国横滨法庭第181、201、328号事件资料，中国广东法庭资料，澳大利亚拉包尔法庭第25、36、97、98、100、201号事件资料，澳大利亚纳闽法庭第12号事件资料，英国新加坡法庭第10、19、42、43、61、76、130号事件资料，英国新加坡法庭昭南宪兵队事件资料、战争审判所见，英国纳闽法庭资料，英国太平法庭第29军军医部事件资料，英国新加坡审判资料，菲律宾马尼拉审判资料，泰国俘虏收容所相关事件所见，婆罗洲宪兵队事件所见，美国关岛法庭第14、15、17、18号事件所见，澳大利亚马努斯法庭第13、20号事件资料，美国马尼拉审判第3号事件资料，荷兰巴达维亚法庭等105号事件资料，英国亚庇法庭第10号事件资料，澳大利亚韦瓦克法庭资料，英国缅甸法庭第17号事件资料，荷兰棉兰审判所见、战争审判所见，新加坡审判辩护所见	1958年2月21日—27日	原忠一 井上忠男	辩护人草信英明、辩护人堀正一、辩护人赤井定雄、翻译河野节郎、辩护人冈田建治、辩护人佐伯钦治、辩护人秋元勇一郎、辩护人寺西博	平11法务06541100

续表

序号	簿册标题	内容	调查时间	调查人员	相关人员	索取号
15	岐阜、名古屋	出差调查报告书，荷兰望加锡审判第270号事件资料，英国缅甸仰光审判第17、26号虐待杀害缅甸人事件，荷兰摩罗泰岛审判第12号事件，英国新加坡审判第9、14、42、71、78、139号事件、美国横滨审判第337号事件虐待杀害菲律宾俘虏事件资料，澳大利亚香港审判第3号海南岛八所海军俘虏收容所事件资料	1958年3月4日—6日	丰田隈雄 高柿义文	辩护人小森武介	平11法务06542100
16	横滨	出差调查收集资料，美国横滨法庭第39、48号函馆俘虏收容所第1分所（室兰）虐待俘虏事件资料，美国横滨法庭第6、107、119、120、138、147、156、222、235、272、168、211、214、219、244、268、270、273、278、290、309、313号事件资料，英国香港法庭第17号香港宪兵队事件资料，英国香港法庭第26号香港宪兵队荃湾宪兵分所事件资料，美国横滨法庭第29、37号福冈俘虏收容所第3分所（小仓）虐待俘虏事件资料，美国横滨法庭第133号名古屋俘虏收容所第1分所（神冈）虐待俘虏事件资料，美国横滨法庭第147号东京俘虏收容所第16分所事件资料	1958年3月24日—26日	椎村透 久间好矩	辩护人吉住达一郎、辩护人飞鸟田喜一、辩护人久保田国松、辩护人柴田次郎、辩护人松谷竹三郎、辩护人山田盛、辩护人菅原道彦、辩护人桃井银次	平11法务06543100

续表

序号	簿册标题	内容	调查时间	调查人员	相关人员	索取号
17	甲府	出差调查报告，美国马尼拉法庭第74号事件资料，英国新加坡法庭第77号昭南陆军监狱事件资料，澳大利亚拉包尔法庭第22、50、145号事件资料，美国关岛法庭第12号父岛事件资料，英国新加坡法庭第108号事件资料	1958年3月25日—26日	井上忠男		平11法务06544100
18	横须贺	出差调查报告书，美国横滨审判第127号新潟东京俘虏收容所第6分所杀害俘虏事件，美国横滨审判第171号朝鲜京城俘虏收容所事件，美国横滨审判第201号直江津俘虏收容所事件，美国横滨审判第220、262、273、313号事件资料，美国横滨审判所见所感，荷兰巴达维亚审判第22、23、24、27、37、52、55、65、71、88、96号事件，荷兰巴达维亚审判所见所感，美国关岛审判第13号事件，战争幸存者访问记，美国横滨审判原辩护人寺岛广文、小池广澄听取书，荷兰巴达维亚审判辩护人荻原竹治郎听取书，美国关岛审判原帕劳宪兵队宪兵准尉调查书，美国横滨审判原海军少将调查书，美国关岛审判原海军少佐听取书	1958年3月28日—4月5日	丰田隈雄	原辩护人寺岛广文、原辩护人小池广澄、原辩护人荻原竹治郎、原南洋宪兵队宪兵准尉、原第23航空司令官海军少将、原第4根据地第4防备队水警科长海军少佐、辩护人大崎行三妻子	平11法务06545100

续表

序号	簿册标题	内容	调查时间	调查人员	相关人员	索取号
19	山形、福岛	出差调查报告，美国关岛审判第6号杀害威克岛俘虏事件资料，英国新加坡审判第79号事件，荷兰霍兰迪亚审判第33、35号事件，美国横滨审判第203号（新第244号）大阪监狱事件资料，荷兰莫罗泰岛审判第2号审讯拷问致死事件资料，法国西贡审判第4号虐待伤病俘虏事件资料，荷兰摩罗泰岛审判第15号处死间谍事件资料，菲律宾马尼拉审判第5号马尼拉宪兵分队拷问事件，法国西贡审判第11号西贡宪兵分队事件资料，英国缅甸审判第23号事件资料，英国柔佛州新山审判第2号柔佛州新山宪兵分队事件资料，英国吉隆坡审判第45号事件资料，美国横滨审判第259、305号事件资料、战争审判所见，英国新加坡审判第9、14、39、54号事件资料	1958年8月3日—9日	丰田隈雄 儿岛武	辩护人外山林一、辩护人今野佐内	平11法务06546100

续表

序号	簿册标题	内容	调查时间	调查人员	相关人员	索取号
20	福冈、小仓	出差报告书，英国新加坡审判一般资料，英国新加坡审判第7、11、37、98、107、123号事件资料，美国横滨审判第217、290、293、326号事件资料，英国马来新加坡地区审判一般资料，荷兰巴达维亚法庭第110号事件资料，美国马尼拉法庭第44、60、62、67、72号事件资料，荷兰巴厘巴板法庭第20号事件资料，英国亚庇法庭第9号事件资料、供述书，中国济南审判资料，澳大利亚拉包尔审判资料，美国上海审判第9号事件资料，荷兰棉兰审判资料，荷兰棉兰审判大江保直苏门答腊战犯审判备忘录节选(某战犯辩护人的回忆)	1958年10月28日—11月1日	井上忠男 佐藤和直 津田实宛	辩护人中园原一、辩护人村田利雄、辩护人堤千秋、辩护人三原道也、辩护人植田夏树、辩护人下川久市、辩护人田所庚一郎	平11法务06547100
21	富山、金泽	出差报告书，美国马尼拉审判第8号事件资料，澳大利亚马努斯审判第1号事件资料，英国缅甸审判第20、24号事件资料，荷兰巴厘巴板法庭第14号事件，英国纳闽审判第5号事件资料，英国新加坡审判第80号泰缅铁路事件资料，荷兰棉兰审判第11号新加坡俘虏收容所事件资料，法国西贡审判第29号事件资料，美国横滨审判第260号事件资料，中国沈阳审判第4号事件资料，美国菲律宾审判第14号事件资料	1958年11月23日—30日	贞家克己 蓝田保 津田实宛	原混成第61旅团第405大队长陆军少佐、原近卫师团步兵第3连队第1大队第3中队长陆军大尉、原缅甸宪兵队宪兵曹长、原巴厘巴板民生部海军技师、山田义盛(原婆罗洲守备军司令部司政官、英国纳闽审判辩护人)、原陆军中佐、原宪兵军曹、原陆军中尉、原锦西警官、原阿帕里宪兵分遣队宪兵军曹	平11法务06548100

续表

序号	簿册标题	内容	调查时间	调查人员	相关人员	索取号
22	神户、下关、大分	出差调查收集资料，澳大利亚安汶·摩罗泰岛审判辩护人岩下武扬关于战争审判的感想谈话，美国横滨法庭第76、94、307号事件，英国香港法庭第27、32号事件，英国新加坡法庭第120、137号事件，澳大利亚安汶·摩罗泰岛法庭审判第7号事件	1959年2月16日—21日	丰田限雄 久间好矩	辩护人村田喜一	平11法务06549100
23	新潟、长冈、直江津	出差报告书，法国西贡法庭第28号事件资料，美国横滨法庭第274号东京俘虏收容所第5分所事件资料，美国横滨法庭新第324号（旧第322号）事件资料，美国横滨审判新第314号（旧第294号）事件资料，英国缅甸法庭第13号事件资料，澳大利亚拉包尔法庭新第64号（旧第63）号事件资料，荷兰棉兰法庭第39号事件资料，荷兰巴达维亚法庭第16号事件资料，菲律宾审判资料，菲律宾马尼拉法庭第1、3、8号事件资料，美国横滨法庭第129号（旧第67号）直江津俘虏收容所事件	1959年3月9日—16日	井上忠男 君塚安治郎 津田实宛	原南方第1宪兵队本部所属军曹、原俘虏收容所军属、原新潟工所警戒员、原新潟海陆运输有限公司董事临港煤炭公司董事、工兵第5连队长、原特陆4连队所属伍长、原巨港宪兵分队长宪兵少佐、原陆军大尉（爪哇、芝马墟俘虏收容所长）、原菲律宾派遣辩护人驹形浜治、棚村重信、原直江津俘虏收容所分所长	平11法务06550100

续表

序号	簿册标题	内容	调查时间	调查人员	相关人员	索取号
24	浜松、静冈、沼津、小田原	英国、澳大利亚新加坡审判，大久保辩护人负责事件一览，英国新加坡审判第8、12、15、50、62、74、90、93号事件资料，澳大利亚新加坡审判第6、8号事件资料，大村事件及相关事件，英国香港审判第43号事件资料，内田辩护人负责事件一览表，关于荷兰巴达维亚、摩罗泰岛审判的资料，扇辩护人负责事件一览表，荷兰摩罗泰岛审判第1—16、18、20、21号事件资料，荷兰巴达维亚审判第78、81、84、90、94、98号事件资料	1959年3月17日—21日	贞家克己	律师大久保弘武(原爪哇军政监部司政官、原战犯辩护人)、原九龙逐宪兵队本部特高科主任准尉、律师内田善次郎、原战犯辩护人扇正宏	平11法务06551100
25	宇都宫、今市	出差调查收集资料，荷兰坤甸法庭第14号事件资料，美国横滨法庭第107号虐待处死俘虏事件，美国关岛法庭第22号事件，中国北京法庭第56号事件，英国新加坡法庭第55号泰国俘虏收容所第2分所虐待俘虏事件，英国槟城、太平法庭审判第1、12号事件，美国横滨法庭第89号仙台俘虏收容所第7分所(秋田县花冈町)虐待俘虏事件	1959年10月21日—23日	丰田隈雄 久间好矩	辩护人木野政治、原陆军伍长、原宪兵曹长、泰国俘虏收容所第2分所卫生准尉、第25军马来宪兵队宪兵准尉、仙台俘虏收容所第7分所长(陆军大尉)	平11法务06552100

续表

序号	簿册标题	内容	调查时间	调查人员	相关人员	索取号
26	秋田	出差报告书，荷兰安汶审判第28号事件资料，中国北京审判北京宪兵队事件资料，中国北京审判太原宪兵队事件资料，北京审判资料，美国横滨审判第74号花冈矿山事件资料，关于花冈矿山事件参考资料（花冈矿山中国劳工状况），美国横滨审判第120、158、268、311、312、315、331号事件资料	1959年10月26日—30日	井上忠男 君塚安治郎	原宪兵曹长，原北京宪兵队长宪兵大佐，原秋田县大馆警察署长，原鹿岛公司人员，原鹿岛公司翻译，同和矿业公司花冈矿业所劳务科职员，原第8分所军属，原藤田组小坂矿业所警戒员、指导员，原仙台第6分所卫生军曹，原尾去沢矿业所指导员、警戒员	平11法务06553100
27	山口	出差调查报告书、荷兰棉兰审判第23号事件资料、美国横滨审判第288号油山事件资料、英国新加坡审判第3号昭南宪兵队事件资料、英国吉隆坡审判第45号事件资料、关于泰缅铁路建设参考资料、荷兰棉兰审判相关参考资料、英国槟城审判第1号槟城宪兵分队事件资料、美国马尼拉审判第32号达沃事件资料	1959年11月26日—12月1日	井上忠男 佐藤和直	原近卫工兵第2连队长陆军少将、原陆军中尉、原宪兵曹长、原陆军大尉、原槟城宪兵分队长宪兵大尉、原达沃第32特别根据地队海军大尉	平11法务06554100

续表

序号	簿册标题	内容	调查时间	调查人员	相关人员	索取号
28	群马	出差调查报告书，美国横滨审判第107、224、328号事件资料，澳大利亚新加坡审判第13号事件资料，英国新加坡审判第13、138号事件资料，澳大利亚马努斯审判第5号事件资料，英国香港审判第1号大屿岛事件资料，荷兰摩罗泰岛审判第1号事件资料	1960年2月1日—6日	井上忠男 蓝田保	原独立混成第112旅团陆军军曹、原泰国俘虏收容所工作人员陆军曹长、原第10方面舰队参谋海军中佐、原第6野战宪兵队宪兵准尉、原独立步兵第357大队陆军军曹、原独立步兵第69大队准尉、原陆军大尉、原第8野战宪兵队员宪兵曹长、原中部宪兵队指令官陆军少将	平11法务06555100
29	千叶县	出差调查报告、英国新加坡审判第56号事件资料、荷兰巴达维亚审判第37号乌汶事件资料、美国横滨审判第295号大船事件资料、澳大利亚马努斯岛审判第25号注射事件资料、美国横滨审判第260号虐待美军飞行员事件资料、中国上海审判第105号事件资料、澳大利亚摩罗泰岛审判第1号塔劳岛杀害4名澳军飞行员事件资料	1960年2月8日—13日	丰田隈雄 安原丰隆	原陆军准尉、原陆军少佐、原海军中佐、原海军法务少佐、原日本政治会特约员、原外务省巡查部长、原陆军步兵伍长	平11法务06556100

续表

序号	簿册标题	内容	调查时间	调查人员	相关人员	索取号
30	熊本、鹿儿岛	出差调查报告书，美国马尼拉审判第64、80、86号事件资料，英国香港审判第27号台湾俘虏收容所事件资料，英国新加坡审判第117号肃清华侨事件资料，美国横滨审判第152号广岛第8分所事件资料，英国吉隆坡审判第44号事件资料，英国新加坡审判第98号事件资料，荷兰巴达维亚审判第59号三宝垄宪兵分队事件资料，荷兰坤甸审判第1、4、5、6、13、18号资料	1960年3月7日—15日	丰田隈雄 儿岛武	原独立步兵第174大队第2中队长陆军中尉、原独立步兵第174大队第2中队长陆军上等兵、原台湾俘虏收容所陆军中尉、原马来派遣第2野战宪兵队宪兵中佐、原独立步兵第174大队陆军上等兵、原山口县本山俘虏收容所军属、原步兵第11连队中队长陆军少佐、原南方铁路司令官陆军中将、原三宝垄宪兵分队宪兵大尉、辩护人三井三男	平11法务06557100
31	京都、奈良	出差调查报告书，美国横滨审判第328号事件资料，英国香港审判参考资料，中国台北审判第11号事件，英国新加坡审判第8、48、79、82号事件资料	1960年5月19日—21日	井上忠男 君塚安治郎	原宪兵司令官陆军中将、原香港防卫队炮兵队长、原台湾步兵1补充队陆军中尉卫兵长、原独立混成第37旅团司令部陆军大尉、原马来俘虏收容所陆军大尉、原南方第1陆军医院附医中尉	平11法务06558100

续表

序号	簿册标题	内容	调查时间	调查人员	相关人员	索取号
32	东京都内	采访调查报告书，法国战争审判资料，美国横滨审判第78号东京陆军监狱事件资料，英国缅甸仰光审判事件第24号事件资料，美国横滨审判第328号事件资料，中国上海审判第5号上海沪西分队事件资料，中国上海审判资料，澳大利亚香港审判资料，英国新加坡审判第117号肃清华侨事件资料，英国新加坡审判宪兵队事件参考资料，菲律宾马尼拉审判资料，美国横滨审判第201号（新255号）直江津俘虏收容所事件资料，荷兰巴达维亚审判资料，荷兰巴厘巴板审判第20、110号事件资料，荷兰巴厘巴板审判资料，英吉隆坡法庭审判第31号吉隆坡监狱事件	1960年6月4日—12月7日	井上忠男	原西贡总领事战争审判辩护人河野达一、原陆军监狱看守、原缅甸宪兵队司令官宪兵大佐、原大阪宪兵队司令部部员宪兵中佐、原上海西宪兵分队宪兵准尉、原海军司政官、原马来派遣第2野战宪兵队宪兵少佐、原菲律宾审判书记冈本虎雄、原直江津俘虏收容所军属、原第16军法务部法务中尉、辩护人佐佐木秀雄律师、原吉隆坡监狱长	平11法务06559100
33	千叶、茨城	出差调查报告书，英国新加坡审判第1、77、79、103号事件资料，澳大利亚马努斯审判第10、19、22号事件资料，美国关岛审判第17号特鲁克岛第4医院事件资料，澳大利亚香港审判第3号海南岛事件资料，英国吉隆坡审判第7号吉隆坡警备队事件资料，澳大利亚拉包尔审判相关资料	1960年10月17日—21日	丰田隈雄 久间好矩	法务准尉、看守长、原宪兵伍长、原海军少佐横3特副官、原海军卫生兵曹长、原海军大佐横4特司令、原陆军宪兵伍长吉隆坡警备队、原陆军军属会计、原陆军军医大尉、原拉包尔审判辩护人关山忠光	平11法务06560100

续表

序号	簿册标题	内容	调查时间	调查人员	相关人员	索取号
34	埼玉	采访调查实施一览表，美国横滨审判第210号B29乘务员杀害事件资料，英国缅甸审判第1、6、11号事件资料，澳大利亚新加坡审判第8号事件资料，中国济南审判第7号泰安宪兵分队逮捕无线电间谍事件资料，中国济南审判事件资料，中国汉口审判第22号汉口俘虏收容所事件资料，美国横滨审判第250号东部军军医部事件资料，英国亚罗士打审判第1、2号事件资料，中国徐州审判第13号第29军军医部事件资料，英国太平审判资料，美国横滨审判第220号事件资料，英国亚庇审判第1、11号事件资料，英国吉隆坡审判第7号马六甲事件资料、中国汉口审判第2号汉阳宪兵分队事件资料	1960年11月7日—15日	井上忠男	原第426连队第1对泰挺进中队陆军曹长、原缅甸毛淡棉宪兵分队宪兵军曹、原泰俘虏收容所陆军曹长、原济南宪兵队宪兵曹长、原汉口第51兵站警备队上等兵、原东部军管区司令部军医部医中尉、亚罗士打宪兵分队宪兵军曹、原第29军军医部药剂少佐、原第37军宪兵队宪兵曹长、原缅甸宪兵队宪兵军曹、原步兵第256连队陆军伍长、原汉阳宪兵分队长宪兵中尉等	平11法务06561100
35	大阪、滋贺	出差调查书，荷兰巴达维亚审判第61、62号事件相关资料，澳大利亚新加坡审判第19、103号事件资料，美国横滨审判第157、249、288号事件资料	1960年11月28日—12月3日	丰田隈雄 佐藤和直	原独立混成旅团陆军伍长、原泰国宪兵队宪兵伍长、原海军一等水兵第2特别根据地队第31防空队、原陆军少佐三宝垄军队拘留所长、原陆军步兵中尉独步34大队中队长、原陆军军属大阪俘虏收容所淀川分所人员	平11法务06562100

续表

序号	簿册标题	内容	调查时间	调查人员	相关人员	索取号
36	志村化工公司	采访调查志村化工公司工作人员战犯报告书，美国横滨审判第75号(新128号)东京俘虏收容所第12、13分所事件资料，荷兰巴达维亚审判第27、89号事件资料，荷兰望加锡审判第26号事件资料	1960年12月15日—21日	井上忠男	原东京俘虏收容所第12分所陆军卫生一等兵、辩护人中垣内(笔记摘录)、原巴达维亚宪兵分队宪兵准尉、原第5野战宪兵队宪兵军曹	平11法务06563100
37	和歌山	出差调查报告书，英国吉隆坡审判第10号事件资料，美国横滨审判第276号(新335号)宫古岛杀害美飞机乘务员事件，澳大利亚香港审判第8号泰缅铁路建设工地虐待俘虏事件，荷兰棉兰审判第24、56号事件，中国广东审判第72号辎重兵第37连队相关事件资料，中国汉口审判第60号湖北省荆门宪兵分遣队事件，英国纳闽审判第4号事件资料，英国槟城审判第1号槟城宪兵队事件资料，英国吉隆坡审判第23号事件资料，澳大利亚新加坡审判第10号泰俘虏收容所第3分所事件资料	1961年2月12日—22日	井上忠男 蓝田保	原马来西亚文冬陆军警部警察署长、原第28师团参谋陆军中佐、原特设第4号铁道队陆军兵长、原第4师团第1野战医院陆军军医大尉、原辎重兵第37连陆军兵长、原荆门宪兵分遣队长宪兵准尉、原北婆罗洲陆军燃料厂征用人员、原第4师团第4野战医院陆军军医大尉、原马来宪兵队宪兵准尉、原泰国俘虏收容所第3分所陆军中尉	平11法务06564100

续表

序号	簿册标题	内容	调查时间	调查人员	相关人员	索取号
38	鸟取	出差调查报告书、荷兰巴达维亚审判第39号事件资料、英国新加坡审判第47号事件资料、中国广东审判第14号事件资料、荷兰马辰审判第7号马辰拘留所事件资料、美国横滨审判第317号大阪宪兵队事件资料、英国吉隆坡审判第15号哥打巴鲁宪兵队事件资料	1961年3月7日—15日	丰田隈雄 安原丰隆	原陆军法务曹长、法务准尉、南方第2陆军医院陆军军医少佐、原海军警部人员、原海军上等兵曹、宪兵准尉中部宪兵队司令部外事班、宪兵中尉哥打巴鲁宪兵分队长	平11法务06565100
39	东京都内	采访调查报告书，荷兰巴达维亚审判第27、28号事件资料，英国新加坡审判第56、70号事件资料，荷兰摩罗泰岛审判第21号事件资料，美国横滨审判第261号(新第289号)、292号事件资料，原战争审判辩护人国广稔听取书，荷兰望加锡审判资料	1961年5月17日—7月3日	井上忠男	原南方第2陆军医院陆军军医大尉、辩护人八田三郎、辩护人国广稔、原东海军参谋长陆军少将、原第13军参谋长冈田资中将、望加锡审判辩护人小川利明元、辩护人田野功等	平11法务06566100
40	千叶	调查报告书，英国吉隆坡审判第40、288号事件，新加坡及吉隆坡审判资料，澳大利亚新加坡审判第18号资料，美国横滨审判第261号事件资料，爪哇·马来俘虏收容所相关战犯参考资料，英国新加坡审判资料，英国新加坡审判第78、87、88号审判资料	1961年5月30日—6月2日	井上忠男 君塚安治郎	原宪兵准尉、原战争审判辩护人青木彦次郎、原陆军中佐、原陆军少将、原战争审判辩护人立崎英	平11法务06567100

续表

序号	簿册标题	内容	调查时间	调查人员	相关人员	索取号
41	大阪、兵库、冈山、京都、滋贺	出差调查报告书，美国横滨审判第192、261、233号事件资料，菲律宾马尼拉审判第57号事件资料，菲律宾战争犯罪及战争审判资料，美国马尼拉审判第60号事件资料，美军登陆后菲律宾岛俘虏收容所的状况（参照武藤章手记《从菲律宾岛到巢鸭》），判处洪思翊中将死刑的理由，菲律宾审判第64号事件参考资料，美国横滨审判第107号鸭绿江丸事件资料，荷兰丹戎槟榔审判第3号丹戎槟榔宪兵分队事件资料，荷兰巴达维亚审判资料，荷兰巴达维亚审判第39号第16军拘留所事件资料，对战犯的评论性警告（《新加坡海峡时报》1947年2月6日），战犯审判中对军医的看法（对爪哇俘虏收容所陆军军医中尉判决理由摘录），战犯审判中夸张证言的反省判决（巴达维亚军法会议、宪兵曹长的判决），澳大利亚新加坡审判第14号第16军司令部事件资料，英国香港审判第41号台湾俘虏收容所事件资料，英国香港审判第36号利根号、海狸号事件资料，英国新加坡审判第11号事件资料，澳大利亚新加坡审判第9号第16军司令部情报部虐待俘虏事件，荷兰安汶审判第12、24号事件资料，吉田宽二律师供述书，英国审判参考资料，英国缅甸审判第6号事件资料，荷兰巴达维亚审判第70、105号事件资料，美国横滨审判第290、288号九大事件及油山事件资料，辩护人德永正次辩护事件	1961年7月17日—27日	井上忠男 君塚安治郎	原陆军大尉、辩护人松本清、原陆军法务大尉、原爪哇宪兵队特高科长茂物宪兵队长宪兵少佐、原辩护人小谷勇雄、原海军会计少佐、原辩护人沢边金三郎、原陆军军属翻译、原宪兵少佐、原辩护人川村寿三、原井皮楠监狱长、原辩护人德永正次	平11法务06568100

续表

序号	簿册标题	内容	调查时间	调查人员	相关人员	索取号
42	广岛、福冈、佐贺	采访调查报告书，中国北平审判第19号华北特别警备队三大队事件，澳大利亚拉包尔审判第95号资料，英香港审判第42号步兵第38团攻占香港事件，美国横滨审判第94、181、321号事件资料，荷兰巴达维亚审判第22号事件资料，丰田参事和杉田事务官赴广岛县、福冈县和佐贺县调查收集战争审判资料的出差日程	1961年8月15日—18日	丰田隈雄 杉田笃	原天津宪兵队宪兵曹长、原混成第40旅团长少将、原步兵第38团团长中将、佐世保海军警备队军港卫兵分队、原陆军中佐仙台俘虏收容所所长、原爪哇俘虏收容所陆军预备役军医大尉、原陆军大佐、俘虏收容所长	平11法务06569100
43	东京都内	居住在东京都内的战犯草房调查报告书，美国关岛审判第19号帕劳防空队杀害俘虏事件资料，美国关岛审判帕劳相关事件资料，荷兰巴达维亚审判资料，荷兰巴达维亚审判第1、70、104、111号事件，荷兰巴达维亚审判资料宪兵相关资料，荷兰巴达维亚审判爪哇俘虏收容所长等的事件资料，美国关岛审判事件资料，英国香港审判资料，英国香港审判第9、11、16号事件资料，英国新加坡审判第70号巨港俘虏收容所事件资料，澳大利亚新加坡审判第14号第16军司令部杀害澳飞行员事件资料，英国新加坡审判第94号事件资料	1961年10月19日—1962年3月6日	井上忠男	原第14师团作战参谋、原会计中尉巴达维亚审判翻译、原陆军司政官辩护人	平11法务06570100

续表

序号	簿册标题	内容	调查时间	调查人员	相关人员	索取号
44	神奈川（横滨）	出差报告书，神奈川县（横滨）出差调查报告书，美国关岛审判第6号威克岛杀害俘虏事件资料，美国横滨审判第137号福冈俘虏收容所第18分所事件资料，美国横滨审判第256、295号大船俘虏收容所事件相关资料，荷兰望加锡审判第14号望加锡俘虏收容所事件资料，美国关岛审判第14号事件资料，澳大利亚香港审判第3号海南岛横4特事件资料，美国横滨审判第190号第103设备部（马尼拉）事件资料，英国新加坡审判第11号事件资料	1962年3月19日—24日	丰田隈雄 牛岛纯一	原海军中佐、原海军少尉、原海军大佐、原海军大尉、海军技术中将、海军理事官（奏任官）	平11法务06571100
45	福岛、宫城	出差调查报告书、美国马尼拉审判河野兵团相关资料、澳大利亚马努斯审判第17号事件资料、英国新加坡审判辩护人今野佐内辩护事件一览表、英国新加坡审判事件资料、荷兰巴达维亚审判第104号事件资料、英国香港审判第21号事件资料、美国横滨审判第307号船舶事件资料、美国关岛审判第11号事件资料、英国新加坡审判第77号昭南陆军监狱事件资料、英国新加坡审判第73号事件	1962年3月23日—27日	井上忠男 井出隆雄	原拔兵团参谋陆军中佐、原第37军法务部陆军法务大尉、辩护人今野佐内、支队长陆军少将、原攻占香港步兵第230连队长、原船舶司令官陆军中将、原父岛方面特别根据地队海军军医大尉、原陆军监狱长法务少佐、原新加坡拘留敌人的收容所所长陆军大尉	平11法务06572100

续表

序号	簿册标题	内容	调查时间	调查人员	相关人员	索取号
46	富山、爱知、三重	出差调查报告书，荷兰坤甸审判第13号事件资料，英国新加坡审判辩护人沢田哲夫辩护事件一览表，英国新加坡审判第48号高崎事件资料，英国新加坡审判第56、64、84、90、94事件资料，英国新加坡审判所见，荷兰古邦审判第4号京免事件资料，美国横滨审判第239号名古屋俘虏收容所事件资料，英国新加坡审判辩护人荒木辰生辩护事件一览表，关于英国新加坡审判，澳大利亚拉包尔审判辩护人堀部进辩护事件一览表，澳大利亚拉包尔审判第77号杀害瑙鲁岛原住民事件，澳大利亚拉包尔审判第78号在布干维尔处死印度人事件，中国沈阳审判事件资料，中国沈阳审判平顶山事件资料，中国沈阳审判锦西开拓团事件资料，美国横滨审判第261号（新289号）处死东海军敌机乘务员事件资料，澳大利亚新加坡审判第9号第16军司令部情报部虐待俘虏事件，澳大利亚拉包尔审判第182号第8方面军参谋长事件资料，美国横滨审判第307号船舶事件资料，“大东亚战争”的反省	1962年7月2日—10日	井上忠男 蓝田保	原海军上等兵曹、辩护人沢田哲夫、原海军技术大尉京免丰作、原名古屋俘虏收容所所长大竹道二、辩护人荒木辰生、辩护人堀部进、原伪满洲国金州省公署政务参赞、东海军参谋陆军少佐、原参谋本部第三部长陆军中将兼大本营陆军部运输通信长官	平11法务 06573100

续表

序号	簿册标题	内容	调查时间	调查人员	相关人员	索取号
47	大阪、神户	出差调查报告书，法国西贡审判第26号事件资料，原东京审判辩护人（被告人武藤）佐伯千仞听取书，荷兰巴达维亚法庭第25、70号事件资料，澳大利亚新加坡审判第8号事件资料，澳大利亚马努斯审判第5、21号事件资料，中国上海法庭第105号厦门领事馆事件资料，原海军少将履历，原军令部第4科长兵备局第1科长海军少将听取书	1962年8月6日—11日	丰田隈雄 安原丰隆	原宪兵曹长、松冈武四郎、原海军兵曹长、原陆军军属（翻译）、原第17军宪兵大尉、原厦门海军武官大佐等	平11法务06574100
48	东京都内	都内居住的战犯采访调查报告书，核试验问题所见，战争审判参考资料，美国横滨审判第248、310（旧296号）、323号事件资料，英国新加坡审判参考资料，丸之内审判第2号俘虏情报局长官田村浩事件资料，中国上海审判第24号上海军队拘留所所长事件资料，美国马尼拉、横滨、菲律宾战争审判资料，美国马尼拉审判第11、28号事件资料，菲律宾审判第63号事件资料，荷兰马辰审判第8号事件，关于婆罗洲民政部事件	1962年3月12日—8月17日	井上忠男	原陆军少将、原东部军参谋长陆军少将、原陆军少将、辩护人金濑薰二、原上海军队拘留所长陆军中尉、原参谋长陆军中将、原南方总军参谋副长、原菲律宾第14军参谋长、原海军司令官	平11法务06575100

续表

序号	簿册标题	内容	调查时间	调查人员	相关人员	索取号
49	新潟、长野	出差调查报告书，辩护人赤沢正司辩护事件一览表，澳大利亚新加坡审判第6、10号事件，英国柔佛州新山审判第？事件①，新加坡审判资料，辩护人阿部太郎辩护事件一览表，美国横滨审判第49号新居浜俘虏收容所事件资料，美国横滨审判第53号四日市俘虏收容所事件资料，英国新加坡审判第1、59、96、130、132、134、135、136、137、138号事件资料，战争审判参考资料，美国横滨审判及英国新加坡审判辩护人阿部太郎听取事项，澳大利亚拉包尔审判事件第64号事件，泰国俘虏收容所相关资料，泰缅铁路相关资料杀害霍乱患者俘虏事件，原泰国驻屯军司令官听取事项，辩护人北沢忠三辩护事件一览表，荷兰坤甸审判第2、14、16号事件资料，荷兰坤甸审判资料，中国北京审判第64号太原宪兵队事件，中国太原审判资料、中国北京审判资料，荷兰巴达维亚审判第98号宝石事件资料，中国广东审判第64号南方军第一宪兵队事件，书信（井上忠男收）	1962年9月17日—25日	井上忠男 川根进	原陆军司政官辩护人、辩护人阿部太郎、原陆军曹长、原泰国俘虏收容所副官陆军大尉、辩护人北沢忠三、原太原宪兵分队长宪兵少佐、原陆军中佐、原特设陆上勤务中队长陆军大尉、原南方军第一宪兵队宪兵大佐	平11法务06576100

① 原文即为“？”。

续表

序号	簿册标题	内容	调查时间	调查人员	相关人员	索取号
50	静冈	出差调查报告书,英国新加坡审判第64、68、80号事件资料,美国马尼拉审判第4、19号事件资料,菲律宾审判第18号达沃宪兵分队事件资料,澳大利亚香港审判第3号海南岛8所俘虏收容所事件资料,英国新加坡审判安达曼事件资料	1962年10月29日—11月2日	丰田隈雄 高柿义文	原陆军大尉、原宪兵中佐、原陆军军医大尉、原海军军医大尉(横4特军医长)	平11法务06577100
51	东京都内	东京都内居住的战争审判受刑者采访调查报告书,中国广东审判第53号惠州宪兵队事件资料,英国新加坡审判辩护人福岛幸夫辩护事件一览表,从原辩护人福岛幸夫处听取的英国新加坡审判资料,美国横滨审判第313号事件资料,战争审判参考资料(西新几内亚、安汶、西里伯斯等地区、旧第二军管辖下战争犯罪资料),美国马尼拉审判第75号事件资料,澳大利亚安汶·摩罗泰岛审判第1号事件资料,澳大利亚安汶·摩罗泰岛审判事件资料,荷兰霍兰迪亚审判第53号事件资料,澳大利亚马努斯审判第4号事件资料,美国横滨审判第248号橘丸事件参考资料,审判的所见及所管,中国审判第13号事件资料,中国北京审判第84号原北支稻米统制委员会理事长听取书,荷兰巴达维亚审判第27号事件资料,英国新加坡审判第16号双重节事件资料,美国马尼拉审判第1号山下事件资料(与原山下军司令官翻译官的会谈录),荷兰巴达维亚审判资料,澳大利亚达尔文港军事审判状况,澳大利亚达尔文港审判第1、2、3事件资料,英国新加坡审判参考资料(与原第10方面舰队司令长官福留繁海军中将的会谈纪录),英国新加坡审判第57、73、120、138号事件资料	1962年11月29日—1963年6月28日	井上忠男	原惠州宪兵队长宪兵大尉、原第二军参谋陆军中佐、顾问横沟光晖、原昭南宪兵分队宪兵准尉、陆军少将第16军参谋副长军政监、辩护人海军会计武田启介、法务翻译陆军大尉松岛靖、被告陆军大尉、原第10方面舰队司令长官海军中将、辩护人川添利起	平11法务06578100

续表

序号	簿册标题	内容	调查时间	调查人员	相关人员	索取号
52	福冈、佐贺	出差调查报告书，英国新加坡审判辩护人藤岩睦郎辩护事件一览表，美国横滨审判辩护人藤岩睦郎辩护事件一览表，英国新加坡审判第48、49、56、102、113、120号事件资料，美国横滨审判第220、240、267号事件资料，美国横滨审判第306号虐待中国人事件，战争审判参考资料（英国新加坡审判及美国横滨审判辩护人藤岩睦郎所见），英国新加坡审判及香港审判辩护人藤田哲夫辩护事件一览表，英国香港审判第8号事件资料，英国香港审判第10号宫末事件资料，英国香港审判第13号伊藤事件资料，英国香港审判第15号香港俘虏收容所事件资料，新加坡审判辩护团长及荷兰巴达维亚审判出狱者听取事项，中国徐州审判第1、4、5、6、13号事件资料，澳大利亚纳闽审判辩护人松村侪辩护事件一览表，澳大利亚纳闽审判资料，澳大利亚韦瓦克审判事件资料，英国新加坡审判第106号拉包尔兵器厂虐待印度人事件资料	1963年1月20日—25日	井上忠男 君塚安治郎	辩护人藤岩睦郎、辩护人藤田哲夫、辩护人松村侪	平11法务06579100

续表

序号	簿册标题	内容	调查时间	调查人员	相关人员	索取号
53	香川、爱媛、高知	出差调查报告书,原陆军中将高桥坦听取书,英国缅甸仰光审判第5号马来俘虏收容所事件资料,中国台北审判第8号台北北警察署事件资料,荷兰婆罗洲马辰审判第9号事件资料,英国香港审判第31号台湾俘虏收容所事件资料,澳大利亚拉包尔审判第182、190、192、194号事件资料,中国沈阳审判第67号事件资料,英国纳闽审判第3号事件资料	1963年6月2日—9日	丰田隈雄 久间好矩	陆军军医中尉、台北北警察署高等科巡查部长、原陆军大尉、辩护人池田忠康、竹崎收二、冈林濯水	平11法务06580100
54	京都、大阪、兵库	出差调查报告书,澳大利亚拉包尔审判第181、189号事件资料,英国新加坡审判第118号肃清华侨事件资料,美国横滨审判第160(新123)、261(新289)、107、49(新55)号事件资料,英国新加坡审判资料,澳大利亚新加坡审判第9号事件资料,荷兰棉兰审判资料,书信(宫内精介写给井上忠男),新加坡审判资料(新加坡监狱拘禁状况),英国新加坡审判第49号泰缅铁路事件资料	1963年7月2日—10日	井上忠男 蓝田保	辩护人藤本香藤、辩护人黑濑正三郎、英国新加坡审判翻译监督Charls Souz Bavier、辩护人佐伯千仞、原第16军参谋陆军大佐、原菲律宾俘虏收容所陆军翻译、原善通寺俘虏收容所陆军兵长、辩护人宫内精介、原海军会计少佐、辩护人色川幸太郎、樽本重治	平11法务06581100

续表

序号	簿册标题	内容	调查时间	调查人员	相关人员	索取号
55	神奈川	出差调查报告书，美国马尼拉审判第75号事件，美国横滨审判第201号(新255号)直江津俘虏收容所虐待俘虏事件资料，澳大利亚拉包尔审判第1号事件资料，荷兰棉兰审判第54号近卫搜索连队长事件资料，婆罗洲宪兵队相关资料，澳大利亚达尔文港审判第2、3号审判事件，关于美国军事委员会在中国的管辖权，美国横滨审判第75号(新第128号)东京俘虏收容所第12分所事件资料，中国广东审判第17号事件资料，美国上海审判第1号汉口事件资料，英国新加坡审判第84号事件资料	1963年9月16日—11月21日	井上忠男 中村秀雄	原宪兵队副官宪兵中尉、辩护人青木三代松、第6野宪宪兵准尉、原婆罗洲宪兵队长宪兵大佐、原第5野宪宪兵曹长、原第13军司令官陆军中将、辩护人横沟贞夫、辩护人中垣内谕、原华南派遣军宪兵队宪兵中佐、宪兵大佐原汉口宪兵队长	平11法务06582100
56	冈山、广岛	出差调查报告书，荷兰巴达维亚审判第65号曼谷宪兵队事件资料，英国新加坡审判第84号事件资料，荷兰棉兰审判第45号事件资料，原复员省法务调查部长陆军法务中将听取书，澳大利亚拉包尔审判第196、198号事件资料，美国马尼拉审判第8、58号事件资料，中国汉口审判第66号事件资料，荷兰摩罗泰岛审判第20、21号事件资料	1963年9月29日—10月5日	丰田隈雄 安原丰隆	原宪兵曹长、原陆军少佐、原陆军大佐、原海军大佐、原海军少佐、原陆军大尉、原陆军宪兵中佐、原陆军大佐	平11法务06583100

续表

序号	簿册标题	内容	调查时间	调查人员	相关人员	索取号
57	千叶	出差调查报告书,美国马尼拉审判第10、13号事件资料,美国关岛审判第17号事件资料,美国关岛审判资料,中国汉口审判第55号事件资料,中国南京审判第19号事件资料,荷兰棉兰审判第20号苏门答腊明古连州长官事件资料	1964年1月20日—2月4日	井上忠男 西尾统绍	原第4舰队长官海军中将、陆军中将	平11法务06584100
58	长崎、熊本	出差调查报告书,荷兰马辰审制资料,荷兰马辰审判第2号事件资料,荷兰棉兰审判第46号棉兰宪兵分队事件,英国仰光审判第4号事件资料,荷兰霍兰迪亚审判第52号事件资料,澳大利亚拉包尔审判第17、188、195号事件资料,中国广东审判第76号辎重兵第37连队事件资料、荷兰摩罗泰岛审判第21号特尔纳特岛事件资料,荷兰望加锡审判第9号望加锡海军特别警察队事件资料,澳大利亚安汶·摩罗泰岛审判第7号第20警备队安汶岛俘虏收容所事件资料	1964年2月23日—3月4日	丰田隈雄 井出隆雄	海军少尉俘虏收容所警戒队长、棉兰宪兵分队准尉、原陆军军医少佐、原陆军中尉、海军少尉俘虏收容所警戒队长、原陆军大尉、原海军曹长、辩护人岩下武扬	平11法务06585100

续表

序号	簿册标题	内容	调查时间	调查人员	相关人员	索取号
59	东京都内	居住在东京都内的战犯采访调查报告书，英国亚庇审判第2、4、11、14号事件资料，美国横滨审判第261（新第289）、296（新第310）号事件资料，原东京审判辩护人（被告板垣征四郎）阪埜淳吉听取事项，中国上海审判第105号厦门相关事件，地方在勤海军武官服务规定，荷兰棉兰审判第23、48号事件资料，中华人民共和国山东省高等法院审判原山东省政治顾问事件资料	1964年3月10日—4月2日	井上忠男	辩护人松本包寿、阪埜淳吉（检方证人）、原棉兰高等法院长司政长官	平11法务06586100
60	鹿儿岛、宫崎	出差调查报告书，荷兰马辰审判资料，荷兰马辰审判第1、3、8、9、10号事件资料，中国上海审判第5、24号事件资料，美国关岛审判第7号夸贾林处死美国俘虏事件资料，美国夸贾林审判第1号事件资料，美国马尼拉审判第8、76号事件资料，美国横滨审判第237号石垣岛事件资料，石垣岛事件的概要，英国太平审判第1、2、3、5号事件资料，荷兰霍兰迪亚审判第6、15号事件资料，中国汉口审判第64号事件资料，澳大利亚新加坡审判第11号事件资料，英国新加坡审判第73号事件资料，中国广东审判第62号事件资料，荷兰棉兰审判第16号事件资料	1964年4月14日—24日	井上忠男 荒井义藏	辩护人上山佐月、陆军大佐、海军大佐、海军大尉、陆军大尉、原第68师团长陆军中将	平11法务06587100

续表

序号	簿册标题	内容	调查时间	调查人员	相关人员	索取号
61	福岛	出差调查报告书、英国香港审判第 9 号香港宪兵队事件资料、美国横滨审判第 81 号函馆俘虏收容所第 3 分所事件资料、英国槟城审判第 1 号槟城宪兵队事件、英国新加坡审判资料、美国横滨审判第 167 号东京俘虏收容所第 9 分所事件资料、英国亚罗士打审判第 2 号亚罗士打宪兵分队事件资料	1964 年 6 月 21 日—27 日	丰田限雄 高柿义文	原宪兵准尉、函馆俘虏收容所第 3 分所分所长陆军大尉、陆军曹长、原陆军警部、陆军中尉、原陆军宪兵曹长	平 11 法务 06588100
62	爱知	出差调查报告书，美国关岛审判第 27 号罗塔岛原住民杀害事件资料，荷兰巴达维亚审判第 62 号事件资料，英国吉隆坡审判第 2 号事件资料，英国新加坡审判第 81 号昭南陆军监狱事件（被告陆军军医大尉）资料，英国战争审判参考资料，英国亚庇审判第 2 号事件资料，澳大利亚新加坡审判第 7 号事件资料，英国新加坡审判第 90、129 号事件资料，荷兰安汶审判第 43 号事件资料，中国北平审判第 28 号事件资料，荷兰望加锡审判第 32、34 号事件资料，美国横滨审判第 78 号东京陆军监狱事件资料，原爪哇第 16 军军政监部行刑科长听取书	1964 年 8 月 2 日—8 日	井上忠男 关庄作	陆军大佐、陆军军医大佐南方第 8 陆军医院院长、陆军大尉、陆军中尉、宪兵兵曹、海军少佐、陆军法事大尉	平 11 法务 06589100

续表

序号	簿册标题	内容	调查时间	调查人员	相关人员	索取号
63	山口	出差调查报告书、美国关岛审判第21号帕劳事件资料、荷兰丹戎槟榔审判第3号丹戎槟榔宪兵队事件资料、美国马尼拉审判第56号事件资料、荷兰马辰审判第8号事件资料、美国横滨审判第215号新田丸事件资料、澳大利亚拉包尔审判第180号第8方面军第26野战货物厂事件、菲律宾马尼拉审判第3号事件资料、美国马尼拉审判第2号米沙鄢宪兵队事件资料	1964年10月25日—31日	丰田限雄 久间好矩	宪兵大尉、原宪兵军曹、原宪兵中佐、原海军大佐、原海军中佐、原陆军会计少将、原陆军宪兵大尉、宪兵准尉	平11法务06590100
64	福冈	出差调查报告书，澳大利亚拉包尔审判第31号第6野战宪兵队长菊地觉事件资料，澳大利亚拉包尔审判第24号事件资料，美国关岛审判第11号父岛事件资料，荷兰万鸦老审判第7-1、25、44号事件资料，中广东审判第42号铁路第15连队中队长事件资料，澳大利亚马努斯审判第6号安汶岛杀害俘虏事件资料，中国北平审判第17号事件资料，荷兰棉兰审判资料（岩崎光次法官听取书），苏门答腊军司令部事件，美国夸贾林审判第2号贾卢伊特岛杀害俘虏事件资料，中国台北审判第10号资料，美国横滨审判第258号（旧第237号）石垣岛事件资料，荷兰坤甸审判第13号事件资料	1964年11月8日—15日	井上忠男 佐藤和直	宪兵大佐、海军上等兵曹、陆军大尉、海军中尉、法官岩崎光次	平11法务06591100

续表

序号	簿册标题	内容	调查时间	调查人员	相关人员	索取号
65	静冈	出差调查报告书,美国横滨审判第207号(新第265号)东京宪兵队杀害负伤美机乘务人员事件,中国广东审判第6、7、8、18、19、36号事件资料,中国广东审判第1号汕头宪兵事件资料,中国广东审判第3号宪兵曹长事件资料,中国广东审判第16号诱拐儿童事件资料,中国广东审判第90号、第63号陈添锦事件资料,中国广东审判资料,中国广东审判第32号广东日本总领事事件资料,澳大利亚马努斯审判第4号事件资料,美国横滨审判第261号(新第287号)东海军事件资料,美国横滨审判第245号(新第296号)事件资料,中国济南审判第7号泰安宪兵分队事件资料,中国济南审判相关资料,中国太原审判第5号事件资料,澳大利亚拉包尔审判第82号事件资料	1965年5月18日—22日	井上忠男 牛岛纯一		平11法务06592100
66	宫城	出差调查报告书、澳大利亚纳闽审判第18号婆罗洲古晋俘虏收容所事件资料、澳大利亚拉包尔审判第33号事件资料、美国横滨审判第223号仙台俘虏收容所第3分所事件资料、中国上海审判第112号杭州宪兵队事件资料、中国汉口审判第33号事件资料、法国西贡审判第8号西贡日本宪兵队金边宪兵分队事件资料、澳大利亚马努斯审判第8号事件资料	1965年6月7日—12日	丰田隈雄 水野斌夫	陆军军曹、陆军大尉、仙台俘虏收容所第3分所长中尉、宪兵曹长、陆军大尉、宪兵准尉、一等水兵	平11法务06593100

续表

序号	簿册标题	内容	调查时间	调查人员	相关人员	索取号
67	福岛、新潟	出差调查报告书、中国沈阳审判锦州警察局警官事件资料、美国横滨审判辩护人井川正夫听取书、英国新加坡审判辩护人河内雄三听取书、美国横滨审判第71号新潟俘虏收容所事件资料、荷兰坤甸审判辩护人青木楢吉听取书、美国横滨审判第294号(新第314号)新潟海陆运输公司俘虏事件资料、美国横滨审判第322号(新第351号)新潟钢铁厂俘虏事件资料、中国北京审判第66号太原宪兵队事件资料、美国马尼拉审判第10号事件资料	1965年8月23日—28日	井上忠男 君塚安治郎	警察、美国横滨审判辩护人井上正夫、英国新加坡审判辩护人河内雄三、部队文职人员、荷兰坤甸审判辩护人青木楢吉、新潟海陆运输公司董事、新潟海陆运输公司职员、宪兵大佐、陆军少尉	平11法务06594100
68	长野	出差调查报告书、英国亚庇审判第12及37号事件资料、中国北京审判第74号华北特别警备队事件资料、澳大利亚拉包尔审判第60号第67警备队事件资料、英国新加坡审判第129号昭南丸事件资料、菲律宾马尼拉审判第61及63号事件资料、法国西贡审判第8号金边宪兵分队其它资料、英国缅甸审判第8号事件资料	1965年10月4日—9日	丰田隈雄 利根川进	宪兵准尉、原宪兵军曹、海军少尉、陆军大尉、陆军军医中尉、陆军宪兵军曹、宪兵少尉、陆军大尉	平11法务06595100

续表

序号	簿册标题	内容	调查时间	调查人员	相关人员	索取号
69	京都、大阪	出差调查报告书,美国马尼拉审判第9号独立混成第61旅团长事件资料,联合国战争罪行委员会战犯审判报告书第5卷,美国上海审判第9号香港总督事件资料,美国横滨审判第316号(新第328号)大阪宪兵队杀害敌机乘务员事件资料,英国新加坡审判第125号事件资料,荷兰棉兰审判第18号事件资料,美国横滨审判第301号大阪筑港公司华人劳工事件资料,美国横滨审判第236号(新第152号)、160号(新123号)、316号(新328号)事件资料	1965年11月29日—12月5日	井上忠男 荒井义藏	辩护人	平11法务06596100
70	石川、福井	出差调查报告书、荷兰巴达维亚审判第108号事件资料、美国横滨审判第276号佐原事件资料、澳大利亚拉包尔审判第53号第26货物厂事件资料、美国上海审判第1号汉口宪兵队事件资料、荷兰望加锡审判第15号事件资料、美国横滨审判第209号大阪俘虏收容所广畑分所事件资料、英国新加坡审判第14号安达曼第3事件资料	1966年4月4日—9日	丰田隈雄 高柿义文	陆军中将、陆军会计中尉、陆军宪兵少佐、海军司政官、军队文职人员等	平11法务06597100

续表

序号	簿册标题	内容	调查时间	调查人员	相关人员	索取号
71	德岛、香川、高知、广岛	出差调查报告书,澳大利亚安汶·摩罗泰岛审判第11号海军第20警备队事件资料,美国马尼拉审判第53号陆军大尉事件资料,荷兰安汶审判第14号事件资料,澳大利亚马努斯审判第9、13、20号事件资料,中国汉口审判第72号事件资料,英国吉隆坡审判第30号事件资料,中国北京审判第73号事件资料,中国北京审判资料、美国夸贾林审判第1号事件资料,英国新加坡审判第18号昭南宪兵队双重节事件资料,中国沈阳审判第26号事件资料,英国缅甸审判第24号事件资料	1967年3月12日—18日	井上忠男 水野斌夫		平11法务06598100
72	佐贺、福冈、大分	出差调查报告书、美国横滨审判第237号石垣岛事件资料、荷兰望加锡审判第9号海军特别警察队事件资料、荷兰摩罗泰岛审判第14号第26军货物厂事件资料、美国横滨审判第119号福冈俘虏收容所第3分所事件资料、美国横滨审判第313号油山事件相关资料	1967年3月13日—19日	丰田限雄 荒井义藏	原海军一等水曹、海军兵曹长、陆军中尉、陆军文职人员(翻译)、陆军准尉、海军上等水兵	平11法务06599100

续表

序号	簿册标题	内容	调查时间	调查人员	相关人员	索取号
73	鸟取、岛根、冈山	出差调查报告书，荷兰巴达维亚审判第50、99、109号事件资料，中国汉口审判第2号武昌宪兵分队事件资料，荷兰摩罗泰岛审判第21号哈马黑拉（特尔纳特岛）事件资料，中国上海审判第128号苏州宪兵队事件资料，英国缅甸审判第5、12、24、26、29、36、40号事件资料	1967年11月13日—19日	井上忠男 荒井义藏		平11法务06600100
74	岐阜、三重、奈良	出差调查报告书、中国汉口审判第56号甲宪兵队长沙派遣宪兵队事件资料、英国香港审判第44号上海宪兵队沪西宪兵分队事件资料、美国马尼拉审判第9号独立混成第61旅团事件资料、荷兰巴厘巴板审判第8号事件资料、中国汉口审判第63号汉口宪兵队沙市宪兵队沙洋镇宪兵分驻所事件资料、中国汉口审判第62号汉口宪兵队沙市宪兵分队荆门分遣队事件资料、荷兰棉兰审判第35号苏门答腊宪兵队锡博尔加宪兵分队事件资料	1967年12月4日—9日	丰田限雄 鹿仓精郎	宪兵军曹、陆军中尉、海军上曹、原宪兵军曹、原宪兵准尉	平11法务06601100
75	大分	出差调查报告书，美国马尼拉审判第11、55、57号事件资料，中国徐州审判第10号海州宪兵分队长事件资料，中国广东审判第89号独立步兵第130大队事件资料	1969年1月27日—2月2日	井上忠男 荒井义藏		平11法务06602100

续表

序号	簿册标题	内容	调查时间	调查人员	相关人员	索取号
76	神户、大阪、京都	出差调查报告书，美国横滨审判第300号海南岛第16警备队虐杀美军俘虏事件资料，美国横滨审判第282、288、311号事件资料，澳大利亚安汶·摩罗泰岛审判第7号事件资料等	1969年2月17日—22日	丰田隈雄 真锅宣之	第16警备队海军中尉、海军第321营队海军技术大尉、海军第20警备队军医长海军军医少佐、海军二等机关兵曹、海军一等水兵	平11法务06603100
77	枥木、福岛、宫城、青森	出差调查报告书，法国西贡审判第9、23、25、29号事件资料，中国广东审判第67号南方军第1宪兵队事件资料，英国新加坡审判第79号马来军拘留所事件资料，英国纳闽审判第4号事件资料，荷兰巴达维亚审判第52号事件资料，中国沈阳审判第76号锦西县开拓团员事件资料，澳大利亚香港审判第3号海南岛八所海军临时俘虏收容所事件资料，中国北平审判第38号北京宪兵分队事件资料	1970年3月	井上忠男 平野章		平11法务06604100
78	长崎、熊本	出差调查报告书、中国广东审判第16号第66兵站地区队事件资料、美国马尼拉审判第40号事件资料、澳大利亚马努斯审判第19号事件资料、荷兰望加锡审判第4号事件资料、英国新加坡审判第48号事件资料	1970年3月22日—29日	井上忠男 荒井义藏	陆军大尉、陆军准尉、海军兵曹长、海军中尉、海军一等兵曹、海军大尉	平11法务06605100

第四节　亚洲历史资料中心

一、机构简介

亚洲历史资料中心是国立公文书馆的一个分支机构，是通过互联网提供政府机构所保管的亚洲历史资料的大型数字档案馆。

1994 年 8 月，当时的日本首相村山富市在为纪念第二年的战后五十周年(1995 年)而发表的《和平友好交流计划》的谈话中，提出要探讨设立亚洲历史资料中心。1995 年以后，日本国内围绕如何建立亚洲历史资料中心，进行了多种角度的探讨。2001 年 11 月 30 日，基于《关于推进亚洲历史资料的整备事业》的内阁会议决定，亚洲历史资料中心作为国立公文书馆的一个组织成立①。

该中心依次对外务省外交史料馆、防卫省防卫研究所、国立公文书馆所藏的亚洲历史资料实行数字化公开，旨在使“任何人”在“任何时候”和“任何地点”都能“免费”阅读和打印历史资料、下载图像数据。同时，该中心不断扩大合作范围，现在还与琉球大学附属图书馆、滋贺大学经济经营研究所、北海道立图书馆、北海道立档案馆、神户大学附属图书馆开展合作，对其数字化的资料进行公开揭示，目前已公开 200 多万件资料、约 3000 多万拍图像。

二、提供的资料

亚洲历史资料中心最先公开的是国立公文书馆、外务省外交史料馆、防卫省防卫研究所三大机构的关于日本和亚洲近邻各国历史的数字化资料。

(一)国立公文书馆资料

国立公文书馆的文献中，亚洲历史资料中心目前公开的资料包括内阁、美国返还文书、内务省、邮政省、法务省、财务省、国土交通省、防卫省、内阁文库资料 9 部分。其中，美国返还文书包括旧陆海军相关档案和旧内务省相关档案，法务省资料为战犯审判相关资料中的甲级战犯审判记录和甲级战犯审判速记录。

(二)外务省外交史料馆资料

外务省外交史料馆主要有以下 9 种资料：外务省记录、文件资料、海军省等

---

① アジア歴史資料センター・アジア歴史資料センターとは[EB/OL].[2018-07-31].https://www.jacar.go.jp/about/greeting.html.

移管的南方军政相关史料、外务省茗荷谷研修所旧藏记录、正·续通信全览、议会记录文件、外交汇报附录月报·外务省月报·外务省报、条约集、条约书。

其中，外务省记录是外交史料馆收藏史料的核心部分。包含外务省成立以来到二战结束的80年间，与驻外使领馆的往返电报、公函等资料。这些资料以“门”为单位分类，目前在该中心网站进行公开的有1—3、5—7门，A、B、C、E、F、G、H、I、M、N、Z门。

（三）防卫省防卫研究所资料

防卫省防卫研究所战史研究中心藏有陆军方面的资料约57000册（约150系列）、海军方面的资料约36000册（约90系列）。这些资料由以下三种组成①：美国归还资料（主要为二战结束后被美军没收的史料）；厚生省复员局整理保管的资料；为了二战《公刊战史》的编纂和战史的调研，防卫研究所收集和接受捐赠的史料。

该中心公开的有陆军省大日记类（1868—1945年）、陆军一般史料、海军公文备考类（1868—1937年）、海军一般史料等。

除以上三个机构外，近几年逐步公开的琉球大学附属图书馆、滋贺大学经济经营研究所中也有部分揭示日本殖民统治罪行的资料。如琉球大学附属图书馆“矢内原忠雄文库殖民地相关资料”、滋贺大学经济经营研究所“旧殖民地相关资料”等。

三、机构评价

亚洲历史资料中心秉承着使“任何人”在“任何时候”和“任何地点”都能“免费”阅读和打印档案资料的理念，不断推进着日本历史档案的数字化公开，尤其是国立公文书馆、外务省外交史料馆、防卫省防卫研究所作为集中收藏日本战争罪行档案的三大机构，对其数字化资料的公开揭示，为赴日查档有困难的外国学者提供了极大便利，是相关研究者不可遗漏的重要文献宝库。

---

① アジア歴史資料センター・アジア歴史資料センターとは[EB/OL].[2018-07-31].https://www.jacar.go.jp/about/materials.html.

第七章　日本国立国会图书馆宪政资料室

第一节　机构简介

日本国内收藏第二次世界大战期间日本战争罪行史料的另一个重要机构是日本国立国会图书馆。作为日本唯一的国家级图书馆，该馆自1948年成立至今，馆藏资源丰富。根据该馆公开的年报，截至2017年3月31日总计馆藏4270万件[①]。主要馆藏资源有宪政资料、日本被占领时期资料、议会官厅资料、地图、录音资料、日本相关资料、古籍、科技资料、亚洲相关资料等。

其中，日本战争罪行文献主要收藏于宪政资料和日本被占领时期相关资料中。这些资料保存于该馆宪政资料室书库内，并通过宪政资料室这一专门阅览室向读者提供服务。

一、宪政资料室简介

1949年，为了防止贵重的宪政资料丢失，在当时的日本国立国会图书馆国会分馆设立了宪政资料收集科。1986年，国立国会图书馆新馆开馆，进行了机构改革，原宪政资料收集科与负责收藏日本被占领时期资料的现代政治史资料室合并，成为现在的宪政资料室。2002年，特别资料室关闭后，日本移民相关资料也被移至宪政资料室。

因此宪政资料室所藏文献主要由三部分构成，即宪政资料、日本被占领时期相关资料和日本移民相关资料。

宪政资料主要从对日本近现代政治史有重要影响的近现代日本政治家、官僚、军人等处收集而来，资料形态多样，有书信、日记、照片、办公资料、录音资料等，内容涉及政治、行政、军事、产业、教育、文化等多个领域。战后一段时

---

① 国立国会図書館年報. 平成28年度［EB/OL］.［2018-07-31］. http://dl. ndl. go. jp/view/download/digidepo_11002781_po_nen28. pdf? contentNo=1.

间内文献主要以幕府末期至明治时期的内政、外交资料为主，之后扩大了收集范围，从二战前期到战后的资料均在收集之列。

日本被占领时期资料为该馆从日本国外各机构复制征集的关于日本被占领时期的档案资料群，主要是从美国的国家档案馆、国会图书馆、陆军军史中心、各大学图书馆等复制的缩微胶卷资料。

日本移民相关资料是自中南美洲、北美、夏威夷的个人收藏者手中购买或受赠的日本移民相关资料。资料形态多样，有日记、书信、笔记、照片等个人资料，也有一些团体文件、档案、出版物等。

宪政资料室作为收藏管理各种日本近现代有重要影响人物档案文件的专门资料室，是日本战争罪行第一手史料的重要收藏机构①。

二、文献查阅方式

宪政资料大部分都是书信和各类文件，在该馆 OPAC 检索系统并不能逐条检索，只能使用各资料群目录进行查找。如果需要查阅，可先在"宪政资料(原收藏者)五十音图顺序索引"②确认所需资料的详细信息。每个资料群的目录作为宪政资料室内的开架资料供读者查阅(也有一部分资料群没有目录)。通过查找目录，可以锁定资料索取号，以此预约相应文献。在"宪政资料(原收藏者)五十音图顺序索引"中有相当一部分资料群后附目录文件，读者可以直接点击目录查看详细的资料信息。

日本被占领时期资料的查阅相对更为方便。可以在使用该馆的 OPAC 检索系统时，点击 OPAC 的"占領関係"选项进行检索。但需要说明的是，并不是所有的日本被占领时期资料都可以在 OPAC 系统检索到，关于驻日盟军最高统帅司令部法务局文书(LS)、远东司令部法务部文书(JAS)、国际检察局文书的一部分(IPS－01、38、39)以及巢鸭监狱文书(SP)因为涉及个人隐私，不提供公开检索，只能在该馆馆内检索。

除了在 OPAC 系统中检索，另外一种途径是通过该馆主页"研究导航"(リサーチ・ナビ)，使用以"发生机构"③和"所藏机构"④两种方式制作的索引进

---

① 本文主要梳理该馆所藏的揭示日本战争罪行的档案类资料，对后来研究日本战争罪行出版的书籍、学术杂志不涉及。

② 「憲政資料〈旧蔵者〉五十音順索引」[EB/OL]. [2018－07－31]. http://rnavi.ndl.go.jp/kensei/entry/kensei-kyuzosha.php.

③ 指制作或受理过此资料的机构。

④ 指原收藏机构。

行检索。

此外,宪政资料室内也备有以每个资料群为单位制作的纸本目录供读者开架查阅,通过目录,可以查到所需资料的索取号。

鉴于宪政资料室内的资料主要为闭架保存,开架的仅为目录和一部分复制资料,所以读者基本都需要预约才能阅览。一次可以预约 20 件资料,预约时间为周一至周六 9:30—16:00,阅览开放时间为周一至周六 9:30—17:00。除了申请当日复制,其他情况下不得将该室资料拿出阅览室。

因宪政资料室的资料价值珍贵、形态多样、来源复杂,文献复制规定相对比较严格。如果想复制资料,只能复制缩微胶卷资料或者将缩微胶卷资料进行还原打印;对于寄存在该室的资料,如果复制,需要得到原收藏者的允许,填写承诺书后提交宪政资料室进行复制;如果远程申请复制该室所藏的日本被占领时期资料,需要向日本国立国会图书馆提交“邮寄专用资料复制申请书”,根据资料载体形式不同填写文件信息:(1)复制缩微平片资料需要提供平片号和希望复制内容的标题或者该页缩微胶片号;(2)复制缩微胶卷资料要提供资料群名,还要提供缩微胶卷的卷号及具体的胶片号。

第二节　日本战争罪行文献馆藏

宪政资料室所藏文献是日本国立国会图书馆通过各种途径从海内外收集的有关日本近现代政治、历史、军事等方方面面情况的专题馆藏,具有重要的文献价值。其中有关日本战争罪行的资料主要集中在宪政资料和日本被占领时期资料中,从资料研究成熟度和关注度上来说,很多资料还未得到中国学者的重视和挖掘。

一、宪政资料①

日本国立国会图书馆宪政资料室内所藏的宪政资料既有该馆独有的政治谈话录音口述史料和手稿、信件、日记等文献原件,又较为集中地汇集了旧陆海军战史资料等复制自其他机构的缩微副本,印证了日本侵华期间的种种罪行。

该室馆藏包括以原收藏者名字命名的资料和不以原收藏者名字命名的资

① 该节内容主要参考国立国会图书馆网站研究导航http://rnavi. ndl. go. jp/kensei/entry/kensei-kyuzosha. php.

料两部分。以原收藏者命名的资料，按照原收藏者名字首字母50音图顺序整理并编制索引，对每一个资料群进行了详细著录，包括资料形态、数量、原收藏者、原收藏者履历、本馆收藏公开时间、主要内容、检索手段等，大部分配有详细目录，如鲇川义介相关文书、青木周藏相关文书等。这些原收藏者基本上都是对日本近现代历史具有重要影响力的政治家、官僚和军人，有相当一部分是甲级战犯或乙丙级战犯。不以原收藏者名字命名的资料，主要按资料群性质或文献来源机构命名，例如政治谈话录音、“华铁”相关资料、“关东厅警务局”资料等。在此基础上，该室整理有“宪政资料一览”表格，表格列出了截至2017年10月该室所藏的所有宪政资料。表格项目包括资料群名、接收种类、资料形态、数量、主要内容等。通过这些索引、目录和表格，读者可以比较迅速地定位所要查找的资料。

（一）以原收藏者名字命名的资料

1. 鲇川义介相关文书

共计1718张缩微平片，因原收藏者已将资料原件销毁，因此这批缩微平片虽为副本，亦是极为珍贵。

1937年12月，“满洲”重工业开发株式会社在中国东北成立，鲇川义介（1880—1967）担任总裁。1945年12月，他作为日本甲级战犯嫌犯被关押在巢鸭监狱，1947年8月获释。这批资料主要内容涉及鲇川义介的新闻报道、1907年至战后的信件、战犯审判、相关企业（包括“满洲”重工业开发株式会社）、政策及调查（战争期间及战后经济政策意见书、道路计划等）以及鲇川义介的著作（包括日记）。

表7－1　鲇川义介相关文书中关于战犯审判的条目

缩微平片号	题名	内容提要	中文简介	缩微平片数
161	戦犯関係	英文 Petition その他	英文、申诉书、其他	4
162	戦犯弁護資料	弁護文（父鮎川義介に就ての弁護）〈鮎川弥一〉《昭和21.4.8》/鮎川義介君に就いて〈渡辺世祐〉	辩护文《关于父亲鲇川义介的辩护》，鲇川弥一1946年4月8日；《关于鲇川义介君》，渡边世祐	2

续表

缩微平片号	题名	内容提要	中文简介	缩微平片数
163.1	審問記録1	予審問答要領覚書※Prosecutor S. Horwitz 10 回、Prosecutor H. A. Hauxhurst 2 回※《1946.1.28.—1946.5.22.》	预审问答要点记录(霍洛维茨检察官10次、亨利·奥斯丁·豪克斯赫斯特2次),1946年1月28日—1946年5月22日	2
163.2	審問記録2	鮎川義介審問記録/岸本勘太郎審問記録	鲇川义介审问记录;岸本勘太郎审问记录	2
163.3	審問記録3	星野直樹訊問調書/青木一男手記	星野直树讯问记录;青木一男手记	2
164.1	国際軍事法廷記録	満洲国関係《1947.4.21.》	"满洲国"相关(1947年4月21日)	3
164.2	国際軍事法廷記録	満洲国関係《1947.4.22.》	"满洲国"相关(1947年4月22日)	3
165	戦犯関係資料	裁判準備関係組織/連絡準備問題実施要綱/戦争犯罪裁判に関する件《昭和20.12.11》/先例なき山下将軍の裁判/郷古潔氏の近況/史実年表《昭和2~20.》/Ex post facto の立法について/独乙主要戦犯に対する起訴状	审判准备相关组织;联络准备问题实施要纲;关于战犯审判(1945年12月11日);山下奉文审判资料;乡古洁近况;史实年表(1927—1945年);关于追溯既往的立法;对德国主要战犯的起诉状	3

2. 阿南惟几相关文书

共59件资料。阿南惟几(1887—1945),1933年8月任日本近卫步兵第2连队长,1934年8月任东京陆军幼年学校校长,1936年8月任兵务局长,1938年11月任第109师团长,1939年10月任陆军次官,1941年4月任第11军司令官,1942年7月任第2方面军司令官,1943年5月任陆军大将,1945年4月任陆军大臣,1945年8月15日因拒绝投降而自杀。

由于自杀,阿南惟几并没有作为战犯被审判,但是其罪行深重,在山西、长沙等地曾一再使用毒气武器。所藏资料中有他1938—1945年的从军日志和日记、笔记原稿,也有印刷版本的日记,是其所犯战争罪行的重要记录。为保护原件,目前向公众提供阅览的是复制件,原手稿不提供查阅。

表7-2 阿南惟几相关文书中有关战争罪行条目

索取号	题名	中文译名	时间	内容	数量(册)
1	従軍日誌(日支事变一)	从军日志("日支事变"①)	1938年11月5日—1939年10月16日;1941年4月10日—1941年7月6日	山西	1
2	従軍手帳	从军手账	1938年12月1日—1939年4月30日		1
3	〔日記〕	日记	1939年10月16日—1940年4月17日	次官时期	1
4	〔メモ帳〕	记事本	1939年10月16日—1940年1月20日		1
5	〔日記〕	日记	1940年4月20日—1945年10月5日	次官时期	1
6	〔メモ帳〕	记事本	1940年2月6日—1940年8月31日		1
7	〔日記〕	日记	1940年10月9日—1941年4月9日	次官时期	1
8	〔メモ帳〕	记事本	1940年9月1日—1941年2月21日		1
9	従軍日誌(日支事变二)	从军日志("日支事变"二)	1941年7月7日—1941年11月14日	汉口	1
10	従軍日誌(日支事变三)	从军日志("日支事变"三)	1941年11月15日—1942年3月9日	汉口	1
11	従軍日誌(大東亜戦争四)	从军日志("大东亚战争"四)	1942年3月10日—1942年6月25日	汉口	1

① 指日本侵华战争。

续表

索取号	题名	中文译名	时间	内容	数量（册）
12	従軍日誌（大東亜戦争五）	从军日志（“大东亚战争”五）	1942 年 6 月 26 日—1942 年 8 月 31 日	7 月 26 日在青岛与山下奉文会面后去往齐齐哈尔	1
13	駐満日誌（大東亜戦争七）	驻“满”日志（“大东亚战争”七）	1942 年 12 月 1 日—1943 年 3 月 9 日	齐齐哈尔	1
14	駐満日誌（大東亜戦争八）	驻“满”日志（“大东亚战争”八）	1943 年 3 月 10 日—1943 年 12 月 31 日	齐齐哈尔	1
15	濠北日誌（大東亜戦争）	濠[①]北日志（“大东亚战争”）	1944 年 1 月 1 日—1944 年 5 月 31 日		1
16	濠北日誌（大東亜戦争）	濠北日志（“大东亚战争”）	1944 年 6 月 1 日—1944 年 12 月 31 日		1
17	日誌	日志	1945 年 4 月 7 日—1945 年 8 月 14 日		1
18	〔メモ帳〕	记事本	1945 年 4 月—1945 年 8 月		1

3. 阿部信行相关文书

共 8 卷缩微胶卷。1992 年 3 月从东京大学法学部近代日本法政史料中心所藏缩微胶卷复制而来。

阿部信行（1875—1953），1932 年 1 月任日本“台湾军”[②]司令官，1933 年 6 月任大将，1936 年 3 月编入预备役。1939 年 8 月至 1940 年 1 月任内阁总理大臣，1940 年 4 月至 1940 年 12 月任驻华特命全权大使（汪伪政府）。1945 年 9 月作为甲级战犯嫌犯被逮捕，后被释放。

宪政资料室藏有的阿部信行文书主要为二战期间资料：①其任内阁总理大臣期间的相关文件（1939—1940 年），日苏相关文件、欧洲战争、国家总动员

① “濠”指澳大利亚。阿南惟几在 1943 年 5 月调到新几内亚战场，指挥对澳作战。

② 台湾军（1919 年 8 月 20 日—1944 年 9 月 22 日）是日本侵占台湾期间驻扎台湾的一支陆军守备部队。

等相关的议会说明资料、演说资料、政策方针等;②日中基本条约相关文件(约1940—1943年),日中会谈要旨、会议录、条约、政府声明、各界人士评论等;③“大东亚”建设审议会相关文件(约1942年);④“朝鲜总督府”相关文件(约1945年)等。

4. 天羽英二相关文书

1994年4月4日,资料所有者将该批资料寄存至宪政资料室,1995年3月正式捐赠该室。资料总数为3020件,全部为原件。其中519—522、547—551、553、555、833号资料只提供缩微胶卷阅览。

天羽英二(1887—1968),1933年6月任情报部长,1934年发表“天羽声明”,1937年4月任日本驻瑞士特命全权大使,1939年9月任日本驻意大利特命全权大使,1941年8月任日本外务次官,1943年4月任日本内阁情报局总裁,1945年12月作为日本甲级战犯嫌犯被逮捕,关押在巢鸭监狱,1948年12月获释。

天羽英二相关文书包含其学生时代、任外务省情报部长、外务次官等各个时期的文件。其中包括远东国际军事法庭审判资料,1906—1962年间的70余册日记、手账,1939年外交问题相关笔记等。

5. 甘粕正彦相关文书

1990年3月从旧书店购得,总计419件,全部为资料原件。

甘粕正彦(1891—1945),1929年4月任“满铁东亚经济局”驻奉天[①]主任,1932年3月至7月任“满洲国民政部”警务司长,1937年4月至1941年3月任“协和会中央本部”总务部长,1939年11月任“满洲电影协会”理事长,1945年8月20日自杀。

这批资料中含有200封左右的书信及日本大正时期军事、军事教育相关的资料、地图、履历、笔记、手稿等。因为甘粕正彦曾在中国东北地区任职,这批资料中也包含日本在伪满洲国的一些军事行动档案。

表7-3　甘粕正彦相关文书中有关战争罪行条目

索取号	题名	中文译名	责任者	时间	数量
213	牡丹江演習記事(写真 含)	牡丹江演习报道(含照片)	飞行第2连队	1935年	1件
214	南鳥方面空中配置	南鸟岛方面空中配置		1934年9月	1张

① 沈阳市旧称。

续表

索取号	题名	中文译名	责任者	时间	数量
215	飛行場一般図　牡丹江、虎林　他	机场平面图,牡丹江、虎林及其他		1934 年	6 张
216	飛行機整備要領	飞机整备要领	飞行第 12 连队	1935 年	1 件
225	聖戦二年有半の回顧	回顾“圣战”两年半	陆军省情报部	1940 年	1 册
229	東亜輿地図(満州、朝鮮関係)飛行第 10 大隊使用分	东亚地图(“满洲”、朝鲜相关)飞行第 10 大队使用部分			15 张
232	飛行場牡丹江要図	牡丹江机场要图		1935 年 3 月	1 张

6. 荒木贞夫相关文书

1988—1989 年入藏宪政资料室,资料总数 2206 件。仅提供缩微胶卷阅览,原件不提供。

荒木贞夫(1877—1966),日本甲级战犯,1931 年 12 月任犬养内阁陆军大臣,1933 年 10 月任大将,1934 年 1 月任军事参议官,1936 年 3 月编入预备役,1937 年 10 月任内阁参议,1938 年 5 月任近卫内阁文部大臣,1940 年 1 月任内阁参议,1945 年 11 月作为战犯被逮捕,1948 年 11 月作为甲级战犯被判处终身监禁,1955 年 6 月获得假释,1966 年 11 月猝死家中。

这部分资料主要内容有:书信(200 人左右寄来的约 250 封信),东京审判相关资料(供述书、证据文件、审问资料、速记录、荒木笔记等),荒木贞夫意见书、日记(1937 年 5 月—8 月),九一八事变、中国相关资料,陆军相关资料等。

荒木贞夫作为甲级战犯,罪行深重,任职日本陆军大臣期间,不断扩大对中国的侵略范围。这些资料中,包含其任陆军大臣期间的资料,如《第二次上海派兵经费概算》《对炮兵的编成》《装备的意见》《三长官会议笔记》《1934 年陆军预算纲要》《特别远东军兵力分布概见图》等。

宪政资料室在整理荒木贞夫相关文书目录时,专门划分、整理了“‘满洲事变’①、中国相关”版块。

① 即九一八事变。

表 7－4　荒木贞夫相关文书中有关战争罪行条目

资料编号	题名	中文译名	作者	时间	数量	缩微胶卷号	缩微胶片号①
365	盧永祥亡命後における江浙両軍峙要図、山海関方面戦闘要図	卢永祥逃亡后江浙两军对峙要图，山海关方面战斗要图	参谋本部	1924 年 10 月 16 日	2 张	10	230
366	第 3 次北伐時の支那情勢所見　荒木貞夫宛	第 3 次北伐时的中国形势所见（荒木贞夫收）	本庄繁	1927 年 6 月 6 日、1927 年 7 月 7 日	2 件	10	234
367	済南事件に関する調査報告	关于济南事件的调查报告	香月清司	1928 年 5 月 28 日	1 件	10	245
368	張作霖爆殺・北伐関係電報　参謀次長宛	张作霖被炸死、北伐相关电报（参谋次长收）		1928 年 6 月 7 日、1928 年 6 月 8 日	6 件	10	316
369	済南事件時 5 月 11 日払暁迄の情況図	济南事件 5 月 11 日拂晓情况图			1 张	10	326
370	済南事変当時の済南地域情況地図	济南事变当时的济南地区情况地图			1 张	10	339
371	満州事変上海派遣師団関係書類	“满洲事变”上海派遣师团相关文件		1932 年 2 月	8 件	10	353
372	満州写真測量計画	“满洲”摄影测量计划		1932 年	1 件	10	394
373	満州国指導方針要綱案	“满洲国”指导方针要纲案	陆军省	1933 年 3 月 24 日	1 件	10	408

① 每一卷缩微胶卷中的缩微胶片单片编号。

续表

资料编号	题名	中文译名	作者	时间	数量	缩微胶卷号	缩微胶片号
374	滿州事変出動部隊衛生成績概況	"满洲事变"出动部队卫生成绩概况		1933年3月28日	1件	10	413
375	滿州事変戦死傷調查	"满洲事变"死伤调查		1933年5月1日	1张	10	430
376	対支政策私案	我个人就对华政策的设想	松井中将	1933年5月1日	1件	10	432
377	塘古停戦協定関係書類	塘沽停战协定相关文件		1933年5月	1件	10	436
378	上海情報	上海情报		1933年7月24日—25日	2件	10	442
379	邦交敦睦命、ポーツマス条約追加約款	《邦交敦睦令》《朴茨茅斯条约》追加条款		1935年6月	1件	10	449
380	対北支政策に関する私見	我个人就对华北政策的见解	石桥贞男	1937年9月25日	1件	10	454
381	メモ 近衛声明に関するもの	笔记 关于近卫声明			1张	10	471
382	中国新政権樹立に関する原理	关于中国新政权建立的原理	池田长康	1939年7月20日	1件	10	476
383	日支新関係要綱	日中新关系要纲	兴亚院	1940年1月8日	1件	10	481
384	滿州事変の推移及び滿州の現状について	"满洲事变"的进展及"满洲"的现状			1件	10	490
385	浙江財閥滿州誘致に関する報告	关于诱导浙江财阀到"满洲"的报告			1册	10	564—578

续表

资料编号	题名	中文译名	作者	时间	数量	缩微胶卷号	缩微胶片号
386	満蒙投資促進方策等意見書	“满蒙”投资促进方案及意见书			1 件	11	1
387	支那の提案	中国的提案			1 件	11	10
388	仏人「リオーテー」氏より荒木大臣に提出せる質問とその解答	某法国人向荒木大臣的提问及相应解答			1 件	11	17
389	米国の煽動的行動について	关于美国的煽动性行动			1 件	11	23
390	対支問題の檄先ず幣原外相を追へ	对中国问题的檄文	对外国民联盟		1 张	11	32
391	満州経営に関する書簡案	关于经营“满洲”的信稿			35 张	11	35
392	満州出兵兵士についての書簡案	关于出兵“满洲”的士兵的信稿			1 张	11	71

除此之外，作为甲级战犯，荒木贞夫相关文书目录中还有“东京审判”“东京审判英文资料”等版块。总之，荒木贞夫作为日本陆军侵略活动的重要指导者，其档案中揭示了日本侵华的累累罪行。

7. 石原莞尔相关文书

资料总数254件。1966年7月，由资料所有者转让给宪政资料室收藏，全部为资料原件。接收这批资料后，国立国会图书馆将其复制为11卷缩微胶卷供读者阅览。

石原莞尔（1889—1949），1928年10月任日本关东军参谋，参与建立伪满洲国，促成了“满洲国协和会”的成立。1931年9月18日策划发动了九一八事变，1932年8月编入日本陆军兵器本厂，1935年8月任参谋本部作战科长，1936年6月任参谋本部战争指导科长，1937年3月任参谋本部作战部长，1937年9月任日本关东军副参谋长，1939年8月任中将、第16师团团长，1941

年3月因与东条英机对立，被编入预备役。

这批资料大部分是石原莞尔任日本关东军参谋时期(1931年10月—1932年)的文献。如《满蒙共和国统治大纲》《满蒙经营大纲》等与“满蒙”、伪满洲国及其殖民统治相关的资料，《满洲国协和会设立委员会议事录》(1932)、《满洲协和会规则》等“满洲国协和会”相关的文件等。

表7-5 石原莞尔相关文书中有关战争罪行条目

缩微胶卷号	缩微胶片号	题名	中文译名	作者	时间
R1	1	滿洲国金融機構建設案綱領	“满洲国”金融机构建设纲领		
R1	29	滿洲国金融機構建設案綱領	“满洲国”金融机构建设纲领		
R1	52	滿洲国金融機構建設案理由	“满洲国”金融机构建设理由		
R1	280	滿蒙既得権益確立要領、同(写)	“满蒙”既得权益确立要领		
R1	295	滿蒙共和国統治大綱案、同(写)	“满蒙”共和国统治大纲		1931年10月21日
R1	315	地方自治ニ関シ遼寧地方維持会顧問金井章次ニ対スル要望、同(写)	在地方自治方面对辽宁地方维持会顾问金井章次的要求		1931年10月24日
R1	331	瀋海鉄路業務開始ニ関スル件、同(写)	关于开始沈海铁路业务		1931年10月
R1	352	東北交通委員会設立趣意書(写)	设立东北交通委员会发起书		
R1	368	東三省官銀号閉鎖及再開顛末、同(写)	东三省官银号关闭及重开始末	关东军参谋部	1931年10月
R1	466	権益確立要領実施ノ現況、同(写)	权益确立方案实施状况	关东军司令部	1931年10月26日
R1	474	東北交通委員会ノ政策要綱、同(写)	东北交通委员会政策要纲		1931年10月

续表

缩微胶卷号	缩微胶片号	题名	中文译名	作者	时间
R1	521—546	遼寧省更新予算ノ概況、同(写)	辽宁省预算改革状况	伪地方维持委员会	
R2	11	満蒙自由国設立案大綱、同(写)	“满蒙”自由国设立方案大纲		1931年11月
R2	249	東北四省行政改革梗概(写)	东北四省行政改革梗概		1931年12月1日
R2	332	満蒙総督を置き満蒙在住六民族を統治せよ(写)	设置“满蒙”总督统治居住在“满蒙”的六个民族	上田统	
R2	425—549	日本ノ経済封鎖ニ就テ、同(写)	关于日本的经济封锁		
R3	59	満蒙ニ於ケル法制及経済政策諮問会議(案)、同(写)	关于“满蒙”的法制及经济政策咨询会议		
R3	247	満蒙国家建設指導の大綱案、同(写)	“满蒙”国家建设指导大纲	里见岸雄	
R4	28	満蒙開発政策綱要、同(写)	“满蒙”开发政策纲要		
R4	166	満蒙新国家の統制に就て	关于“满蒙”新国家的统治	菊池秋四郎	
R4	265	航空会社設立ニ関スル件、同(写)	关于设立航空公司		1932年2月25日
R4	422	満蒙新国家映画政策之提唱第一案、第二案	“满蒙”新国家电影政策建议第一方案、第二方案	根岸耕一	
R4	441	第二　満蒙新国家成立ニ伴フ対外関係処理要綱(閣議決定)、同(写)	“满蒙”新国家成立的外交处理纲要		1932年3月12日

续表

缩微胶卷号	缩微胶片号	题名	中文译名	作者	时间
R4	472	满蒙幣制整理方針要領、同(写)	“满蒙”币制整理方针要领	内外投资股份有限公司调查部	
R5	469	帝国と満洲国の将来に関する建議	关于“帝国”和“满洲国”将来的建议	“中央满蒙协会”	1932 年 5 月 11 日
R5	505—532	満洲経済統制策大綱、同(写)	“满洲”经济统治大纲		
R6	493	大日本興亜同盟事業計画私案　第一輯	“大日本兴亚同盟事业计划”第一辑	“大日本兴亚同盟”	1941 年
R7	48	新中国指導根本理念	“新中国”指导根本理念	菅野	
R8	450	北平に於ける回教対策の計画概要	应对北平伊斯兰教的计划概要		
R9	1	日支事変ニ関スル一考察	关于“日支事变”①的考察		
R9	451—520	満洲国皇帝推戴籌備ニ関スル協議経過(写)	关于筹备推举“满洲国”皇帝相关协议的经过		
R10	429	満洲国海軍整備問題(写)	“满洲国”海军整备问题	“满洲国军政部”顾问部	1933 年 11 月 15 日
R11	26	治外法権撤廃ニ関スル件(写)	关于撤销治外法权		1935 年 3 月 9 日
R11	120	石原莞爾氏提供資料内容一覧表	石原莞尔提供资料内容一览表		

这批石原莞尔相关文书，基本全部是日本建立伪满洲国及其在中国东北地区实行政治、军事、经济产业、金融、铁路、文化等殖民统治的相关资料。日

① 指七七事变。

本侵略者通过扶植溥仪傀儡政权，在各方面控制着东三省和内蒙古地区，意欲将“满蒙”作为日本的生命线，极大程度上破坏了中国领土及主权的完整性。这批档案是其殖民罪行的重要记录，其中还有涉及日本扩大侵华战争、从中国东北地区向华北地区扩张的相关资料。

8. 片仓衷相关文书

资料总数3708件，全部为资料原件。1994年2月，资料所有者将其捐赠至国立国会图书馆，国会馆将其复制为156卷缩微胶卷供读者阅览，原件不开放。目前，国立国会图书馆宪政资料室网站尚未公开该批资料目录。

片仓衷（1898—1991），1931年10月任日本关东军参谋，九一八事变中担任通信联络将校，负责管辖陆军中央和日本关东军间的秘密电报。之后，参与建立伪满洲国的工作。1934年12月进入日本陆军省军务局，并担任“对满事务局”事务官。1937年3月任关东军参谋，1939年8月任步兵第53连队队长（华中），1941年7月任日本关东军防备军参谋。

片仓衷相关文书包括书信和文件资料两部分。书信资料包括甘粕正彦、石原莞尔、板垣征四郎、本庄繁、南次郎等人的来信。文件资料方面，战前资料有伪满洲国相关资料、亚洲外交相关资料、战地地图资料等；战后资料有东京审判相关资料、军人相关资料（军人小传、战友团体相关）、《满洲国史》编纂资料，以及政治、外交相关的小册子、杂志和书籍等。另外还有1914—1971年的日记、手账30余册。其中，1931—1934年、1944—1945年、1959—1961年的资料已经归纳整理。

除了以上列出的以8位原收藏者命名的资料外，还有有马赖宁相关文书、木户家文书、宇垣一成相关文书、币原喜重郎相关文书中含有部分东京审判相关资料，荒尾兴功相关文书、有末精三相关文书、石丸志都磨相关文书、贺屋兴宣相关文书、近卫文麿相关文书等资料群中均或多或少包括日本在二战期间尤其是对中国的侵略罪行的内容，因数量不大，较为零散，在此不一一列举。

（二）不以原收藏者名字命名的资料

1. 政治谈话录音

1960年12月，日本众参议院主办了日本议会成立70周年纪念仪式及一系列纪念活动。作为活动之一，国立国会图书馆在参议院预算委员会办公室举办了“议会成立70周年纪念议会政治展”。在11月份筹备展览时，经时任民营广播联盟事务局（民間放送連盟事務局）局长酒井三郎介绍，时任国立国会图书馆副馆长冈部史郎与山本有三①进行会谈。山本有三提议：与详细了解第二次世界大战经过的人（例如野村吉三郎、町野武马等）进行对话，将谈话记录的录音保存在国会馆，让读者了解通过档案不能了解的一些政治历史内情②。

以此为契机，1961 年日本国立国会图书馆设立了"政治史料调查事务局"，负责政治谈话录音项目的实施。政治谈话录音的采访对象是从昭和前期到战后在日本政治史上具有重要影响的人物或参与重要历史事件的人物。截至 1987 年，共采访了 10 人，分别是町野武马、牟田口廉也、今村均、铃木茂三郎、木户幸一、迫水久常、贺屋兴宣、市川房枝、藤山爱一郎和胜间田清一，录音资料共计 89 张 CD，谈话速记录 14 册。根据 30 年保密期满后才能公开的原则，国立国会图书馆自 1991 年公开町野武马政治谈话录音开始，逐步按顺序对这批录音资料进行了公开，至 2012 年公开藤山爱一郎录音资料，实现了全部公开。

因为谈话对象都是昭和前期到战后在日本政治史上有影响力的人物，其中数位受访者具有战时在中国特别是中国东北地区的经历，这些之前未被公开的谈话记录，可以说是日本侵华的新罪证。谈话记录以人物分类，基本都附有谈话内容目录，但也有未附目录者。其中 5 位受访者曾参与侵华战争，其政治谈话录音一览表如下：

表 7－6　政治谈话录音一览表③

谈话人物	主题	总录音时长	录音时间	主要提问者	公开时间
町野武马（1875—1968），陆军大佐，张作霖日籍顾问	张作霖被炸死事件	6 小时	1961 年 5 月 14 日—15 日	山本有三、后藤隆之助（原"昭和研究会"负责人）、古田时夫（国立国会图书馆调查及立法考察局调查员）	1991 年 6 月

① 山本有三（1887—1974），日本剧作家、小说家、政治家，1947 年曾当选为参议院议员，任期 6 年。

② 政治史料調查事務局沿革［EB/OL］．［2018－07－31］．https://rnavi.ndl.go.jp/bibliography/entry/bn30-39.php.

③ 堀内寛雄．政治談話録音の 50 年［J］．国立国会図書館月報，2012，4（613）：4－11.

续表

谈话人物	主题	总录音时长	录音时间	主要提问者	公开时间
牟田口廉也(1888—1966),陆军中将。七七事变爆发时任日本陆军步兵第一连队长、英帕尔战役第15军司令官	七七事变、英帕尔战役	4.5小时	1963年4月23日、1965年2月18日	山本有三	1993年5月、1995年12月
今村均(1886—1968),陆军大将。1936年3月接替板垣征四郎出任日本关东军副参谋长、兼任驻伪满洲国大使馆武官(七七事变爆发)、陆军省兵务局长,乙丙级战犯	陆军军制等	3.5小时	1964年12月、1965年1月	今井清一(横滨市立大学副教授)、藤田嗣雄(上智大学教授)	1995年2月
木户幸一(1889—1977),内大臣秘书官长,1937年任近卫文麿内阁的文部大臣、厚生大臣,1939年任平沼骐一郎内阁的内务大臣,甲级战犯	《木户日记》相关秘史	17小时	1967年2月16日、3月6日、3月13日、3月27日、4月12日、5月29日	大久保利谦(早稻田大学、立教大学讲师)、后藤隆之助、山本有三	1997年6月
贺屋兴宣(1889—1977),第一次近卫内阁大藏大臣、东条内阁大藏大臣	战前财政政策等	11小时	1975年11月11日、11月18日、11月27日、12月5日、12月11日、12月17日	有竹修二(朝日新闻社客座评论员)、河原宏(早稻田大学教授)、鹿喰清一(原每日新闻记者)、平田敬一郎(原大藏事务次官)	2006年1月

以下详细介绍这5位受访者的谈话内容。

(1)町野武马

谈话主题:①前言;②成为张作霖的顾问之前;③关于军事顾问;④郭松龄事

件;⑤张作霖和小幡大使;⑥菊池武夫、本庄繁和松井七夫;⑦孙传芳和吴佩孚;⑧山本条太郎;⑨外务省在中国东北地区的活动;⑩九一八事变前后;⑪杀害张作霖的理由;⑫吉林和奉天的战争;⑬张学良和暗杀杨宇霆[①]事件;⑭孙文和张作霖的关系;⑮张作霖与段祺瑞和徐树铮的关系;⑯关于顾问制度;⑰张作霖和冯玉祥的关系;⑱关于张作霖的幕僚;⑲郭松龄事件的插曲;⑳对苏联的认识;㉑远东国际军事法庭出庭;㉒回忆张作霖;㉓日俄战争从军回忆;㉔张作霖和吴佩孚的合作;㉕庄田平五郎和川岛浪速等。

(2)牟田口廉也

第一回谈话主题:卢沟桥事件。

第二回录音主题:英帕尔战役相关内容。牟田口廉也朗读自己事先准备好的资料,是其为自己指挥英帕尔战役作辩解的独白,不是对话形式。

(3)今村均

第一回谈话主题:①军队内务书修正;②第一次世界大战的影响;③陆军的派阀;④驻外武官;⑤第一次世界大战后的陆军;⑥上原勇作、宇垣一成及其他将军;⑦陆军省军务局和参谋本部作战部;⑧陆军机密费;⑨驻外武官的情报收集;⑩九一八事变和参谋本部作战科;⑪陆军和法制。

第二回谈话主题:①“满洲”、中国问题;②朝鲜军;③九一八事变;④十月事件;⑤关东军和机密费;⑥军队的机械化;⑦相泽三郎中佐;⑧陆军大学校毕业和非陆军大学校毕业的军人。

(4)木户幸一

1961年,日本国立国会图书馆启动政治谈话口述历史项目,将木户幸一列为首批候补,多次向木户发出采访请求,经过五年的恳请,终于在1966年秋得到木户的应允——木户称“有责任和义务给后代留下一些记录”。历经30年,1997年6月,国立国会图书馆将木户的谈话记录予以公开。具体谈话内容如下。

第一回谈话主题:①关于木户幸一日记;②农商务省、商工省时代;③宫内省改革;④内大臣秘书官长时代;⑤西园寺和牧野;⑥人物月旦;⑦重臣会议;⑧军部的抬头;⑨近卫和皇道派;⑩关于铃木贞一;⑪关于永田铁山。

第二回谈话主题:①木户的政党观和斋藤内阁成立经过;②评近卫文麿;③二·二六事件(一);④广田内阁成立经过;⑤军部大臣现役武官制的复活;⑥宇垣内阁中途失败;⑦评汤浅仓平;⑧二·二六事件(二)。

---

① 杨宇霆(1885—1929),字邻葛,北洋军阀执政时期奉系军阀首领之一。

第三回谈话主题:①第一次近卫内阁成立经过;②安井英二文相的辞职;③评平泉澄;④特劳特曼和平工作和近卫声明问题(一);⑤近卫的人物任命;⑥内阁改造问题;⑦平沼内阁;⑧阿部内阁、米内内阁;⑨近卫新党问题(一)。

第四回谈话主题:①近卫新党问题(二);②第二次近卫内阁;③近卫新党问题(三);④新体制运动、大政翼赞会;⑤近卫声明问题(二);⑥东条陆相和海军;⑦三国同盟、日美交涉。

第五回谈话主题:①第三次近卫内阁的下台;②东条内阁;③太平洋战争开战;④关于东条英机;⑤东条内阁的下台;⑥小矶内阁。

第六回谈话主题:①战败工作;②玉音盘事件;③东久迩内阁;④币原内阁;⑤天皇退位论;⑥战败和木户;⑦内大臣府的宪法起草;⑧东京审判。

(5)贺屋兴宣

第一回谈话主题:①大藏省入省时;②预算编成和执行;③军部的要求;④总动员体制;⑤海军裁军经过:华盛顿会议;⑥海军裁军经过:日内瓦会议;⑦海军裁军经过:伦敦会议;⑧关于军队最高指挥权;⑨回忆大藏省上司;⑩“新官僚”的抬头;⑪斋藤内阁以后;⑫杀害张作霖事件、九一八事变;⑬高桥藏相时代;⑭二·二六事件前。

第二回谈话主题:①七七事变扩大的原因;②与蒋介石的会面;③海军军费的扩充;④关于广田内阁;⑤担任大藏省理财局长时期;⑥林铣十郎内阁时代;⑦关于近卫文麿;⑧加入近卫内阁的经过;⑨七七事变;⑩近卫内阁的改造;⑪关于平沼骐一郎;⑫股份分配限制;⑬担任“华北开发株氏会社”总裁时期;⑭关于东条英机;⑮战前的美国和日本战败原因。

第三回谈话主题:①侵华战争的发端;②关于《日苏互不侵犯条约》;③“侵略”这一概念;④大本营政府联络会议;⑤关于美方的物资;⑥11月2日当时的心境;⑦日美交涉;⑧开战时的股票市场;⑨关于深井英五;⑩战犯审判;⑪井上藏相和高桥藏相;⑫九一八事变的影响;⑬事变前日军的动向;⑭七七事变的扩大原因;⑮开战后的财政、经济;⑯利用皇室的陆海军;⑰战后档案的散失。

第四回谈话主题:①战时财政;②通货膨胀、超额购买力、外地通货膨胀等;③东条内阁的改造;④卸任藏相;⑤战局的恶化;⑥东条内阁的倒台;⑦铃木贯太郎内阁;⑧人造石油和与德国的关系;⑨重臣负责的终战工作;⑩经济界的动向;⑪宪兵的蛮横;⑫中岛飞机和军队的关系;⑬巢鸭时期;⑭东京审判;⑮巢鸭出狱后;⑯修订《日美安保条约》时。

第五回谈话主题:①和外交问题的关联;②关于中苏对立;③美国和东

亚、东南亚的情势;④关于自卫队;⑤关于出入境管理;⑥任职法务大臣时代的各个问题;⑦选举制度;⑧非核三原则;⑨国防力的重点;⑩对中国台湾地区、韩国的认识;⑪中日外交正常化;⑫国内治安问题;⑬现代政界的情势;⑭所得税减税;⑮关于海运政策;⑯保守政权的前途。

第六回谈话主题:①管理货币制度和日本证券交易所的创立;②再保险制度和金融界的人事变动;③统管各业界;④不系领带、不穿大衣;⑤结束战争的方法;⑥外债处理;⑦即时开战的提案;⑧战败时的日本军人。

以上5位谈话者作为甲级战犯或者侵华战争的重要参与者,谈话内容中包含大量有关侵华战争的内容。町野武马、牟田口廉也、今村均3位谈话者,都曾担任陆军将领,在他们的谈话内容中,涉及日军发动的九一八事变、七七事变以及日本陆军的情况。木户幸一、贺屋兴宣作为甲级战犯,在日本侵华政策中起到重要的指导作用,是日本军国主义的重要支持者。木户幸一,几乎参与了日本对外侵略战争的所有重大事件的决策。贺屋兴宣作为大藏大臣,极力推行战时经济,在经济财政政策上支持日本军国主义的侵略扩张。他还直接参与对中国的经济掠夺,在1939年担任"华北开发株式会社"总裁,参与掠夺中国资源,这一经历在其谈话中也有提及。

这些资料的公开,有助于我们更详细、更全面地了解日本二战期间的侵华政策和行动。战争结束了数十年,他们在经历了战败甚至审判、关押后,是以怎样的立场和态度看待当时的侵略行为呢?是否已经悔过自省,还是仍旧执迷不悟?这些谈话记录可以为我们提供寻找答案的线索。需注意的是,这样的口述历史,很容易受谈话者的立场影响,其谈话内容的客观性和真实性需辩证考察后才可作为史料引用。

2."华铁"相关资料

本资料群共计119件,原收藏者为"华中铁道株式会社"。2015年7月,国立国会图书馆从旧书店购入这批资料,2016年2月25日予以公开。

"华中铁道株式会社"(简称"华铁"),是1939年4月日本政府与其扶持的梁鸿志伪政权"中华民国维新政府"共同成立的"日华合资"企业,事实上是日本帝国主义垄断中国华中地区铁路交通的一个工具。例如苏嘉铁路,原为国民政府增强国防、抵御日军侵略而建,1939年被"华铁"霸占后,苏嘉铁路各站站长、司机、职员甚至检票员几乎都是日本人,主要开行军用列车。1940年后,该铁路名义上虽由汪伪政府铁道部管辖,但实际上仍由"华铁"和日本军方直接控制①。

“华铁”相关资料分为四部分,分别是“华中派遣军”“设立和组织结构”“业务和运营”“调查报告书等”。这些资料还原了日本通过“华铁”控制中国华中地区铁路交通的史实,是日本实行对华经济和军事侵略的又一证据,对于相关研究者来说极具史料价值。

3.“关东厅警务局”资料

这批资料原收藏者为“关东厅警务局”(1919—1934 年),原件收藏于日本明治大学图书馆,宪政资料室收藏的是缩微胶卷副本,共计 80 卷。

根据 1905 年 9 月日俄签订的《朴茨茅斯和约》,俄国将从中国攫取的“旅大租借地”转让给日本。由此,日本在中国辽阳设立了作为军事机关的“关东总督府”。1906 年 9 月,在旅顺设立了“关东都督府”取代“关东总督府”,对“关东州”及“南满洲”铁路所在的区域进行行政管理。1919 年 4 月废除“关东都督府”,设立“关东厅”。1921 年 6 月其“民政部”划分为“内务局”和“警务局”两部分。1932 年伪满洲国建立。1934 年 12 月,随着“对满事务局”的设立,“关东厅”废止。

本资料群主要是 1927 年至 1933 年“关东厅警务局”经办的文书档案。

表 7-7　“关东厅警务局”资料目录

缩微胶卷号	题名	中文译名
1—17	関東庁参考書	“关东厅”参考书
18—21	関東庁情報綴	“关东厅”情报册
22—23	ベンゾイリン関係資料	盐酸苯甲酰吗啡相关资料
24	婦人児童売買に関する資料	关于买卖妇女儿童的资料
25	高等警察概況	高等警察概况
26	赤化運動取締参考資料	镇压“赤化运动”参考资料
27	朝鮮人概況	朝鲜人概况
28	租税制度に関する資料	关于租税制度的资料
29	旅順振興策	振兴旅顺策略
30—32	管内匪賊状況旬報	管辖范围内匪贼状况旬报
33—36	昭和四年に於ける資料	昭和四年(1929)资料

① 岳钦韬. 苏嘉铁路始末——日军侵华的又一罪证[J]. 苏州市职业大学学报,2005(3):4-7.

续表

缩微胶卷号	题名	中文译名
37—41	昭和五年に於ける資料	昭和五年(1930)资料
42—52	昭和六年に於ける資料	昭和六年(1931)资料
53	昭和七年における資料	昭和七年(1932)资料
54—57	対支回顧録	“对支回忆录”
58—61	続対支回顧録	“对支回忆录续”
62—67	防空化学答案	防空化学答案
68	大東亜共栄圏関係地図	“大东亚共荣圈”相关地图
69—73	関東庁要覧・関東局要覧	“关东厅”要览、“关东局”要览
74—75	関東庁施政二十年史	“关东厅”施政二十年史
76—78	関東局施政三十年史	“关东厅”施政三十年史
79	議会答弁資料関東庁・関東庁第二十八統計書	议会答辩资料“关东厅”“关东厅”第二十八统计书
80	雑資料	其他资料

4.“满铁会”旧藏资料

“满铁会”旧藏资料共计 124 件,全部为资料原件。2017 年 7 月,“满铁会”将其捐赠给国立国会图书馆。2018 年 2 月 21 日,国立国会图书馆将这批资料公开,其中第 1—69 件提供缩微胶卷阅览。

根据 1906 年 6 月 8 日公布的第 142 号敕令,1906 年 11 月 26 日“南满洲铁道株式会社”成立,负责管理日本通过日俄战争掠夺的中国长春至旅顺口之间的铁路及支线,以及抚顺、烟台等地的煤矿。1907 年 4 月 1 日该社正式开始营业,除铁路管理外,其业务还扩展到行使铁路附属地的行政权以及煤矿、炼铁等,至 20 世纪二三十年代该社已经发展至大财阀规模,在日本侵略历史上扮演了重要的角色。日本战败后,基于盟军最高司令部(GHQ)的指令,1945 年 9 月 30 日该社停止运作。

1946 年 12 月 6 日,为了确保原“满铁”员工的债权、援助和支持原“满铁”员工家人恢复生活、促进遗留员工归国,“满铁社友新生会”成立。1953 年 2 月开始,将出售“满铁”东京分社大楼的资金用于支付原“满铁”员工的退休津贴。但是因为原“满铁”员工分散在全国各地,支付难度大,1954 年 7 月在厚生省的指导下,“满铁社友新生会”改组成为“财团法人满铁会”负责支付事宜。此后,经过“任意团体满铁会”“满铁会情报中心”等组织和名称变更,

2016 年正式解散。

"满铁会"旧藏资料的主要内容有日本战败时制作的"满铁"工作人员名单、基于此名单制作的"满铁员工卡"①、职务分工图、铁路运行表、营业报告书、原"满铁"理事竹中政一藏资料、相册、照片等战前资料。

"满铁"作为日本在东北进行政治、经济、军事等方面侵略活动的指挥中心,为日本掠夺中国的资源开展了大量的调查,这些调查资料和公司的内部档案与文件、公司与相关机构收藏的书刊、公司与相关机构人员的藏书以及资料等,构成了庞大的"满铁"资料。"满铁"资料是研究 20 世纪上半段历史的不可或缺的史料,具有重要的文献价值。

二、日本被占领时期资料

(一)专藏简介

日本被占领时期资料主要是指日本国立国会图书馆收集的二战后盟军占领统治日本期间的档案资料等,主要载体形式是缩微胶卷及其他电子资料。具体包括驻日盟军最高统帅司令部(GHQ/SCAP)文件、美国战略轰炸调查团(USSBS)文件、琉球列岛美国民政府(USCAR)文件、美国国务院文件等。这批资料绝大部分都是官方或机构档案,除此之外还有一小部分对政策决定起重要影响力的美国政要和军人的日记和个人文件。

1951 年《旧金山和约》签署后,美国着手准备结束对日占领,因此驻日盟军最高统帅司令部从 1951 年 8 月开始筛选日本被占领时期政府文件,交由美国陆军副官署进行保管。1952 年 1 月 4 日第一批驻日盟军最高统帅司令部文件船运到位于美国弗吉尼亚州的陆军副官署档案科仓库,之后移交至美国国家档案馆保管,并一直处于保密状态。1972 年 3 月,美国总统尼克松签署第 11652 号行政命令,要求对所有保密已经超过 30 年的文件进行审核解密。1974 年,美国陆军部对驻日盟军最高统帅司令部档案进行再审查,其中大部分得到解密。得知此事后,日本学者、媒体、政府机构等纷纷前往美国国家档案馆进行资料的调查和复制,但这些调查活动并不相关,复制的资料也彼此没有公开,致使经济上重复支出、资料利用效率很低。在这样的情况下,日本国立国会图书馆着手组织赴美系统查访相关文献,并予以复制回归,供日本国内学

① "满铁员工卡"是日本战败后,1945 年秋"满铁"奉天铁路局总务部的人事科长代理动员属下 20 余人制作的战败时的人事资料。工作人员在撤退回国时,将这批资料寄存于中国,1950 年 5 月这批资料被封装到 7 个箱子里送回到日本。

者公开使用。

1976年夏天，日本国立国会图书馆派员工熊田淳美赴美国国家档案馆进行调查，10月份调查人员回国后，决定对驻日盟军最高统帅司令部档案进行全部征集，并确定日本国立国会图书馆只负责对所有资料进行复制、收集，不对资料价值进行判断——这种判断应交给资料的使用者。1978年6月，日本国立国会图书馆正式启动资料采访工作①，此后的将近30年里除了在美国国家档案馆采访驻日盟军最高统帅司令部档案外，也着手采访了该馆所藏其他有关日本的档案，同时也在美国其他文献收藏机构开展了文献采访复制工作。

因此，宪政资料室所藏日本被占领时期资料以复制件为主，既有该馆自己缩微化和电子化的资料，也有购买的缩微胶卷副本。虽然原件不多，但因为这是日本国家级的图书馆首次系统、全面和广泛地收集相关文献而形成的专题馆藏，具有重要的使用价值。为便于读者检索，日本国立国会图书馆对日本被占领时期资料按照“发生机构”和“所藏机构”整理出两种索引。另外，日本国立国会图书馆也在不断整理和更新宪政资料室所藏日本占领相关资料一览表②，目前该馆网站公布的最新数据更新至2018年5月30日。

日本被占领时期资料中与日本战争罪行关系较密切的文献有：远东国际军事法庭审判相关文件，也包括少量的乙丙级战犯审判资料；二战期间作战资料，既有美军作战资料，也有日军作战资料。以下将从这两个方面梳理揭示日本战争罪行的文件。

（二）远东国际军事法庭审判相关资料（包括少量乙丙级战犯审判资料）

日本被占领时期资料中有大量关于远东国际军事法庭审判的资料，包括远东国际军事法庭文书、国际检察局文书、盟军总部法务局文书和远东委员会文书。此外还有乙丙级战犯审判拉包尔军事法庭庭审记录。

1. 远东国际军事法庭文书

（1）国立国会图书馆自有馆藏

宪政资料室所藏的日本被占领时期资料中，远东国际军事法庭审判相关资料因其发生机构为“远东国际军事法庭（IMTFE）”，所以按照“发生机构”索引，属于“美国（包含联合国）”资料群中“日本占领军”部分的第一个机构“驻

---

① ［日］山田敏之．アーカイヴス紹介 国立国会図書館憲政資料室所蔵「日本占領関係資料」——収集事業の歩みを中心に［J］．Intelligence，2007，4（8）：61－73．

② 国立国会図書館憲政資料室所蔵日本占領関係資料一覧表［EB/OL］．［2018－08－02］．http://rnavi.ndl.go.jp/kensei/tmp/senryoshozoichiran.pdf．

日盟军最高统帅司令部(GHQ/SCAP)1945—1952”。

远东国际军事法庭审判时间长达两年半，涉及人物、证据较多，形成了庞大的资料群。主要包括公审速记录、非公开审理速记录、庭审相关文件、检方提交和未提交的证据、辩方提交和未提交的证据、法庭证据、检方最终论述与辩方最终陈词、判决·意见书、速记录提要等。审判结束后，相关原始文件大多移交给了美国国家档案馆。作为证据采用的资料，在审判结束时也陆续返还给了提供资料的机构。另外，审判过程中朝日新闻社、早稻田大学、东京大学社会科学研究所、最高法院图书馆就开始从辩护人等人手中收集庭审分发的少量誊写版资料。

审判结束后，相关文件资料流向如下：①法庭事务局保管的资料与原始文件一起移交至美国国家档案馆(RG 238)；②分发给检察官的资料作为国际检察局文件(RG 331)移交至美国国家档案馆；③分发给各法官的资料，由各法官带回各自的国家，一部分捐赠给了图书馆等机构；④分发给辩护人的资料，日本法务省从1955年到1963年，从日本律师和美国律师乔治·A·弗内斯、本·布鲁斯·布莱克尼处收集了资料。

表7-8 宪政资料室所藏远东国际军事法庭文书提要

主要类别	题名	中文译名	语言	馆藏情况
Transcripts of Court Proceedings：公审速记录	極東国際軍事裁判速記録.第1—416号	远东国际军事法庭审判速记录(第1—416号)	日文	本馆索取号：329.49-Ky9953
	Record of proceedings	庭审记录	英文	本馆索取号：A191-9
	The Tokyo war crimes trial	东京审判	英文	本馆索取号：A191-50
	国士舘大学附属図書館所蔵 極東国際軍事裁判関係資料集成(第1期)英文速記録及び和文証拠資料	国士馆大学附属图书馆所藏远东国际军事法庭审判相关资料集成(第1期)英文速记录及日文证据资料①	英文	本馆索取号：YE-113 缩微胶卷号：Ea-1～Ea-93
	極東国際軍事裁判速記録	远东国际军事法庭审判速记录	英文	缩微胶卷，共36卷

① 法务省将从东京审判各辩护人处收集到的资料中重复部分转让给了与东京审判关系最密切的一些大学，1970年5月转交给国士馆大学日文资料282册、英文资料486册。日本出版社柏书房将这些资料做成了缩微胶卷出版发行，1995年国立国会图书馆从出版者处获得第1期资料。

续表

主要类别	题名	中文译名	语言	馆藏情况
Transcripts of Court Proceedings:公审速记录	極東国際軍事裁判記録選	远东国际军事法庭审判记录选	英文、日文	本馆索取号:YF - A33 缩微胶卷号:R14 ~ R63(英文)、R64 ~ R66(日文)
	国際検察局文書　極東国際軍事裁判速記録	国际检察局文书:远东国际军事法庭审判速记录	英文	本馆索取号:IPS - 12 缩微胶卷,共52.5卷
	国際検察局文書　極東国際軍事裁判速記録(日本語)	国际检察局文书:远东国际审判审判速记录(日文)	日文	本馆索取号:IPS - 12 缩微胶卷,共5.5卷
	朝日新聞社旧蔵　極東国際軍事裁判記録	朝日新闻社旧藏远东国际军事法庭审判记录①	英文、日文	资料原件 Box 66 ~ Box 134(英文),Box 1 ~ Box 4(日文)
	最高裁判所図書館旧蔵資料　極東国際軍事裁判記録	最高法院图书馆旧藏远东国际军事法庭审判记录②	英文、日文	资料原件 II. Reporter's Transcript(英文); 第二部速记录(日文)
Transcripts of Proceedings in Chambers 非公开审理速记录③	The Tokyo war crimes trial	东京审判	英文	本馆索取号:A191 - 50
	極東国際軍事裁判記録選	远东国际军事法庭审判记录选	英文	本馆索取号:YF - A33 缩微胶卷号:R77 ~ R78

① 朝日新闻社的东京审判资料是朝日新闻社的法庭记者团从1947年开始在东京审判过程中收集的,之后该社制作了详细的检索目录,予以整理编辑。1979年5月朝日新闻社将这批资料捐赠给了国立国会图书馆。这批资料基本上包含了所有的审判资料,在资料完整度上仅次于法务省收集的资料。

② 最高法院图书馆的东审资料是最高法院图书馆在东京审判庭审过程中收集的资料,之后装订成册,2007年该馆将之移交至国立国会图书馆。

③ 即内庭审理速记录。为便于读者调阅原档,凡涉及文献著录项内容,笔者尽量使用日文直译。

续表

主要类别	题名	中文译名	语言	馆藏情况
Transcripts of Proceedings in Chambers 非公开审理速记录	国際検察局文書　極東国際軍事裁判非公開審理速記録	国际检察局文书:远东国际军事法庭审判非公开审理速记录	英文	本馆索取号:IPS－33 共1卷缩微胶卷制成的电子图像
	朝日新聞社旧蔵　極東国際軍事裁判記録	朝日新闻社旧藏远东国际军事法庭审判记录	英文	资料原件 Box 135(Folder 2)～Box 138
	最高裁判所図書館旧蔵資料　極東国際軍事裁判記録	最高法院图书馆旧藏远东国际军事法庭审判记录	英文	资料原件 XII. Miscellaneous, vol. 2－4
Court Papers 庭审文件①	極東国際軍事裁判法廷文書、法廷証及び判決	远东国际军事法庭审判法庭文件、法庭证据及判决		本馆索取号:CIM－1 缩微胶卷号:R1－4
	極東国際軍事裁判記録選	远东国际军事法庭审判记录选		本馆索取号:YF－A33 缩微胶卷号:R81～R85
	国際検察局文書　命令、手続き規則、起訴状写しおよび弁護側申立てを含む法廷文書	国际检察局文书:命令、手续规则、起诉书副本及辩护方申请等法庭文书		本馆索取号:IPS－29 共3卷缩微胶卷制成的电子图像
Prosecution Evidential Documents 检方提交及未提交的证据	国際検察局文書　極東国際軍事裁判に使用するため検察によって収集された番号順証拠文書	国际检察局文书:检方收集的证据文件		本馆索取号:IPS－18 缩微胶卷,共477卷
	極東国際軍事裁判法廷文書、法廷証及び判決	远东国际军事法庭审判法庭文件、法庭证据及判决		本馆索取号:CIM－1 缩微胶卷号:R37～R58

① 包括宣誓供述书、被告罪状承认或否定书、辩护人的委任状及承诺书、被告的疾病证明、公判开庭通告、辩护方的申请、法庭的命令等。

续表

主要类别	题名	中文译名	语言	馆藏情况
Prosecution Evidential Documents 检方提交及未提交的证据	極東国際軍事裁判記録選	远东国际军事法庭审判记录选		本馆索取号:YF - A33 缩微胶卷号:R232 ~ R251
	外務省文書	外务省文书		缩微胶卷,共 2164 卷
	朝日新聞社旧蔵　極東国際軍事裁判記録	朝日新闻社旧藏远东国际军事法庭审判记录	英文、日文	资料原件 Box 60 ~ Box 174(英文),Box 5(Folder 2) ~ Box 7(Folder 2)(日文)
	最高裁判所図書館旧蔵資料　極東国際軍事裁判記録	最高法院图书馆旧藏远东国际军事法庭审判记录	英文、日文	资料原件,VIII. I. P. S. Document Rejectd、X. I. P. S. Document Not Offered(英文);第八部检方未被受理文书、第十部检方未提交文书(日文)
	Prosecutive documents	检方证据文件	英文	本馆索取号:A191 - 37
Defense Documents 辩方提交及未提交的证据	国際検察局文書　極東国際軍事裁判に弁護側により証拠として提出された文書	国际检察局文书:辩方作为证据提交的文件		本馆索取号:IPS - 20 缩微胶卷,共 19 卷
	国際検察局文書　極東国際軍事裁判で証拠として却下された弁護側文書	国际检察局文书:辩方文件中被驳回的证据		本馆索取号:IPS - 21 缩微胶卷,共 16 卷
	東京裁判却下未提出弁護側資料. 第 1 巻 ~ 第 8 巻	东京审判驳回及未提交的辩方资料,第 1 卷—第 8 卷		本馆索取号:A191 - E46
	極東国際軍事裁判記録選	远东国际军事法庭审判记录选		本馆索取号:YF - A33 缩微胶卷号:R232 ~ R251

续表

主要类别	题名	中文译名	语言	馆藏情况
Defense Documents 辩方提交及未提交的证据	朝日新聞社旧蔵　極東国際軍事裁判記録	朝日新闻社旧藏远东国际军事法庭审判记录	英文、日文	资料原件 Box 175 ~ Box 201(英文),Box 7(Folder 3) ~ Box 24(Folder 2)(日文)
	最高裁判所図書館旧蔵資料　極東国際軍事裁判記録	最高法院图书馆旧藏远东国际军事法庭审判记录	英文、日文	资料原件 IX. Defense Document Rejected、XI. Defense Document Not Offered(英文); 第九部辩方未被受理文书、第十一部辩方未提交文书(日文)
	Defense documents	辩方证据文件	英文	本馆索取号:A191 - 37
Court Exhibits 法庭证据	国際検察局文書　英文・和文法廷証	国际检察局文书:英文、日文法庭证据	英文、日文	本馆索取号:IPS - 16 缩微胶卷,Exhibit No. 1 ~ 3915
	国際検察局文書　極東国際軍事裁判に証拠として提出された検察側・弁護側法廷証	国际检察局文书:检方、辩方提交的法庭证据	英文	本馆索取号:IPS - 14 缩微胶卷,Exhibit No. 1 ~ 3609
	極東国際軍事裁判記録選	远东国际军事法庭审判记录选		本馆索取号:YF - A33 缩微胶卷号:R94 ~ R231
	極東国際軍事裁判法廷文書、法廷証及び判決	远东国际军事法庭审判法庭文书、法庭证据及判决		本馆索取号:CIM - 1 缩微胶卷号:R8 ~ R36
	国士舘大学附属図書館所蔵　極東国際軍事裁判関係資料集成(第1期)英文速記録及び和文証拠資料	国士馆大学附属图书馆所藏远东国际军事法庭审判相关资料集成(第1期)英文速记录及日文证据资料	日文	本馆索取号:YE - 113 缩微胶卷号:Je - 1 ~ Je - 60

续表

主要类别	题名	中文译名	语言	馆藏情况
Court Exhibits 法庭证据	朝日新聞社旧蔵　極東国際軍事裁判記録	朝日新闻社旧藏远东国际军事法庭审判记录	英文、日文	资料原件 Box 140 ~ Box 159（英文），Box 24（Folder 3）~ Box 57（日文）
	最高裁判所図書館旧蔵資料　極東国際軍事裁判記録	最高法院图书馆旧藏远东国际军事法庭审判记录	英文、日文	资料原件 VII. Exhibit（英文）；第七部法庭证据（日文）
Summation 检方最终论述及辩方最终陈词	国際検察局文書　極東国際軍事裁判で審理された事件についての検察側最終論告及び弁護側最終弁論	国际检察局文书：关于远东国际军事法庭审判审理事件的检方最终总结及辩方最终辩论	英文、日文	本馆索取号：IPS－26 缩微胶卷，共21卷
	国際検察局文書　極東国際軍事裁判で審理された事件に関するIPSスタッフ歴史資料ファイル	国际检察局文书：IPS①工作人员关于远东国际军事法庭审判审理事件的历史资料文件		本馆索取号：IPS－6 缩微胶卷，共66卷
	極東国際軍事裁判記録選	远东国际军事法庭审判记录选	英文、日文	本馆索取号：YF－A33 缩微胶卷号：R69 ~ R74
	Summation of the prosecution	检方总结	英文	本馆索取号：A191－34
	Defense summation	辩方总结	英文	本馆索取号：A191－39
	Reply of prosecution to defense summation	检方对辩方总结的回复	英文	本馆索取号：A191－39
	朝日新聞社旧蔵　極東国際軍事裁判記録	朝日新闻社旧藏远东国际军事法庭审判记录	英文、日文	资料原件 Box 202 ~ Box 204（英文）；Box 58 ~ Box 59（日文）

① IPS：国际检察局。

续表

主要类别	题名	中文译名	语言	馆藏情况
Summation 检方最终论述及辩方最终陈词	最高裁判所図書館旧蔵資料　極東国際軍事裁判記録	最高法院图书馆旧藏远东国际军事法庭审判记录	英文、日文	资料原件 III. I. P. S. Summation、IV. Defense Summation、V. Reply of Prosecution to Defense Summation（英文）； 第三部检方最终总结、第四部辩方最终辩论、第五部检方针对辩方最终辩论的回答（日文）
Judgments and Opinions 判决·意见书	極東国際軍事裁判所判決.［第1冊—第15冊］	远东国际军事法庭判决（第1册—第15册）	日文	本馆索取号：A327-65
	The Tokyo war crimes trial	东京审判	英文	本馆索取号：A191-50
	国際検察局文書　極東国際軍事裁判判決	国际检察局文书：远东国际军事法庭审判判决	英文、日文	本馆索取号：IPS-23 由7卷缩微胶卷制成的电子图像
	極東国際軍事裁判記録選	远东国际军事法庭审判记录选	英文、日文	本馆索取号：YF-A33 缩微胶卷号：R4~R6（英文）、R75~R76（日文）
	極東国際軍事裁判法廷文書、法廷証及び判決	远东国际军事法庭审判法庭文书、法庭证据及判决	英文	本馆索取号：CIM-1 缩微胶卷号：R59~R62
	国士舘大学附属図書館所蔵　極東国際軍事裁判関係資料集成（第1期）英文速記録及び和文証拠資料	国士馆大学附属图书馆所藏远东国际军事法庭审判相关资料集成（第1期）英文速记录及日文证据资料	英文	本馆索取号：YE-113 缩微胶卷号：Ed-1~Ed8

续表

主要类别	题名	中文译名	语言	馆藏情况
Judgments and Opinions 判决·意见书	朝日新聞社旧蔵　極東国際軍事裁判記録	朝日新闻社旧藏远东国际军事法庭审判记录	英文、日文	资料原件 Box 205 ~ Box 211（英文）、Box 60 ~ Box 64（Folder 3）（日文）
	最高裁判所図書館旧蔵資料　極東国際軍事裁判記録	最高法院图书馆旧藏远东国际军事法庭审判记录	日文	资料原件 第六部判决（日文）
Narrative Summary of the Court Proceedings 法庭速记录提要	国際検察局文書　極東国際軍事裁判速記録要旨	国际检察局文书：远东国际军事法庭审判速记录要旨	英文	本馆索取号：IPS - 12 缩微胶卷，共 6 卷

（2）外务省外交史料馆文书复制件

该批资料来源于外务省，原件现藏于日本外交史料馆①，宪政资料室所藏的是其缩微胶卷副本，于 1971—1977 年及 1996—1997 年两次从美国国会图书馆购得，共计 2164 卷，主要为日语资料。主要文献内容为：

①明治、大正年代文书（Reel 1 - 804）

外务省和驻外使馆之间的往返文书（1896—1925）。已经分类编纂，下设门、类、项、号四个分类号。

②昭和期文书（Reel S1 - S722）

外务省与驻外使馆之间的往返文书（1926—1945）。已经分类编纂，下设门、类、项、号四个分类号。

③未分类文书（Reel UD1 - 52）

拍摄时作为“外务省记录”未分类编纂的文书。

④特别研究（Reel SP1 - 185）

用于办公制作、印刷、分发的调查资料（印刷版、誊写版）。

① 外務省文書（MF：Library of Congress 編纂）[EB/OL].[2018 - 08 - 02]. http://rnavi.ndl.go.jp/kensei/entry/Gaimusho.php.

⑤松本忠雄相关文书(Reel P1－76)

松本忠雄任外务参与官(1933年12月—1936年3月)、外务政务次官(1938年6月—1941年1月)期间,制作、保管的重要文书的副本,其去世后将此转让给外务省。在相当程度上弥补了战败时烧毁的文书资料。

⑥履历资料(Reel BM1－6)

外务省职员一览表(1923—1944)、外务省职员录(1940—1944、1950)及其他。

⑦远东国际军事法庭审判相关资料(Reel WT1－94)

从国际检察局接收的证据文件中挑选拍摄的与外务省相关的文书。

⑧条约文书(Reel TR1－13)。

条约原文的复写。

⑨电报(Reel TEL1－164)

外务大臣和驻外使节之间的来往电报(1873—1926)。

(3)澳大利亚战争纪念馆威廉·韦伯文书复制件

威廉·韦伯曾任远东国际军事法庭庭长,他的文书资料藏于澳大利亚战争纪念馆①,日本国立国会图书馆于2007年从该馆收集了其中一部分PDF图像。之后将其缩微胶卷化,并在2013年5月28日提供公开查阅。共3卷,索取号为YF－A42,资料语言主要为英语,内容为远东国际军事法庭庭审记录和韦伯撰写的判决书草稿。

2. 国际检察局文书

日本国立国会图书馆藏国际检察局文书复制自美国国家档案馆,计有缩微胶卷1148卷,索取号为IPS－1～IPS－45(见表7－9)。

表7－9　国际检察局文书构成

索取号	文献题名	中文简介	缩微胶卷数量
IPS－2	Correspondence, Memoranda, Reports Cablegrams, Conference Teletypes, Lists of War criminals and Suspects, Receipts for Document Lists of Library Materials, and other Documents Relating to War Crimes, 1945－48	书信、备忘录、海外电报、会议电传稿、战犯及嫌疑人一览表、其他战争犯罪相关文书等(1945—1948)	4

① Papers of Sir William Webb [EB/OL]. [2018－08－02]. http://rnavi.ndl.go.jp/kensei/entry/yf-a42.php.

续表

索取号	文献题名	中文简介	缩微胶卷数量
IPS – 2	Miscellaneous Records of the IPS, 1945 – 48.	国际检察局杂档(1945—1948)	5
IPS – 3	War Crimes Trial Documents Collected by the IPS for Use before the IMTFE, 1945 – 48.	国际检察局收集的用于远东国际军事法庭审判的战犯审判文书(1945—1948)	1
IPS – 4	Documents Assembled by the IPS for Use as Exhibits before the IMTFE, 1945 – 47.	国际检察局收集的用于远东国际军事法庭审判证据的文书(1945—1947)	34
IPS – 5	Reports, Orders, Studies and Other Background Documents Gathered by the IPS, 1945 – 47.	国际检察局收集的报告书、命令、研究等其他文书(1945—1947)	9
IPS – 6	IPS Staff Historical Files Relating to Cases Tried before the IMTFE, 1945 – 48.	国际检察局工作人员收集的与远东国际军事法庭审判相关的历史文件(1945—1948)	66
IPS – 7	Records of the Chief Prosecutor Relating to Preparation for and Conduct of Cases Tried by the IPS before the IMTFE, 1946 – 48.	首席检察官文书(1946—1948)	18
IPS – 8	Indexes to Numerical Case Files Relating to Particular Incidents and Suspected War Criminals, IPS, 1945 – 47.	特定事件及战犯嫌疑人相关的事件文件索引(1945—1947)	4
IPS – 9	Numerical Case Files Relating to Particular Incidents and Suspected War Criminals, IPS, 1945 – 47.	特定事件及战犯嫌疑人相关的事件文件(1945—1947)	73
IPS – 10	IPS Documents Relating to Witnesses for the Prosecution and the Defense, 1946 – 47.	关于检方、辩方证人的国际检察局文书(1946—1947)	20
IPS – 11	Records of the IPS, Prosecution's Opening Statements, Summary of Evidence, and Copies of Indictments, 1946.	检察官开庭陈述、证据要旨、起诉状(1946)	2
IPS – 12	Narrative Summary of Court Proceedings for Cases Tried before the IMTFE, 1946 – 48.	远东国际军事法庭审判速记录要旨(1946—1948)	6

续表

索取号	文献题名	中文简介	缩微胶卷数量
IPS－12	Transcripts of Court Proceedings for Cases Tried before the IMTFE,1946－48.	远东国际军事法庭审判速记录(1946—1948)	52.5
IPS－12	Transcripts of Court Proceedings for Cases Tried before the IMTFE in Japanese,1946－48.	远东国际军事法庭审判速记录(日文,1946—1948)	5.5
IPS－13	Indexes of Exhibit of the Prosecution and of the Defense,Introduced as Evidence before the IMTFE,1945－47.	远东国际军事法庭审判中检方和辩方提交的法庭证据索引(1945—1947)	2
IPS－14	Exhibit of the Prosecution and of the Defense, Introduced as Evidence before the IMTFE,1945－47.	远东国际军事法庭审判中检方和辩方作为证据提交的资料(1945—1947)	17
IPS－15	Index of Court Exhibits in English and Japanese,IPS,1945－47.	法庭证据索引(英文,1945—1947)	1
IPS－16	Court Exhibits in English and Japanese, IPS,1945－47.	英文、日文法庭证据(1945—1947)	48
IPS－17	Indexes to Numerical Evidentiary Documents Assembled as Evidence by the Prosecution for Use before the IMTFE,1945－47.	检方为远东国际军事法庭审判收集的证据文书索引(1945—1947)	8
IPS－18	Numerical Evidentiary Documents Assembled as Evidence by the Prosecution for Use before the IMTFE,1945－47.	检方为远东国际军事法庭审判收集的证据文书(1945—1947)	477
IPS－19	Indexes to Documents Presented as Evidence and Defense Documents Rejected as Evidence by the Defense before the IMTFE,1945－47.	辩方提出的证据文书,及作为证据提交但是被驳回的辩方文书索引(1945—1947)	2
IPS－20	Documents Presented as Evidence as Evidence by the Defense before the IMTFE, 1945－47.	辩方提交的证据文书(1945—1947)	19

续表

索取号	文献题名	中文简介	缩微胶卷数量
IPS－21	Defense Documents Rejected as Evidence before the IMTFE,1945－47.	辩方被驳回的证据文书（1945—1947）	16
IPS－22	Alphabetical Series of Defense Documents Presented for Evidence and Rejected by the IMTFE,1945－47.	辩方提交的证据及被法庭驳回的辩方文书（按字母顺序整理，1945—1947）	3
IPS－23	Copies of Judgments of the IMTFE,1948.	远东国际军事法庭审判判决书副本（1948）	7
IPS－24	Index to Names of Witnesses and Suspected War Crimes Perpetrators Who Appeared before the IMTFE,1945－47.	远东国际军事法庭审判出庭证人及战犯嫌疑人名单索引（1945—1947）	1
IPS－25	Indexes to Files Showing the Receipt and Distribution of Defense Documents and the Receipt of Affidavits from Prisoners of War and Other Sources,1946－48.	记录接收、分配辩方文书，接收俘虏和其他情报提供者的宣誓供述书的文件索引（1946—1948）	2
IPS－26	Prosecution and Defense Summations for Cases Tried before the IMTFE,1948.	检方结案陈词及辩方最终辩论（1948）	21
IPS－27	Analyses of the Documentary Evidence Introduced by the IMTFE,1946－48.	远东国际军事法庭审判中提交的书面证据的分析（1946—1948）	6
IPS－28	Indexes to Court Documents Including Orders,Rules of Procedure,and Copies of the Indictment and Motions of the Defense,1946－48.	命令、手续规则、起诉状副本及包含辩方申请的法庭文书索引（1946—1948）	1
IPS－29	Court Documents Including Orders,Rules of Procedure,and Copies of the Indictment and Motions of the Defense,1946－48.	命令、手续规则、起诉状副本及包含辩方申请的法庭文书（1946—1948）	3
IPS－30	Indexes and Lists of Witnesses for the Defense and for the Prosecution before the IMTFE,1946－48.	辩方及检方证人索引及名单（1946—1948）	1

续表

索取号	文献题名	中文简介	缩微胶卷数量
IPS - 31	Numeric Records of the Prosecution Attorneys Relating to the Prosecution's Evidence before the IMTFE, 1946 - 47.	关于检方证据的检察官文书(1946—1947)	4
IPS - 32	Transcripts from the Case of the United States of America vs. Soemu Toyoda and Hiroshi Tamura, 1946 - 48.	丰田副武、田村浩事件资料(1946—1948)	4
IPS - 33	Transcripts of Proceedings in Chambers for Cases Tried before the IMTFE, 1946 - 48.	内庭审理记录(1946—1948)	1
IPS - 34	Studies, Reports and Other Reference Documents, 1944 - 48.	研究、调查报告及其他参考资料(1944—1948)	44
IPS - 35	Miscellaneous Documents Relating to Japan's Economic, Industrial, Military, and Diplomatic Activities, Used as Background Materials by the IPS, 1929 - 45.	国际检察局作为背景资料使用的日本经济、产业、军事、外交活动相关杂档(1929—1945)	7
IPS - 36	Nuremberg Transcripts Used as Reference Documents by the IPS for the IMTFE, 1945 - 47.	国际检察局作为参考文书使用的纽伦堡审判记录(1945—1947)	8
IPS - 37	SCAP Report on the Summation of U. S. Army Military and Nonmilitary Activities in the Far East, 1945 - 47.	驻日盟军最高统帅关于美军在远东地区的军事、非军事活动的概要报告(1945—1947)	3
IPS - 38	Records of Trials and Clemency Petitions for Accused Japanese War Criminals Tried at Yokohama, Japan, by a Military Commission Appointed by the Commanding General, 8th Army, 1946 - 48.	美国陆军第8军司令官任命的军事委员会横滨审判文书及减刑申请(1946—1948)	59
IPS - 39	Records of Trials of Accused Japanese War Criminals Tried at Manila, Philippines, by a Military Commission Convened by the Commanding General of the United States Army in the Western Pacific, 1945 - 47.	美西太平洋陆军司令官召集的军事委员会在菲律宾马尼拉审判日本战犯文书(1945—1947)	34

续表

索取号	文献题名	中文简介	缩微胶卷数量
IPS－40	Records of the Trial of Accused War Criminal Hiroshi Tamura, Tried by a Military Tribunal Appointed by the SCAP, Tokyo, Japan, 1948－49.	驻日盟军最高统帅任命的军事法庭对战犯被告人田村浩的审判文书(1948—1949)	3
IPS－41	Records of the Trial of Accused War Criminal Soemu Toyoda, Tried by a Military Tribunal Appointed by the SCAP, Tokyo, Japan, 1948－49.	驻日盟军最高统帅任命的军事法庭对战犯被告人丰田副武的审判文书(1948—1949)	7
IPS－42	Miscellaneous Documents Relating to the Japanese Attack on Pearl Harbor and Other Japanese Military Activities, 1941－45.	日本偷袭珍珠港及其他日本侵略活动相关杂档(1941—1945)	1
IPS－43	Photostatic Copies of Newspaper Articles Relating to Japanese War Crimes and War Crime Trials, 1943－1948.	日本战争犯罪及战犯审判相关新闻报道的照片复制件(1943—1948)	1
IPS－44	Miscellaneous International Prosecution Documents Used as Background in Preparation for the IMTFE, 1940－48.	国际检察局用于远东国际军事法庭审判准备的各种背景资料(1940—1948)	19
IPS－45	Photographs of Japanese Soldiers and Allied Prisoners of War, 1942－45.	日本兵及联合国俘虏的照片(1942—1945)	1

3.盟军总部法务局文书

1945年10月,盟军总部设立法务局,辅助驻日盟军最高统帅处理对日占领相关的法律问题及对日本战犯的搜查和追诉。1945年12月8日国际检察局成立后,关于甲级战犯的起诉任务交由国际检察局负责,法务局改为主要负责以下事项:(1)所有有关对日占领的法律问题;(2)国际检察局管辖范围外的战争犯罪处置,即乙丙级战犯审判,包括调查、收集、制作战犯嫌疑人名单,逮捕战犯,取证登记,对军事委员会或者军事法庭所依据的法规及手续提出建议等;(3)重点关注战争犯罪相关的事务性工作。除此之外,还承担了准甲级战犯丰田副武和田村浩的审判,即GHQ审判,又称丸之内审判。因此,盟军总部法务局文书中包含大量的准甲级战犯和乙丙级战犯审判资料。

这批资料原件现藏于美国国家档案馆(RG 331),1986—1987 年日本国立国会图书馆从美国国家档案馆复制征集了这批资料的缩微版,计有缩微平片 41429 张,分类号为 LS,资料语言为英语。

目前,这批资料以法务局的下设科室为单位进行分类,共分为局长室、总务科、统计和报告科、新闻处、法律科、立法·司法科、检察科、搜查科、马尼拉支局几大类。乙丙级战犯资料主要集中在检察科和马尼拉支局资料中,如"日本在菲律宾的各种战争犯罪文件,1947—1949"(Philippines vs. Various Japanese War Criminals Case File,1947 -49)、"中国对日战犯审判(索引),1945—1949"(Trials in China[Index],1945 -49)、"日本在菲律宾的非法行为,1945—1948"(Illegal Acts by Japanese in the Philippines,1945 -48)等。

4. 远东委员会文书

该批资料原件现存于美国国家档案馆(RG 43),日本国立国会图书馆所藏为缩微平片复制件,共 2981 片,索取号为 FEC。

其中有关日本战争罪行的资料主要集中在"第 5 委员会记录(战犯),1946 年 3 月 11 日—1949 年 3 月 11 日"(Records of Committee 5 War Criminals, 1946. 3. 11 -1949. 3. 11)中,共计 23 张缩微平片,索取号分别是:FEC(A)00137 -00139、FEC(B)00028 -00030、00038、00233 -00238、00334 -00336、00790 -00796①。另外在"信息备忘录"(Memoranda for Information)中也有部分相关文件,例如美国在战犯嫌犯的选定、逮捕、审判方面的政策,东京审判进展状况报告,战犯嫌犯私有财产的没收,起诉状概要等。

5. 拉包尔军事法庭庭审记录

这批资料是日本战败后,澳大利亚在拉包尔对日本乙丙级战犯进行的审判资料。资料共 1 册,为电子复写资料,索取号 AQ -13。该资料原件藏于澳大利亚国家档案馆,是日本人长野为义在写作《拉包尔军事法庭:一个日本人的审判记录》(『ラバウル軍事法廷:ある日本人の裁判記録』,1982)时从澳大利亚获取的资料,1983 年捐赠给日本国立国会图书馆。资料语言为英语,主要内容是澳大利亚在拉包尔进行的对日本乙丙级战争罪行审判中的 2 件审判记录:(1)Military court - Trail of Japanese war criminals, AWC. 2741 S/M HASEGAWA Junei and others;(2)Military court - Trail of Japanese war criminals, AWC. 2616 Sgt KISHI Ryosaku.

① [日]古川浩太郎. 国立国会図書館憲政資料室所蔵戦争犯罪裁判関係資料について[J]. 歴史評論,1988(8):73.

（三）二战时期日军作战资料

日本被占领期间资料中有大量作战资料。既有美军作战资料，也有部分日军作战资料。此处主要介绍日军作战记录，这些资料是日军肆意侵犯别国领土的罪行印证。

这部分资料按照“发生机构”索引，其查找路径为：日本→日本政府·陆海军及其他→陆海军·复原厅→日本军战史（宪政资料室藏）。

1. 资料简介

资料群名称为“日本军战史·关于‘满洲’用兵的观察·旧日本陆军的夜间战斗”。既有资料原件，也有缩微胶卷。资料原件共计200册，装在28个箱子里，全部为日语资料。缩微胶卷共计29卷，其中“日本军战史”英语版14卷，“日本军战史”日语版12卷，“关于‘满洲’用兵的观察”英语版2卷，“旧日本陆军的夜间战斗”英语版1卷。缩微胶卷资料是日本国立国会图书馆1985年从美国国会图书馆购买的。关于资料原件如何收入日本国立国会图书馆，未见记载。这批资料原件长期处于未整理状态，直到2007年8月才供读者公开使用。

日军战史资料已经完成数字化，全部在国立国会图书馆数字馆藏[①]公开全文。“关于‘满洲’用兵的观察”和“旧日本陆军的夜间战斗”的日语版资料索取号为MOJ 62。“日本军战史”英文版缩微胶卷资料索取号JAM-1E，“日本军战史”日语版缩微胶卷资料索取号JAM-1J，“关于‘满洲’用兵的观察”英文版缩微胶卷资料索取号JSM-1，“旧日本陆军的夜间战斗”英语版缩微胶卷资料索取号JNC-1。

2. 资料内容

（1）日本军战史

共187篇，讲述日本陆海空军的战史，但是资料不完整，有些资料只有英文版或只有日语版。从日语版翻译成英文版时，存在进行修正添加或者将多册整理成一册的情况。

这批资料主要记录日军在东亚、东南亚、太平洋地区的陆海军作战记录。日军在中国的作战资料主要涉及在中国东北、华北、华中和华南地区陆军及空军作战记录，如台儿庄、昆仑关、长沙等地。

---

① 日本軍戦史[EB/OL].[2018-08-04]. http://dl.ndl.go.jp/search/searchResult?categoryTypeNo=1&categoryGroupCode=C&categoryCode=06&viewRestrictedList=0|2|3&filters=1%3A06%2F063%2F0632.

（2）关于“满洲”用兵的观察

共13卷，是日军战史资料编纂结束后，在美国远东军司令部战史科的指示下，由日本复原局资料整理科（部）编制而成。

这批资料主要是揭示日军在中国东北地区用兵情况的资料，包括航空、陆地各兵种、步兵及装甲兵、炮兵、高射炮兵、工程兵、铁道兵、通信兵、兵站的情况，以及作战的地形、冬季作战、情报工作、边境筑城、气候等方面资料。

（3）旧日本陆军的夜间战斗

共1卷，美国远东军司令部战史科制作的关于日军夜间战斗的研究资料。

第八章　日本外务省外交史料馆

第一节　馆藏概况

一、机构简介

隶属于日本外务省的日本外务省外交史料馆(Diplomatic Archives of the Ministry of Foreign Affairs of Japan),全称日本外务省大臣官房总务课外交史料馆(以下简称外交史料馆),是收集、整理、保存、阅览、展示及编撰日本外交记录的专业档案馆,1971年4月15日正式开馆。1988年7月5日,由吉田茂①纪念事业财团(今吉田茂国际基金)捐建的分馆开馆,常年展示自日本江户幕府末期以来的外交档案以及吉田茂相关史料,同时也举办特别展览②。

外交史料馆成立之初的职责是接收管理日本外务省自成立至第二次世界大战前的档案史料并进行编撰出版,并不对外提供馆藏借阅服务。1976年,为加深日本国民对外交工作的理解,外务省着手对满30年的外交记录进行逐一审查,在不涉及国家重大利益和个人利益的前提下,将整理完毕的档案按照事件或专题陆续向社会开放。1999年5月7日,日本众议院通过《行政机关拥有信息公开法》(通称《信息公开法》,2001年4月1日正式实施)。根据该法,外交史料馆被总务大臣指定为历史资料妥善保存及公开利用机构。2001年3月

---

① 吉田茂(1878—1967),日本政治家、外交家,历任外务大臣、贵族院议员、内阁总理大臣、农林水产大臣、众议院议员等职。1946年5月22日—1947年5月24日、1948年10月15日—1954年12月10日,曾出任日本首相。

② 外務省.外交史料館沿革・主な活動[EB/OL].[2016-09-20].http://www.mofa.go.jp/mofaj/annai/honsho/shiryo/gaiyo.html;[日]内藤和寿.外務省外交史料館の所蔵史料と活動:外交史料の総合的情報センターをめざして[R/OL].[2016-09-20].http://www.archives.go.jp/news/pdf/080820_02_03.pdf.

30 日,日本内阁会议通过《关于妥善保存重要档案历史资料的必要措施》①,将保存期满的外务省档案中的历史资料部分移交给外交史料馆并向社会公开。根据 2009 年 4 月 1 日正式实施的《档案等管理相关法律》(平成二十一年七月一日第 66 号法律,通称《档案馆法》),外务省于 2010 年 5 月制定了《外交记录公开相关规则》(外务省第 19 号训令),其中明确规定,外交记录作为"特定历史档案"②向社会公开。2011 年 4 月 1 日,外交史料馆被外务大臣指定为基于《档案馆法》的外务省特定历史档案管理机构。

二、基本馆藏

外交史料馆对馆藏档案史料按照其特有的"门、类、项、目"进行整理分类,分为幕府时代末期、第二次世界大战结束前(以下简称"战前期")和第二次世界大战结束后(以下简称"战后期")三个部分。

"外务省记录"是战前期史料的主要组成部分,共计 5 万卷左右。其中,"旧记录"约有 22000 卷,"新记录"约有 26000 卷③。这些重要档案被妥善保存在外务省书库中,无论是 1923 年 9 月发生的关东大地震、1942 年发生的外务省火灾,还是 1945 年 5 月至 8 月的东京大空袭,均没有对这些资料造成损害。然而在 1945 年 8 月 7 日日本投降之前,外务省决定烧毁内部保存的 35000 件档案和疏散到地方的 4 万卷档案,被烧毁的外务省档案约有 4000—5000 册,主要为 2 门的"条约修订"、A 门的"对华关系"以及 B 门的"通商条约""与二十一条、田中外交、满洲事变以及此后的华北问题等"与中国相关的机密文件,造成了战前外务省记录的重大缺失④。

1956 年 9 月,美国国务院与日本驻美大使达成了关于归还日本陆海军档案的协议。1958 年 4 月,美国将 41000 件档案文书归还给日本,其中外务省档案交由外务省外交史料馆保管。

---

① 内閣官房. 歴史資料として重要な公文書等の適切な保存のために必要な措置について[R/OL]. [2016 - 09 - 02]. http://www.cas.go.jp/jp/seisaku/gyouseibunshou/dai1/pdf/siryou04_2.pdf.

② 《外交記録公開に関する規則》第 2 条(5)规定,「外交記録公開 第 7 条の審査の結果外交史料館に移管することとなった行政文書ファイル等を外交史料館に移管し、特定歴史公文書等として一般の利用に供することをいう」。

③ 外務省. 外交史料館所蔵史料(英語版)[EB/OL]. [2016 - 12 - 10]. http://www.mofa.go.jp/mofaj/annai/honsho/shiryo/shozo/index.html.

④ 臧运祜. 现代中日关系史研究上永远的缺憾:关于日本投降前后烧毁文书的情况及其他[J]. 近代史研究,2005(5):149 - 168,153.

（一）幕末时期史料

主要由德川幕府末期外交活动史料集《通信全览》和《续通信全览》组成。《通信全览》是1859—1860年间的外交文书，共计320卷，由德川幕府编辑而成；《续通信全览》是1861—1868年间的文书，由外务省分门别类编辑整理而成，共计1784卷[①]。

（二）战前期史料

分为"明治、大正时期"（1868—1926）和"昭和战争前期"（1926—1945）两个阶段，主要包括"外务省记录"与"外务省记录"之外的日本外交史料、个人文书和书信、条约集、国书和首相亲笔书信等。

1. 外务省记录

约有48000册左右，是自明治初年外务省创建至第二次世界大战结束期间的外交活动史料档案，包括外务省与各驻外使领馆之间的往来电报、公函等，按照历史年代划分为"明治、大正时期"和"昭和战争前期"两大部分。前者包含甲午战争、日俄战争、第一次世界大战、巴黎和会等重大事件的档案，后者包含日本侵华战争及太平洋战争时期的档案。

"明治、大正时期"的记录一般称"旧记录"，采用"8门式分类法"，即"1门:政治""2门:条约""3门:通商""4门:司法及警察""5门:军事""6门:人事""7门:文书及图书""8门:会计"[②]。

"昭和战争前期"的记录一般称"新记录"，采用"ABC式分类法"，设置了16门，即"A门:政治、外交""B门:条约、协定、国际会议""C门:军事""D门:司法、警察""E门:财政、经济、产业、贸易""F门:交通、通信""G门:都市、港湾、土木、建筑、土地、建筑""H门:东方文化事业""I门:文化、宗教、卫生、劳动及社会问题""J门:移民、护照""K门:居住在外国的日本及外国人、旅行及保护""L门:元首、皇室、赏勋、表彰、礼仪、赠答""M门:官制、官职""N门:文书、图书""O门:会计""Z门:先例及杂类"。其中，A门、B门、E门、F门和H门下有多个专为中国设立的类目，记录二战期间日本针对中国所采取的各项政策（见表8-1）。

---

① 外務省.通信全覧・続通信全覧[EB/OL].[2016-12-10].http://www.mofa.go.jp/mofaj/annai/honsho/shiryo/shozo/bakumatsu.html.

② 外務省.戦前期外務省記録分類表(明治・大正期)[R/OL].[2016-12-10].http://www.mofa.go.jp/mofaj/annai/honsho/shiryo/shozo/pdfs/senzen_1_1.pdf.

表 8－1　“外务省记录分类表（昭和战争前期）”中涉及中国的类目①

门	类	项	目
A 政治、外交	1 类 帝国外交	1 项 对中国	
		2 项 对“满洲国”	
	6 类 诸外国内政	1 项 中国	1 目　中央 2 目　“满蒙” 3 目　地方 4 目　匪贼 5 目　内乱、暴动、骚扰
		2 项 “满洲国”	
B 条约、协定、国际会议	11 类 华盛顿会议及条约	4 项 山东悬案问题	
E 财政、经济、产业、贸易	1 类 财政、经济	3 项 租税、手续费	2 目 在华租税及负担金
		6 项 中国借款	
	4 类 产业	2 项 利权事业	1 目 中国
F 交通、通信	1 类 交通	9 项 铁路、乘马	2 目 中国、“满洲国”
H 东方文化事业	2 类 资金	2 项 团匪赔偿金②	
		3 项 胶济铁路国库证券	
	3 类 委员会事业	2 项 上海委员会	
		3 项“对满文化审查委员会”	
	5 类 学费补助、各种补助	7 项 日本在华留学生	

2. 其他外交史料③

（1）调书和议会调书

“调书”是二战前日本外务省东亚局、亚细亚局、南洋局、政务局、情报局等主管的事件、事项的经办档案，共计 4200 册左右。“议会调书”是 1921—1936 年期间日本外务省各部门每年处理的各种案件的汇编史料，用于帝国议会说

① 外務省. 外務省記録分類表（昭和戦前期）[R/OL]. [2016－12－10]. http://www.mofa.go.jp/mofaj/annai/honsho/shiryo/shozo/pdfs/senzen_1_2.pdf.

② 《辛丑条约》第六款议定的庚子赔款。

③ 外務省.「外務省記録」以外の外交史料（戦前期）[EB/OL]. [2016－12－10]. http://www.mofa.go.jp/mofaj/annai/honsho/shiryo/shozo/senzen_2.html.

明和办公参考，共计 266 册①。

东亚局 48 件调书全部涉及中国问题，记录了日本对华实施的各项侵略罪行及其影响。譬如，根据《"满洲国"及中华民国日本侨民人口统计表》(「滿州国及中華民国在留本邦人人口概計表/昭和 12 年 10 月 1 日現在」，参考码：B02130148600，资料号：東亜—32)记载，截至 1937 年 10 月 1 日，伪满洲国境内的日本人总数为 445425 人，较上一年增加了 69461 人；朝鲜人总数为 937878 人，较上一年增加了 110317 人。其中，奉天(沈阳)的日本人最多，总计 83577 人，其次分别是新京(长春)68961 人、哈尔滨 36596 人、鞍山 20291 人、抚顺 19278 人、安东 15991 人。从以上统计数字可以看出，作为殖民扩张的手段，日本军国主义对中国东北地区实施了大规模移民。

亚细亚局调书的内容涉及中国的政治、经济、军事、交通、人口等方方面面(见表 8－2)。

表 8－2　亚细亚局调书与中国相关书目

资料号	参考码	标题
亜－1	B02130000100	支那ニ於ケル諸外国ノ投資関係契約彙集 第二 英国関係其二(鉄道鉱山之部)
亜－2	B02130001700	支那ニ於ケル諸外国ノ投資関係契約彙集 第四 米露関係
亜－3	B02130002700	MISCELLANEOUS DOCUMENT RELATIVE TO THE CONSOLIDATION OF THE CHINESE GOVERNMENT UNSECURED DEBTS./支那関税特別会議参考資料 第二輯
亜－4	B02130004500	支那関税保管制度(未定稿)/支那関税特別会議参考資料 第五輯
亜－5	B02130005400	三井無線問題経過概要(増補)
亜－6	B02130011300	在支外国居留地概説/支那問題参考資料 第六輯
亜－7	B02130012800	南支鉄道問題経過概要/支那鉄道問題資料 第七
亜－8	B02130014100	義和団事変賠償金還附問題/支那問題参考資料 第九輯
亜－9	B02130015800	対支新借款団問題/支那問題参考資料 第十八輯
亜－10	B02130017600	日英同盟更新ニ関スル意見書/支那問題参考資料 第十九輯
亜－11	B02130018500	支那各地ニ於ケル五月各国恥記念日状況

① [日]熱田見子.『議会調書』について[J/OL].外交史料館報,1996(9):84－87.[2016－12－10].http://www.mofa.go.jp/mofaj/annai/honsho/shiryo/gsk_hou/pdfs/09_01.pdf.

续表

资料号	参考码	标题
亜－12	B02130019200	対支借款一覧表 大正14年12月31日現在
亜－13	B02130019900	対支借款一覧表 昭和元年12月31日現在
亜－14	B02130020600	支那在留本邦人及外国人人口統計表（第十九回）/昭和元年12月現在
亜－15	B02130021800	支那在留本邦人及外国人人口統計表（第二十三回）/昭和5年12月現在
亜－16	B02130023000	外務省警察法規聚
亜－17	B02130032500	国民政府財政ノ近状
亜－18	B02130032700	満州問題資料(列強ノ帝国主義政策)
亜－19	B02130034100	満州国及中華民国在留本邦人及外国人人口統計(仮表)/昭和7年12月末日現在
亜－20	B02130034300	在満朝鮮人概況 昭和8年度
亜－21	B02130036000	満州事件ニ関スル「ベ－テイ」博士意見集
亜－29	B02130036600	支那財政整理諸案摘要(未定稿)/支那関税特別会議参考資料 第一輯
亜－30	B02130038500	善後会議ニ於ケル財政整理問題経過(未定稿)/支那関税特別会議参考資料 第三輯
亜－31	B02130039300	支那内債整理基金ニ関スル外国側ノ抗議経過(未定稿)/支那関税特別会議参考資料 第四輯
亜－32	B02130039500	極東問題諮議院(未定稿)/支那関税特別会議参考資料 第七輯
亜－33	B02130040200	善後会議及国民代表会議ニ関スル資料(未定稿)/支那関税特別会議参考資料 第九輯
亜－34	B02130041600	支那海関、塩政及郵政ニ於ケル外人傭聘(未定稿)/支那関税特別会議参考資料 第十六輯
亜－35	B02130042300	支那ノ閉鎖的若ハ排外的施設撤廃問題/支那問題参考資料 第十輯
亜－36	B02130043500	寧湘鉄道問題経過概要/支那鉄道問題資料 第九
亜－37	B02130044400	滬寧(上海南京)鉄道問題経過概要/支那鉄道問題資料 第十一

续表

资料号	参考码	标题
亜-38	B02130045200	雲南鉄道(雲南老開間)敷設顛末概要/支那鉄道問題資料 第十二
亜-39	B02130045400	東支鉄道問題/支那問題参考資料 第十六輯
亜-40	B02130045900	支那ニ於ケル本邦人関係合弁事業
亜-41	B02130046900	満州国及中華民国在留本邦人及外国人人口統計表（第二十五回)/昭和7年12月末日現在
亜-43	B02130048100	支那在留本邦人及外国人人口統計表（第二十二回)/昭和4年12月現在
亜-44	B02130049400	関東州並満州在留本邦人及外国人人口統計表（第十六回)/大正12年12月現在
亜-45	B02130050100	日英同盟更新ニ関スル重要往復文書/支那問題参考資料 第十九輯(別冊其二)
亜-46	B02130054100	支那ニ於ケル諸外国ノ投資関係契約彙集 第一 英国関係其一(一般電信之部)
亜-47	B02130054400	支那ニ於ケル諸外国ノ投資関係契約彙集 第三 仏白墺関係
亜-48	B02130054700	1919年英波協約ニ依リ英国カ波斯ニ於テ獲得シタル地位
亜-49	B02130062100	支那ニ於ケル日本ノ特殊地位/支那問題参考資料 第二輯
亜-50	B02130064000	関東州並満州在留本邦人及外国人人口統計表（第十七回)/大正13年12月現在
亜-51	B02130064700	支那在留本邦人及外国人人口統計表（第二十回)/昭和2年12月現在
亜-52	B02130066200	支那在留本邦人及外国人人口統計表（第二十一回)/昭和3年12月現在
亜-53	B02130067600	支那在留本邦人及外国人人口統計表（第二十四回)/昭和6年12月現在
亜-54	B02130069000	支那行政財政等ニ関スル共同管理論ト支那行政自主権ノ回復問題/支那問題参考資料 第十一輯
亜-55	B02130070300	在支外国郵便局撤廃問題/支那問題参考資料 第七輯
亜-56	B02130071200	青島機密地図集

续表

资料号	参考码	标题
亜－57	B02130074200	所謂二十一箇条問題/支那問題参考資料 第十四輯
亜－58	B02130075400	中華民国傭聘外国人人名録 昭和5年12月末現在/亜細亜局調書 第三輯ノ六
亜－59	B02130077300	中華民国傭聘外国人人名録 昭和6年12月末現在/亜細亜局調書 第三輯ノ七
亜－60	B02130079000	三井無線電信契約問題経過概要/支那無線電信問題資料第二
亜－61	B02130080100	支那ニ於ケル支那及各国無線電信/支那無線電信問題資料第一
亜－62	B02130081200	支那交通部対米国「フェデラル」無線電信会社契約問題経過概要/支那無線電信問題資料第三
亜一－1	B02130082200	最近支那関係諸問題摘要（第五十六議会用）第二巻ノ二/（山東、武器、其他諸問題）
亜一－2	B02130083700	三民主義全譯
亜一－3	B02130085800	満蒙ニ於ケル林業調査
亜一－4	B02130086600	齊克鉄道ト其ノ背後地
亜一－5	B02130086800	支那政況日誌（昭和八年）
亜一－6	B02130088200	支那ニ於ケル邦人関係合弁事業表（未定稿）
亜一－7	B02130089200	在支日本郵便局撤廃問題関係参考書類
亜一－8	B02130092400	満州事変法律問題ニ関スル亜一意見集（一）（連盟規約関係）
亜二－1	B02130096200	居留民団法施行規則参考書 大正14年1月
亜二－2	B02130097300	上海総商会本邦視察団来朝顛末
亜二－3	B02130098300	上海総商会本邦視察団来朝ニ関スル外務省措置
亜二－4	B02130098500	大洋票問題
亜二－5	B02130099500	西伯利地方在住朝鮮人概況
亜二－6	B02130101900	間島問題調書 昭和5年12月12日調
亜二－7	B02130102500	満州国及中華民国在留本邦人人口概計表/昭和8年12月末日現在
亜二－26	B02130103300	間島問題調書 昭和6年4月調
亜二－28	B02130107700	国民革命軍北進ノ支那労働会ニ及ホセル影響
亜二－29	B02130109100	支那各地本邦人経営工場状況

(2)茗荷谷研修所旧藏记录

共计1315册,为日本外务省在1929—1946年期间的活动记录,原收藏于东京都文京区茗荷谷的外务省研修所,资料涵盖以下三个方面:

①日本在中国全境包括伪满洲国地区从事经济活动的相关资料;

②日本对中国台湾地区和朝鲜等地实行殖民统治所形成的相关文书档案;

③外务省研修所保管的未经整理的“外务省记录”。

茗荷谷研修所旧藏记录采用“ABC式分类法”,其中E门主要为“财政、经济、产业、贸易”方面的档案,对于研究日军对中国和朝鲜等地的经济侵略活动具有珍贵价值(见表8-3)。

表8-3 茗荷谷研修所旧藏记录E门与中国相关书目

资料号	参考码/件数	标题
E1	B06050108600	大東亜戦争ノ経済、貿易、産業ニ及ボセル影響関係雑件/経済金融関係/大東亜経済委員会ノ日華経済関係ニ関スル意見
E2-E6	5件	大東亜戦争ノ経済、貿易、産業ニ及ボセル影響関係雑件/貿易関係
E7-E8	2件	大東亜戦争ノ経済、貿易、産業ニ及ボセル影響関係雑件/産業関係
E9-E11	3件	本邦専売関係雑件/台湾総督府ノ部
E19	B06050121000	各国財政、経済及金融関係雑纂/中国ノ部/華北財政関係
E24	B06050127500	各国ニ於ケル物価関係雑纂/上海物価資料
E27-E28	2件	中国ニ於ケル貨幣関係雑件
E29	B06050133000	本邦造幣及貨幣関係雑件/中国ニ於ケル軍票発行関係
E30	B06050133300	外国ノ対中国借款及投資関係雑件
E33	B06050134200	本邦会社関係雑件/中国及ビ南方所在所会社ニ関スル大東亜省及ビ興亜院等関係文書
E34-E111	78件	本邦会社関係雑件/東洋拓殖株式会社
E112-E124	13件	本邦会社関係雑件/台湾拓殖株式会社
E125-E140	16件	本邦会社関係雑件/北支開発及中支振興株式会社
E141-E145	5件	本邦会社関係雑件/樺太開発株式会社
E146	B06050414900	本邦会社関係雑件/青島水道株式会社

续表

资料号	参考码/件数	标题
E147	B06050415700	本邦会社関係雑件/東京拓殖、台湾拓殖、樺太開発各会社役員履歴書綴
E148	B06050419700	本邦会社関係雑件/南方陸軍地区進出企業会社一覧
E149	B06050420000	本邦各国間合弁会社関係雑件/日支間ノ部
E150 - E152	3件	本邦各国間合弁会社関係雑件/日支間ノ部/華北軽金属株式会社
E153	B06050421600	本邦各国間合弁会社関係雑件/日支間ノ部/華北電業股份有限公司
E154	B06050421900	本邦各国間合弁会社関係雑件/日支間ノ部/華北塩業股份有限公司関係
E155	B06050424000	本邦各国間合弁会社関係雑件/日、蒙疆間ノ部
E156	B06050426300	本邦各国間合弁会社関係雑件/日、蒙疆間ノ部/龍烟鉄鉱会社関係
E157	B06050428200	株式会社登記簿/在徐州領事館扱ノ部
E158	B06050428500	株式会社登記簿/在広東総領事館扱ノ部
E159 - E161	3件	株式会社登記簿/在広東総領事扱ノ部
E162	B06050429700	合資会社登記簿/在広東領事館ノ部
E163	B06050430000	法人登記簿/在広東領事館ノ部
E164	B06050430300	会社役員印鑑簿/在満洲領事館ノ部
E165	B06050430600	商号登記簿/在広東領事館ノ部
E166	B06050430900	商号登記簿/在漢口領事館ノ部
E171 - E172	2件	中国江蘇・浙江・安徽三省内金融調査報告
E177	B06050434900	本邦取引所関係雑件/在外ノ部/上海取引所
E179 - E180	2件	諸外国ニ於ケル輸出入手続並取締法規関係雑件/中国ノ部
E189	B06050445500	肥料取引関係雑件/北支肥料統制関係
E190	B06050445800	肥料取引関係雑件/朝鮮及台湾ニ於ケル肥料配給機構整備関係
E191	B06050446200	各国産業組合関係雑件/中国ノ部
E193	B06050446800	本邦産業組合関係雑件/在中国ノ部

续表

资料号	参考码/件数	标题
E194 - E201	8 件	華北ニ於ケル邦人企業進出並ニ営業許可関係雑件
E202	B06050458300	中国全般ニ於ケル邦人企業進出並ニ営業許可関係雑件
E203	B06050459900	各国産業政策関係雑件/満洲国ノ部/緊急産業要員関係
E206	B06050461500	華北ニ於ケル農畜産物出廻調査報告
E207	B06050461800	各国ニ於ケル農産物関係雑件
E208	B06050462100	各国ニ於ケル農産物関係雑件/米穀ノ部/華北ニ於ケル米穀調査
E209	B06050462400	各国ニ於ケル農産物関係雑件/農産物作柄状況/北支農産物収穫高予想調査報告
E210	B06050462700	各国ニ於ケル農産物関係雑件/農産物作柄状況/北支ニ於ケル主要食糧問題ニ関スル資料
E211	B06050463000	各国ニ於ケル農産物関係雑件/農産物作柄状況/華北ニ於ケル農畜産物出廻調査報告
E212	B06050463300	各国ニ於ケル農産物関係雑件/麦及麦粉ノ部/中国ニ於ケル小麦並ニ小麦粉調査報告
E214 - E219	6 件	各国ニ於ケル農産物関係雑件/綿及綿花ノ部/中国ノ部
E220 - E227	8 件	各国ニ於ケル農産物関係雑件/煙草ノ部/中国ノ部
E228	B06050479500	各国ニ於ケル農産物関係雑件/煙草ノ部/蒙疆ノ部
E230 - E231	2 件	各国農業政策及法規関係雑件/満洲国ノ部
E232	B06050481200	各国農業政策及法規関係雑件/中国ノ部
E241	B06050486200	農事試作並試験場関係雑件/中支農業助成会関係
E243	B06050486800	畜産関係雑件/食肉ノ部/中国ノ部/華北主要都市並ニ各地ニ於ケル食肉需要状況
E244	B06050487200	畜産関係雑件/羊ノ部/華北蒙疆緬羊改良増殖対策関係
E245	B06050487500	畜産関係雑件/羊ノ部/東亜緬羊協会関係
E246	B06050488800	畜産関係雑件/乳業ノ部/華中ニ於ケル乳業事情調査報告
E247 - 248	2 件	畜産関係雑件/乳業ノ部/華中ニ於ケル乳業調査報告
E250	B06050490300	各国ニ於ケル木材及製材関係雑件/中国ノ部

续表

资料号	参考码/件数	标题
E251	B06050490800	各国ニ於ケル木材及製材関係雑件/中国ノ部/天津、北京、石門及太原ニ於ケル木材商ニ関スル調査
E252	B06050491100	各国ニ於ケル林業関係雑件/青島特別市地域林業基礎調査報告書
E254	B06050491800	外国ニ於ケル化学工業並同製品取引関係雑件/華北関係
E255	B06050494500	外国ニ於ケル化学工業並同製品取引関係雑件/護謨工業関係/華北関係
E256	B06050495700	外国ニ於ケル化学工業並同製品取引関係雑件/護謨工業関係/華中、華南関係
E258	B06050496400	外国ニ於ケル化学工業並同製品取引関係雑件/化学薬品工業関係/華北関係
E259	B06050497800	金属及金属製品関係雑件/「アルミニューム」ノ部/華北関係
E260	B06050498300	外国ニ於ケル生糸及絹織物商況報告雑件/中国ニ於ケル生糸調査資料
E262	B06050498900	外国ニ於ケル靴及皮革関係雑件/北支ノ牛皮関係
E263	B06050499200	外国ニ於ケル織物工業並同製品関係雑件/繊維工業関係/華北ニ於ケル繊維統制関係
E265 – E266	2 件	製紙業並同製品取引関係雑件/華北関係
E267	B06050503700	製紙業並同製品取引関係雑件/華中関係
E268	B06050505500	油脂工業並同製品関係雑件/華北精油業関係
E269 – E271	3 件	華北ニ於ケル機械、器具及同工業関係雑件
E273	B06050510900	外国ニ於ケル鉱産物関係雑件/石炭ノ部/日満支石炭情報
E274 – E276	3 件	外国ニ於ケル鉱産物関係雑件/石炭ノ部/北支炭価関係
E278 – E279	2 件	外国ニ於ケル鉱産物関係雑件/石油ノ部/中国ノ部
E285	B06050521400	外国ニ於ケル鉱産物関係雑件/蛍石ノ部/中国ニ於ケル価格関係
E286 – E292	7 件	外国鉄鋼業関係雑件/中国ノ部
E293	B06050529700	外国鉱業法規並政策関係雑件/中国ノ部/華北各製作所ノ出銑不振原因並対策関係

续表

资料号	参考码/件数	标题
E294	B06050530000	外国鉄鋼業関係雑件/大東亜省鉄鋼増産機器推進本部ニヨル北支蒙疆鉄鋼増産対策関係
E295	B06050530300	外国鉱山及鉱業関係雑件/英国ノ部(属領地ヲ含ム)/香港ニ於ケル鉱山関係
E296 - E327	32 件	外国鉱山及鉱業関係雑件/中国ノ部
E328	B06050548200	外国鉱山及鉱業関係雑件/満洲国ノ部
E329	B06050548500	各国漁業関係雑件/中国ノ部/海南島沿海漁業調查概要
E334 - E337	4 件	中国塩務行政関係一件
E338 - E341	4 件	中国ノ塩輸出入関係雑件
E347	B06050562100	各国ニ於ケル薬品及薬物関係雑件/北支那ニ於ケル薬草調査

(3)海军省等机构移管的南方军政相关史料

共计943件,原收藏在日本海军省南方政务部,是日军在1941—1945年对东南亚地区进行殖民统治时期所形成的档案文书。该资料群由“海军南方军政关系”“陆军南方军政关系”和“其他”三部分组成,其中与中国海南岛相关的资料为数不少,涉及军事、经济、矿产、农业等各方面(见表8-4)。

表8-4 日本海军南方军政关系史料与中国海南岛相关书目

资料号	参考码	标题
海Ⅰ-1-10	B05013034600	海軍南方軍政関係/海南島関係/海南島進出企業関係/『海南島関係申継資料』
海Ⅰ-2-1-1	B05013034800	『海南島進出会社名簿 海南島関係申継資料第二号』①
海Ⅰ-2-1-2	B05013035000	『終戦後ニ於ケル海南島鉱石ノ重要性 海南島関係申継資料第三号』
海Ⅰ-2-1-3	B05013035200	『海南海軍特務部総監殿 財産目録付属資料目録在中』
海Ⅰ-2-1-4	B05013035400	『海南島民間関係資産被接収資料引継ニ関スル件』
海Ⅰ-2-1-5	B05013035600	『業務処理要領(案)』

① 自海Ⅰ-2-1-1至海Ⅰ-2-1-48均省略“海軍南方軍政関係/海南島関係/海南島進出企業関係”。

续表

资料号	参考码	标题
海Ⅰ-2-1-6	B05013035800	『別紙農林開発会社ノ統合経営ニ関スル臨時措置要領』
海Ⅰ-2-1-7	B05013036000	『海南島軍事施設所在地』
海Ⅰ-2-1-8	B05013036200	『申継事項、財務関係終戦処理報告』
海Ⅰ-2-1-9	B05013036400	メモ
海Ⅰ-2-1-10	B05013036600	『南方海軍軍政地域事業概況報告書(海南島関係)交易関係』
海Ⅰ-2-1-11	B05013036800	『別紙第3様式』
海Ⅰ-2-1-12	B05013037000	『海南進出会社資金源泉ニ関スル調査』
海Ⅰ-2-1-13	B05013037200	海南島資材関係調查票
海Ⅰ-2-1-14	B05013037400	海南島進出企業資本金調書
海Ⅰ-2-1-15	B05013037600	『海南島進出会社名簿(海南島連絡事務所加盟会員)』
海Ⅰ-2-1-16	B05013037800	『海南島進出会社従業員数、宅渡金等調査』
海Ⅰ-2-1-17	B05013038000	『海南島関係会社(資本金払込金一覧表)』
海Ⅰ-2-1-18	B05013038200	『南方管理費調書会社別明細表 海南島関係』
海Ⅰ-2-1-19	B05013038400	『海南島関係会社』
海Ⅰ-2-1-20	B05013038600	海南地区及海南島関係進出企業名簿
海Ⅰ-2-1-21	B05013038800	『海南島進出会社資本金調書』
海Ⅰ-2-1-22	B05013039000	『海南島関係会社一覧表 南方事業報告書提出会社ノミ』
海Ⅰ-2-1-23	B05013039200	『被接収商社財産目録付属資料提出ノ件』
海Ⅰ-2-1-24	B05013039400	『被接収民間商社財産目録提出ノ件』
海Ⅰ-2-1-25	B05013039600	『被接収関係書類整理目録(嘉積地区)』
海Ⅰ-2-1-26	B05013039800	被接収関係書類整理目録(海口地区)
海Ⅰ-2-1-27	B05013040000	被接収関係書類整理目録(那大地区)
海Ⅰ-2-1-28	B05013040200	『被接収関係書類整理目録(北黎地区)』
海Ⅰ-2-1-29	B05013040400	被接収関係書類整理目録
海Ⅰ-2-1-30	B05013040600	『第二十三軍管区善後処理要報資料ニ関スル件』
海Ⅰ-2-1-31	B05013040800	日本人抑留者の活用について
海Ⅰ-2-1-32	B05013041000	『被保管軍票下渡願』

续表

资料号	参考码	标题
海Ⅰ-2-1-33	B05013041200	海南島留用日本人の身分保障について
海Ⅰ-2-1-34	B05013041400	留用日本人名簿送付及び使用許可願
海Ⅰ-2-1-35	B05013041600	留用日本人中の病人について
海Ⅰ-2-1-36	B05013041800	日鉄株式会社海南工場関係者の留用停止、日本に送還について
海Ⅰ-2-1-37	B05013042000	日本人留用解除について
海Ⅰ-2-1-38	B05013042200	『農林部華南区特派員弁公処解除留用日籍人員名冊』
海Ⅰ-2-1-39	B05013042400	『瓊州戦俘管理所楡亜分所代電管副字第090号』
海Ⅰ-2-1-40	B05013042600	南洋興発酒精工場に東郷豊武以下3年継続留用について
海Ⅰ-2-1-41	B05013042800	『留用日籍人員名冊』
海Ⅰ-2-1-42	B05013043000	接収に関する件
海Ⅰ-2-1-43	B05013043200	田独鉱山長木村播磨丸作業員を除く不留用日本人帰還93名の名簿
海Ⅰ-2-1-44	B05013043400	『海口市留用日籍員残留者一覧表』
海Ⅰ-2-1-45	B05013043600	昭和16年~19年各月別食品等消費(カ)統計(他1枚)
海Ⅰ-2-1-46	B05013043800	『昭和十八年度市中小売日用品指数(一月基準)』
海Ⅰ-2-1-47	B05013044000	『昭和十九年四月二十八日小売物価表』他
海Ⅰ-2-1-48	B05013044200	『財産目録』(梅村商店)
海Ⅰ-2-1-49	B05013044400	海軍南方軍政関係/海南島関係/『海南島進出会社概見表』
海Ⅰ-2-2	B05013044600	海軍南方軍政関係/海南島関係/『海南島進出会社概見表』
海Ⅰ-2-3-1	B05013044900	海軍南方軍政関係/海南島関係/海南交易公社関係/『交易公社接収日誌』
海Ⅰ-2-3-2	B05013045100	『海南交易公社被接収関係資料ニ関スル件』①

① 自海Ⅰ-2-3-2至海Ⅰ-2-3-14均省略"海軍南方軍政関係/海南島関係/海南交易公社関係"。

续表

资料号	参考码	标题
海Ⅰ-2-3-3	B05013045300	『財産目録(明細表)』
海Ⅰ-2-3-4	B05013045500	『海南交易公社取扱物資価格調整要領(案)』
海Ⅰ-2-3-5	B05013045700	『財産目録』(別表(一)アリ)
海Ⅰ-2-3-6	B05013045900	『資産負債表』
海Ⅰ-2-3-7	B05013046100	『財産目録』
海Ⅰ-2-3-8	B05013046300	『現況報告書』
海Ⅰ-2-3-9	B05013046500	『財産目録付属書類』
海Ⅰ-2-3-10	B05013046700	『海南交易公社那大支社財産目録』
海Ⅰ-2-3-11	B05013046900	『交易公社役職員』(名簿)
海Ⅰ-2-3-12	B05013047100	『被接収経過報告書』(1~3)
海Ⅰ-2-3-13	B05013047300	『被接収経過報告書』
海Ⅰ-2-3-14	B05013047500	『被接収経過報告書』
海Ⅰ-2-4-1	B05013047700	海軍南方軍政関係/海南島関係/海南島鉄鉱山関係/海南島鉱山関係
海Ⅰ-2-4-2	B05013047900	『石碌鉱山鉱床図』①
海Ⅰ-2-4-3	B05013048100	『第一期露天掘産業系統図』(石原産業 田独鉱山)
海Ⅰ-2-4-4	B05013048300	『田独鉱山平面図』
海Ⅰ-2-4-5	B05013048500	『田独鉱山ノ地形及地質付図』
海Ⅰ-2-4-6	B05013048700	『楡林港付近地形図』
海Ⅰ-2-5-1	B05013048900	海軍南方軍政関係/海南島関係/海南島農業政策関係
海Ⅰ-2-5-2	B05013049300	海軍南方軍政関係/海南島関係/海南島農業政策関係/『海南島農林業開発関係』
海Ⅰ-2-6	B05013049900	海軍南方軍政関係/海南島関係/海南島農業政策関係/『第五回海南島開発協議会報告書』

(4)《外交汇报附录月报》《外务省月报》和《外务省报》

《外交汇报附录月报》(1892 年 8 月—1893 年 12 月)、《外务省月报》(1894 年 1 月—1921 年 9 月)和《外务省报》(1921 年 10 月—1964 年)是外务

① 自海Ⅰ-2-4-2 至海Ⅰ-2-4-6 均省略"海軍南方軍政関係/海南島関係/海南島鉄鉱山関係"。

省定期发行的内部期刊,内容多为各种条约、法令和人事变动等信息。1892 年 8 月至 1946 年 12 月期间共发行 866 册,外交史料馆保存完整。

(5)外务省警察史

共 112 册,是根据日本在 1937—1945 年期间在中、韩两国领事馆设置的外务省警察(领事馆警察)情况整理编写的档案文书,不提供原件阅览,读者可申请阅览复制品。

表 8-5 日本驻中国领事馆警察文书档案①

资料号	年代范围	标题(译名)	册数
3-1	M.9~M.41	驻"南满洲"领事馆　自明治九年至明治四十一年	1
3-2	M.39~S.12	"关东都督府"("关东厅""关东局")官制及所辖警察在外务省的兼任和配置	1
3-3	T.9~T.12	"满洲"保民会派遣调查班管理不法朝鲜人及援助保民会	1
3-4	S.7~S.12	"驻满大使馆"	3
3-5	T.15~S.2	驻帽儿山分馆	1
3-6	T.4~S.13	驻海龙分馆	1
3-7	T.4~S.13	驻通化分馆	1
3-8	M.43~S.11	驻掏鹿分馆	1
3-9	T.4~S.7	驻农安分馆	1
3-10	M.41~S.8	驻郑家屯领事馆	1
3-11	T5~S.8	驻赤峰及承德领事馆	1
3-12	M.39~S.12	驻吉林总领事馆及敦化分挂	2
3-13	M.35~S.12	驻哈尔滨总领事馆、牡丹江及佳木斯分馆、驻绥芬河领事馆、驻新京总领事馆扶余分馆	3
3-14	M.40~S.12	驻齐齐哈尔总领事馆、黑河及白城子分馆	1
3-15	M.42~S.12	驻满洲里及驻海拉尔领事馆	1
3-16		附表 1(警察、配置累年附表外 7 表)	1
3-17		附表 2(警察奖励累年附表外 7 表)	1
3-18		附表 3(禁止滞留、奉旨返回及保护送回累年附表外 9 表)	1
5-1	S.11~S.15	驻华大使馆华北警务部	1

① [日]内藤和寿.「外務省警察史」について[J].外交史料館報,1995(8):72-74.

续表

资料号	年代范围	资料名称	册数
5-2	S.11~S.13	驻天津总领事馆警察部	1
5-3	M.33~S.12	驻北京公使馆附属警察	2
5-4	T.9~S.15	驻张家口总领事馆	1
5-5	S.11~S.15	驻张家口总领事馆大同办事处	1
5-6	S.11~S.15	驻厚和总领事馆	1
5-7	S.13~S.15	驻石门总领事馆	1
5-8	S.11~S.15	驻太原总领事馆	1
5-9	M.8~S.15	驻天津总领事馆	3
5-10	S.3~S.15	驻天津总领事馆塘沽办事处	1
5-11	S.8~S.15	驻天津总领事馆唐山分馆	1
5-12	M.38~S.15	驻山海关领事馆	2
5-13	M.15~S.15	驻芝罘领事馆	1
5-14	T.11~S.15	驻青岛总领事馆及坊子办事处	2
5-15	T.1~S.15	驻济南总领事馆及博山、张店办事处	2
5-16	S.14~S.15	驻徐州领事馆	1
5-17	S.14~S.15	驻华大使馆华北警务部	1
5-18	M.3~S.15	驻上海总领事馆	2
5-19	M.43~S.12	驻上海总领事馆朝鲜民族运动	5
5-20	T.10~S.8	驻上海总领事馆共产、无政府主义运动	1
5-21	M.29~S.15	驻苏州领事馆	1
5-22	M.29~S.15	驻杭州领事馆	1
5-23	M.34~S.15	驻南京总领事馆	1
5-24	T.9~S.13	驻芜湖领事馆	1
5-25	M.40~S.15	驻九江领事馆	1
5-26	M.18~S.15	驻汉口总领事馆、驻郑州领事馆	1
5-27	M.37~S.11	驻长沙领事馆	1
5-28	T.7~S.12	驻宜昌领事馆	1
5-29	M.29~S.12	驻沙市领事馆	1
5-30	M.29~S.12	驻重庆领事馆	1
5-31	M.40~S.9	驻成都总领事馆	1

续表

资料号	年代范围	资料名称	册数
5－32	M.7～S.13	驻厦门总领事馆	1
5－33	M.5～S.11	驻福州总领事馆	1
5－34	M.37～S.15	驻汕头领事馆	1
5－35	M.21～S.15	驻广东总领事馆	1
5－36	S.14～S.15	驻海口总领事馆	1
5－36	M.44～S.12	驻云南领事馆	1
5－36		附照片集	5

注："M"代表明治(Meiji),"T"代表大正(Taisho),"S"代表昭和(Showa)。例如,"M.39～S.12"即明治三十九年(1906)至昭和十二年(1937)。

3. 个人文书和书信类

包括夏威夷驻日公使罗伯特·沃克·欧文[①](Robert Walker Irwin)文书476件,英修道[②]收藏的战前期《兴亚院调书》《外务省调书》《议会调书》等史料446册,以及日本政治家、外交官的相关档案资料。具体包括内田康哉传记草稿(21册)、川村茂久相关文书(34件)、泽宣嘉[③]相关文书(73件)、花房义质[④]相关文书(640件)、林出贤次郎相关文书(24册)、吉田茂相关史料(320件)、陆奥宗光[⑤]信函(19封)等。

(1)内田康哉传记草稿

内田康哉(1865—1936),日本外交官和政治家。1887年进入日本外务省工作,1911年就任外务大臣,后历任驻俄大使、外相、枢密顾问官、"满铁"总裁等职。外交史料馆所藏内田康哉传记草稿共计21册,由青木新[⑥]等人编纂而成,1943年提交给外务省,记录了内田康哉的政治生涯和主要业绩。

(2)川村茂久相关文书

川村茂久(1901—1980),日本外交官,先后在亚洲局、调查局和兴亚院任

---

① 罗伯特·沃克·欧文(1844—1925),美国实业家。

② 英修道(1902—1994),日本国际政治学家,1945年以《中華民国に於ける列国の条約権益》获得东京帝国大学法学博士学位,1968—1972年担任日本国际政治学会理事长。

③ 泽宣嘉(1836—1873),江户幕府时期公卿、明治时期政治家,历任明治政府九州平靖总督兼外国事务总督、长崎府知事、外国官知事等职,1869年6月至1871年7月任日本首任外务卿。

④ 花房义质(1842—1917),日本外交官,曾任日本驻朝鲜和俄国公使。

⑤ 陆奥宗光(1844—1897),日本政治家、外交官。

⑥ 青木新(1881—1970),日本外交官,曾任内田外相秘书官、日本驻墨西哥和西班牙公使。

职。川村茂久相关文书共34件，里面包含20世纪30年代有关外务省机构改革的个人设想和九一八事变的相关档案。

(3)林出贤次郎相关文书

林出贤次郎(1882—1970)，日本外交官。1905年3月毕业于日本东亚同文书院，此后进入日本外务省，曾在上海、南京、北京、汉口、沈阳等各地的日本驻华公使馆、大使馆和领事馆任职。1932年8月，出任日本驻伪满洲国大使馆书记官，1933年至1938年回国前，兼任溥仪的专属翻译。

外交史料馆所藏的林出贤次郎相关文书①中，代表性的有《绝密会见录》和《元会录》，记录了伪满洲国时期溥仪与日、"满"高官的会见内容，是研究伪满洲国历史的珍贵资料。《绝密会见录》记录了从1932年11月到1938年4月期间的溥仪与日本军政要人等的496次会见情况，以对话形式记录，每条记录都详细记载了会谈日期、时间、场所、人物身份以及会谈内容，涉及伪满洲国政权的建立、"日满议定书"的签订、溥仪与关东军司令官之间的交涉、关东军对伪满洲国的操控、帝位继承问题密约、溥仪被迫放弃复辟清朝等机密内容②。《元会录》中含有溥仪与关东军司令官武藤信义的会谈要旨。

4.条约书

外交史料馆藏有幕府时代末期至二战结束期间日本与世界各国缔结的条约，共计600件左右，按照年代顺序整理、保管。条约内容涉及邦交、通商、政治、经济等多个方面，其中最具代表性的条约有1858年《日美友好通商条约》、1875年《库页岛千岛交换条约》③、1919年《凡尔赛条约》以及日本与清政府签订的《日清友好条约》(1871年)和《马关条约》(1895年)④。中日两国之间缔结的各种条约见表8-6。

表8-6　外交史料馆所藏中日条约目录

资料号	参考码	标题
C1	B13090891000	大日本国大清国修好条規、通商章程、及両国海関税則
C2	B13090891400	天津条約

① 林出贤次郎相关文书中的日记、书信、笔记等资料收藏于日本国立国会图书馆宪政资料室。

② [日]中田整一.溥仪的另一种真相：秘藏在日本的伪满皇宫最高机密[M].喜入影雪，译.上海：上海人民出版社，2009.

③ 日文为"樺太・千島交換条約"，也称《1875年圣彼得堡条约》。

④ 《日清友好条约》日文为"日清修好条規"，《马关条约》日文为"日清講和条約"。

续表

资料号	参考码	标题
C3	B13090892200	長崎港に於いて清国水兵と本邦巡査との争闘事件に関する約定
C4	B13090892800	休戦条約(日清戦役に関する)
C5	B13090893400	日清講和条約
C6	B13090895400	明治二十七、八年日清戦役に於ける清国軍費賠償金支払に関する議定書
C7	B13090895600	奉天半島還付条約
C8	B13090896800	日清通商航海条約
C9	B13090897600	清国新開市場に日本専管居留地設置其の他に関する議定書
C10	B13090897800	杭州日本居留地取極書
C11	B13090900600	蘇州日本居留地取極書
C12	B13090900800	沙市日本居留地章程
C13	B13090901000	天津日本居留地取極書
C14	B13090901600	難破船救助費用償還に関する日清約定
C15	B13090901800	福州日本専管居留地取極書
C16	B13090902400	厦門日本専管居留地取極書
C17	B13090903400	北清事変に関する最終議定書
C18	B13090903600	重慶日本専管居留地取極書
C19	B13090904200	厦門鼓浪与共同租界取極書
C20	B13090905000	清国輸入税率改訂に関する協定
C21	B13090905800	天津日本居留地拡張取極書
C22	B13090906600	日清間郵便仮約定、千九百三年以前の日清相互間託送閉嚢郵便物逓送料整理に関する取極書、小包郵便仮約定
C23	B13090907600	日清追加通商航海条約
C24	B13090908400	黄浦江水路改良に関する約定
C25_1	B13090908600	満州に関する条約
C26	B13090910100	営口還付に関する取極
C27	B13090910300	漢口日本拡張居留地取極書
C28	B13090910500	新奉及吉長鉄道に関する協約
C29	B13090911100	大連海関設置及内水汽船航行に関する協定

续表

资料号	参考码	标题
C30	B13090911300	鴨緑江採木公司に関する取極(日清合同成木会社章程)
C31	B13090912300	日清電信協約
C32	B13090913900	安奉鉄道に関する覚書
C33	B13090914100	間島に関する協約
C34	B13090914300	満州五案件に関する協約
C35	B13090914500	プラタス島(東沙島)引渡に関する取極
C36	B13090914700	日清郵便約定
C37	B13090914900	日清小包郵便約定
C38	B13090915100	仁川釜山及元山清国居留地規程
C39	B13090915700	鴨緑江架橋に関する日清覚書
C40	B13090915900	撫順煙台両炭坑細則に関する議定書
C41	B13090916700	国境列車直通運転に関する協約
C42	B13090917300	在朝鮮支那国共和国居留地廃止に関する協定
C43	B13090917500	山東省に関する条約、南満州及東部内蒙古に関する条約(大正四年北京条約)
C44	B13090919100	青島支那税関再開に関する取極
C45	B13090919900	現に日本国の管理に属する膠州湾租借地及山東鉄道に於ける日支両国郵便電信事務処理に関する辦法
C46	B13090920100	日支間共同防敵に関する交換公文
C47	B13090920700	山東省に於ける諸問題処理に関する交換公文
C48	B13090920900	満蒙四鉄道に関する交換公文
C49	B13090921100	済順及高徐両鉄道に関する交換公文
C50	B13090921300	山東懸案解決に関する条約
C51	B13090922300	山東鉄道沿線撤兵に関する協定
C52	B13090922500	山東懸案細目協定
C54	B13090923500	日支間通信諸協定
C55	B13090924900	膠済鉄道引渡に関する協定
C56	B13090925100	山東鉱山に関する契約
C57	B13090925300	対支文化事業に関する出渕局長汪公使間非公式協定

续表

资料号	参考码	标题
C58	B13090925500	済南事件解決に関する文書
C59	B13090926500	南京事件解決に関する文書
C60	B13090927100	漢口事件解決に関する交換公文
C61	B13090927300	日本帝国と支那共和国との間に締結せられたる協定(日支関税協定)
C62	B13090928100	青島特別市に関する協定
C63	B13090928300	上海共同租界工部局警察の租界北部地域復帰に関する協定
C64_1～4	B13090929100	日本国中華民国間基本関係に関する条約
C65	B13090931200	租界還付及治外法権撤廃等に関する日本国中華民国間協定
C66	B13090932200	中華民国に於ける日本国臣民に対する課税に関する日本国中華民国間条約
C68	B13090932800	上海共同租界回収実施に関する取極
C69	B13090933400	厦門鼓浪嶼共同租界回収実施に関する取極
C70	B13090934000	北京公使館区域回収実施に関する取極
C71	B13090934600	専管租界還付実施に関する細目取極
MA1	B13091020700	日本国満州国間議定書
MA2	B13091020900	満州に於ける日満合辦通信会社の設立に関する協定
MA3	B13091022100	満州国帝政樹立に関する交換公文
MA4	B13091022300	北満鉄道(東支鉄道)譲渡関係文書
MA5	B13091024900	日満経済共同委員会設置に関する協定
MA6	B13091025100	図們江国境を通過する列車直通運転及税関手続簡捷に関する協定
MA7	B13091025300	日本国満州国間郵便業務に関する条約
MA8	B13091026100	満州国に於ける日本国臣民の居住及満州国の課税等に関する日本国満州国間条約
MA9	B13091026700	日本国満州国間工業所有権相互保護に関する協定
MA10	B13091027700	鴨緑江及図們江架橋に関する覚書及議事録
MA11	B13091027900	満浦鉄道橋建設に関する覚書
MA12	B13091028100	満州拓植公社の設立に関する協定

续表

资料号	参考码	标题
MA13	B13091028700	鴨緑江及図們江発電事業に関する覚書
MA14	B13091029300	滿州国に於ける治外法権の撤廃及南滿州鉄道附属地行政権の移譲に関する日本国滿州国間条約
MA15	B13091029900	ノモンハン紛争発生地域の滿蒙国境確定委員会に関する覚書
MA16	B13091030500	滿州国の共産インターナショナルに対する協定参加に関する議定書(G16－2にあり)
MA17	B13091030700	日滿華共同宣言(C64にあり)

(三)战后期史料

1.战后期史料的主要内容

包括战后期"外务省记录"以及"战后外交记录"等档案文书。战后期"外务省记录"是二战后日本与驻外公馆之间的电报、公文等,延续了战前期外务省记录"门、类、项、目"的分类方法,主要涉及外交、国际政治及其他领域、国际纷争、国际会议、战后赔偿等内容。20世纪70年代之后,随着业务量和文书数量的激增,外务省停止了"外务省记录"的编纂工作。外交史料馆接管到行政文书后,仿照"外务省记录"的分类方式重新整理分类,形成了"战后外交记录"。

2.战后外交记录的公开

根据外交记录公开制度,外交史料馆将战后外交记录分为"主要案件"和"一般案件"两类,基本上以缩微胶卷的形式提供阅览。"主要案件"为日本首相、外相等政要人物的出访资料,以及日本与其他国家缔交的通商、税收、航空条约等。"一般案件"为东京审判等战犯审判资料,以及文化交流等其他档案。

1976年至2008年期间,外务省公开战后外交记录共计21次。从2009年起,公开的频率急速增加,截至2016年11月30日,公开外交记录已达63次,其中不乏具有高度历史资料价值的行政文书①。前17次公开的11397册档案以缩微胶卷的形式公开,第18次之后公开的档案以CD-ROM的形式

① 外務省.外交記録公開の概要[EB/OL].[2016－09－20].http://www.mofa.go.jp/mofaj/annai/honsho/shiryo/shozo/gshir/index.html.

提供阅览①。自 2004 年起，外务省开始对外交记录档案进行数字化，并陆续在互联网上向社会开放。但在 2013 年 3 月，外务省将此前发布的数据全部删除。

第二节 日本战争罪行文献指要

一、共同谋议制定对外侵略政策

根据《远东国际军事法庭宪章》第五条第一款“（一）破坏和平罪 指策划、准备、发动或执行一种经宣战或不经宣战之侵略战争，或违反国际法、条约、协定或保证之战争，或参与上述任何罪行之共同计划或阴谋”②，谋划、筹备和实施对外侵略均构成破坏和平罪。日本外务省外交史料馆的有关馆藏有力证明了日本军政要人的破坏和平罪行，因文献数量极多，仅择要列举如下。

（一）《帝国外交方针案》

《帝国外交方针案》（「帝国外交方針案 昭和十五年七月」，参考码：B02030011100，资料号：A－1－0－0－6_001）是日本政府 1940 年 7 月 24 日拟定的外交方针，其目的是建设以“日满华”密切合作为基础的“政治经济共荣圈”，建立包括南洋在内的“东亚新秩序”。

在该档案的“第三、对列强关系调整方针”中，“东亚新秩序”一词被涂改为“东亚共荣圈”，表明了日本试图以“大东亚共荣圈”为整体，以建立日本与东亚以及东南亚地区“共存共荣的新秩序”作为目标的政治野心。

（二）《基本国策纲要》

1940 年 7 月 26 日，日本第二次近卫内阁会议通过了《基本国策纲要》（「基本国策要綱」，参考码：B02030544700，资料号：A－1－1－0－30_015），纲要分为根本方针、国防及外交和国内制度改革三项内容，声称要“遵循八纮一宇、万邦协和的皇道大义”，“确立以皇国为中心、以日满华三国经济自主建设为基础的国防经济根基”。具体措施包括，“确立以日满华为一环、包括大东亚在内的皇国自给自足经济政策”以及“在日满华确立以发展综合国力为目标的国土开发计划”等九项具体措施，是日本法西斯建设“大东亚共荣圈”的政策性

---

① 外務省.「第 18 回外交記録公開」について[R/OL]. http://www.mofa.go.jp/mofaj/annai/honsho/shiryo/shozo/gshir/gshir-18.html.

② 王铁崖，朱荔荪，田如萱，等. 战争法文献集[M]. 北京：解放军出版社，1986：197－202.

纲领文件。

（三）《对法属印度支那、泰国施政纲要》

1941 年 2 月 1 日，日本大本营联络会议通过了《对法属印度支那[①]、泰国施政纲要》（「開戦ニ直接関係アル重要国策決定文書第十一、対仏印、泰施策要綱」，参考码：B02032959800，资料号：A－7－0－0－9_49_001），其“第一、目的”中明确使用了“大东亚共荣圈建设”一词，说明当时日本帝国主义已形成完整的东南亚地区侵略政策。

二、对华实施侵略

（一）松本记录

松本忠雄（1887—1947），毕业于东亚同文书院，1933 年 12 月至 1936 年 3 月期间，担任斋藤内阁、冈田内阁外务参与官，1937 年 6 月至 1939 年 1 月期间，担任第一次近卫内阁外务政务次官。

“松本记录”是其在外务省任职期间亲笔所写的文书，涉及政治、外交、条约等内容，虽然与外务省的“记录文书”性质不同，但对填补因战火而缺失的史料具有重大意义[②]。二战后由其遗属捐赠给外务省，现存放于外务省外交史料馆。“松本记录”中收录了皇姑屯事件[③]档案群（「張作霖爆死事件」，参考码：B02031914800，资料号：A－6－1－5－1_17_4），其中包含日本政府和军方的调查报告、外务省会议记录、日本首相兼外相田中义一与驻奉天总领事林久治郎[④]之间的往返电文等机密文件[⑤]。

（二）《内蒙工作之现状》

《内蒙工作之现状》（「内蒙古工作ノ現状ニ就テ」，参考码：B02030154500，资料号：A－1－1－0－10_006），档案生成日期为 1936 年 4 月 28 日。该档案记录了 1936 年 4 月 21 日至 26 日期间，蒙古德王与李守信、卓特巴扎布、吴鹤龄以及田中特务机关长，于西乌珠穆沁旗共同会见了蒙政会、锡林郭

---

① 法属印度支那，指法国在东南亚的一部分殖民地，包括今越南、老挝和柬埔寨三国和当时是法国租界的广州湾。

② 外務省．戦前期「外務省記録」［EB/OL］．［2016－09－20］．http://www.mofa.go.jp/mofaj/annai/honsho/shiryo/shozo/senzen_1.html.

③ 1928 年 6 月 4 日，张作霖在沈阳近郊皇姑屯车站以东被暗杀，史称“皇姑屯事件”。

④ 林久治郎（1882—1964），日本外交官、驻巴西大使、南洋协会理事长。

⑤ アジア歴史資料センター．張作霖爆死事件 松本記録［DB/OL］．［2016－09－20］．http://www.jacar.go.jp/DAS/meta/MetaOutServlet? GRP_ID = G0000101&DB_ID = G0000101EXTERNAL&IS_STYLE = default&IS_TYPE = meta&XSLT_NAME = MetaTop.xsl.

勒盟、察哈尔盟、乌兰察布盟、土默特旗、阿拉善旗、额济纳旗、伊克昭盟、青海及外蒙代表，召开了所谓的蒙古"建国会议"。

会上审议通过了"蒙古建国方案""蒙古国体方案""蒙古国会方案""蒙军政府组织方案""灾民救恤方案""募兵及训练方案""借款方案""与满洲国的相互援助协定方案""主席推举方案"等议案。会议还决定，委任云王为"主席"、索王及沙王为"副主席"、德王为"蒙古军政府"总裁，"蒙古军政府"驻地从 1936 年 5 月 1 日起迁往德化，在日本顾问的指导下开展政务工作。

（三）《第三次华北处理纲要》

日本军国主义为了实现进一步吞并华北的野心，积极策动"华北五省（河北、山东、山西、察哈尔、绥远）自治运动"，企图成立由日本扶植的傀儡政权，亦称"华北特殊化"。继《华北处理纲要》（1936 年 1 月 13 日）和《第二次华北处理纲要》（1936 年 8 月 11 日）之后，日本外务省于 1937 年 2 月 20 日制定了《第三次华北处理纲要》（「第三次北支処理要綱」，参考码：B02030159400，资料号：A－1－1－0－10_007）。

该纲要认为，"处理华北的要点在于，确保该地区成为坚定的防共、亲日、亲满地带，便于获取国防资源和扩充交通设施，以防御苏联入侵，成为实现日满华三国合作互助之基础"。在处理华北的态度方面，声称"对于华北的举措，鉴于该地区的地理特殊性，以往动辄就引发中国及其他各国的误解，以为我国怀有在停战区域扩张、扩大满洲国国界，乃至策划华北独立的野心。因而，今后在对华北采取措施之时，最重要的是要力戒此种易引发无谓误解的举动"。在华北的文化、经济开发方面，认为"应采取开放的态度，以谋求民间资本的自由进出"，同时，逐步推进以"日满华融通提携"为目的的文化工作和经济工作，进一步加强各政权与日本之间的连带关系。

（四）《华北指导方针》

为实现鲸吞华北的野心，日本外务、大藏、陆军、海军四大臣于 1937 年 4 月 16 日共同决定了《华北指导方针》，部署了下一步准备采取的主要策略。

《华北指导方针》（「北支指導方策」，参考码：B02030160100，资料号：A－1－1－0－10_007），由"方针"和"纲要"两部分组成。"方针"部分宣称要将中国华北地区建设成为"坚定的防共、亲日、亲满地带，便于获取国防资源和扩充交通设施，以防备赤化势力的威胁，成为实现日满华三国合作互助的基础"。为了实现其鲸吞中国的野心，认为"当前应主要倾注力量向华北民众开展经济工作"，"除了对华北政权进行内部指导外，还应对南京政权采取措施，令该政权实质上承认华北的特殊地位。并进一步予以指导，使南京政权对日满华合作互助的各项措施进行合作”。

“纲要”部分包括“关于指导华北的态度”“对冀察政权之指导”“对冀东自治政府之指导”“对山东、山西、绥远各政权之指导”以及“经济开发方针”五项内容。日本侵略者认为,“开发国防上必需的军需资源(铁、煤、盐等)以及建设相关的交通、电力等设施,需要投入特殊资本”。为了能够更好地达到统治华北的野心,还特别提到要尊重英美等第三国家的既得权益,并同这些国家建立合作互助关系。

(五)“日满华共同宣言”

1940 年 11 月 30 日,汪伪政府行政院院长汪精卫、日本驻汪伪政府大使阿部信行和伪满洲国参议长臧式毅在南京共同签署了“日满华共同宣言”[①](「日満華共同宣言」,参考码:B02030519700,资料号:A－1－1－0－30_003),又称“日满汪共同宣言”,日本政府宣布承认汪精卫政权。

该宣言的主要内容为,“日满华”三国互相尊重主权和领土,缔结互惠关系,实现“善邻友好、共同防共、经济合作”[②]三原则。这是日本军国主义扶植傀儡政权,图谋分裂中国的又一铁证。

三、强掳劳工

日本侵华期间,除在军事、政治、经济、文化、教育等各方面实施全面侵略以外,还犯下了杀害、奴役、强迫迁居、虐待平民等反人道罪行。日本外务省外交史料馆收藏有不少相关史料。

(一)历史背景

太平洋战争爆发之后,由于日本国内严重缺乏高强度劳动力,1942 年 11 月 27 日,东条英机内阁通过了《关于向日本内地输入华人劳工的决议》[③](「華人労務者内地移入に関する件」,参考码:A05020249200,资料号:平 9 警察 00761100)。此后,日本内阁次官会议又作出了《关于促进向日本内地输入华人劳工的决议》(「華人労務者内地移入ノ促進ニ関スル件」)。

根据这两项决议,日本占领当局与汪伪政权成立了华北劳工协会、华北运输公司和日华劳务协会等机构向日本“输入”劳工。先后共有 169 批中国劳工

① 该条约原件现藏于日本国立公文书馆。

② 原文为“善隣友好、共同防共、経済提携”。

③ 该档案原件现保存在日本国立公文书馆。

被强征到日本，实际抵达38935人[①]，其中九成左右来自于华北地区。

大批中国劳工被送到秋田县花冈矿山的鹿岛组（今日本鹿岛建设公司）花冈作业场做苦工，因不堪忍受虐待，于1945年6月30日爆发了“花冈起义”，次日即被镇压，劳工死亡人数高达418人。战后，经横滨乙丙级军事法庭审判，鹿岛组福田金五郎、河野正敏、伊势智得、清水正夫4人被判处绞刑，两名当地警察被判处有期徒刑20年，但后来均获得减刑。

（二）《外务省报告书》的形成与发现

日本战败之后，为了掩盖战争罪行，日本政府各部门以及企业大规模销毁相关资料，企图毁灭罪证，这当中即包括强征和奴役中国劳工罪行的档案资料。但当时的中国国民政府多次向日本驻华使馆要求通报中国劳工和华侨情况，为了应付国民政府和驻日盟军总司令部即将到来的调查，日本外务省责成管理局二部二课开展中国劳工调查工作。

1946年1月，外务省责成各作业场尽快写出调查报告，日本35家公司的135个作业场的《华人劳务者就劳始末报告》（『華人労務者就労顛末報告』，通称《事业所报告书》）汇总到外务省。1946年3月，外务省又委托兴亚院外围团体东亚研究所进行调查，以赤塚正朝为团长的16名嘱托调查员分成四组分赴各作业场，调查结果形成了《备忘录》。6月份，外务省依据《事业所报告书》和《备忘录》，编写成5册本的《华人劳务者就劳状况调查报告书》（『華人労務者就労事情調査報告書』），即《外务省报告书》。但日本政府并未上交这份罪行材料，还密令外务省烧毁原始档案材料，强令知情者不得泄露。在外务省第17批公开的档案中，包括日本外务省中国课1960年3月17日提交的“关于《华人劳务者就劳状况调查报告书》（外务省报告书）”档案，上有“极秘”印章，其内容是“该调查报告书编写完成后，恐不久即被用作战犯相关资料，还会波及官方和民间的相关人士，当时外务省除一部之外全部烧毁”，该报告书“曾一度被美国军人作为远东审判资料拿走，后由驻日盟军总司令部返还给外务省”[②]，但该份报告书的存在一直未得到确认。战后，日本外务省在国会答辩中一直坚称，报告书均已被焚毁，因而无法得知华人劳工的详细情况。

日本战败后，相关调查资料被驻日盟军总司令部收缴，后移送至美国国家

---

① 抗日战争纪念馆.《强掳中国赴日劳工名录》情况说明[EB/OL].[2016－09－20].http://www.1937china.com/wwsc/laogongml/20140331/20409.shtml.

② 中国人強制連行・強制労働事件福岡訴訟原告弁護団.外務省『極秘』文書が語る中国人強制連行・強制労働事件の戦後史[R/OL].[2016－12－10].http://www.bengoshi-honryu.com/wp-content/uploads/2010/08/F20400.pdf.

档案馆保存，现档案名称为“Records Pertaining to Rules and Procedures Governing the Conduct of the Japanese War Crimes Trials, Atrocities Committed against Chinese Laborers, and Background Investigation of Major Japanese War Criminals”，但这批档案直到1992—1993年前后才为世人所知①。NHK(日本放送协会)电视台据此展开调查，在1993年5月17日向社会公布了《外务省报告书》及各事业场报告书的存在事实，藏匿在东京华侨总会仓库中的10多箱《外务省报告书》原件终于得以重见天日②。基于以上事实，1994年6月22日，日本政府终于公开承认《外务省报告书》及相关资料的存在，以及当年强掳中国劳工的历史事实。2013年，日本华侨总会将这批珍贵的档案资料捐赠给中国人民抗日战争纪念馆③。

(三)主要内容

日本外务省外交史料馆所藏《外务省报告书》为复制品，共计5册646页，包括3册正文以及别册和要旨各1册。

正文目录为：

第一分册：输入、分配及遣返情况；

第二分册：死亡、疾病、伤害及相关情况；

第三分册：就劳情况、纷争及就劳成果。

根据《外务省报告书》参考资料(四)中的相关统计④，35家日本企业及其强征的中国劳工人数整理如下：

(1)土木建筑业：地崎组1741人、川口组2660人、土屋组900人、菅原组784人、荒井组573人、伊藤组499人、濑崎组299人、铁道工业1608人、鹿岛组1888人、铁道建设兴业371人、间组982人、熊谷组1705人、飞岛组584人、西松组360人、大成建设299人，合计15253人；

(2)矿产工业：三井矿山5517人、三菱矿业2709人、日铁矿业1793人、日

---

① 中国人強制連行を考える会.「外務省報告書」について[EB/OL].[2016-12-09].http://www.jca.apc.org/hanaokajiken/foreign%20report.htm.

② NHK取材班.幻の外務省報告書:中国人強制連行の記録[M].東京:日本放送出版協会,1994:8-11.该书根据1993年8月播放的NHK特别节目《幻の外務省報告書—中国人強制連行の記録》编写而成。

③ 该批档案已于2014年9月，由中国人民抗日战争纪念馆与国家图书馆“民国时期文献保护计划”合作完成整理出版，见：沈强.中国人民抗日战争纪念馆藏日本强掳中国赴日劳工档案汇编(全60册)[M].北京：国家图书馆出版社,2014.

④ [日]田中宏，松沢哲成.中国人強制連行資料:「外務省報告書」全五分冊ほか[M].東京:現代書館,1995:152-156.

本矿业 1305 人、北海道炭矿汽船 1311 人、井华矿业 1194 人、贝岛炭矿 499 人、野村矿业 195 人、同和矿业 498 人、宇部兴产 291 人、古河矿业 257 人、明治矿业 200 人、日本冶金工业 200 人、宇久须矿业 199 人、战线矿业 200 人，合计 16368 人；

（3）造船业：三井造船 133 人、播磨造船 490 人、藤永田造船 161 人、东日本造船 431 人，合计 1215 人；

（4）搬运业：日本港运业会 6099 人。

值得注意的是，《外务省报告书》完全是依靠日方企业主和日方调查人员的意见而编写的，其客观性和可信性有待商榷，为了掩盖战争罪行，报告书中将由虐待致死的劳工的死因伪称为病死。但这份档案明确记载，强掳至日本的中国劳工总数为 38935 人，死亡人数为 6830 人，死亡率高达 17.5%[①]，其中有 6434 人死于疾病[②]。此外，《外务省报告书》还详细地记录了每名劳工的姓名、年龄、籍贯、出发日期、抵达日期以及劳动现场的状况等，具有珍贵的史料参考价值。

四、对日本的战后处置与审判

在外交史料馆公开的战后期史料"战后外交记录"中，还有少量有关对日本战后处置与审判的文献，包括[③]：

（1）第 1—2 次公开档案：日本与盟军司令部之间的来往电文（资料号：A’-1-0-0-2-2）、盟军与日方的会谈集（资料号：A’-1-0-0-2-3-2）等；

（2）第 3—4 次公开档案：日本承认《波茨坦宣言》、日本签署投降文书（资料号：A’-1-0-0-1）等；

（3）第 14 次公开档案：横滨军事审判（资料号：D’-1-3-0-2-3）、远东国际军事法庭审判（资料号：D’-1-3-1-1）、在华日本战犯审判（资料号：D’130-2-5-1）等。

其中，远东国际军事法庭审判记录全部向公众开放，其内容大多为法庭速记录。乙丙级战犯审判记录中，除庭审记录外，还包括战犯审判开庭之前的经

① 《外务省报告书》"五 死亡事情"第 14—15 页记载被强掳去的中国劳工"総数三八九三五名ニ対シ実ニ一七・五%ト云フ高死亡率ヲ示シ"。

② NHK 取材班. 幻の外務省報告書：中国人強制連行の記録[M]. 東京：日本放送出版協会，1994：242-244.

③ 外交記録公開目録（第 1 回～第 21 回）[R/OL]. [2016-09-20]. http://www.mofa.go.jp/mofaj/annai/honsho/shiryo/shozo/kokai_mokuroku_bn.html.

过、日本战犯释放问题等各种档案，出于保护个人隐私的考虑，这些档案不以缩微胶卷的形式公开，仅提供复印件，且相关人名均被涂黑[①]；

（4）第16次公开档案：遣返日本在中国解放区的侨民和战俘（资料号：K'-7-1-3-1～K'-7-1-3-8）等；

（5）第17次公开档案：遣返中国被俘劳工（资料号：K'-7-3-0-1-2）、送还中国劳工遗骨（资料号：K'-7-3-0-8）等。

第三节　外交史料馆文献的利用方式

一、到馆阅读利用

外交史料馆阅览室备有各类史料的目录，读者可以通过查阅原件、缩微胶卷、CD-ROM、复制品等方式进行阅览。其中，对于缩微胶卷和CD-ROM形式的档案资料，读者可以通过缩微胶卷扫描仪和数字复印机进行自助复印。此外，读者还可以将所需的资料录入自己携带的笔记本电脑上[②]。

二、查阅出版发行的《日本外交文书》

日本外务省从昭和初期开始，就着手对明治元年（1868）以后的外交记录进行筛选和整理，最终编纂为《日本外交文书》。《日本外交文书》自1936年6月开始刊行，初名为《大日本外交文书》，主要按照编年顺序排列，截至目前已陆续出版215册。明治时期共73册，1963年完成编纂。大正时期共57册，1987年完成编纂。昭和时期III（1937—1945年）全3册于2014年10月完成编纂，共收录了1469件文书[③]。

根据统计，在《日本外交文书》系列丛书中，直接涉及中日关系的分卷共22册，起讫时间为义和团运动至二战结束（见表8-7）。

---

① 平成9年度外交記録公開一般案件概要[EB/OL].[2016-12-30].http://www.mofa.go.jp/mofaj/annai/honsho/shiryo/shozo/gshir/gshir_14_2.html.

② [日]内藤和寿.外務省外交史料館の所蔵史料と活動:外交史料の総合的情報センターをめざして[R/OL].[2016-09-20].http://www.archives.go.jp/news/pdf/080820_02_03.pdf.

③ 外交史料館日本外交文書[OL].[2016-09-20].http://www.mofa.go.jp/mofaj/annai/honsho/shiryo/bunsho/.

表 8－7 《日本外交文书》中与中国相关的分卷

分卷名	册数	出版年
第 33 卷別冊 北清事变①上	1	1955 年
第 33 卷別冊 北清事变中	1	1956 年
第 33 卷別冊 北清事变下	1	1957 年
第 44 卷・45 卷別冊 清国事变②	1	1960 年
"滿洲事变"第 1 卷第 1 冊	1	1976 年
"滿洲事变"第 1 卷第 2—3 冊	2	1977 年
"滿洲事变"第 2 卷第 1 冊	1	1979 年
"滿洲事变"第 2 卷第 2 冊	1	1980 年
"滿洲事变"別卷	1	1980 年
"滿洲事变"第 3 卷	1	1981 年
昭和期 II 第 1 部第 1 卷(昭和 7 年对中国関係)	1	1996 年
昭和期 II 第 1 部第 2 卷(昭和 8 年对中国関係)	1	1998 年
昭和期 II 第 1 部第 3 卷(昭和 9 年对中国関係)	1	2000 年
昭和期 II 第 1 部第 4 卷(上・下)(昭和 10 年对中国関係)	2	2005 年
昭和期 II 第 1 部第 5 卷(上・下)(昭和 11—12 年 7 月对中国関係)	2	2007 年
日中戦争(全 4 冊)	4	2010 年

《日本外交文书》所收录的内容除了各种正式的外交文书之外，还包括大量的报告、训令、决议和会谈记录等，日本外交官刺探和搜集的中国政治、经济、军事、社会、文化等各方面的情报也包含其中，对于研究中日关系史以及近现代东亚国际关系史具有重要的价值。

中国学术界非常重视对《日本外交文书》的利用，中国社会科学出版社曾在 1980 年选译出版了《日本外交文书选译：关于辛亥革命》，东北沦陷十四年史编纂委员会在 1993 年出版了《九一八事变资料：日本外交文书选译》，中华书局 2015 年出版的《中华民国时期外交文献汇编 1911—1949》中也含有大量的《日本外交文书》编译内容。

---

① 即义和团运动。

② 即辛亥革命。

三、通过亚洲历史资料中心网站查阅数字影像

外务省外交史料馆档案数字化之后，通过亚洲历史资料中心网站向公众开放，可在其网站上查询到已经公开的数字化影像（见表 8－8）。

表 8－8　外务省外交史料馆数字化档案内容（亚洲历史资料中心数据库）①

系列	门	数量
明治、大正时期外务省记录	1 门：政治；2 门：条约；3 门：通商（不包含 8 类和 9 类）；5 门：军事；6 门：人事；7 门：文书及图书	约 22000 卷
昭和战争前期外务省记录	A 门：政治、外交；B 门：条约、协定国际会议；C 门：军事；E 门：财政、经济、产业、贸易；F 门：交通、通信；G 门：都市、港湾、土木、建筑、土地、建筑；H 门：东方文化事业；I 门：文化、宗教、卫生、劳动及社会问题；M 门：官制、官职；N 门：文书和图书；Z 门：先例及杂类	约 26000 卷
外务省茗荷谷研修所旧藏记录	A 门 、B 门 、E 门、F 门	
调书		
通信全览		
续通信全览	编年部、类辑部	
议会调书		
外交汇报附录月报、外务省月报、外务省报		
条约集	旧条约汇纂、条约汇纂、大东亚条约集、其他条约集	
条约书	多国条约、两国条约	

① 外交史料館. 戦前期外務省記録等のインターネットによる閲覧についてのご案内（平成 28 年 2 月 1 日）［EB/OL］.［2016－09－30］. http://www.mofa.go.jp/mofaj/annai/honsho/shiryo/info_03.html.

第九章　日本防卫省防卫研究所

第一节　机构介绍

一、历史沿革

日本防卫省防卫研究所(National Institute for Defense Studies,NIDS)是日本最高军事科学研究机构和教育机构,最早名为保安厅保安研修所,始建于1952年8月,隶属于日本总理府保安厅。1954年7月,更名为防卫厅防卫研修所,1985年4月,再次更名为防卫厅防卫研究所。2007年1月,防卫厅升格为防卫省,该机构也随之更名为防卫省防卫研究所(以下简称防卫研究所)。2015年4月,新设研究干事和特别研究官。2016年4月,新设中国研究室,与亚非研究室、美欧俄研究室同属于地域研究部,着力关注中国军事政策和军力发展态势,全面深入地对中国的政治、军事、外交等相关问题开展全方位研究。同年8月,防卫研究所由目黑区搬迁至新宿区市谷①。

该所既是重要的学术科研机构,也是日本政府的智囊机构,主要履行国际战略形势和地区安全问题研究的职责,并参与制定日本的防卫政策、国防与军队发展规划等。除了向日本自卫队军官和日本中央政府官员进行国防安全现状以及国际形势教育,为日本军事外交政策服务之外,还收集整理世界各国战史资料并进行比较研究,以供日本政府军事作战、教育和研究部门所需。

二、组织机构

防卫研究所下设企画部、政策研究部、理论研究部、地域研究部、教育部、战史研究中心六个部门,此外还专门设置了特别研究官。

企画部负责总务、人事和财务等行政事务管理,以及研究培训的统筹协调

---

① NIDS. 防衛研究所パンフレット[EB/OL]. [2016-12-30]. http://www.nids.mod.go.jp/about_us/pamph.html.

规划工作。政策研究部、理论研究部、地域研究部承担学术研究工作，其中，政策研究部的研究领域是防卫政策、世界各国国防政策、战略理论和全球安全保障，理论研究部的研究领域是日本及世界各国的政治、法制、社会、国防经济学和战后复兴，地域研究部的研究领域是国际关系及国际形势。教育部的职责是对自卫队军官和其他部门的官员进行国防安全教育培训。战史研究中心主要从事军事史研究、战史编纂和战史史料管理工作。特别研究官分为国际交流·图书担当和政策模拟担当两类，前者主要为防卫研究所、联合参谋学校以及陆海空军官学校的教育科研工作提供国际研究交流协助和图书文献服务，后者主要负责自卫队管理和运营方面的政策模拟工作[①]。

战史研究中心是日本唯一直属于防卫省的军事科学研究机构，由战史部和防卫研究所图书馆两个部门合并而成。其前身最早可追溯到1956年5月防卫研修所从陆上自卫队干部学校接收的战史室。1976年5月，战史室改组为战史部，下设两个研究室。1994年10月，陆海空自卫队干部学校以及联合参谋学校的各所图书室统一划归防卫研究所图书馆。2001年3月，日本总务大臣将防卫研究所图书馆（史料阅览室）指定为妥善保管历史史料的档案馆机构，是专供防卫研究所、自卫队各干部学校以及联合参谋学校使用的内部图书馆，但外部人员也可在史料阅览室查阅资料。2002年4月，防卫研究所在图书馆增设了史料室。2011年9月，战史部与图书馆合组为战史研究中心，职责是进行战争史的研究编纂以及战争史料的管理和调查研究。2016年9月，战史研究中心史料阅览室正式向公众开放。

三、馆藏来源

目前，防卫研究所收藏陆军档案史料约5.9万册，海军档案史料约4万册，战争史图书约6.6万册，共计16.5万册左右。其来源主要为：①美国归还的档案资料；②厚生省复员局整理、保管的档案资料；③为编纂《战史丛书》而从日本国内收集的档案资料；④个人及团体捐赠的资料[②]。

（一）美国归还的档案资料

1944年12月，日本陆军省各部门的文书资料转移到东京郊外的南多摩郡

---

① NIDS. 防衛研究所の紹介[EB/OL].[2016-12-30]. http://www.nids.mod.go.jp/about_us/index.html.

② ［日］庄司潤一郎. 戦史部略史[J/OL]. 防卫省防卫研究所. 戦史研究年報第1号，1998(3):66-69.[2016-12-10]. http://www.nids.mod.go.jp/publication/senshi/pdf/199803/10.pdf.

柚木村柚木(今东京都八王子市下柚木)[①]的陆军省地下仓库。这批档案基本都是明治初期至1942年期间的"陆军省大日记"。此前一直在海军省地下仓库中保存的非机密档案"公文备考",则被转移到了位于横滨的文寿堂书店仓库。1945年初,海军功绩调查部收藏的各舰船部队行动表、战斗详报、战时日志等机密文件被转移到山梨县北巨摩郡海军省韮崎分室保管。这些被转移到地方的档案,得以在战火中保存下来[②]。

1945年8月14日,日本政府在阁议决定接受《波茨坦公告》的同时,决定烧毁重要的机密文书。陆海军省向下属机构发出了烧毁机密文书的命令,由文件保管者烧毁文书,烧毁的情况不需要上报,"旧陆海军保存的史料的大半,自战败之后,经由军人之手,被烧毁、散落"[③]。除了预定要保留的文书之外,日本军部机密文书被烧毁了99.9%。

二战结束之后,陆军方面的"陆军省大日记"和海军方面的普通文书"公文备考"被美国华盛顿文献中心(Washington Document Center,WDC)接管。据称,被美军接管的"陆军省大日记"共计11117册(498箱),"公文备考""海军省日志"整理后共计13884册[④]。

1958年4月,美国将41000件档案文书归还给日本,其中的3万件陆海军文书交由防卫研究所战史部保管。美国归还的档案资料中,陆军文书主要以"陆军省大日记"为主,海军文书主要以海军省"公文备考"为主,另外还包括二战时期的部分战时日记、战斗详报以及明治时期的部分战时资料,共计15592册[⑤]。

防卫研究所目前保存的"陆军省大日记"和"公文备考"并不完整,返还资料具体包括:

(1)陆军省大日记:7721册;

---

① [日]原剛.「陸軍大日記」(大正編)[J/OL].戦史研究年報第1号,1998(3):87-88.[2016-12-10].http://www.nids.mod.go.jp/publication/senshi/pdf/199803/14.pdf.

② [日]田中宏巳.米議会図書館所蔵占領接収旧陸海軍資料総目録[M].東京:東洋書林,1995:xiii.

③ 臧运祜.现代中日关系史研究上永远的缺憾:关于日本投降前后烧毁文书的情况及其他[J].近代史研究,2005(5):157-158.

④ [日]田中宏巳.米議会図書館所蔵占領接収旧陸海軍資料総目録[M].東京:東洋書林,1995:xiii-xiv.

⑤ [日]中村隆英,伊藤隆.近代日本研究入門,增补版[M].東京:東京大学出版会,2012:381-382.

(2)公文备考:5314 册;

(3)陆军战时档案;

(4)海军战时档案:包括"日清战役"[①]战时档案(1894—1895)、"清国事变"[②]档案(1900 年)、日俄战争战时档案(1904—1905)、"清国事变"战时档案(1904—1905)、大正战役[③]战时日志(1914—1920)、大正战役战时档案(1914—1920)[④]。

(二)厚生省复员局整理保管的档案资料

1945 年 10 月,驻日盟军总司令部指示日本政府应设置专门机构编撰日本在二战时期的战争史料。据此,1945 年 11 月日本陆海军省废除后,由其改组而来的第一、第二复员省专设部门承担此项工作。1946 年 6 月,复员厅成立之后,下设史实调查部和资料整理部,继续开展史料调查工作,搜集并整理了一批档案资料。1947 年 10 月,复员厅撤销,事务划归厚生省复员局。因此,厚生省复员局保留了 1 万件左右的陆海军档案史料。1955 年战史室组建之后,厚生省将这些资料移交给战史室,成为防卫研究所最早的一批馆藏[⑤]。

(三)为编纂《战史丛书》而收集的档案资料

1955 年 7 月,日本保安厅成立战史委员会,10 月在日本陆上自卫队干部学校组建了战史室。1956 年,战史室划归防卫研修所管理,从事战争史料研究和编纂工作。但当时战史室所藏资料非常有限,仅有厚生省移交来的约 1 万件档案史料。因此,战史室设置了陆上班、海上班和航空班,广泛收集散落在日本国内各地的相关档案史料。参与该项工作的编纂官和调查官共计 134 人,大多为原陆海军军官或自卫队军官。他们走访了约 1.5 万名战争当事人,搜罗、整理了约 7 万件战争史料。这些史料和战史室保存的其他史料内容都集

---

① 日本将"甲午战争"称为"日清战役"或"日清战争"。

② 日本将"义和团运动"称为"清国事变"。

③ 大正战役日文全称为"大正三年乃至九年戦役",即 1914—1920 年,日本在一战期间攻占德国在山东的租借地青岛以及战后出兵西伯利亚。

④ [日]相澤淳. 文書館・史料館めぐり:防衛庁防衛研究所戦史部[J]. 日本歴史,1992,533(2):95 -96.

⑤ [日]庄司潤一郎. 戦史部略史[J/OL]. 防卫省防卫研究所. 戦史研究年報第 1 号,1998(3):66 -69. [2016 -12 -10]. http://www.nids.mod.go.jp/publication/senshi/pdf/199803/10.pdf.

中体现在 1966—1980 年期间出版的《战史丛书》中①。

《战史丛书》又名《大东亚（太平洋）战争战史丛书》，共 102 卷，由大本营 34 卷、陆军战史 37 卷、海军战史 21 卷、陆军航空战史 9 卷以及年表 1 卷构成。各卷按成书时间排列，从内容上可以分成以下系列：①二战开战经过系列；②大本营陆军部系列；③大本营海军部、联合舰队系列；④军事战备系列；⑤进攻作战系列；⑥所罗门群岛、新几内亚方面作战系列；⑦中太平洋方面作战系列；⑧西南方面防卫作战系列；⑨缅甸方面作战系列；⑩东北方面作战系列；⑪"满洲"方面作战系列；⑫中国方面作战系列；⑬菲律宾战役系列；⑭冲绳决战系列；⑮本土方面作战系列；⑯特殊战史系列；⑰史料集（见表 9－1）。

表 9－1　《战史丛书》目录

卷数	卷册名称	执笔者	出版时间
1	马来亚作战	不破博	1966 年 10 月
2	菲律宾作战	岛贯武治、高山实	1966 年 10 月
3	荷属东印度作战	松木秀满	1967 年 1 月
4	一号作战（1）河南会战	长尾正夫	1967 年 3 月
5	缅甸作战	不破博	1967 年 5 月
6	中太平洋陆军作战（1）至马里亚纳战役	福重博	1967 年 7 月
7	东部新几内亚方面陆军航空作战	松田正雄	1967 年 8 月
8	大本营陆军部（1）昭和十五年五月前	岛贯武志	1967 年 9 月
9	陆军军需动员（1）计划篇	高崎正男	1967 年 10 月
10	夏威夷作战	角田求士	1967 年 12 月
11	冲绳方面陆军作战	伊藤常男	1968 年 1 月
12	马里亚纳海战	坂本金美	1968 年 2 月
13	中太平洋陆军作战（2）贝里琉・昂奥尔・硫磺岛	福重博、林之一	1968 年 2 月
14	南太平洋陆军作战（1）莫尔兹比・瓜岛初期作战	近藤新治	1968 年 3 月

① ［日］庄司潤一郎．戦史部略史［J/OL］．防卫省防卫研究所．戦史研究年報第 1 号，1998（3）：66－69．［2016－12－10］．http://www.nids.mod.go.jp/publication/senshi/pdf/199803/10.pdf；［日］原剛．『戦史叢書』の来歴および概要［J/OL］．戦史研究年報第 1 号，1998（3）：70．［2016－05－15］．http://www.nids.mod.go.jp/publication/senshi/pdf/199803/11.pdf.

续表

卷数	卷册名称	执笔者	出版时间
15	英帕尔作战与缅甸的防卫	不破博	1968 年 4 月
16	一号作战(2)湖南会战	长尾正夫	1968 年 5 月
17	冲绳方面海军作战	川原利寿	1968 年 7 月
18	华北治安战(1)	森松俊夫	1968 年 8 月
19	本土防空作战	宫过秀雄、栗田正忠	1968 年 10 月
20	大本营陆军部(2)昭和十六年十二月前	岛贯武志	1968 年 11 月
21	东北方面陆军作战(1)阿图岛战役	幸村健一郎	1968 年 12 月
22	新几内亚西部陆军航空作战	松田正雄	1969 年 1 月
23	澳北方面陆军作战	松木秀满	1969 年 2 月
24	菲律宾·马来亚方面海军进攻作战	名越有幸、角田求士	1969 年 3 月
25	伊洛瓦迪会战 缅甸防卫的破绽	不破博	1969 年 4 月
26	荷属东印度·孟加拉湾方面海军挺进作战	佐佐木正雄	1969 年 5 月
27	关东军(1)对苏战备·诺门罕事件	西原征夫	1969 年 7 月
28	南太平洋陆军作战(2)瓜岛·布纳作战	近藤新治	1969 年 7 月
29	东北方面海军作战	坂本金美	1969 年 8 月
30	一号作战(3)广西会战	长尾正夫	1969 年 10 月
31	海军军战备(1)昭和十六年十一月前	末国正雄、高野庄平	1969 年 11 月
32	锡唐河·明号作战 缅甸战线的崩溃与泰国·法属印度支那的防卫	不破博、栗田正忠	1969 年 12 月
33	陆军军需动员(2)实施篇	高崎正男	1970 年 1 月
34	南方进攻陆军航空作战	冈本武义、堀川龙己	1970 年 3 月
35	大本营陆军部(3)昭和十七年四月前	岛贯武志	1970 年 6 月
36	冲绳·台湾·硫磺岛方面陆军航空作战	三浦正治	1970 年 7 月
37	海军捷号作战(1)至台湾空战	吉松正博	1970 年 8 月
38	中太平洋方面海军作战(1)昭和十七年五月前	佐藤百太郎	1970 年 10 月
39	大本营海军部·联合舰队(4)第三阶段作战前期	吉松吉彦	1970 年 11 月
40	南太平洋陆军作战(3)蒙达·萨拉毛亚	近藤新治	1970 年 12 月

续表

卷数	卷册名称	执笔者	出版时间
41	捷号陆军作战(1)雷伊泰岛战役	松木秀满	1970年12月
42	昭和二十年的中国派遣军(1)三月前	长尾正夫	1971年2月
43	中途岛海战	角田求士	1971年3月
44	东北方面陆军作战(2)千岛·库页岛·北海道的防卫	川田久四郎	1971年3月
45	大本营海军部·联合舰队(6)第三阶段作战后期	野村实	1971年4月
46	海上护卫战	岸野博光	1971年5月
47	香港·长沙作战	赤阪幸春	1971年7月
48	菲律宾捷号陆军航空作战	春成兼正	1971年8月
49	东南方面海军作战(1)瓜岛战争开战	竹下高见	1971年9月
50	华北治安战(2)	森松俊夫	1971年10月
51	本土决战准备(1)关东的防卫	伊藤常男	1971年11月
52	陆军航空的军备与运用(1)昭和十三年初期前	松田正雄	1971年12月
53	"满洲"方面陆军航空作战	生田惇	1972年2月
54	西南方面海军作战 第二阶段作战以后	佐佐木正雄	1972年3月
55	昭和十七、十八年的中国派遣军	高山实	1972年5月
56	海军捷号作战(2)菲律宾海海战	吉松正博	1972年6月
57	本土决战准备(2)九州的防卫	多比良长好	1972年7月
58	南太平洋陆军作战(4)新乔治亚群岛	近藤新治	1972年8月
59	大本营陆军部(4)昭和十七年八月前	岛贯武志	1972年10月
60	捷号陆军作战(2)吕宋岛战役	松木秀满	1972年11月
61	缅甸·荷属东印度方面第三航空军的作战	冈本丰	1972年12月
62	中太平洋方面海军作战(2)昭和十七年六月以后	佐藤百太郎	1973年2月
63	大本营陆军部(5)昭和十七年十二月前	岛贯武治、福重博	1973年3月
64	昭和二十年的中国派遣军(2)终战前	长尾正夫	1973年3月
65	大本营陆军部"大东亚战争"开战经过(1)	原四郎	1973年5月

续表

卷数	卷册名称	执笔者	出版时间
66	大本营陆军部(6)昭和十八年六月前	今冈丰	1973年6月
67	大本营陆军部(7)昭和十八年十二月前	不破博	1973年8月
68	大本营陆军部“大东亚战争”开战经过(2)	原四郎	1973年9月
69	大本营陆军部“大东亚战争”开战经过(3)	原四郎	1973年10月
70	大本营陆军部“大东亚战争”开战经过(4)	原四郎	1974年5月
71	大本营海军部·联合舰队(5)第三阶段作战中期	杉本广安	1974年3月
72	中国方面海军作战(1)昭和十三年四月前	市来俊男	1974年3月
73	关东军(2)关特演·终战时的对苏战	西原征夫	1974年6月
74	中国方面陆军航空作战	杉本清士、三浦正治	1974年7月
75	大本营陆军部(8)昭和十九年七月前	不破博	1974年8月
76	大本营陆军部“大东亚战争”开战经过(5)	原四郎	1974年8月
77	大本营海军部·联合舰队(3)昭和十八年二月前	坂本金美	1974年9月
78	陆军航空的军备与应用(2)昭和十七年前期	松田正雄、生田惇	1974年11月
79	中国方面海军作战(2)昭和十三年四月以后	后藤新八郎	1975年1月
80	大本营海军部·联合舰队(2)昭和十七年六月前	角田求士、西深志	1975年2月
81	大本营陆军部(9)昭和二十年一月前	高崎正男	1975年2月
82	大本营陆军部(10)昭和二十年八月前	幸村健一郎、福重博	1975年3月
83	东南方面海军作战(2)瓜岛撤退	竹下高见	1975年8月
84	南太平洋陆军作战(5)俾斯麦群岛	近藤新治	1975年8月
85	本土方面海军作战	桑原茂树、松谷安明、一来俊男、小泽正利	1975年6月
86	“中国事变”陆军作战(1)昭和十三年一月前	森松俊夫	1975年7月
87	陆军航空兵器的开发、生产与补给	名和田雄、高濑七郎	1975年8月
88	海军军战备(2)开战以后	高野庄平、末冈正雄	1975年10月

续表

卷数	卷册名称	执笔者	出版时间
89	“中国事变”陆军作战(2)昭和十四年九月前	伊藤常男	1976年2月
90	“中国事变”陆军作战(3)昭和十六年十二月前	赤阪幸春、山下义之	1975年11月
91	大本营海军部·联合舰队(1)开战前	野村实	1975年12月
92	西南方面陆军作战 马来亚·荷属东印度的防卫	多比良长好	1976年1月
93	大本营海军部·联合舰队(7)战争的最后阶段	吉松正博	1976年3月
94	陆军航空的军备与应用(3)战争结束	松田正雄、生田惇	1976年5月
95	海军航空概史	角田求士	1976年6月
96	东南方面海军作战(3)瓜岛撤退后	野村实、竹下高见、坂本金美、末国正雄、后藤新八郎	1976年8月
97	陆军航空作战基础的建设运用	后藤新八郎	1979年4月
98	潜水艇史		1979年6月
99	陆军军备战	高崎正男	1979年7月
100	大本营海军部“大东亚战争”开战经过(1)		1979年8月
101	大本营海军部“大东亚战争”开战经过(2)		1979年9月
102	陆海军年表 附·兵器·军事用语解说		1980年1月

《战史丛书》具有较高的军事专业性和可信性,其史料价值自不必言,但也存在着诸多局限性。譬如,宣扬“大东亚战争肯定论”;着重描述作战及战争、战略指挥,而动员、复员、兵站、卫生、情报等方面的内容较少①;陆军、海军分开撰写,对开战原委有不同的解释,有自相矛盾之处;分专题撰写战史致使部分内容重复,且缺乏对战争全局的把握;没有涉及化学战、慰安妇、虐杀罪行等日军暴行;没有涉及战后处理问题;原版中的错误之处也很多②,需要研究者辨别

① [日]戸部良一.「戦史叢書」との出会い[J/OL].戦史研究年報第13号,2010(3):100-102.[2016-11-25].http://www.nids.mod.go.jp/publication/senshi/pdf/201003/14.pdf.

② [日]波多野澄雄.市ヶ谷台の戦史部と「戦史叢書」[J/OL].戦史研究年報第13号,2010(3):91-95.[2016-11-25].http://www.nids.mod.go.jp/publication/senshi/pdf/201003/12.pdf.

使用。

（四）个人及团体捐赠的资料

1945 年 8 月 14 日，日本内阁会议下令烧毁不利于日本的机密文件后，日本外务省、大藏省、陆军省、海军省和内务省当即着手焚毁所保管的文件。接到大本营陆军部命令后，陆军部作战课烧毁了除本大陆命（指）缀之外的所有其他档案。担任誊写工作的椎名典义中尉将大本营政府联络会议议事录、重要国策决定缀、御前会议议事录等机密文件藏匿起来，后来担任复原省史实部部长的宫崎周一中将令参谋本部庶务军官古野直也中尉等 8 人对这些资料打印复制，装订成 30 册，后来藏匿在宫崎周一家中。此外，日军原参谋本部作战课长服部卓四郎大佐等人还通过各种途径，藏匿了大本营政府联络会议议事录、御前会议议事录等档案文书。这些史料几经周折，最终移交给了战史研究所①。

此外，战史研究所还收集到一些散落在民间的档案，包括②：

（1）服部史料、堀场史料：中日战争和太平洋战争期间的国防政策档案；

（2）宫崎史料：1900—1945 年期间的国防政策档案、1871—1941 年期间的参谋本部历史草案及草案资料；

（3）榎本史料：1921—1937 年期间的海军军缩会议档案；

（4）千代田史料：甲午战争和日俄战争前后时期的奏疏、记录等资料；

（5）霞关史料：海军军令部相关资料。

四、馆藏利用政策

防卫研究所战史研究中心所藏档案史料向普通公众开放，接受咨询并提供阅览、复印、展览服务，但一般不向个人提供外借服务。档案史料以原件的公开利用为原则，史料阅览室备有册子目录和索引卡片目录。2018 年 6 月，“战史史料 · 战史丛书检索”系统（http://www. nids. mod. go. jp/military_history_search/CrossSearch）正式上线，提供防卫研究所馆藏史料的数字化影像的全文阅览服务。此外，读者还可通过亚洲历史资料中心网站查阅防卫研究所数字化档案（见表 9 – 2）。

① ［日］阿羅健一. 秘録 · 日本国防軍クーデター計画［M］. 東京：講談社，2013.

② 焼却から逃れて防衛研究所に戻った陸軍文書［EB/OL］.［2016 – 11 – 12］. http://ianhu. g. hatena. ne. jp/bbs/26/29.

表 9-2 防卫研究所数字化档案内容(亚洲历史资料中心数据库)①

陆军史料	陆军省保存的陆军省大日记类(明治元年—昭和二十年);西南战争、日清战争、日俄战争、"满洲事变"、"中国事变"、"大东亚战争"等明治之后发生的与日本相关的主要事件和战争作战记录;陆军法令、部队、学校、人事等军事行政相关史料
海军史料	海军省保存的公文书类(明治元年—昭和十二年);"中国事变""上海事变"②"满洲事变"相关史料;日清战争、日俄战争、"大东亚战争"等战争作战记录;海军部队、舰船、技术、学校等相关史料;军备、裁军、法令、人事等军事行政相关史料

第二节　馆藏日本战争罪行文献举要

一、陆军史料

陆军史料主要由日本陆军省编辑的陆军省大日记和陆军部队的战斗记录档案陆军一般史料两大部分组成。

(一)陆军省大日记

陆军大臣官房将陆军省发送或接收的文书装订成册之后形成的档案资料被统称为陆军省大日记。防卫研究所保存有 7700 册左右的陆军省大日记(1868—1945)。其中,明治时期约 5000 册,大正时期约 700 册,昭和时期约 2000 册③。

防卫研究所现藏陆军省大日记(1868—1945)分为以下 4 类:

(1)甲辑:普通文书类,包括征兵令、法律修订等规章制度;

(2)乙辑:甲辑之外的普通文书类;

(3)"密大日記"中的"密"类文书;

(4)"密大日記"中的"机密"类文书,包括展示动员相关资料等。

其中,涉及日本侵华罪行的档案有:

(1)陆支机密大日记

共计 65 册,含 1937—1940 年期间的七七事变相关机密文书和往复文书。

---

① 国立公文書館アジア歴史資料センター. 公開資料の概要[EB/OL]. [2016-12-30]. https://www.jacar.go.jp/about/materials.html.

② 即一·二八事变。

③ [日]原剛.「陸軍大日記」(大正編)[J/OL]. 戦史研究年報第 1 号,1998(3):87-88. [2016-12-10]. http://www.nids.mod.go.jp/publication/senshi/pdf/199803/14.pdf.

(2)陆密大日记

共计3册,含1940—1941年期间的九一八事变、七七事变相关秘密文书和往复文书。

(3)陆支普通大日记

共计10册,含1938—1940年期间的七七事变相关账簿、命令类普通文书。

(4)陆满机密大日记

共计25册,含1933—1940年期间的九一八事变相关机密文书和往复文书。

(5)陆满密·普大日记

共计182册,含1932—1941年期间的九一八事变相关秘密文书和往复文书。

(6)陆亚机密·陆亚密·陆亚普大日记

共计171册,含1942年"大东亚战争"相关秘密文书及往复文书,详细内容包括铁道运输、补给、马匹、航空弹药、作战装备、通信器材、军械、兽医材料、军队编制等。

(二)陆军一般史料

1.史料概况

陆军一般史料收录了1868—1945年期间的日本军政资料和战斗记录等档案资料,共计4.6万册左右,分为14大类102项,主要由日本陆军大臣官房《陆军成规类聚》、参谋本部《机密战争日志》、各作战部队的《行动详报》《战斗详报》《阵中日志》等组成。除此之外,还包括自日本西南战争至太平洋战争期间的日本陆军作战记录以及陆军法令、部队、学校、人事等军事行政方面的文书。

在陆军一般史料中,日本陆军战斗记录档案占主要比重,分为75个大类:1总军;2方面军;3—4军;5旅团;6—8师团;9—14步兵连队;15工兵、辎重兵、骑兵、坦克、独混、连队区司令部;16—17炮兵;18汽车、铁路;19船舶;20警备队、守备队、宪兵;21各厂;22其他部队;23—24各陆军航空部队;25各陆军航空战域;26—27陆军航空全局;28"大东亚战争"本土;29"大东亚战争"·东北、冲绳、中国台湾;30"大东亚战争·满洲";31"大东亚战争"·中国;32"大东亚战争"·菲律宾;33"大东亚战争"·西南;34"大东亚战争"·中太平洋、东南;35"中国事变""满洲事变";36战后;37—50典范;51教育史料;52演习报道;53学校;54—55教程;56战争指导·重要国策文书;57战争指导·外交文书;58战争指导·其他、回想手记;59—60作战指导·重要电报、上奏、战训;61 法令;62 职员表;63 退休名簿;64 编制;65 动员编制;66 军需动员;67 军事行政・会计、兵器、卫生、照片;69 概史统计、年表、宪政史料;70 军队教育等、传记、地方部队战史;71 终战处理;72 偕行社记事;73 文库(柚原文库、石割文库、宫崎文库、巽史料、市谷台史料);74 人事;75 杂志、(陆)日记、回想类、(文库)千代田史料。

表 9－3　陆军战斗记录公开档案①

<table>
<tr><th colspan="3">史料分类</th><th>公开目录</th></tr>
<tr><td rowspan="9">陆军</td><td>战役</td><td>戊辰战役、西南战役、日清战争、日俄战争、欧洲大战、西伯利亚出兵②、北清事变③、第一次世界大战、照片</td><td rowspan="2">陆军公开目录 1</td></tr>
<tr><td>中央</td><td>全局、战争指导、作战指导、军事行政</td></tr>
<tr><td>中央</td><td>军队教育</td><td>陆军公开目录 2</td></tr>
<tr><td>中央</td><td>部队历史、偕行社记事④、终战处理、机关报、杂志</td><td rowspan="4">陆军公开目录 3</td></tr>
<tr><td>本土⑤</td><td>全局、东部、中部、西部、筑城要塞、配备图、照片</td></tr>
<tr><td>东北</td><td>全局、北海道、库页岛⑥、千岛群岛、阿留申群岛</td></tr>
<tr><td>冲绳台湾</td><td>冲绳、中国台湾地区</td></tr>
<tr><td>“满洲”</td><td>全局、“满洲事变”、“中国事变”、诺门罕战役⑦、“大东亚战争”、朝鲜、“满蒙”、终战时期的日苏战、地方志资料、照片</td><td rowspan="2">陆军公开目录 4</td></tr>
<tr><td>中国</td><td>“中国事变”、“大东亚战争”、兵要地志⑧、参考资料、照片</td></tr>
</table>

① 表格编译自:http://www.nids.mod.go.jp/military_archives/catalog.html.

② 西伯利亚出兵,即 1918—1922 年的西伯利亚干涉,一战协约国派遣军队在俄国远东海岸登陆,武装支援俄国白军推翻在远东的布尔什维克地方政权。

③ 即义和团事件。

④ 偕行社创立于明治时期的 1877 年 2 月 15 日,是日本前陆军将校及前陆上自卫队军官的集会和社交团体,偕行一词源于《诗经》中《秦风・无衣》“王于兴师,修我甲兵,与子偕行”,《偕行社记事》是该机构的社刊。

⑤ 北海道、本州、四国和九州通称日本本土。

⑥ 库页岛,日本称为“樺太”,俄称“萨哈林岛”。

⑦ 日文为“ノモンハン”,又名“哈拉哈河战役”或“诺门坎事件”,是第二次世界大战初期日本及苏联在远东地区发生的一场战役。5 月 11 日至 6 月上旬的事件为第 1 次诺门罕事件,此后至 9 月 16 日停火为止,为第 2 次诺门罕事件。

⑧ 兵要地志指从军事需要出发,对有关地区的军事、政治、经济、地形、交通、气象和水文等现实和历史情况进行调查而编制的资料。

续表

<table>
<tr><th colspan="3">史料分类</th><th>公开目录</th></tr>
<tr><td rowspan="7">陆军</td><td>西南</td><td>全局、缅甸、马来西亚・爪哇岛、越南远征[①]、军政、日志回想、照片</td><td rowspan="6">陆军公开目录 5</td></tr>
<tr><td>菲律宾群岛(比岛)</td><td>全局、进攻、防卫、日志回想、照片</td></tr>
<tr><td>澳北[②]</td><td>全局、2A、19A、婆罗洲、日志回想</td></tr>
<tr><td>中太平洋</td><td>全局、东加罗林・马绍尔群岛、马里亚纳、西加罗林、小笠原、照片</td></tr>
<tr><td>东南</td><td>全局、所罗门・俾斯麦群岛、东新几内亚、日志回想</td></tr>
<tr><td>陆空</td><td>中央、南方进攻[③]、新几内亚・所罗门、本土防空、本土周边、澳北方面、菲律宾决战、3FA、中国方面、"满洲"方面、日志回想、机关报、照片</td></tr>
<tr><td>文库</td><td>柚、宫崎、石割、依托、千代田、巽史料、市谷台史料、商工省軍需省、小畑、内务省、递信省[④]、其他官署、宪友会史料、井口史料、若松史料、松木史料</td><td>陆军公开目录 6</td></tr>
</table>

2. 侵华罪行史料举要

陆军一般史料中有关中国的史料包括"满洲事变"414 件、诺门罕战役 142 件、"大东亚战争"100 件、朝鲜 340 件、"满蒙"191 件、终战时期的日苏战 180 件、地方志资料 31 件、"中国事变"70 件。因数量较多,仅择要列举如下。

(1)"战役——中国台湾"资料群

共计 47 件,含 1946 年 8 月"台湾方面军作战记录"、1945 年 8 月 15 日"第 10 方面军态势要图"、"第 10 方面军作战记录(中国台湾地区及西南群岛)"、"第 9 师团阵地编成图"、1944 年 10 月 20 日"台湾军司令部俘虏审讯记

① 日文为"泰仏印",又名"日军入侵法属印度支那""越南远征"。

② 日文为"濠北",指位于澳大利亚联邦北部的荷属东印度东部地区。

③ 南方进攻即南方作战,是太平洋战争初期日军进攻东南亚各地的作战行动的总称。1941 年 12 月 7 日珍珠港事件后,从进攻英属马来西亚半岛到 1942 年 5 月攻陷缅甸为止。

④ 日文为"逓信省"(1885 年 12 月 22 日—1943 年 11 月 1 日),是现在的总务省、日本邮政(JP)和日本电信电话(NTT)的前身,管辖交通、通信、电力等事务,二战后曾短暂复活(1946—1949 年)。

录”等。

(2)《从中国事变经验来看军纪振兴对策》

《从中国事变经验来看军纪振兴对策》(「支那事変の経験より観たる軍紀振作対策」)系 1941 年 7 月陆密第 195 号(参考码:C13010092200,资料号:满洲—全般—175),由日本关东军法务部制定。陆军省副官川原直一在 1940 年 9 月 19 日发送的文书中写道,自七七事变发生之后,日本士兵在中国境内犯下了大量的抢劫、强奸、纵火、虐杀战俘罪行,从 1937 年 7 月至 1939 年底,共有 732 名日本官兵因强奸致死伤罪名被军法会议定罪。

(3)《满洲事变情报缀》

《满洲事变情报缀》(「満洲事変情報綴」)共计 35 件,由日本关东军参谋部编纂,记录了 1931 年 9 月 18 日柳条湖事件发生至 1932 年 3 月伪满洲国成立前后日本关东军的作战情况。

(4)《常州驻屯间内务规定》

独立攻城重炮兵第 2 大队《常州驻屯间内务规定》(「常州駐屯間内務規定 昭和 13 年 3 月 独立攻城重砲兵第 2 大隊」)共设 17 章,档案生成日期为 1938 年 3 月 16 日(参考码:C11111919900,资料号:支那—支那事变上海·南京—270)。

该《规定》的第 9 章标题为“慰安所使用规定”,具体包括慰安所的使用方针、设备、实施单价及时间、检查、监督和注意事项等,是日军侵华罪行的有力铁证。该档案主要内容如下:

> 慰安所设在日华会馆南侧围墙内,各驻屯军的利用时间分别为:星部队(周日)、栗岩部队(周一、周二)、松村部队(周三、周四)、成田部队(周六)、阿知波部队(周五)、村田部队(周日);
>
> 每月 15 号为慰安所公休日;
>
> 下士及普通士兵利用慰安所的时间段为 9:00—18:00,每人限时为 1 小时,慰安妇国籍不同,支付价格不一,中国慰安妇为 1 日元,朝鲜慰安妇为 1.5 日元,日本慰安妇为 2 日元(以上均为士兵价格,军官翻倍);
>
> 每周一和周五的上午 8 点至 10 点,慰安妇定期进行体检,检查性病;
>
> 除在特许场所外,慰安妇严禁一切外出行为。

二、海军史料

海军史料主要由海军大臣办公厅编写的公文备考和海军部队的战斗记录档案两部分组成。

（一）海军公文备考

目前，保存在防卫研究所的公文备考共计 5314 册。具体包括：公文类纂、公文备考、公文原书、公文备考别辑、原书类纂、普号通览、受号通览、公文杂辑、职员进退录、公文书类、外驻员报、公文杂辑别辑、武往书、公文别辑、外出报诸类。

（二）海军战斗记录档案

海军战斗记录档案包括甲午战争、日俄战争、侵华战争、太平洋战争等日本海军作战记录以及海军部队、舰队、技术、学校、军备、法令、人事等军事行政记录。

海军战斗记录档案分为 43 个大类，分别是：1 陆上部队；2 舰艇部队；3—4 舰艇；5 特攻；6 航空部队；7 航空战斗详报；8 航空相关；9—11“大东亚战争”；12“中国事变”“上海事变”“满洲事变”；13 日清战争、“清国事变”；14—15 日俄战争；16 欧洲大战；17 编制、历史；18 名簿；19 法令；20 各种法令规定；21 委任令、公报；22—27 技术相关；28—30 教范①；31—32 各学校；33 军备、军缩；34 统帅、上奏、军制、行政、民政、战训、会议、人事；35 会计；36 有终、会刊、年报、传记、照片；37 年金附加税报告书、四季演习；38 霞关史料；39 大东文化大资料；40 海军相关全局；41 其他资料、日志、回想、藤田史料、中原史料；42 千代田史料；43 高木史料。

表 9－4　海军战斗记录公开档案②

史料分类			公开目录
海军	0 法令	战时国际、海战法令、军舰外务、诸例则、达、官（房）机（密号）、会计法规（机密法规）、会计（法规）、委任令、任免通知、内部条例、内部条例提要、内部条例提要别、海军（二复）公报、委任令公报、镇（守府）成例、公报（镇・部・厂）、兵事、医务、官折缀、杂报、其他	海军公开目录 1
	①中央	全局、统帅、上奏、命令、要务令、编制、军备军缩、军政・民政・行政、引渡目录、终战处理、名簿、沿革史、沿革史资料、年报、战训、日志回想、文库、其他	

① 教范即军事训练教科书。

② 表格编译自 http://www.nids.mod.go.jp/military_archives/catalog.html.

续表

史料分类			公开目录
海军	②战史	甲午战争、日俄战争、第一次世界大战、欧洲大战(第一次)、“满洲·上海事变”、进驻法属印度支那、“中国事变”、欧洲大战(第二次)、航泊日志、其他	海军公开目录2
	③大东亚战争	全局、本土、东北、中国、夏威夷、中途岛、西南、中太平洋、东南、苏联、其他	
	④舰船·陆上部队	全局、战斗详报·战时日志、作战记录、电报、特攻、海上护卫、舰艇、潜水舰、船舶、通信、信号、陆上部队、其他	海军公开目录3
	⑤航空部队	全局、战斗详报·战时日志、作战记录、特攻、航空本部、航空基地、其他	
	⑥技术	全局、水路(航路)、气象、土木建筑、机械装置、发动机、船体、飞行器、兵器、燃料、研究资料、其他	
	⑦教育	全局、战术、演习训练、航空教范、教范(除航空外)、航空相关、术科年报①、预科练②、学校、其他	海军公开目录4
	⑧参考	全局、法务、外事、会议、战功奖状、人事、会计、医务、盟军、书信、水交社③记事、水交社记事附录、水交社记事别册、有终④、会刊、杂志、照片、传记、其他	
	⑨其他	千代田、霞关、大东文化、依托、榎本、高木、海军历史保存会、海自⑤创建史资料、山本、古贺	

三、慰安妇档案

1991年12月至1992年6月期间,日本政府就从军慰安妇问题开展调查,并于1992年7月6日公布了调查结果,1993年8月4日又公布了第二批调查结果。调查范围包括日本警察厅、法务省、外务省、防卫厅、文部省、厚生省、劳

① 术科学校是日本帝国主义时期进行海军教育训练和技术研究的机构,共设有海军炮术学校、海军水雷学校、海军通信学校等11所术科学校。《术科年报》由各术科学校编辑发行。

② 预科练为海军飞行预科练习生的简称。

③ 水交社成立于1876年3月21日,是旧日本海军将校亲睦交流的外围团体,“水交”一词源于《庄子》中的“君子之交淡如水”。该团体1945年随着二战结束而解散,1952年以财团法人“水交会”的名义而重建。

④ “有终”指日本海军有终会。

⑤ 海自为海上自卫队简称。

动省、国立公文书馆、国立国会图书馆以及美国国家档案馆、大英帝国战争博物馆等国内外机构，调查内容包括慰安所的设置经过、时间和地点，慰安所的经营管理，慰安妇的数量、籍贯、募集和移送情况等①。

从调查结果来看，防卫研究所、陆海空自卫队、防卫大学校等当时的防卫厅相关机构藏有70件档案，收藏量居首位，其次是外务省，藏有52件。从资料内容来看，与慰安所设置相关的档案有4件，与慰安妇募集相关的档案有4件，与慰安所的建造和增强相关的档案有9件，与慰安所经营、监督相关的档案有35件，与慰安所、慰安妇卫生管理相关的档案有24件，向慰安所相关者发放身份证明28件，其他资料34件②。

1997—1998年，这批调查资料由日本财团法人“亚洲妇女基金会”③影印汇编为《从军慰安妇关系资料集成》（全5册），由龙溪书舍出版发行。《从军慰安妇关系资料集成》5册共有约2000页，包括260多件档案，其中第2卷和第3卷为当时的日本防卫厅公布的资料。择要介绍如下。

（1）“关于野战酒保章程修订的事项”

“关于野战酒保章程修订的事项”（「野戦酒保規程改正に関する件」）系陆达第48号，生成日期为1937年9月29日（参考码：C04120263400，资料号：陸軍省—大日記甲輯－S12－3－25），是由陆军大臣制定的军队内部规定，首次允许在野战酒保④设置“慰安设施”向军人及军属⑤提供服务。

（2）“日军占领地区的治安紊乱”

“日军占领地区的治安紊乱”（「日本軍占領地区の治安紊乱」）系英国驻成都广播资料，生成日期为1942年7月27日（参考码：C13050140800，资料号：支那—参考資料－72），收录于“重庆侧资料第60号〈社会〉日文资料（其

---

① ［日］和田春樹. 政府発表文書にみる「慰安所」と「慰安婦」:『政府調査「従軍慰安婦」関係資料集成』を読む.［2016－07－04］. http://www.awf.or.jp/pdf/0062_p007_031.pdf.

② 女性のためのアジア平和国民基金編. 政府調査「従軍慰安婦」関係資料集成1［M］. 東京：龍溪書舎，1997：8－10.

③ “女性のためのアジア平和国民基金”全称为“为女性设立的亚洲和平国民基金”，1995年7月由日本首相村山富市倡议成立，通过民间募捐和政府资助的形式，向在二战期间日军占领地区的慰安妇支付赔偿金，2002年5月停止运作，2007年3月31日解散。

④ “酒保”是日本兵营、军舰等处开设的随军商店，以低廉的价格向士兵售卖日用品及食品、饮料、香烟等，此外还提供报刊阅览、围棋等相应的娱乐设施。

⑤ 日本旧陆海军中的“军属”指的是隶属于军队的文职人员及勤杂人员，分为雇工、雇员、判任官和高等官4个等级。雇工为船员、裁缝、洗衣工等技术人员，雇员主要为技师、厨师、医疗助手等辅助人员，相当于下士官。判任官和高等官为文官或相当于文官待遇的人员，包括技术官、法官、教官、监狱官、翻译官、护士长等。

他)昭和17年迄”中。根据该档案记载,在日军占领地区,社会秩序极度混乱,日本人所到之处,“遍布烟馆、赌场和妓院”。

(3)“关于募集军慰安所从业妇的事项”

“关于募集军慰安所从业妇的事项”(「軍慰安所従業婦等募集に関する件」)系陆支密第745号(参考码:C04120263400,资料号:陸軍省—陸支密大日記-S13-6-115),档案生成日期为1938年3月4日,其内容为陆军省兵物局兵务课副官发给日本华北方面军和华中方面军参谋长的文件。

根据该档案记载,为了在“中国事变地”设置慰安所,慰安妇的招募工作由派遣军进行统制,慎重选派适当人员负责,并与当地宪兵和警察秘密合作。

(4)“关于促进九江当地人的一般营业及日清汽船九江航行之事项”

“关于促进九江当地人的一般营业及日清汽船九江航行的事项”(「地方人の九江に於ける一般営業の促進及日清汽船九江航行に関する件」)系陆支密受第11366号(参考码:C04120584600,资料号:陸軍省—陸支密大日記-S13-25-134),为“吕集团”(日军第11方面军)参谋长吉本贞一发给伊集团参谋长河边正三的电文,生成日期为1938年9月15日。此件档案中记载,“随着九江治安、秩序基本恢复正常,饭馆、旅馆、特种慰安所等开业的时机已到来”。

(5)“关于渡航手续的事项”

“关于渡航手续的事项”(「渡航手続に関する件」)系陆军省次官致波集团(日军第23方面军)参谋长和南方军总参谋长的陆亚密电第11、111号(参考码:C01000831600,资料号:陸軍省—陸亜密大日記-S17-144-256),为波集参电第510号的回电,生成日期为1942年11月18日。根据该档案记载,东南亚地区的慰安妇已经处于“饱和状态”①,可见当时慰安妇数量之众。

四、细菌战档案

细菌战是日本二战期间犯下的又一反人道罪行,1945年8月日本战败后曾特意大规模销毁相关档案,但在防卫研究所档案中仍然留下了一些证据。

---

① 档案原文为:「一、軍酒保要員並慰安婦ニ対スル渡航手續ハ昭和17年4月23日陸亜密第一、二八三号一ノ『ト』ニ依リ処理セラルヘキモノナリ 尚慰安婦ハ既ニ南方地域ニ於テハ飽和状況ナル由ニ付為念 二、巳ムラ得サル事由ニ依リ第三国人ノ占領地ニ渡航スルモノ八個々ニ詮議スヘキニ付陸軍省ニ連絡セラレ度 尚佛印及泰ニ渡航スルモノニ就テハ軍ニ於テ利用セントスルモノハ前項ニ準シ処理シ其ノ他一般渡航者ハ外交手続キニ依ルモノナリ。」

(1)“关于充实驻满兵备的意见”

“关于充实驻满兵备的意见”(「在満兵備充実に対する意見の件」)系陆密满受第555号极密文件(参考码:C01003179100,资料号:陸軍省—陸満密大日記-S11-9-41),档案生成日期为1936年4月23日。

该档案为日本关东军参谋长板垣征四郎发给陆军次官梅津美治郎的电文,其第3条“新设与增强改编驻满部队”之第23款“关东军防疫部的新设增强”中提到,为了实施急性传染病的预防对策,对不明流行疾病等进行特种调查研究,同时为细菌战作准备,在哈尔滨附近新设“关东军防疫部”(731细菌战部队),并增加“驻满部队”。

(2)“军队编成之事项”

“军队编成之事项”(「編成完結の件」)系陆满密受第1138号(参考码:C01003171600,资料号:陸軍省—陸満密大日記-S11-8-40),档案生成日期为1936年8月1日—8月31日,是日本陆军省整备课发送给日本昭和天皇的奏疏电文。

根据该档案记载,1936年8月3日和8月5日,关东军军马防疫厂(设立于中国长春的日本100部队)、关东军防疫部(设立于中国哈尔滨的日本731部队)先后组建完毕。

(3)“从事军用细菌研究业务人员的任命事项”

“从事军用细菌研究业务人员的任命事项”(「軍用細菌研究業務従事者命課の件」)系陆满普受第1478号(参考码:C04012537400,资料号:陸軍省—陸満普大日記-S12-10-81),档案生成日期为1937年6月22日。

此件档案为日本关东军司令植田谦吉致陆军大臣杉山元的电文,任命陆军兽医大佐高岛一雄①、陆军兽医中尉林铁雄、陆军技手户村户、新井仲市以及西村武②等人赴关东军军马防疫厂从事军用细菌试验研究。

(4)“关于非健康业务津贴的事项”

“关于非健康业务津贴的事项”(「不健康業務加算に関する件」)系陆密第2785号(甲)(参考码:C01007775500,资料号:陸軍省—陸密-S14-1-216),档案生成日期为1942年9月22日。

此件档案为日本陆军省副官川原直一发布的命令《关于非健康业务津贴

---

① 高岛一雄,陆军兽医大佐,一等兽医正,1936年8月1日至1940年3月9日期间出任日本关东军军马防疫厂(“满洲”第100部队)厂长。

② 战后西村武等人曾向驻日盟军举报100部队人体实验罪行。

事项的陆军一般通报》,其主要内容为,根据1942年9月16日内阁恩给局长之指示,对关东军防疫给水部(包括大连出张所)中从事霍乱菌、鼠疫菌、伤寒菌、副伤寒菌、赤痢菌、流行性脑脊髓膜炎菌及其他具有危险性的病原细菌研究及制作业务的公务员,依据《恩给法》第38条规定,给予非健康业务津贴。